法学专业交叉法学系列

电子证据法学

主　编　谢小剑

撰稿人（以姓氏笔画为序）

冯俊伟　吕　辉　朱桐辉　许林波

陈慰星　胡冬萍　谢小剑　谢登科

中国教育出版传媒集团

高等教育出版社・北京

内容简介

本书系统阐述电子证据法学理论及实践知识，包括电子证据的概念、特征与分类，电子证据技术基础，国内外电子证据制度发展概况，电子证据收集与提取，境外电子证据取得与运用，电子证据的检查和侦查实验，民事电子证据保全，电子证据司法鉴定，电子证据的移送、出示及质证，电子证据的审查判断，电子证据的证据规则，区块链与电子证据，电子证据实验等方面，通过科学规划教学内容，让电子证据法知识形成体系。本书具有法学学科与理工科交叉融合、基础性与前沿性结合、理论性与实践性结合的特点，适合法学专业学生、司法从业人员使用。

图书在版编目（CIP）数据

电子证据法学 / 谢小剑主编. --北京：高等教育出版社，2022.9

ISBN 978-7-04-058887-3

Ⅰ.①电… Ⅱ.①谢… Ⅲ.①电子-证据-法学-中国 Ⅳ.①D925.113

中国版本图书馆 CIP 数据核字（2022）第 116441 号

Dianzi Zhengju Faxue

策划编辑 程传省　责任编辑 程传省 肖 文　封面设计 杨立新　版式设计 王艳红
责任绘图 杨伟露　责任校对 任 纳 高 歌　责任印制 存 怡

出版发行 高等教育出版社
社　　址 北京市西城区德外大街 4 号
邮政编码 100120
印　　刷 北京市艺辉印刷有限公司
开　　本 787mm × 1092mm 1/16
印　　张 17.75
字　　数 390 千字
购书热线 010-58581118
咨询电话 400-810-0598
网　　址 http://www.hep.edu.cn
http://www.hep.com.cn
网上订购 http://www.hepmall.com.cn
http://www.hepmall.com
http://www.hepmall.cn
版　　次 2022 年 9 月第 1 版
印　　次 2022 年 9 月第 1 次印刷
定　　价 49.00 元

物 料 号 58887-00

作 者 简 介

（排名不分先后）

谢小剑 法学博士，江西财经大学法学院教授、博士生导师，中国人民政治协商会议南昌市第十五届委员会常务委员，中国刑事诉讼法学研究会理事、江西省法学会证据法学研究会副会长、江西省省级人民监督员、江西省人民检察院专家咨询委员会专家。主持国家社科基金项目 2 项、省部级课题 10 余项，在《中国法学》《法学家》等期刊上发表学术论文 70 余篇，研究成果 5 次获省部级二等奖，两次获省部级三等奖。

谢登科 法学博士，吉林大学法学院教授、博士生导师，曾任黑龙江省齐齐哈尔市中级人民法院法官，在《环球法律评论》《法律科学》等期刊上发表学术论文 50 余篇。主持国家社科基金青年项目、国家社科基金一般项目等科研项目 10 余项。曾获吉林大学法学院“法学精英人才培育计划”资助，获吉林大学优秀青年教师精英阶段培养资助。

冯俊伟 法学博士，山东大学法学院教授、博士生导师，德国马普外国与国际刑法研究所、香港中文大学访问学者，兼任最高人民检察院网络犯罪研究中心特邀专家。在《法学研究》《中国法学》《比较法研究》等期刊上发表学术论文 50 余篇，主持国家社科基金项目 2 项，入选山东大学“齐鲁青年学者”、山东大学“未来学者青年计划”。

陈慰星 法学博士，华侨大学法学院教授、硕士生导师，华侨大学海上丝绸之路司法研究中心主任，中国民事诉讼法学研究会理事。主持国家社科基金项目，最高人民法院司法研究重大课题，及教育部、国务院侨务办公室等省部级课题共 10 余项，在《法律科学》《现代法学》《法学》等期刊上发表学术论文 30 余篇，研究成果 4 次获最高人民法院、中国法学会、国家知识产权局等学术奖励。

朱桐辉 法学博士，南开大学法学院副教授、硕士生导师，北京赛博威锋司法鉴定（电子数据鉴定）中心顾问，天津市法学会诉讼法学分会副会长兼秘书长，天津市人民检察院第二分院公诉业务咨询专家，南开大学人权研究中心研究员。在《环球法律评论》《法学》《当代法学》《中国刑事法杂志》等期刊上发表学术论文 40 余篇，多篇被转载。主持国家社科基金等课题多项，曾获南开大学哲学社会科学优秀成果奖。

吕 辉 法学博士，西南政法大学最高人民法院应用法学研究基地研究员，《应用法学评论》副主编，获中国法学会主办的第七届中国青年法学论坛主题征文一等奖（部级奖）等。主要研究方向为民事诉讼法学、人工智能法学、仲裁法学和证据法学。

胡冬萍 工学博士，江西财经大学软件与物联网工程学院副教授、硕士生导师。主持国家自然科学基金项目 1 项、省部级课题 3 项，发表学术论文 20 余篇，其中 10 余篇被 SCI/EI 收录。

许林波 法学博士，江西财经大学法学院讲师、硕士生导师，江西财经大学数据法律研究院研究员，首届江西省互联网协会法律工作委员会委员，江西省律师协会电子网络与高新技术法律专业委员会委员，江西省法学会仲裁法学研究会副秘书长。参与或主持数字社会法治治理、网络消费者个人信息保护、在线诉讼等相关国家社科基金重大项目、省部级课题共 10 余项，在《比较法研究》《法治论坛》等期刊上发表学术论文 20 余篇，研究成果 5 次获最高人民法院、全国学术论坛奖励。

前　言

在信息时代，互联网＋、人工智能的开发运用，电子产品、电子数据的普及，给诉讼证据带来极大的改变，电子证据已经成为诉讼案件中的主要证据种类。电子证据与传统证据相比，在收集、固定、展示、审查上，都存在很大差异。近年来，电子证据作为一种新的证据种类在法律上已经被确立，电子证据的取证、审查判断等问题也有了法律规范。这些法律形成较为庞大的体系，很大程度上突破了原有证据法学的内容，使证据法学研究和应用进入到以电子证据为核心的新时代。

然而，综观国内法学教育实践，仍然存在电子证据相关教学不足，多数高校仅开设了证据法学课程，并未开设电子证据法课程，缺乏电子证据法学的专门教材，国内法学教育实践不能完全适应新时代的需求等问题。在这一背景下，本教材顺势而为，通过科学规划教学内容，使电子证据法学相关知识形成体系，力争使读者通过学习本教材，能够对电子证据法律知识以及有关电子信息专业知识有较为充分的掌握，解决实践中面临的新问题，满足司法实践的新需求。

本教材具有以下特点：

第一，法学学科与理工科交叉融合。现有证据法学教材主要基于传统的证据法理论而设计，缺少电子证据法方面的内容，且教材中法学知识过多，不能体现交叉融合的特点。实际上，如果学生仅具备法学专业知识，往往会对电子证据感觉陌生，因此在教材编写上应打破专业鸿沟，引入计算机等理工科专业知识，使学生更好地掌握电子证据收集运用的基本原理、基本规律，适应信息时代发展的需要。本教材体现了学科交叉融合的特点，加入了较多与电子证据相关的计算机等理工科学科的知识，致力于打破两个学科之间的知识鸿沟，使读者能够深入理解相关法律知识，掌握“法学＋数据”人才应具备的数据采集、分析等基本知识并提升基本技能。

第二，基础性与前沿性相结合。本教材全面梳理了当前民事诉讼、刑事诉讼领域电子证据相关法律的最新发展，通过归纳、演绎、解释使之系统化、学理化，形成电子证据法教学的规范体系。在教学内容上涵盖了电子证据法的基础知识，也反映了电子证据的最新知识点，具有基础性与前沿性相结合的特点。

第三，理论性与实践性相结合。本教材不仅对电子证据相关法律进行理论阐释，还吸收了电子证据法学研究的部分实践成果。在当前司法实践中，与电子证据相关的司法实务难题层出不穷，如何理解与运用电子证据法律解决争讼，培养相关专业人才，已成为法学教育需要直面的难题。本教材具有理论性与务实性相结合的特点，在教材编写时加入了较多的实践案例，便于读者更好地理解课程内容。

当前，国家层面正在积极推进新文科建设，以适应新时代哲学社会科学发展的新要求，推进哲学社会科学与新一轮科技革命和产业变革交叉融合。毫无疑问，电子证据法正是在新一轮科技革命下形成的证据法学学科与理工科交叉学科。本教材体现了法学与理工科交叉融合的特点，编写团队响应国家推进“新文科”建设的号召，致力于围绕立德树人根本任务，为构建高水平文科人才培养体系贡献一份力量。

本教材由谢小剑担任主编。第一、七章由谢小剑编写；第二、四、九章由许林波编写；第三、十四章由胡冬萍编写；第五、十二章由谢登科编写；第六章由冯俊伟编写；第八、十一章由吕辉编写；第十章由朱桐辉编写；第十三章由陈慰星编写。本教材由谢小剑、许林波拟定编写大纲，并由谢小剑统稿。

本教材获得江西财经大学法学院交叉学科建设项目资助，在编写过程中得到了江西财经大学邓辉校长的关心和支持，特此致谢。此外，还要特别感谢高等教育出版社程传省编辑、肖文编辑的指导和辛勤工作。

本书编写组

2021 年 11 月

目　　录

第一章　电子证据法学概述

电子产品的普及、大数据的开发运用，给诉讼证据带来极大的变化。在案件审理中，越来越多的证据呈现电子数据的特征，电子证据在网络犯罪案件、商务往来纠纷案件审理中的作用日益凸显，微信、电子邮件、通话记录等在很多案件中甚至成为认定案件事实的主要依据。然而，在收集、固定、展示、审查上，电子证据与传统证据都有很大差异。在我国，电子证据作为一种全新证据类型在法律上已经得以确立，有关电子证据的取证方式、审查判断等问题也有了相关规范，并形成了较为庞大的体系。证据法学的研究和应用进入到以电子证据为核心的新时代。

第一节　电子证据法学的概念和特征

电子证据法学是运用交叉学科的研究方法，系统研究电子证据中各种法律问题的学科。

社会发展的日益信息化、科技化，对司法实践产生了深刻的影响。法学教育面临前所未有的挑战，迫切需要培养学科交叉融合的专业人才。20 世纪七八十年代以来，西方尤其是美国法学界的一个重要发展趋势是法学与相关学科交叉融合的兴起，该趋势对传统的法学学科带来了巨大的冲击。作为法学的一个分支，证据法学也未能独立于这个潮流之外，证据法学的分支学科——电子证据法学便应时而生。总体而言，电子证据法学具有如下特征：

第一，电子证据法学是以法学为主的交叉学科。电子证据法学是运用法学和电子信息技术、网络技术等学科的概念和方法研究电子证据的学问，是法学和电子信息技术、网络技术等学科相互交叉和渗透所产生的新学科。然而，在知识体系上，其更偏重于法学，对于法律的阐述、解读是该学科的主要内容。

第二，电子证据法学是应用性很强的学科。在司法实践中，证据是一切案件的关键因素，决定着诉讼的成败。对证据的处理是十分务实且重要的工作。电子证据法学是指导法科生开展电子证据司法实务工作的学科，具有很强的应用性、实践性。

第三，电子证据法学是专业性很强的学科。电子证据法学对电子证据的各种法律问题进行研究。在实践中，基于电子证据的易毁性、不易保存性等特点，相关法律规范在取证、保全、审查等环节都有严格的要求，具有很强的专业性。

第四，电子证据法学是新兴学科。电子证据法学是研究电子数据收集、保全、提取、鉴定分析、举证、质证等电子证据实务操作中的法学和信息技术知识的学科。该学科随着通信技术的发展而兴起，是一门新兴学科，将伴随电子数据技术（如5G技术、区块链等）的快速发展而发展。

第二节 电子证据法学的研究对象和研究方法

一、电子证据法学的研究对象

任何一门学科都有自己特定的研究对象，电子证据法学也不例外。作为一门新兴学科，电子证据法学的研究对象还在发展之中。本教材从法学人才培养的目标出发，融合法学和计算机网络通信等学科相关知识，试图对电子证据法学进行系统阐释。当前，电子证据法学的研究对象主要有以下几个方面：

第一，电子证据基础理论，主要包括电子证据的概念、特征、种类、分类等基础理论知识。

第二，国内外电子证据制度发展概况，包括主要代表性国家电子证据制度的发展情况以及司法实务的有关情况，我国电子证据法的演进历程等。

第三，电子证据技术基础，包括：（1）硬盘的基础知识，如硬盘的结构、性能指标、数据结构、工作原理与工作模式、数据安全性要求以及数据的恢复。（2）电子证据与网络技术的知识，包括应用层、表示层、会话层、运输层、网络层、数据链路层、物理层等各层的作用和工作原理。对电子证据技术基础的介绍，可为取证过程中的实践操作打下基础。

第四，电子数据收集与提取，包括：（1）电子证据收集的主体、原则、技术。（2）刑事电子证据的收集方法，包括电子证据搜查的方法、原始存储介质扣押的方法、电子证据勘验的方法、电子证据提取的方法、电子证据冻结的方法，以及域外电子证据的取得方法。（3）民事电子证据的收集方法。

第五，电子证据的检查和侦查实验。这主要是指具有专业知识的侦查人员依法开展电子证据检查，在必要时进行侦查实验，以发现和提取与案件相关的电子证据，验证有关犯罪事实的制度。

第六，电子证据司法鉴定。电子证据司法鉴定作为司法程序中的重要环节，涉及对电子证据的获取、保存、分析，证物呈堂等相关法律和技术问题，对司法领域和计算机科学领域都提出了新的挑战。需要研究电子证据司法鉴定的内容与范围、分类、发展历程，了解电子证据司法鉴定技术规范以及管理机制，分析电子证据司法鉴定的价值体现与功能发挥。

第七，民事电子证据保全，包括：（1）民事电子证据保全的基础知识，如概念、特征、原则、分类等。（2）民事电子证据诉讼保全，包括民事电子证据诉讼保全的程序、民事电子证据诉讼保全的技术等。（3）民事电子证据公证保全，包括民事电子证据公证保全基本要点、民事电子证据公证保全主要类型等。（4）民事电子证据档案管理，包括电子证据档案的内涵及功能、电子证据档案管理基本原理、电子证据档案管理的归档流程等。

第八，电子证据的举证质证，包括：（1）电子证据的移送，包括电子证据移送的主体、范围、原则及程序。（2）电子证据的出示，包括电子证据出示的主体、范围、原则及程序。（3）电子证据的质证，包括电子证据质证的主体、范围、原则及程序。

第九，电子证据的审查判断，包括：（1）电子证据审查判断的基本原则，包括无损性原则、专业性原则、完整性原则。（2）电子证据证据能力的审查，包括电子证据的客观性、电子证据的合法性、电子证据的关联性。（3）电子证据证明力的判断，包括电子证据的真实性、电子证据的完整性、电子证据的可靠性。

第十，电子证据的证据规则，包括：（1）电子证据与关联性规则，包括电子证据关联性规则概述、电子证据关联性的构成。（2）电子证据与最佳证据规则，包括电子证据最佳证据规则概述、电子数据原件认定标准。（3）电子证据与非法证据排除规则，包括电子证据承载的公民基本权利、电子证据纳入非法证据排除规则的基本制度。（4）电子证据鉴真规则，包括电子证据鉴真的功能、电子证据鉴真的方法、违反电子证据鉴真规则的法律后果。

第十一，区块链与电子证据，包括：（1）区块链技术在电子证据中的适用，包括区块链技术的基本原理及特点、电子证据适用区块链技术的可行性、区块链技术应用模式、区块链技术的证据性应用。（2）区块链证据的法律评价，包括区块链证据的证据方法评价、待证事实上链的可靠性评价、电子证据区块链存证转化的评价。（3）区块链证据的可采性规则，包括区块链证据的可采性认定一般性规则、区块链证据可采性的特殊规则。（4）区块链证据的立法前瞻，包括区块链证据的立法体系、区块链证据的立法内容。

第十二，电子证据学实验，包括：（1）密码破解实验，包括实验目的和意义、实验相关原理、Advanced Archive Password Recovery 安装步骤。（2）数据恢复实验，包括实验目的及意义、实验相关原理、R-Studio 数据恢复操作步骤。（3）数据擦除实验，包括实验目的及意义、实验相关原理、Disk Wipe 软件下载步骤。（4）IP 地址追踪实验，包括实验目的及意义、实验相关原理、Best Trace IP 地址追踪具体操作步骤。（5）用户操作痕迹追踪实验，包括实验目的及意义、实验相关原理、Last Activity View 用户操作痕迹追踪步骤。（6）镜像证据文件制作实验，包括实验目的和意义、实验相关原理、FTK ImagerChs 镜像证据文件制作步骤。

二、电子证据法学的研究方法

（一）比较研究方法

比较研究是根据一定的标准，对两个及两个以上有联系的事物进行考察分析，寻找其异同，探求普遍规律与特殊规律的方法。电子证据法学运用比较研究方法的领域主要有：比较研究世界各国和地区中的立法规范和规则；比较研究刑事、民事、行政纠纷中电子证据处理规则；比较研究电子证据与其他证据认定的异同。比较研究方法有助于丰富电子证据法学理论知识，指导电子证据法实务。

（二）实验研究方法

电子证据来源于电子数据，电子数据产生于实践，发展于实践。电子证据的提取、保全、检验、分析都需要在实践中完成。实验有助于还原案件现场,有助于总结和完善电子证据提取、保全、检验、分析中的各种规则和方法,使其更好地服务于司法实践。另外,实验还可用于验证电子证据结论的真伪。因此,电子证据法学的研究十分注重实验研究方法。

(三)学科交叉研究方法

电子证据本身涉及电子通信、计算机等方面的知识,在具体案件中还涉及司法鉴定、刑事侦查等方面的知识。因此,对电子证据法进行研究仅靠法学知识是不够的,还需要有计算机、电子通信、刑事侦查等其他专业学科知识,需要切合实践发展需要,融合多学科的研究方法。学科交叉融合研究方法也是丰富电子证据法学理论知识,指导司法实践的重要手段。

第三节 研习电子证据法学的意义

随着计算机网络和通信技术的飞速发展,网络如同一股来势凶猛的浪潮,冲击着现代社会的每一个角落。电子数据正在日益深刻地改变着现代人类的生活方式。网络带来技术和社会飞速进步的同时,也带来了日益增多且无法回避的网络纠纷甚至网络犯罪。而与网络纠纷、网络犯罪有关的法律事实在很大程度上需要运用电子证据来认定,即需要运用电子证据中的法律规则。因此,研究电子证据法具有重要的现实意义。具体而言,有以下几点:

一、有助于完善证据法学知识体系

法学专业知识与计算机、通信工程等专业知识的交叉融合,开辟了证据法新领域,有助于促进证据法理论的发展,进而丰富法学专业知识体系,推动法学知识体系的不断完善。

二、有助于培养跨学科专业人才

传统的电子证据课程中自然科学知识与法学知识之间的衔接不够紧密,且两者分配不均衡,法学知识过多,不能体现交叉融合课程的特点,导致法科生往往对电子证据感觉非常陌生,因此需要打破专业鸿沟。电子证据法学作为交叉融合学科,推动交叉融合课程建设,实现法学与计算机专业、通信工程专业知识的深度融合,强化法科生对其他知识的理解和运用,使其能够运用跨学科知识处理电子证据中的法律问题。专业交叉融合背景下电子证据法学的构建不仅为立法机关、司法机关提供了学科理论支持,对跨学科人才的培养也具有重要意义。

三、有助于提升法科生解决实践问题的能力

目前电子证据的运用已经深入社会生活各领域,现实社会中发生的事件、行为,几乎都可通过网络传输并在网络中留下相应的信息。这些电子数据,不仅可以用来证明与网络有关的违法犯罪行为,还可以用来查明其他各类诉讼案件的案件事实,有助于司法机关正确、

高效地查明各类案件。各类诉讼案件的司法实践已经表明，电子证据目前已成为审理各类诉讼案件的重要证据，其不仅可以用来认定各种计算机网络犯罪事实，其他与计算机网络无关的案件，也常常以电子证据作为判断案件事实的重要根据。电子证据法学能够让法科生较为充分地掌握司法实践中与电子证据运用有关的法律知识、电子信息专业知识，并用来解决实践中面临的新问题，满足司法实践的新需求，适应信息时代发展的人才需要。

四、有助于促进电子数据方面科学技术的进步

将电子数据纳入证据法学的视野进行研究，必将为计算机、网络技术、电子通信技术等其他专业的发展开辟新的研究方向。对电子数据进行证据认定的诸多标准为电子数据各类相关技术的发展和完善指明了方向。为使电子数据具有法律效力，保证各类活动顺利进行，维护当事人的合法权益，参与各方将不断发展密码、数字签名、身份验证技术、防火墙、灾难恢复、防病毒、防黑客入侵等方面的信息技术，从而实现运用制度手段推动电子数据科技进步的效果。

第二章 电子证据的概念、特征与分类

> 互联网时代,尤其是社交网络、电子商务与移动通信把人类社会带入了一个以“PB”(1024TB)为单位的结构和非结构数据信息的新时代。[①]
>
> ——[英]维克托·迈尔·舍恩伯格 肯尼思·库克耶

电子证据是依赖现代电子信息技术产生并存储在电子存储介质中用以证明案件事实的信息数据。从规范层面来看,我国现行立法对电子证据的界定与划分主要有三种方式:第一种方式是对常见的电子证据形式进行列举。例如,2012年《最高人民法院关于适用〈中华人民共和国刑事诉讼法〉的解释》(已失效)第93条列举了电子邮件、电子数据交换、网上聊天记录、博客、微博客、手机短信、电子签名、域名等电子数据。又如,2019年修正的《最高人民法院关于民事诉讼证据的若干规定》(简称《民事证据规定》)第14条亦作了常见信息文件的列举。第二种方式是对电子证据的本质特征进行列举。例如,《公安机关电子数据鉴定规则》第2条规定,电子数据是指以数字化形式存储、处理、传输的数据。第三种方式是“定性+列举”。例如,《最高人民法院、最高人民检察院、公安部关于办理刑事案件收集提取和审查判断电子数据若干问题的规定》第1条第1、2款规定:“电子数据是案件发生过程中形成的,以数字化形式存储、处理、传输的,能够证明案件事实的数据。电子数据包括但不限于下列信息、电子文件:(一)网页、博客、微博客、朋友圈、贴吧、网盘等网络平台发布的信息;(二)手机短信、电子邮件、即时通信、通讯群组等网络应用服务的通信信息;(三)用户注册信息、身份认证信息、电子交易记录、通信记录、登录日志等信息;(四)文档、图片、音视频、数字证书、计算机程序等电子文件。”上述三种界定与划分方式共同揭开了电子证据的神秘外衣,也反映了我国电子证据研究与实务的快速发展。

---

① [英]维克托·迈尔·舍恩伯格、肯尼思·库克耶:《大数据时代:生活、工作与思维的大变革》,盛杨燕、周涛译,浙江人民出版社2013年版。作者在该书中前瞻性地指出,大数据带来的信息风暴正在变革我们的生活、工作和思维,大数据开启了一次重大的时代转型。该书最具洞见之处在于明确指出,大数据时代最大的转变就是放弃对因果关系的渴求,转而关注相关关系,即只要知道“是什么”,而不需要知道“为什么”。这颠覆了千百年来人类的思维惯例,对人类的认知和与世界交流的方式提出了全新的挑战。这是大数据发展在证明领域的时代烙印。

第一节　电子证据的概念

一、概述

从我国现有的法律规范来看,立法和司法解释均采用的是狭义的电子证据概念,并试图将电子证据与其他传统证据种类予以区分。但是,从互联网时代的审判实践需求来看,广义的电子证据概念更有其现实合理性。《最高人民法院关于互联网法院审理案件若干问题的规定》[①] 第 9 条在界定证据交换时,采用的就是广义的电子证据概念,即“当事人应当将在线电子数据上传、导入诉讼平台,或者将线下证据通过扫描、翻拍、转录等方式进行电子化处理后上传至诉讼平台进行举证,也可以运用已经导入诉讼平台的电子数据证明自己的主张”。从计算机及信息科学的角度看,电子数据一般是指基于计算机应用、通信和现代管理技术等电子化技术手段形成的文字、图形符号、数字、字母等信息。从广义看,诸多证据都以电子数据的形式存在,如以数字化形式记载的证人证言、被害人陈述以及犯罪嫌疑人、被告人的供述和辩解等证据,都可以电子数据的形式存在,它们在技术层面等同于狭义的电子证据。据此,有学者主张以广义概念来界定电子证据并在此基础上形成相应的审查判断规则,更加符合审判实际,也是更加合理的选择。[②] 根据该定义,只要与计算机及信息技术相关并且能够证明案件事实的材料,原则上均应纳入电子证据的范畴,并应在此基础上形成基于互联网、符合数字化时代要求和电子数据自身特点的审查判断规则。

二、电子证据与相近概念的区分

电子证据是指以电子形式生成,以数字化形式存在于磁盘、光盘、计算机等载体,用以证明案件事实的电磁记录物。大数据时代,人类的生活与电子证据紧密联系,这些证据形形色色,表述也五花八门。常见的表述除了“电子证据”之外,还有“计算机证据”“计算机数据证据”“电子数据”“电子数据证据”“数据电文证据”“电子文件证据”“网络证据”以及“网上证据”等。以上表述虽然无所谓对错,但都犯了“盲人摸象”的认识错误。尽管有些表述不够科学合理,缺乏全面性,其仍为后续对电子证据的准确界定奠定了基础。现有的电子证据相关文献中经常使用几个与电子证据密切相关的概念,如计算机证据、科学证据、网络证据等,以下就这几个概念与本书使用的电子证据概念之间的相互关系作简单分析。

---

① 该规定虽然只适用于北京、广州、杭州的互联网法院,且不适用于刑事案件,但其对完善互联网时代的审判制度和证据规则依然具有参考意义。

② 参见胡铭:《电子数据在刑事证据体系中的定位与审查判断规则——基于网络假货犯罪案件裁判文书的分析》,《法学研究》2019 年第 2 期。

（一）电子证据和计算机证据

计算机证据是以计算机为基础或与计算机相关联的证据。根据这一定义，电子证据可涵盖保存在计算机或其他相关装置中的电子数据，包括电子邮件、电子资金划拨记录、电子数据交换记录、电子聊天记录、电子公告牌记录、网络日志、电子签名等。但计算机并非唯一可以进行数字化处理的设备，扫描仪、数码摄像机、数码照相机、手机、智能家电、电子眼等设备均可以进行一定的数字化处理，其产生和存储的电子数据也属于本书所界定的电子证据。因此电子证据和计算机证据应该是一种包含与被包含的关系，计算机证据是电子证据的一种形态，在不太严格的情况下可以将二者互换使用。

（二）电子证据和科学证据

我国证据法学理论很少关注科学证据问题，也没有明确界定“科学证据”概念。国外对于“科学证据”一词亦无普遍认同之定义，这里仅介绍美国几种比较常见的观点。

美国联邦司法中心 1994 年《科学证据参考指南》将科学证据界定为专家证据，尤其是案件中涉及科学和技术争议的专家证据。该指南全文未涉及电子证据。美国法学院协会将科学证据与专家证据合并称为“专家与科学证据”，其中科学证据是指诸如精神病学和心理学证据、毒物学和化学证据、法医病理学证据、照片和录像、显微分析和中子活化分析记录以及指纹、DNA、枪弹、声纹、可疑文书、测谎、车速检测等证据，并不包括电子证据。因此在上述观点之下，科学证据与电子证据是一种平行关系。

电子证据的高科技特性毋庸置疑，但其与科学证据不同。由于计算机网络知识的普及和计算机网络的普遍应用，在使用电子证据进行证明的活动中，虽然很多场合仍然需要借助专家取证、举证和质证，但在不少场合当事人（包括律师）也可以亲自进行电子证据的取证、举证和质证活动。因此电子证据兼有科学证据和普通证据的属性。

（三）电子证据和网络证据

所谓网络证据，是指与网络有着特定联系的证据。广义的网络包括电信网络、有线电视网络、计算机网络，狭义的网络仅指计算机网络。囿于本书主题，此处所称网络指狭义的网络，即计算机网络。计算机网络通常分为局域网、城域网和广域网。局域网（Local Area Network，LAN）是指在某一区域内由多台计算机互联成的计算机组，一般限定在方圆几千米以内。局域网可以实现文件管理、应用软件共享、打印机共享、工作组内的日程安排、电子邮件和传真通信服务等功能。局域网是封闭型的，可以由办公室内的两台计算机组成，也可以由一个公司内的上千台计算机组成。城域网（Metropolitan Area Network，MAN）是在一个城市范围内建立的计算机通信网，属宽带局域网。由于采用具有源交换元件的局域网技术，因此网中传输时延较小，它的传输媒介主要为光缆，传输速率在 100 兆比特 / 秒以上。MAN 的一个重要用途是作为骨干网，将位于同一城市内不同地点的主机、数据库以及局域网等连接起来，这与 MAN 的作用有相似之处，但两者在实现方法与性能上有很大差别。广域网（Wide Area Network，WAN）也称远程网，通常跨接很大的物理范围，从几十公里到几千公里。它能连接多个城市或国家，也能横跨几个洲并能提供远距离通信，形成国际性的远程网络。

无论什么网络，都至少有两个以上信息终端，因此所谓的网络证据，是指通过网络在两个以上信息终端之间发送、传输和接收的电子数据。

电子证据的特征在于电子化和数字化，虽然电子数据的使用大多离不开网络，但不排除一部分可以作为证据的电子数据并没有在两个以上信息终端之间发送、传输和接收，典型的如计算机日志、数码照片等，因此电子证据是一个“种概念”，既囊括了来源于网络的电子证据，又包括了与网络没有关系的其他电子证据。因此，电子证据与网络证据是一种种属关系。

（四）电子证据和数字证据

“数字证据”一词在国内著作中并不多见，但在英文法律文献中的使用率颇高。丹麦政府 IT 安全委员会于 1999 年上半年发布的《确保数字文件证据力之指南》，用于指导国家机关和私人企业开展无纸化办公，其中就多次出现了“数字证据”一词。计算机犯罪专家奥恩・凯西（Eoghan Casey）于 2004 年出版的名为《数字证据与计算机犯罪》的专著，为警察、法庭科学家、律师以及程序员提供重要指导。该书认为，数字证据是指包含有下述各种数字式数据的证据，即能够证明发生了某一犯罪的数据，或者能够在犯罪行为与被害人之间、犯罪行为与犯罪人之间建立某种联系的数据。[①] 由于作者探讨的问题限于计算机犯罪领域，该定义存在狭隘之处。

现代电子技术包括模拟电子技术与数字电子技术。第一代移动电话采用的是模拟电子技术，第二代移动电话采用的是数字电子技术。从汉语的构词法上看，所谓数字证据，是指表现为数码形式的一切证据，或者说是借助数字电子技术形成的一切证据。电子证据既包括数字制式的证据，也包括模拟制式的证据。因此，电子证据的外延大于数字证据的外延。

就电子证据与数字证据的关系而言，数字证据从属于电子证据，这类似于数字签名从属于电子签名。从各国电子商务实践来看，电子签名主要表现为数字签名，但除此之外还有采用生物笔迹鉴别法、指纹鉴别法、眼虹膜鉴别法、声纹鉴别法等鉴别方法的生物特征电子签名。且电子证据主要借助电子设备，而现代电子设备广泛采用数字电子技术，因此电子证据主要表现为数字证据，但也有少数模拟式电子证据。鉴于电子证据与数字证据间的特殊关系，可以认为广义的电子证据包括数字证据，狭义的电子证据基本等同于数字证据。

电子证据的概念已经得到国内外法学界的认可，但由于切入点不同，学者对其概念还存在一些争议。就目前相关电子证据的研究成果和立法情况来看，电子证据是一种涉及面极为广泛的技术性事物，随着信息化时代的到来，人类社会中的事物大都可以电子化、数字化，电子证据也会越来越多。[②]

拓展阅读

甲电子商务有限公司与乙信息技术有限公司技术委托开发合同纠纷案

① 参见［美］Eoghan Casey：《数字证据与计算机犯罪》（第二版），陈圣琳等译，电子工业出版社 2004 年版，第 22 页。

② 参见王学光：《电子证据法律问题研究》，法律出版社 2018 年版，第 17 页。

第二节　电子证据的特征

电子证据是网络信息时代刑事诉讼中的“证据之王”,它既不属实物证据也不属言词证据,而是具有独立地位的“第三类证据”,对其独立性的考察离不开对电子证据特征的总结。对于电子证据的特征,学界的观点并不完全一致,下面列举电子证据的几个显著特征。

一、电子证据的数字化特征

电子证据的数字化特征是其区别于其他证据类型的根本特征。在信息数字化处理过程中,所有的输入都被转换成了机器可直接读写的“0”“1”代码进行运算,再将运算结果转换为能够被人阅读的输出。因此,电子证据的本质就是存在于虚拟空间的各种“0”“1”组合,显示器屏幕上的图像并不是计算机文件,而只是一个屏幕上的图像。图像由层层软硬件产生。一旦入侵者“占有”了一台机器,就可以篡改其中的任何内容。

这一特征把电子证据与以模拟信号为特征的视听资料区别开来。视听资料又称声像资料或直感资料,一般是以音响、图像等方式记录的相关信息。视听资料一般可分为两种类型:(1)视觉资料,也称无声录像资料,包括图片、摄影胶卷、幻灯片、投影片、无声录像带、无声影片、无声机读件等。(2)听觉资料,也称录音资料,包括唱片、录音带、声像光盘等。虽然电子数据与视听资料可以相互转换,但是20世纪科学水平相对落后时产生的视听资料只是时代转化过程中的一个派生物,视听资料的数字化趋势不可避免,有朝一日,电子数据将会全面取代视听资料在法律中的地位。

二、电子证据的虚拟空间性

虚拟空间性与数字化有一定的相似之处,虚拟空间性更多用来描述电子证据依附载体方面的特征。相比传统证据,电子证据具有虚拟空间性或者数字空间性。所谓虚拟空间、数字空间,是美国人托夫勒(Toffler)所说的“第三次浪潮”之后才在人类社会出现的空间。具体来说,传统证据都处在物理空间,是办案人员可以进去打交道的空间;电子证据则处在由“0”和“1”数字信号量构成的虚拟空间或数字空间,是办案人员不能直接进入的无形空间。要在这样的空间提取相关的电子证据,人们必须借助高科技的软硬件电子设备。在此过程中,电子设备实际上就起到了技术代理的作用。可见,电子证据处在必须借助虚拟的“机器”代理才能产生的证据虚拟空间中,包括计算机空间、网络空间、服务器空间、手机空间以及摄像机、打印机、复印机等存储介质空间,还有现在常说的云空间等。电子证据通常不是实实在在的物,而是以某种信号量(包括模拟信号量和数字信号量)的方式存储着的信息。这些信息无法用肉眼识别,即使技术专家也必须借助特定的设备或软件才能显现其内容;这些信息有着不同的解读方法,如果不对本来的技术规则进行解读就不能得到正确的结果；这些信息通常是可以同载体分离的，并且反复多次的精确复制也不会影响其内容的准确性。

三、电子证据的挥发性

运行中的计算机系统存储的数据是有寿命的，不同数据的寿命差别很大，短的只有几纳秒，长的有几年。寿命较短的电子数据在“生存期”结束后可能就无法得到或失效了，就像在无边无际的网络空间中“挥发”了一样，这就是电子数据的挥发性。收集数据的最好方法是按照数据的预计寿命有顺序地进行收集，即先收集挥发性强的数据。

四、电子证据的无形性

电子证据是以电、磁、光等形式存在于媒体介质之上的，它的实体是电磁波和二进位数据编码。这些信号和编码是肉眼无法直接观看的无形体，只有通过特定的设备和技术才能显示为肉眼可见的有形内容。而且，对电子数据的修改或删除通常只在操作日志中留下记录，电子数据本身看不出痕迹，一旦操作日志也被删除，对电子数据的修改或删除将不会留下任何痕迹，这是电子数据区别于纸质资料的一大特点。因此，在复制、分析、使用电子证据时，应当对其真实性、完整性进行保护。例如，可采用电子签名和可信时间戳的方法进行保护。

五、电子证据的可挽救性

在某些情况下，计算机可以按照例行程序自行追踪和挽救一些信息。例如，Word 软件中有时会产生一些可以挽救的文档，在意外断电的情况下，系统还可以将文档恢复到断电前自动保存时的状态。电子证据的可挽救性还体现在可以恢复被删除、修改的文件上。对于传统书证而言，证据一旦遭到毁损，将无法复原，而对于计算机硬盘上的数据信息的修改、删除，都可以通过技术手段检测到。实际上，对硬盘文件进行修改和删除的操作不过是激光探头对硬盘进行擦写的过程。就像用铅笔写字，即使用橡皮将写的字擦掉，也会在纸上留下浅浅的印痕一样，电子证据被删除并被其他文件覆盖之后，依然会留下痕迹。这些痕迹都可以通过技术手段被认定和恢复。对于在删除之后没有被覆盖的文件，恢复更加容易，文件被删除之后被放进“回收站”（Windows 系统中），也可以直接用命令将其恢复。即使将“回收站”清空，实质上文件也并未从硬盘上删除，被删除的只是指向文件物理地址的逻辑指针，即删除操作只是执行简单的指针无效化，而不是实际删除程序和文件。

六、电子证据的稳定性

相比传统证据，电子证据造假更容易被发现。司法实践中，有的行为人通过修改电脑的时钟或文档属性对以前的 Word 文档造假，结果在软件版本信息中露出了破绽。有的行为人在被抓获之前用火烤、刀砍等方式将电脑损坏，但最后因为关键部分的磁盘信息没有损

坏,还是被发现了造假的痕迹。类似这样的案例告诉我们,电子证据造假不被发现其实并不容易。理由如下:

第一,电子证据所在的虚拟空间是“人不能至”的空间。经验表明,有人的地方就可能存在造假,智商越高的人越善于造假。而计算机等电子设备由于“人不能至”,本身不会造假,只能够进行二进制运算。

第二,电子证据是系统性证据,每个电子证据周围都会伴随着一批相关信息。系统性决定了电子证据不容易造假。电子证据造假,不仅要对电子证据的主文件造假,还要对其附属信息、关联痕迹造假,如此一来难度就会大幅增加。传统证据的造假通常只要改动一两个地方,而电子证据的造假则要进行系统性改变。

第三,虚拟空间与物理空间存在着对应的关系,利用这种关系也可以识别电子证据的真假。例如,对电脑空间、手机基站空间、GPS 空间的信息进行篡改,必须将所有虚拟空间的信息同步改变,并且要与物理空间的证人证言、当事人陈述及痕迹物证相对应,而这几乎是不可能的。

七、电子证据的多元性

西方国家当代侦查学提出了虚拟空间案件重建理论。怎样重建虚拟空间的案件事实呢?就是要把电子证据看成一个信息场。具体来说,电子证据不是简单的涉案线索或证据,而是虚拟的作案场所。办案人员面前的电子证据及其所依存的电子介质中存在海量信息,既有与案件有关的,也有与案件无关的;既有数据电文,也有附属信息和关联痕迹。它们构成了一个整体,能够告诉办案人员案件事实的来龙去脉。

电子证据是由海量数据电文、附属信息与关联痕迹按照一定规律构成的场所。孤立的电子文件(如一个文档、一张图片)是一个小“场”,能讲小故事;如果将其保存在电子介质中,电子介质就是一个大“场”,能讲更详细的故事。将电子证据的线索价值、证据价值与场价值结合起来,就构成了电子证据的多元性。任何简单地将电子证据视为线索或证据的观点都是片面的,都有可能低估电子证据的价值。将其用作线索,可以发现别的证据;将其用作证据,可以用来证明案件事实;将其作为场,可以用来还原案件事实。我们应当将这三种观点有机地结合起来,最大限度地发挥电子证据的多元性价值。

八、电子证据的系统性

电子证据存在于虚拟空间或数字空间,对于这样的空间,人们习惯用以下词语来描述:计算机系统、操作系统、应用文件系统、网络系统、存储系统、手机系统、GPS 系统、云系统等。这些词语的共同词根是“系统”。这表明电子证据的产生、显现、变化等都不是孤立的,而是系统性的,是由若干个元素组成的系统整体。相比而言,人们虽然也试图用系统观念来评价传统证据,但司法实践中的传统证据都是少量的,如裁判文书中所说的一个或几个物证、一份或几份书证。与此相反,任何电子证据都不是孤立存在的,而是遵循一系列计算机命令、程序或技术规则的产物。具体来说，所有电子证据都是"三位一体"的，即数据电文证据、附属信息证据和关联痕迹证据密切联系，构成一个有机的整体，共同指向案件事实。

如前所述，电子证据是一个概括性的统称，在此概念之下，其表现形式纷繁复杂，极具衍生性与扩展性。因而，与传统的实物证据（如书证、物证等）相比，电子数据具有多种特征也就不足为奇了。

【阅读案例】

吉林省延边朝鲜族自治州中级人民法院审理的李某与梁某民间借贷纠纷一案，一审法院认为：依据《中华人民共和国民事诉讼法》第63条的规定，李某与梁某之间互相发送的微信聊天记录作为电子数据信息的一种符合电子证据的完整性特征，即电子证据自形成之时起，内容保持完整，未进行非必要的添加和删除，未进行关键性的更改，因此能够作为认定本案事实的依据。结合李某与梁某的微信聊天内容，能够确认梁某向李某借款2万元的事实。对李某主张的要求梁某立即偿还借款2万元的诉讼请求，法院予以支持。再审中，双方当事人未提供新证据。再审法院对一审、二审查明的事实予以确认。再审法院认为：微信作为电子数据信息的一种，属电子证据，为民事证据种类之一。本案中，根据李某、梁某微信聊天记录上下文逻辑关系，并结合李某与梁某在本案纠纷发生时均为在校学生的实际情况及双方无特殊约定的情形，该2万元款项的性质应属借款，李某与梁某之间就2万元款项形成了民间借贷关系。关于李某主张的为梁某垫付的生活费5万元，从李某与梁某微信聊天记录内容看，应当认定该5万元为二人3个月的共同消费，不属于借款，故对李某的该部分诉讼请求，法院不予支持。综上，再审申请人李某的再审请求部分成立；二审认定事实及适用法律错误，导致裁判结果错误；一审判决认定事实及适用法律正确。①

评析：随着微信通信手段的普及，微信聊天记录成为越来越多民商事纠纷中的重要电子证据之一，法院在认定微信聊天记录的证据效力时，应当根据有关电子证据的特性审查判断。

第三节　电子证据的分类

目前，世界上将电子证据单独列为一项诉讼证据的国家不多，我国在2012年民事诉讼法、刑事诉讼法修改和2014年行政诉讼法修改中将其作为一项独立的诉讼证据纳入立法，是一项重大突破。但值得注意的是，虽然现行三大诉讼法赋予了电子证据独立的证据地位，但是对于电子证据同传统证据的区别，并未进行明确辨析。在肯定电子证据独立地位

① 详见吉林省延边朝鲜族自治州中级人民法院（2018）吉24民再49号民事裁定书。

的同时，将其与传统证据进行区分，有利于我们对该种证据的理解和运用。除了须明确电子证据与关联度较高的书证、视听资料在物质特性、表现形式、产生机理、证明方式等方面有区分之必要外，还须回应理论界将其归类为广义的物证、鉴定意见的说法。电子证据逐渐走向无形化和虚拟化，这显然不同于传统的物证；同时，也不能因为相当一部分电子证据需要鉴定机构进行鉴定就将其归类为鉴定意见，因为如此一来就会出现诸如书证、视听资料、证人证言等证据在需要鉴别真伪时就被归为鉴定意见，从而丧失自身证据属性的逻辑错误。此外，虽然本身包含了内容数据、衍生数据、环境数据、通信数据等不同类型的数据，但电子证据没有像"混合证据说"或是"七分说"所主张的那样，成为一种混合证据，而是随着科技的发展，内部分类逐渐多元化，迅速超出了传统证据的范畴，真正走向了立法上的独立。

分类是一种在把握事物共性的同时辨识事物特性的逻辑手段。传统的证据法理论将证据的分类和证据的种类相区别，前者一般指学理上对证据类型所作的划分，后者特指立法确定的诉讼证据类型，只有法定化的证据分类才能称为证据种类制度。[①] 按照我国证据裁判主义及证据形式合法性考察的要求，只有三大诉讼法确立的八类法定证据才能够作为定案的依据。电子证据入法标志着我国证据种类制度的成熟，也表明电子证据本身作为法定证据种类之一是立法层面的证据分类的结果。本书对电子证据采取学理上的分类，分类的依据包含法律标准和技术规范，契合电子证据所蕴含的法律属性和技术属性相融合的特质。

依据《中华人民共和国刑事诉讼法》（简称《刑事诉讼法》）、《中华人民共和国民事诉讼法》（简称《民事诉讼法》）、《中华人民共和国行政诉讼法》（简称《行政诉讼法》）对证据的法定种类的划分，在电子证据入法前，证据大概可以分为物证、书证、视听资料、证人证言、当事人陈述、鉴定意见及笔录类证据七种。因此，在早期的研究中，有学者建议将电子证据划分为七种，即电子物证、电子书证、电子视听资料、电子证人证言、电子当事人陈述、有关电子证据的鉴定意见及电子证据检查笔录。[②] 这种分类方法显然忽略了电子证据的独立性。因为电子证据与其他证据形式不同，不仅来源多种多样，存储介质种类繁多，生成机理差异较大，而且作用各有不同，所以需要结合电子证据取证实务，对电子证据进行必要的分类，以准确把握各类电子证据的特点，指导电子数据取证的实践。[③] 基于上述分析，电子证据作为一种超越传统证据形式的新型证据，是指以电子形式生成，以数字化形式存在于磁盘、光盘、计算机等载体，用以证明案件事实的电磁记录物。因此，电子数据仅指电子化数字化的信息，与现代通信技术和计算机技术密切相关，电子证据是电子数据证据的缩略语。依据不同的标准，可以将电子证据作出不同的分类。

① 参见陈光中主编：《证据法学》（第四版），法律出版社 2019 年版，第 62 页。

② 参见何家弘主编：《电子证据法研究》，法律出版社 2002 年版，第 27—29 页。

③ 参见汪振林主编：《电子证据学》，中国政法大学出版社 2016 年版，第 16 页。

一、数字电文证据、附属信息证据、系统环境证据

依照档案学原理，电子文件的完整性、真实性只有通过元数据才能证明。依照鉴定学原理，电子文件的可读性依赖于其原始的系统软硬件环境。因此电子证据，特别是与数据电文有关的电子证据，可以分为数据电文证据、附属信息证据与系统环境证据。所谓数字电文证据，是指记载法律关系的发生、变更和灭失的证据，如 E-mail 和 EDI 正文。所谓附属信息证据，是指数据电文在生成、存储、传输、修改、增删过程中引起的相关记录，如系统日志、文件属性信息。所谓系统环境证据，是指关于数据电文运行时所处的硬件和软件环境的信息，如相关硬件规格或软件的版本等信息。

把电子证据分为数字电文证据、附属信息证据与系统环境证据可以明确不同证据的作用，在某种意义上还能引发学理上关于证据功能定位的进一步讨论。因为电子证据并不都是用来证明案件事实的，有些电子证据用于证明其他证据的可信性或提供侦查、收集证据的线索，因此诉讼法对证据概念的界定有一定的局限性。

二、电子设备生成证据、电子设备存储证据与电子设备混成证据

根据形成机制（电子证据生成的方式）的不同，可以将电子证据分为电子设备生成证据、电子设备存储证据与电子设备混成证据。不同方式生成的电子证据在真实可靠性上有较大的差异。因此在判断电子证据的证明力时，电子证据的生成方式是一个非常重要的考量因素。

所谓电子设备生成证据，是指完全由计算机等设备自动生成的数据证据。其特点在于它的生成基于计算机的内部命令，不掺杂个人的意志，具有较高的准确性。其自身的证明力大小主要取决于其准确度的高低，如 ATM 机数据。

所谓电子设备存储证据，是指依据计算机等设备录制的信息得到的数据证据。此种证据证明力大小主要取决于计算机设备的准确性和影响录制的其他因素。

所谓电子设备混成证据，是指计算机设备录入信息以后再进行内部运行得到的数据证据。它具有上述两种数据的性质特点，对其真实可靠性的判断比较复杂。若把相关的计算机等设备比喻成一个证人，那么电子设备生成证据就是基于该证人本身知情得出的，因此不发生英美法系中的传闻问题，其可靠性仅取决于电子设备的性能与运行状况。而电子设备存储证据则是由该证人“道听途说”得出的，因此须依据英美法系传闻证据规则判断此类证据证明力的大小，即除考虑电子设备的性能与运行状况外，还要考虑录入时是否有影响录入准确性的因素。电子设备混成证据兼有上述两种证据的性质，因此对于其可采性和证明力的判断要复杂得多。

三、电子通信证据、计算机证据、互联网证据、手机网证据和其他电子证据

根据所依存信息技术的不同，可以将电子证据分为电子通信证据、计算机证据、互联网

证据、手机网证据和其他电子证据。电子通信证据，是指基于现代通信技术产生的电子证据，如电话证据、电报证据、传真证据等。计算机证据，是指基于计算机技术产生的电子证据，如计算机数据（电脑文档、计算机日志等）、计算机输出物、计算机打印物等。互联网证据，是指基于互联网技术产生的电子证据，如电子邮件、电子数据交换、电子聊天记录、电子公告牌记录、博客记录、微博记录、电子报关单、电子签名、域名、网页、IP 地址以及电子痕迹（系统文件、休眠文件、日志记录、上网痕迹）等。手机网证据，是指基于手机技术产生的电子证据，如手机录音证据、手机录像证据、手机短消息证据（第五媒体证据）、信令数据、上网痕迹、通信痕迹。其他电子证据，是指基于其他信息技术产生的电子证据，如雷达记录证据、来音证据、呈像证据、摄像证据、GFS 痕迹（即所谓的“视听资料”）。

四、存储介质电子证据、电磁辐射证据、线路电子证据

根据电子证据的来源不同，可将其分为存储介质电子证据、电磁辐射证据和线路电子证据。电子证据可以从存储介质中获取，从电磁辐射中获取，还可以从线路中获取。不同类型的电子证据的获取方法和技术不同，获取的程序也有各自的特点。

（一）存储介质电子证据

存储介质电子证据是指来源于各种存储介质的电子证据。电子证据存储介质的种类很多，如计算机硬盘、软盘、光盘、磁盘列阵、高储存密度磋（Zip 盘）、移动存储盘、网络设备（路由器、交换机等）、打印机、扫描数码相机、数码摄像机、数字手机、掌上电脑（PDA）、录音笔、扫描笔、视器等设备的存储装置。存储介质中的电子证据主要通过扣押、提存或复制的方式收集。

（二）电磁辐射证据

电磁辐射证据是指从电磁辐射中获取的电子证据。计算机电磁辐射主要包括：显示器的辐射、通信线路（连接线）的辐射、主机的辐射输出设备（打印机）的辐射。计算机是靠高频脉冲电路工作的，电磁发生变化，必然要向外辐射电磁波。辐射的电磁波会把计算机中的信息带出，电子证据搜集人员只要准备相应的接收设备，就可以接收电磁波，从中获取电子证据。

（三）线路电子证据

线路电子证据是指从计算机联网后的传输线路中获取的电子证据。由于计算机网络结构中的数据是共享的，主机与用户之间、用户与用户之间通过线路联络，必然存在许多泄密漏洞。通信线路存在数据被截取的安全隐患，侦查人员可以利用通信线路的这种弱点，对犯罪嫌疑人的通信线路进行监听，必要时对传输的电子数据进行截获，收集有用的电子证据，或者采用蜜罐、蜜网技术收集攻击数据。

五、原生电子证据和再生电子证据

根据证据来源是否经过中间环节，可将传统证据分为原始证据和传来证据。原始证据

是指直接来源于案件事实或原始出处的证据；传来证据是指经过复制、复印、传抄、转述等中间环节形成的证据，是原始证据的复制品。判断证据是否为原始证据应该以该证据是否直接来源于案件事实或原始出处为标准。这一标准基本上为我国证据法学界所公认。但在电子证据中，不能简单地将原件与原始证据、复印件与传来证据“划等号”。否则仅电子数据原件（即最初确定性生成的电子数据）可作为原始证据，而据此转换来的任何电子数据均为复制件，只能作为传来证据。这显然是不合理的，因为按照最佳证据规则，原则上应向法庭提交原始证据，但是，由于电子数据的特性，提交电子数据原件既不可能也没有必要。首先，电子数据原件与复制件的证据价值没有差别。与传统证据不同，电子数据的复制件与原件可以毫无差别，即不仅构成电子数据的字母代码相同，而且所有格式信息也完全相同。因此电子数据用作证据时区分原件与复制件意义不大。其次，电子数据原件与复制件的可靠性无法比较。与纸质信息不同，电子数据（无论是原件还是复制件）很容易被篡改。并不能因为某电子数据是原件，就认为其可靠性比其复制件可靠性高。最后，电子数据可以通过互联网散布到全球各地，因此，如果不采取某种技术措施，很难确定哪份电子数据是原件，哪份电子数据是复制件，因为在不同时间、不同地点、由不同人获得的电子数据可以毫无区别。

综上，本书认为应按照电子证据的高科技特征，参照原始证据与传来证据的分类标准，从信息科学的角度出发，将电子证据分为原生电子证据和再生电子证据。原生电子证据是指以数字形式创建（如用传感器、显微照相机等仪器创建）并以数字格式存在的电子证据，如数据库证据、以文字处理创建的文本文档证据、以数字媒介记录的音像证据，以及软件证据、网页证据、超文本证据和数码艺术证据等。而再生电子证据，只是物理存在实体的一种数字表现形式。这种分类方式旨在揭示哪些电子数据在物理世界不存在原件或原物，即其一旦丢失便无法再现。随着科技的发展，将有越来越多的电子证据属于原生电子证据，如各种数字作品。对原生电子证据要采取比再生电子证据更为严格的保管保护措施。

六、绝对电子证据和非绝对电子证据

绝对电子证据是指所含信息无法完全拷贝的电子证据。它只能在数字环境下运行才能表达思想内容，如多媒体产品、网页、3D 图像等。非绝对电子证据是指所含信息可以完全拷贝的电子数据，如以 PDF 格式、Word 格式等形成的文件。将电子证据按其所含信息是否可以完全拷贝分为相对电子证据和绝对电子证据，旨在为电子证据收集保全后的保管工作提供方便。绝对电子证据只能以电子方式在法庭上出示，而非绝对电子数据既能够以电子方式出示，也能够以纸质方式出示，因此，两者收集保全后的保管措施并不相同。

虽然上述分类仅为学理分类，不具有法律约束力，但可以指导司法证明过程中电子证据的取证、举证、质证、认证活动。不同类型的电子证据在上述证明过程中的侧重点和疑难点不尽相同，应区别对待，以提高电子证据运用的效率与效果。

【阅读案例】

罗某、肖某侵犯公民个人信息案

该案中，经庭审质证并认证的证据有：（1）书证：公安机关依法调取的《常住人口基本信息》；公安机关依法调取的《户籍证明》《重庆市九龙坡区人民法院（2011）九法刑初字第01046号刑事判决书》《刑满释放证明书》各1份；公安机关依法调取的营业执照。（2）被害人陈某1的陈述。（3）证人证言：证人殷某、刘某出具的抓获经过各1份；证人胡某、吉某、王某、张某、夏某、许某、杨某、顾某的证言。（4）被告人的供述和辩解：被告人罗某的供述和辩解；被告人肖某的供述和辩解。（5）搜查笔录2份及扣押决定书、扣押清单。（6）电子证据：泰州市公安局海陵分局依法从支付宝（中国）网络技术有限公司调取的支付宝转账记录光盘2张（内含肖某、罗某支付宝交易清单）；泰州市公安局海陵分局泰海公（网安）检［2017］117、141号电子证据检验检查工作记录、泰公（网安）勘［2017］128号电子证据勘验检查工作记录。法院经审理认为：被告人非法窃取公民个人信息的犯罪事实有经人民法院庭审质证并认证的被告人肖某的供述，被害人陈某1的陈述，证人胡某、吉某、王某等人的证言，相关的电子证据，以及书证等证据证实，足以认定。①

评析：本案证据涉及多种法定证据种类，其中电子证据属于此类侵犯个人信息类新型犯罪的重要证据之一，在认定网络犯罪事实的过程中起着重要的作用。

本章小结

电子证据正式进入立法及相关的司法解释中，并在司法实务中被大量运用，是法律与科技融合、碰撞出的“最美花火”。随着对电子证据认识的逐渐清晰，司法实践中少用、慎用甚至错用这类新型证据的局面得到了极大改善。然而，对电子证据的探索还未完成，这是一条伴随着科技快速发展、人类生活日新月异的未知与未尽之路，而这条路的起点是对电子证据概念、特征与分类的研究和实践。本书有关这部分的论述仅是从现有的相关规定、司法判例出发，结合已有的研究结果，所作的基础性归纳总结。无论是对电子证据概念的界定、特征的分析还是分类的演进，人们都只能基于已有经验去摸索，想要获得对电子证据更多有益的认识就必须深入电子证据的司法实践中。对电子证据完整、清晰的认识有助于推进电子证据理论研究及其在司法裁判中的运用。

---

① 详见江苏省泰州市海陵区人民法院（2018）苏1202刑初20号刑事判决书。

思考题

1. 电子证据概念的核心是什么？
2. 如何看待电子证据与电子数据的关系？
3. 电子证据与视听资料的区分要点是什么？
4. 电子证据最本质的特征是什么？
5. 电子证据的分类与传统的证据分类有何异同？

第三章　电子证据技术基础

电子证据是指以电子形式存在的、用作证据使用的一切材料及其派生物。[①]

——何家弘

第一节　硬盘基础知识

硬盘（Hard Disk Drive，简称 HDD，也称“硬盘存储器”）是计算机最主要的存储设备，具有体积小、存储容量大、使用寿命长以及存储速度快等优点，是文档、图片、视频等各类电子文件的主要存放场所之一。硬盘是计算机中不可或缺的存储设备，在运行计算机时使用的程序和各种数据绝大部分都存储在硬盘中；这样不仅数据可以保存很久，还便于用户查看和管理。上述特性使硬盘在存储电子数据时扮演重要角色。

同时，硬盘也是电子证据领域的重要研究对象。若能清楚了解硬盘的结构、工作原理以及数据存储原理等相关硬盘底层结构知识，便能更好地开展电子数据取证的工作。

硬盘按照工作原理可分为机械硬盘、固态硬盘和混合硬盘；按用途可分为移动硬盘、闪存、优盘（Only Disk）或易盘（Easy Disk）等，硬盘类别如表 3–1–1、表 3–1–2 所示。

表 3–1–1　硬盘类别表（按工作原理分类）

种类	概念及特点
机械硬盘	机械硬盘是一种传统的硬盘，是计算机的主要存储介质之一。它由一个或多个铝或玻璃制成的磁盘、磁头、转轴、控制电机、磁头控制器、数据转换器、接口和缓冲器组成。工作时，磁头悬挂在高速旋转的磁盘上，对数据进行读写。机械硬盘是集精密机械、微电子电路、电磁转换为一体的计算机存储设备
固态硬盘	固态硬盘是由多个闪存芯片加主控、缓存组成的阵列式存储介质，是以固态电子存储芯片阵列制成的硬盘。相对机械硬盘，固态硬盘的读取速度更快，寻道时间更小，可加快操作系统和软件启动速度
混合硬盘	混合硬盘是机械硬盘和固态硬盘的组合。它采用容量较小的闪存粒子来存储常用文件，主要起缓冲作用，将更多常见的文件保存到闪存中，从而减少寻道时间，提高效率

---

① 参见何家弘:《电子证据法研究》，法律出版社 2002 年版，第 5 页。

表 3-1-2 硬盘类别表(按用途分类)

种类	概念及特点
移动硬盘	移动硬盘是一种重要的移动存储设备,具有容量大、简单插拔、安全性和可靠性强、读写速度比其他移动存储设备快的特点。由于移动硬盘使用和携带方便,它逐渐被人们接受和使用
闪存	闪存是一种非易失性半导体存储芯片,即在没有电源的情况下,数据会被很好地保存。闪存具有体积小、功耗低、不易被物理损坏等优点,适合小容量移动存储
优盘或易盘	目前最先进的闪存芯片通常作为优盘或易盘的存储介质。这种介质具有抗磁性、抗冲击、防潮等特点,能够大大提高数据的安全性。此外,它们无须驱动器和驱动程序,可实现即插即用

目前,硬盘采用随机存储的方式,可以实现快速存取。其平均存取时间极短。此外,高记录密度和高磁盘转速能让磁盘的传输率更高,其结构设计保证了它有极高的效率和可靠性。本节对机械硬盘(以下简称“硬盘”)作详细介绍。

一、硬盘结构

(一)硬盘外部结构

硬盘通过电磁转换原理实现数据存储。它是集机、电、磁于一体的高精度系统。从外观看,硬盘主要由电源接口、主轴电机控制芯片、缓存芯片、数据接口、主控芯片和外部识别标签构成,如图 3-1-1 所示。其中,金属固定盖板的主要功能是保护硬盘内的磁盘和组件免受外部力量的影响。硬盘的控制电路板上有各种控制芯片和缓存,它半内嵌于硬盘的底部,这样有利于散热。由于电路板半裸露于外部,所以很容易受到灰尘及静电的伤害,为了防止这种损坏,避免硬盘数据丢失,生产硬盘的厂商都给硬盘加上了“防灰防静电”装置。外部标识贴纸则主要用于标注硬盘的各项信息参数,如图 3-1-1 所示,这是一块西部数据(Western Digital)生产的 4TB(1TB=1 024 GB)机械硬盘,盘面标识有品牌、容量、转速和接口等信息[①]。

(二)硬盘内部结构

硬盘内部结构主要包括主轴、盘片、读写磁头、传动手臂、传动轴等,如图 3-1-2 所示。

1. 浮动磁头组件

浮动磁头组件主要包括读写磁头、传动轴以及传动手臂,是硬盘中最精密的部件之一。读写磁头是磁盘技术中最重要的一环,其作用类似于一支笔的“笔尖”。

2. 磁头驱动机构

硬盘寻道依靠移动磁头,而移动磁头需要借助磁头驱动机构来实现。硬盘的磁头驱动机构主要包括音圈电机、传动手臂、永磁铁、磁头驱动小车以及防震动装置。通过磁头驱动机构,硬盘可以对磁头进行正确的驱动和定位,使磁头能够精确且迅速地定位到系统指定的磁道,从而保证数据写入和读取的可靠性。

---

① 易小琳等编:《计算机组成原理与汇编语言》,清华大学出版社 2009 年版,第 35—37 页。.

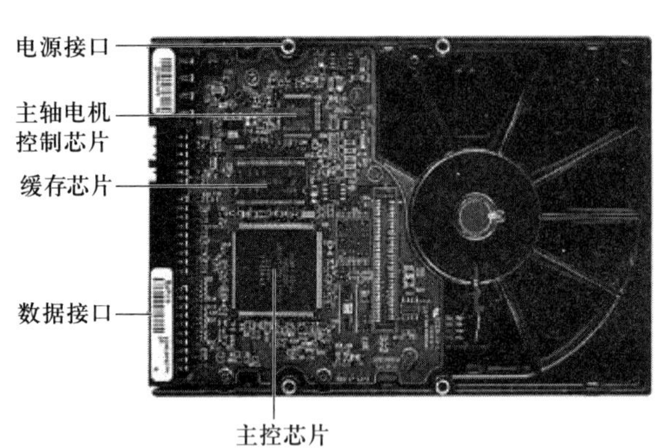

图 3-1-1 硬盘外部结构和产品标签图

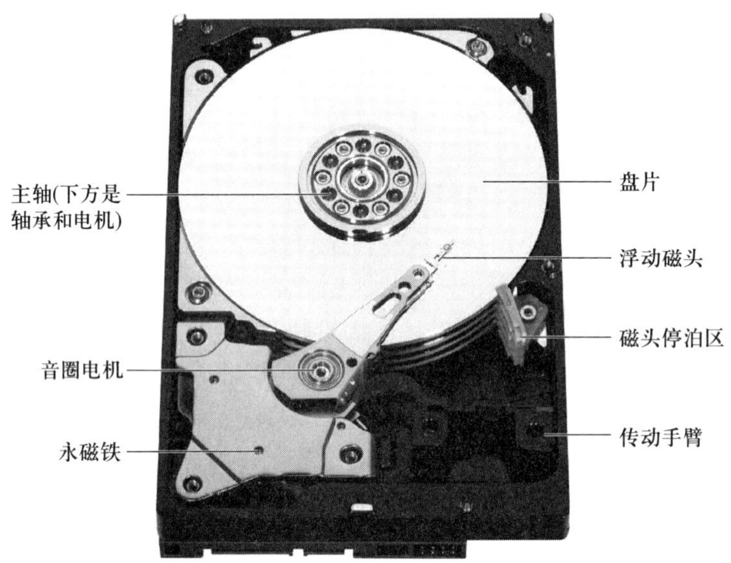

图 3-1-2 硬盘内部结构

3. 盘片

盘片是硬盘存储数据的载体。如图 3-1-3 所示，每个盘片都有两个面，即上、下盘面，每个盘面只要装上读写磁头就可以作为有效盘片存储数据，每个有效的盘面都有一个盘面号，按顺序自上而下从“0”开始编号。

硬盘盘片以坚固耐用的材料为盘基，并涂以磁性介质。盘片表面被加工得十分平滑和光洁，并且有很高的硬度。现今，磁盘盘片大多采用金属薄膜材料。由这种金属薄膜材料制成的盘片具有更高的存储密度。

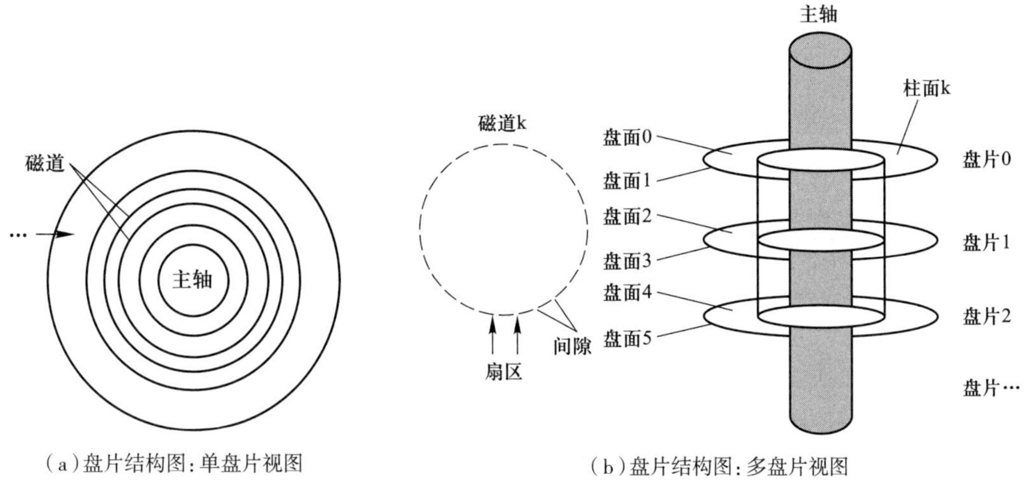

（a）盘片结构图：单盘片视图

（b）盘片结构图：多盘片视图

图 3-1-3　盘片结构图

4. 盘片主轴驱动机构

盘片主轴驱动机构主要包括轴承和电机两大组件。硬盘工作时，要将数据所在的扇区转动到磁头的底部以读取，这需要通过电机的转动来实现。因此，其读写数据的速度与电机转速成正比，即电机转速越快，数据读写速度越快。轴承是盘片主轴驱动机构的另一重要部件，主要用于固定盘片。

5. 前置读写控制电子线路

前置读写控制电子线路位于磁盘内部，主要起到调整主轴电机速度、控制磁头感应信号等作用。由于磁头读取的信号微弱，前置读写控制电子线路可以很好地削弱外来信号的干扰，进而提高操作指令的准确性。

（三）硬盘逻辑结构

硬盘在存储数据之前，一般需经过格式化、分区这两个步骤，其作用是在物理硬盘上建立一定的数据逻辑结构。将硬盘分区后，逻辑上每个磁盘的每一面将被划分为磁道、柱面和扇区，具体如图 3-1-4 所示。磁盘表面以磁盘片中心为圆心，具有不同半径的同心圆称为磁道；由具有相同半径的不同圆盘的轨道组成的圆柱称为柱面。此外，磁盘被划分成许多扇形的区域，这些区域称为扇区。

1. 磁道

格式化时，磁盘被分成许多同心圆。这些同心圆的轨迹称为磁道（Track），轨迹从 0 开始由外到内编号。这些轨迹无法用肉眼观察到，因为它们是在磁盘上以特殊方式磁化的磁化区域。

2. 柱面

每个磁盘表面被分成等数的磁道，每个柱头从“0”开始由上到下编号。相同编号的轨道构成了一个圆柱体。由具有相同半径的不同圆盘的轨道组成的圆柱称为磁盘的柱面。磁盘的柱面数等于磁盘表面上的磁道数。

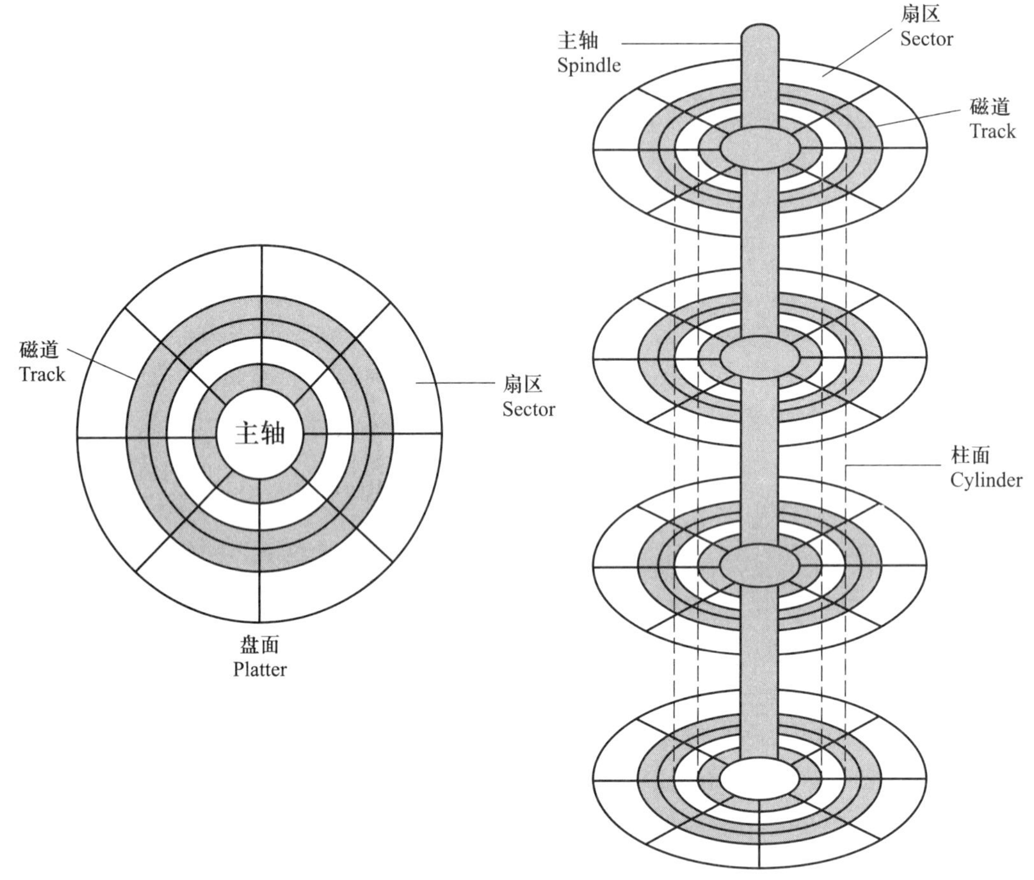

图 3-1-4 硬盘逻辑结构图

3. 扇区

磁盘片被分成许多扇形的区域,每个区域称为一个扇区。磁盘驱动器在向磁盘读取和写入数据时,要以扇区为单位,即扇区是硬盘存储的基本单元。每个扇区存放的数据量相同,包括 512 个字节的数据和一些其他信息。每个扇区有两个主要部分:第一部分是标识符,就是扇区头标,标识符主要用来存储数据位置;第二部分是存储数据的数据段。

(四)硬盘容量

硬盘是个人电脑中存储数据的重要部件,其容量决定着电脑数据存储量的大小。而扇区、磁道(或柱面)和磁头数构成了硬盘结构的基本参数,即硬盘的容量由盘面数(磁头数)、柱面数和扇区数决定,其计算公式如下:

硬盘容量 = 盘面数(磁头数)× 柱面数 × 扇区数 ×512 字节

计算机硬盘存储容量通常使用字节(B, Byte)、千字节(KB, KiloByte)、兆字节(MB, MegaByte)、吉字节(GB, Gigabyte)、太字节(TB, TeraByte)、拍字节(PB, PetaByte)、艾字

节（EB，ExaByte）、泽字节（ZB，ZettaByte）、尧字节（YB，YottaByte）和 BB（BrontoByte）、NB（NonaByte）、DB（DoggaByte）等来衡量。主流硬盘容量为 500G—2TB。影响硬盘容量的因素有很多，如单碟容量和碟片数量等都会影响硬盘的容量。为方便计算，硬盘厂家通常按照 1MB 等于 1 024 KB 进行换算，容量的换算公式如下：

1 KB=1 024 B

1 MB=1 024 KB　　1 GB=1 024 MB

1 TB=1 024 GB　　1 PB=1 024 TB

1 EB=1 024 PB　　1 ZB=1 024 EB

1 YB=1 024 ZB　　1 BB=1 024 YB

1 NB=1 024 BB　　1 DB=1 024 NB

二、硬盘的性能指标

硬盘的性能指标包括单碟容量、主轴转速、高速缓存、最大内部数据传输率、外部数据传输率、寻道时间、潜伏期、全程访问时间、连续无故障时间等。硬盘对于计算机的性能起着重要的作用，不同的硬盘有不同的性能，这些参数一般都会被生产厂商标记于硬盘的外部标识标签中。

（一）单碟容量

通常一个硬盘由多个碟片构成，单碟容量是指一张硬盘碟片的容量。单碟容量对硬盘的大小起着至关重要的作用，直接决定了硬盘的数据传输速率。在硬盘速度相同的情况下，在同一时间内，单碟容量大的硬盘可比单碟容量小的硬盘读取更多的文件，因此硬盘的传输速率也会更高。总之，单碟容量越大，平均访问时间越短。

（二）主轴转速

硬盘的主轴转速是决定硬盘内部数据传输率的因素之一，决定了硬盘的读取速度，因此硬盘的主轴转速是鉴别硬盘质量的主要因素。硬盘主轴转速以每分钟多少转来表示，单位表示为 RPM（Revolution Per Minute）。RPM 值越大，内部传输率就越快，访问时间就越短，硬盘的整体性能也就越好。目前中国市场上大部分的硬盘都是 7 200 RPM 的硬盘，有些 SCSI 硬盘的转速达到 10 000 RPM 甚至 15 000 RPM，其主要应用于服务器和工作站中，主要面对的用户群体并非一般用户。

（三）高速缓存

硬盘内部的高速存储器又称高速缓存。硬盘被读取后，数据被存储在硬盘上的缓存芯片中，然后通过接口传输到系统。因此，缓存的容量和速度直接影响硬盘的运行速度。

（四）最大内部数据传输率

内部数据传输率（Internal Transfer Rate）也称持续数据传输率（Sustained Transfer Rate），是指硬盘磁头与缓存之间的数据传输率。简单来说，内部数据传输率就是硬盘从盘片中读取数据并存储的速度。最大内部数据传输率可以明确体现出硬盘的最大读写速度，其单位是 Mbits/s。

（五）外部数据传输率

外部数据传输率也称为突发数据传输率或接口传输率，是指硬盘与计算机系统之间的数据传输速率，即计算机通过硬盘接口将数据从硬盘读取到相应控制器的速率，单位为 MB/s。外部数据传输率并不是一成不变的，而是随着工作具体情况的变化而变化，它是硬盘工作性能的具体体现。

（六）寻道时间

硬盘工作时，磁头移动到数据所在磁道所花费的时间被称为寻道时间。它常用来描述硬盘读取数据的速度，即平均寻道时间越短，硬盘速度就越快。

（七）潜伏期

潜伏期是指磁头移动到数据所在的磁道后，等待所要的数据块继续转动到磁头下的时间。平均潜伏期是指盘片转动一圈所耗费的时间，潜伏期和盘片的转速成反比，盘片转动得越快，潜伏期就越短。潜伏期越短，硬盘读取数据的等待时间就越短，硬盘数据的传输率也就更高。

（八）全程访问时间

访问数据时，磁头最先开始移动。从磁头最先开始移动到它移动到用户所要寻找的数据位置所耗费的时间被称为全程访问时间。平均访问时间则是指计算机开始执行读写命令到读写完第一批数据的平均时间。平均访问时间通常为平均寻道时间和平均潜伏期的总和，因此平均访问时间也可称为平均寻址时间。

（九）连续无故障时间

硬盘从开始运行到出现问题的时间间隔称为连续无故障时间。平均无故障时间（Mean Time Between Failures，MTBF）是指硬盘能够正常运行的平均时间，这是衡量硬盘可靠性的重要参数，平均无故障时间越长，硬盘的可靠性就越高。

三、硬盘数据结构

实际使用时，一个完整的硬盘可以划分为几个分区以支持各种操作系统。每一个操作系统都在硬盘上建立专用的分区，且只能在自己专用分区上运行，不能在其他分区上运行。硬盘上一次只能有一个操作系统运行。分区格式化后的硬盘包括五部分：主引导扇区、操作系统引导扇区、文件分配表区、目录区以及数据区，下面对这五部分的具体含义进行逐一介绍。

（一）主引导扇区

主引导扇区（Main Boot Record，MBR）由引导代码、分区表、结束标志三部分构成。主引导扇区位于硬盘的 0 磁道 0 柱面 1 扇区，其三维地址（磁头，柱面，扇区）为（0，0，1）。

1. 引导代码

引导代码主要包含一段执行代码，它的任务就是检查分区表是否正确，确定操作系统可引导的分区，并在程序结束时把该分区的启动程序调入内存并交出控制权。主引导代码实现的功能具体概括有以下四条：扫描分区表查找活动分区、寻找活动分区的起始扇区、将活动分区中的引导扇区读入内存，执行引导扇区的运行代码。

2. 分区表

分区表主要负责记录整个磁盘的分区状态，是用来管理硬盘的分区的，硬盘丢失了分区表，数据将无法按顺序进行读取和写入。

3. 结束标志

分区表以 80H 或 00H 为开始标志，以 55AAH 为结束标志，共 64 字节，位于扇区的最末端。主引导记录正常状态下的结束标志为“55AAH”，位于 1FEH–1FFH 处，若结束标志发生了改变则系统不能正常启动。

（二）操作系统引导扇区

操作系统引导扇区（Dos Boot Record，DBR）位于硬盘的 0 磁道 1 柱面 1 扇区，其在硬盘上的三维地址（磁头，柱面，扇区）是（0，1，1）。它是操作系统可以直接访问的第一个扇区，包括引导加载程序和一个 BPB 分区参数记录表。其中 BPB 分区参数记录表主要记录着分区的起始扇区、结束扇区、文件存储格式、硬盘介质描述符、根目录大小、FAT 个数等重要参数。操作系统引导扇区（DBR）的主要功能是完成操作系统的自举并将控制权交给操作系统。DBR 由高级格式化程序产生（注：每个分区都有自己的 DBR）。

（三）文件分配表区

文件分配表区（File Allocation Table，FAT）紧接在 DBR 之后，其大小由本分区的大小及文件分配单元的大小决定，它在硬盘上的三维地址（磁头，柱面，扇区）是（1，0，2）。FAT 是文件管理系统用来给每个文件分配磁盘物理空间的表格，操作系统通过文件分配表获知文件存放位置。文件分配表对硬盘的使用十分重要，若文件分配表丢失，硬盘上的数据便会因为无法定位而不能使用。故此，磁盘上有两个 FAT，一个是基本表，另一个是备份表，两个表的长度和内容相同。但它们的格式随着技术的发展有所变化。例如，Microsoft 的 DOS 及 Windows 采用的是单元链格式，而 Windows NT、OS/2 和 UNIX 都有自己的格式。

（四）目录区

目录区（DIR）也称根目录区，主要记录根目录下每个文件（子目录）的起始位置、文件属性等信息。操作系统可以根据 DIR 的起始位置信息，结合 FAT 来确定文件在磁盘上的具体位置及大小。这样的文件定位方式由单元链结构决定，即只有 Microsoft 的 DOS 和 Windows 需要这样的定位文件，其他类型的操作系统并非如此。

（五）数据区

数据区（Data）是硬盘上真正存储文件数据的地方，所有存储在这个区域的数据都是二进制代码。数据区的数据可以分为两部分：第一部分是可见数据，指在 DIR 中，带有相应记录信息，可以看到的文件数据。第二部分是不可见数据，指在 DIR 中没有相应的记录信息而看不到的文件数据。数据区的组织和管理需要系统按照主引导扇区、操作系统引导扇区、文件分配表区、目录区等几个区盘片域的内容来完成。

四、硬盘的工作原理与工作模式

（一）硬盘的工作原理

硬盘基于电磁转换原理工作。硬盘处于不工作状态时，每个磁头都停靠在硬盘中心不存储数据的起停区。当硬盘工作时，硬盘驱动器会通电，随之在主轴电机的驱动下，硬盘开始旋转。此时，磁盘表面上的磁头在磁头驱动装置的作用下，将径向移动到指定位置，从而在数据区中存储和读取数据。值得注意的是，磁头在读取数据时，将磁粒子的不同极性转换成不同的电脉冲信号，再将这些电脉冲信号经过数据转换器转换成计算机可以使用的数据，数据写入操作与数据读取操作相反。磁头在读写数据时，始终与高速旋转的磁盘保持一个小的间隙，以免划伤磁盘表面。

（二）硬盘的格式化和硬盘分区

1. 硬盘格式化

格式化是指对磁盘或磁盘中的分区进行初始化的一种操作，这种操作通常会导致现有的磁盘或分区中所有文件被清除。

通常使用外部命令“format< 盘符：>”即可对硬盘进行格式化，划分磁道和扇区；同时检查出整个磁盘上有无带缺陷的磁道，对坏道加注标记；建立目录区和文件分配表，使磁盘作好接收 DOS 的准备。例如，对 C 盘进行格式化就是“format C：”。如果误操作格式化或者想恢复格式化之前的数据，只需要使用命令“UNformAT< 盘符：>”进行恢复即可。但是如果格式化之后硬盘写入了其他的数据，“UNformAT< 盘符：>”命令就不能挽救完整的数据。

2. 硬盘分区

硬盘分区是指在一块物理硬盘上创建多个独立的逻辑单元，以方便文件管理与使用。这些逻辑单元就是通常的 C 盘、D 盘或 E 盘等。硬盘分区从实质上说就是对硬盘的一种格式化。对于某些操作系统（如 Windows）而言，硬盘必须分区后才能使用，否则不能被识别。通常，从文件存放和管理的方便性和快捷性出发，人们将硬盘划分多个分区，用以存放不同类型的文件，如操作系统、应用程序、数据文件等。

硬盘分区之后，会形成三种形式的分区：主分区、扩展分区和非 DOS 分区，其中主分区可以有 1—4 个，扩展分区可以有 0—1 个，而逻辑分区则没有数量上的限制。

在实际分区时，通常把硬盘分为主分区和扩展分区，然后根据硬盘大小和实际需要将扩展分区继续划分为几个逻辑分区，即建立硬盘分区的步骤是：建立主分区 – 建立扩展分区 – 将扩展分区分成多个逻辑分区，如图 3–1–5 所示。

3. 数据存储原理

（1）文件的写入和读取。系统将文件存储在磁盘上时，按照柱面、磁头、扇区的顺序进行。当一个柱面存储满时，将使用下一个柱面进行存储，直到数据完全写入磁盘。在读取数据时，系统也以相同的顺序进行读取。在读取数据时，磁盘控制器依据扇区的柱面号、磁头号和扇区号，从目录中读取文件信息（如文件名、后缀、文件大小、修改日期等）。

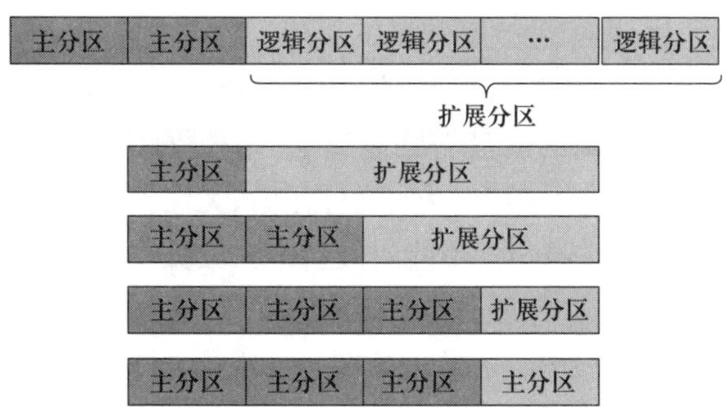

图 3-1-5 主分区、扩展分区和逻辑分区关系图

（2）文件的删除。文件的删除相较文件的写入和读取而言是一项简单的工作。在 Windows 系统中，删除文件时，不会删除实际存储在数据区的文件内容。它只是在 DIR 表中作了一个删除标记，即将目录区域中文件的第一个字符更改为 E5，该文件占用的各簇表项在 FAT 中将被清除为 0，这意味着该文件被删除。

五、硬盘数据安全性的要求

让硬盘处于合适的工作状态能够更好地保障数据安全。

（一）对硬盘零件和工作环境的要求

采用高质量的磁头和盘片，减小磁头与盘片之间的间隙，能够提高磁头和盘片的耐磨性以及从硬盘上读写数据的准确性。盘片必须密封在盘腔中，以防灰尘颗粒落到盘面上从而损害数据。硬盘工作的环境必须干净整洁，工作台必须平稳，以减小灰尘侵入或硬盘工作时的振动带来的不必要损伤。工作温度对硬盘的寿命也是有影响的，以 20℃—25℃为宜，过高或过低的温度都会使晶体振荡器的时钟主频发生改变，还会造成硬盘电路元器件失灵或者短路等问题。此外，还应避免硬盘在工作时突然关机。硬盘开始工作后，盘片会处于高速旋转的状态，如果电源突然断开，可能会导致磁头和盘片因猛烈摩擦而损坏硬盘。

（二）对保护程序的要求

硬盘必须具备保护程序代码，且该代码需存放于硬盘的第一个扇区。硬盘的保护程序代码必须在硬盘的任何工作时间里都在运行，所以在计算机的系统启动前就应激活硬盘保护程序，这样硬盘的读写等操作都会受到硬盘保护程序的监视和保护。

六、硬盘数据的恢复

数据恢复是指通过一定的技术和方法，恢复存储介质上损坏或丢失的数据。数据恢复分为“硬恢复”和“软恢复”两种。“硬恢复”是指存储介质的物理问题导致的不可读数据的恢复，这需要很好地理解存储介质的物理结构和工作原理。“软恢复”是指逻辑故障导致的数据丢失的恢复，这需要充分了解存储介质中数据的管理模式。

数据丢失的原因可以分为物理故障和逻辑故障。物理故障包括硬盘划伤、磁组变形、磁头偏移、损坏和硬盘电机故障。对于这种故障，软件一般是无法修复的，需要打开硬盘进行深度修复。因此，出现物理故障的硬盘需要送到专门的硬盘维修公司进行维修。逻辑故障包括错误删除和格式化、无法进入操作系统、文件丢失、无法打开程序等，这一类故障可以通过软件修复。当硬盘出现逻辑故障时，不能对硬盘中丢失数据的分区进行写操作，以防止丢失的数据被覆盖而无法恢复。如果丢失数据的位置在系统分区，则应立刻将计算机电源关闭，防止系统运行产生的虚拟机内存和临时文件将丢失数据覆盖。只要丢失数据没有被覆盖，就有恢复的可能。

第二节 电子证据与网络

1977 年，为了使通信设备能够更好实现互联互通，国际标准化组织（ISO）成立了专门的组织机构制定国际性的标准网络体系结构，并于 1984 年正式发布了“国际标准化组织/开放系统互连参考模型”（ISO/OSI Reference Model，简称“OSI 参考模型”）。

OSI 参考模型将网络体系结构按功能划分为 7 个层次，各层次有其需要实现的功能，相互独立，互不影响。具体而言，整个 OSI 参考模型从上到下分别为：应用层（Application Layer）、表示层（Presentation Layer）、会话层（Session Layer）、运输层（Transport Layer）、网络层（Network Layer）、数据链路层（Data Link Layer）以及物理层（Physical Layer）。

OSI 参考模型的 7 个层次功能各不相同，各个层次都存在着电子数据。故此，了解各个层次的功能特点及工作原理对于电子取证工作具有重大的意义。但是值得说明的是，OSI 参考模型只是为制定标准而提供的概念性框架，是分析、评判各种网络技术的依据。目前的商用协议是 TCP/IP。TCP/IP 模型包括四层，分别是应用层、运输层、互联网层和网络接口层。与 OSI 参考模型相比，TCP/IP 参考模型没有表示层和会话层。TCP/IP 参考模型中的互联网层对应 OSI 参考模型的网络层，其网络接口层对应 OSI 参考模型的物理层和数据链路层。OSI 七层参考模型及 TCP/IP 参考模型的层次对应关系如图 3-2-1 所示。

<table>
<tr><th>OSI七层参考模型</th><th>TCP/IP 四层参考模型</th></tr>
<tr><td>第七层 应用层</td><td rowspan="3">应用层</td></tr>
<tr><td>第六层 表示层</td></tr>
<tr><td>第五层 会话层</td></tr>
<tr><td>第四层 传输层</td><td>传输层</td></tr>
<tr><td>第三层 网络层</td><td>互联网层</td></tr>
<tr><td>第二层 数据链路层</td><td rowspan="2">网络接口层</td></tr>
<tr><td>第一层 物理层</td></tr>
</table>

图 3-2-1 OSI 七层参考模型及 TCP/IP 参考模型的层次对应关系

一、应用层

应用层是 OSI 参考模型的最顶层，该层的电子证据相对较多。应用层是与用户最为接近的界面，直接为用户提供服务，因此应用层的电子证据更容易遭到破坏。

应用层位于计算机网络体系结构的最顶层，包括所有的高层协议，主要为用户提供各式各样的网络应用，如网页浏览、电子邮件、文件传送等，并为用户提供分布式处理环境。常用的应用层协议包括 HTTP 协议、FTP 文件传送协议、DHCP 动态主机配置协议、Telnet 远程登录协议等。下文主要介绍这四种常用的应用层协议。

（一）HTTP 协议

HTTP 协议是 Web 的核心，定义了 Web 客户端与服务器之间进行信息交换的报文格式和交换方式。现在普遍使用的是 RFC2616 定义的 HTTP1.1 版本。HTTP 协议包括请求（Request）和响应（Response）两种类型报文。

HTTP 请求消息由三部分组成，分别是请求行、消息报头以及请求正文。请求行的常用方法包括以下几种：

- GET：请求获取有 URL 所标识的资源。
- POST：在请求的 URL 所标识的资源后附加新的数据。
- HEAD：请求获取由 URL 所标识的资源的响应消息报头。
- PUT：从客户端向服务器传送的数据取代指定文档的内容。
- TRACE：回显服务器收到的请求，主要用于测试或诊断。
- PATCH：对 PUT 方法的补充，用来对已知资源进行局部更新。
- DELETE：请求服务器删除指定的页面。
- OPTIONS：允许客户端查看服务器的内容。

服务器在收到和处理 HTTP 请求消息后，会返回一个响应消息。与 HTTP 请求消息类似，HTTP 响应消息也由三个部分组成，即状态行、消息报头、响应正文。其中响应正文由协议版本、数字形式的状态码以及响应的状态描述组成，常见的状态码如表 3-2-1 所示。

表 3-2-1　HTTP 响应报文的状态码及描述

状态码	状态描述	说明
200	OK	客户端请求成功
201	Created	已创建，成功请求并创建了新的资源
203	Accepted	已接受，已经接受请求，但未处理完成
304	Not Modified	未修改，所请求的资源未修改
400	Bad Request	客户端请求有语法错误，不能为服务器所理解

续表

状态码	状态描述	说明
401	Unauthorized	请求要求用户的身份认证
403	Forbidden	服务器理解请求客户端的请求,但是拒绝执行此请求
404	Not Found	服务器无法根据客户端的请求找到资源(网页)
500	Internal Server Error	服务器内部错误,无法完成请求
503	Service Unavailable	由于超载或系统维护,服务器暂时无法处理客户端的请求

(二)FTP 文本传输协议

FTP 文件传输协议是一个应用广泛的网络协议。它用于计算机间的数据传输和文件共享,以客户/服务器模式进行工作,其中客户端主要负责提出文件传输的请求,服务器端则负责接收客户端的请求并提供相应的服务。FTP 文件传输协议基于运输层的 TCP 协议,很好地保障了计算机之间文件传输的可靠性。

FTP 协议的客户机和服务器之间需要建立两个连接:一个是数据连接,用于数据传输(端口 20),完成文件内容的传输。另一个是控制连接,用于控制数据传输(端口 21),即传输 FTP 控制命令和服务器的回送消息。FTP 客户与服务器之间的命令和回答是按照 7 位的 ASCII 格式在控制连接上传送的,常见命令包括:

- USER:向服务器传送用户标识。
- PASS:向服务器传送口令。
- LIST:请求服务器主机当前目录的文件列表或文件信息。
- RETR:从服务器上找回(复制)文件。
- PASV:请求服务器等待数据连接。
- MKD:在服务器上建立指定目录。
- ABOR:中断数据连接程序。
- APPE:添加文件到服务器同名文件。
- CDUP:改变服务器上的父目录。
- CWD:改变服务器上的工作目录。

在用户向服务器发送命令的过程中,每个命令都会有一个从服务器返回的回答。典型的回答如下:

- 125:打开数据连接,开始传输。
- 150:打开连接。
- 200:成功。

- 225：打开数据连接。
- 226：结束数据连接。
- 331：要求密码。
- 332：要求账号。
- 425：无法打开数据连接。
- 426：结束连接。
- 452：磁盘空间不足。

（三）DHCP 动态主机配置协议

动态主机配置协议主要负责 IP 地址的集中和动态分配管理。该协议主要运用于主机数量相当多的局域网中。网络管理员在 DHCP 上设置好可分配的 IP 地址范围参数以及服务器地址后，主机在每次开机时可以从 DHCP 服务器上自动获取一个 IP 地址。该方式在节省 IP 地址空间的同时，极大地节省了用户的精力和时间。

（四）Telnet 远程登录协议

分时系统允许多个用户同时使用一台计算机，为了保证系统的安全和方便记账，系统要求每个用户有单独的账号作为登录标识，还为每个用户指定了一个口令。用户在使用该系统之前要输入标识和口令，这个过程称为登录。远程登录是指用户使用 Telnet 命令，使自己的计算机暂时成为远程主机的一个仿真终端的过程。仿真终端等效于一个非智能的机器，只负责把用户输入的每个字符传递给主机，再将主机输出的每个信息回显在屏幕上。

Telnet 远程登录协议是 Internet 远程登录服务的标准协议和主要方式。它使用户能够在本地计算机上完成远程主机工作。在终端使用者的电脑上使用 Telnet 命令连接到服务器，这些命令会在服务器上运行，就像直接在服务器的控制台上输入一样。Telnet 是常用的远程控制 Web 服务器的方法。

Telnet 远程登录服务分为 4 个过程：（1）本地与远程主机建立连接。该过程实际上是建立一个 TCP 连接，用户必须知道远程主机的 IP 地址或域名。（2）将本地终端上输入的用户名和口令及之后输入的任何命令或字符以 NVT（Net Virtual Terminal）格式传送到远程主机。该过程实际上是从本地主机向远程主机发送一个 IP 数据包。（3）将远程主机输出的 NVT 格式的数据转化为本地所接受的格式送回本地终端，包括输入命令回显和命令执行结果。（4）本地终端对远程主机进行撤销连接。该过程是撤销一个 TCP 连接。

二、表示层

表示层是 OSI 参考模型的第六层，其作用之一是给异种机通信提供一种公共的语言，以便能进行交互操作。不同计算机体系结构所使用的数据表示法不同。例如，IBM 公司的主机使用的是 EBCDIC 编码，而市面上大部分 PC 机使用的是 ASCII 码。表示层可以完成应用层数据所需的任何转换，类似于一个转换器，使不同的计算机之间可以彼此理解。

数据传输包括语义和语法两个方面的问题，其中，表示层主要负责语法的转换和语法的选择，语义方面的处理则由应用层负责。表示层除了具有对应用层的数据进行格式转换的功能之外，还承担着对应用层数据的压缩、解压缩、加密以及解密的任务。

三、会话层

会话层是 OSI 参考模型的第五层，主要用来管理会话过程。会话过程包括会话的建立、会话的控制以及会话的结束。因为网络里面的一次通信活动（如一次文件传送）类似于人与人之间的一次会话，所以被称为“会话”。网络里面的会话需要遵从会话层协议。会话层协议包括如何开始会话、会话双方如何传输数据、如何应对会话中断的情况以及会话何时结束。会话层与运输层不同，会话层不参与数据的传输，但参与数据的管理，旨在给两个应用进程提供一套会话设施，组织和同步两个应用进程之间的会话活动。

会话层建立于传输层提供的服务上，会话连接建立的基础是运输连接，只有运输连接建立好后，才能建立会话连接。会话与运输层的连接有三种对应关系：第一种是一对一的关系，即当会话层建立起会话时，必须建立一个运输连接，同样，当会话结束时，这个运输连接也得以释放。第二种是一对多的关系，若建立起来的运输连接中途失效，会话层可以重新建立一个运输连接以维持原有的对话。第三种是多对一的关系。当一个用户的会话结束，而其他用户想要开启一个会话时，没必要释放之前为第一个会话建立起的运输连接而重新建立运输连接，这出现了一个运输连接对应多个用户会话的情况。当然，需要注意的是，不论在何种情况下，在同一时刻，一个运输连接只对应一个会话连接。

四、传输层

传输层也称运输层，位于 OSI 参考模型的第四层，处于资源子网和通信子网的分界线。应用层实体主要实现具体的应用层协议，提供相应的网络应用。在实现应用层协议的过程中，需要交换许多数据，然而应用层协议并不关心数据是如何交换的，或者说并不关心数据是如何传递给对方的，它只关心应该发送和接收什么样的数据并进行应答。传输层会通过通信子网的特性来最大化地利用网络资源，实现通信子网中端到端的数据传输。

运输层的目的是给应用层提供一个端到端的逻辑通道，数据并不会通过一台主机的运输层直接到达另一台主机的运输层，因此，若要完成数据的传输任务，需要网络层的支持。传输层会将数据转交给网络层，网络层在找到正确的路径后，再将数据传输给目的地。

（一）运输层的主要操作

运输层为了建立这样一个端到端的逻辑通道，需要进行以下 4 个主要操作：

1. 应用进程寻址

运输层要完成数据的传输任务离不开网络层的支持，网络层负责提供主机层次上的寻址，而运输层则负责应用进程寻址。

2. 可靠传递

传输控制协议会将需要发送的数据按照字节进行编号。当客户端向服务器发送数据时,数据进行编号,服务器在接收到客户端发送的数据后,会向客户端发送一个确认报文。例如,客户端发送的数据编号为1—10000,服务器端会向客户端发送一个确认报文,该确认报文中会包含一个确认序号10001,表示10001号之前的报文已经收到。

3. 流量控制

传输控制协议报头里面有一个字段称为16位的窗口大小,这个窗口表示发送方可以发送的字节个数。接收方可以通过设置窗口的大小来控制发送方发送数据的速度,以避免数据包丢失的情况,进一步提高传输控制协议的可靠性,这就是流量控制。

4. 拥塞控制

网络中一些链路或者路由器的处理能力是有限的,当网络的需求大于它们的处理能力时,就会出现网络拥塞。此时,若不控制文件传输速度,网络会越来越拥堵。这不仅使数据无法被正确传输到目的地,还会导致本已十分拥堵的网络陷入瘫痪。因此,需要传输控制协议的拥塞控制功能来解决此问题。

(二)用户数据协议和传输控制协议

在TCP/IP参考模型中,传输层位于第二层。该层有两个协议,分别是用户数据协议(User Datagram Protocol, UDP)和传输控制协议(Transmission Control Protocol, TCP)。用户数据协议主要提供无连接服务,传输控制协议则主要提供面向连接服务。

1. 用户数据协议

用户数据协议是一个简单的面向无连接的、不可靠的数据包的传输层协议。UDP只提供数据的不可靠交付。它一旦把应用程序发给网络层的数据发送出去,就不保留数据备份。UDP是无连接协议,传输数据前源端和终端不建立连接。而TCP在真正开始传送数据之前,需要进行三次握手。由于UDP不需要任何准备,因此不会引入建立连接的时延。这一特性很大程度决定了DNS运行在UDP而不是TCP之上。

UDP不使用拥塞控制,也不保证可靠交付,因此主机不需要维持具有许多参数的、复杂的连接状态表。同时,相对TCP而言,UDP报文头部开销小。TCP报文段有20字节的首部开销,UDP仅有8字节。

2. 传输控制协议

传输控制协议是运输层中使用最广泛的协议。TCP在传输数据之前,需要进行三次握手,是一种面向连接的、可靠的(没有数据重复或丢失)、基于字节流的传输层通信协议。TCP三次握手过程如图3-2-2所示。

UDP和TCP各有优点:如果想要快速连接并且不介意丢失一些数据包,则应选择UDP。如果要求数据传输完整,不允许发生任何错误,则应选择TCP。表3-2-2是目前流行的Internet应用及其所使用的应用层协议和传输层协议。

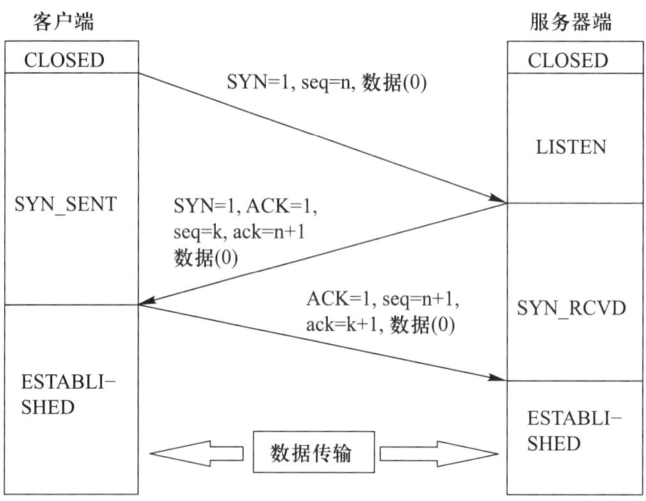

图 3-2-2 TCP 连接建立的过程(TCP 三次握手)

表 3-2-2 Internet 应用及所使用的应用层协议和传输层协议

应用	应用层协议	传输层协议
电子邮件	SMTP	TCP
远程终端访问	Telnet	TCP
Web	HTTP	TCP
文件传输	FTP	TCP
远程文件服务器	NFS	UDP
流式多媒体	专用协议	UDP/TCP
因特网电话	专用协议	UDP/TCP
网络管理	SNMP	UDP
路由选择协议	RIP	UDP
名字转换	DNS	UDP

五、网络层

网络层是 OSI 参考模型的第三层,在数据链路层和运输层之间,主要为运输层提供服务。网络层传输数据的单位是报文分组或包,当运输层将运输层报文段交给网络层后,网络层会在报文段前面添加网络层首部,形成网络层分组。随后,网络层会去寻找最合适的路由,将数据发送到接收端的运输层。

网络层在复杂的网络中寻找合适的路由时需要借助三个组件，分别是网际协议、因特网控制报文协议、因特网路由选择协议。

（一）网际协议

在 TCP/IP 协议中，网络层最主要的协议是网际协议（Internet Protocol，IP），目前正在使用的 IP 有两个版本：一个是被广泛使用的 IPv4，其长度为 32 位（4 个字节），地址由网络和主机部分组成；另一个是 IPv6，其长度为 128 位（16 个字节）。开发 IPv6 既是为了解决 IPv4 存在的问题和不足，也是为了解决 32 位的 IP 地址空间即将耗尽的问题。IP 主要是为了连接各种异构网络，进而为上方的运输层提供服务。

（二）因特网控制报文协议

因特网控制报文协议（Internet Control Message Protocol，ICMP）是 IP 的一个辅助协议，主要在 IP 主机、路由器之间传递控制信息。ICMP 是基于 IP 工作的，且只能搭配 IPv4 使用，若 IP 是 IPv6 版本，则需要使用 ICMPv6。

（三）因特网路由选择协议

因特网路由选择协议（Interior Gateway Protocol，IGP）是一种内部网关协议，是动态路由选择协议，主要用于自治系统内的路由信息的传递，且主要用于规模较小的、可靠性要求较低的网络，可以通过不断的交换信息让路由器动态地适应网络连接变化。

从一般的概念来讲，将网络互相连接起来需要使用一些中间设备，根据所在的层次不同，可将中间设备分为 4 种：物理层使用的中间设备是转发器（Repeater），数据链路层使用的中间设备是网桥，网络层使用的中间设备是路由器，网络层以上使用的中间设备是网关。路由器是一种具有多个输入输出端口的专用计算机，其任务是连接不同的网络（异构网络）并完成路由转发。路由器结构如图 3-2-3 所示。

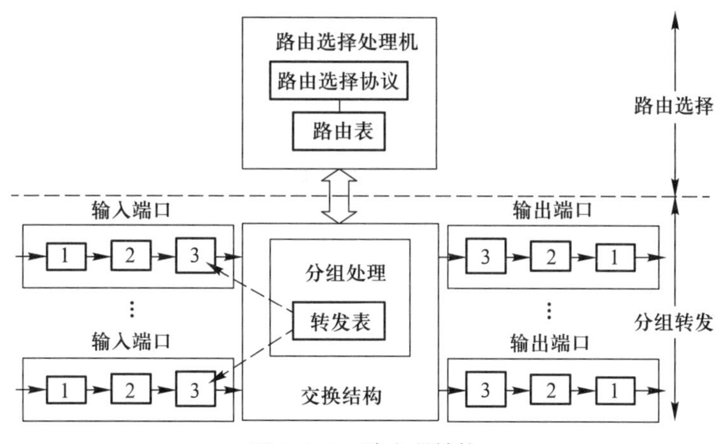

图 3-2-3 路由器结构

路由器主要包括两个部分：路由选择和分组转发。

路由选择也称控制部分，其核心构件是选择处理机。路由选择处理机的主要任务是根据所选定的路由选择协议构造出路由表,经常或定期地和其他相邻路由器交换路由信息,不断更新和维护路由表。

分组转发由交换结构、一组输入端口以及一组输出端口组成。交换结构又称为交换组织,其作用是根据转发表对分组进行处理,交换结构是路由器的关键构件,正是这个构件把分组从一个输入端口转移到某个合适的输出端口。实现交换有三种常用的方法:通过存储器进行交换、通过总线进行交换以及通过互联网进行交换。

六、数据链路层

数据链路层是OSI参考模型的第二层,介于网络层与物理层之间,为网络层提供相邻结点之间的数据传输服务。数据链路层的协议不同,其所提供的服务也各不相同。具体的服务主要包含无确认的无连接服务、有确认的无连接服务以及有确认的有连接服务三类。数据链路层最基本的服务是将源计算机网络层来的数据可靠地传输到相邻节点的目标计算机的网络层,为达到这一目的,数据链路层需实现以下五个功能。

(一)数据链路管理

当网络中的两个结点进行通信时,发送方和接收方要通过某种形式的对话来建立、维护和终止数据的传输过程。

(二)成帧

在进行数据传输时,数据链路层要将数据组成一定大小的数据块——帧,并以帧作为单位进行数据的发送、接收和校验。

(三)透明传输

透明传输是指不管所传数据是什么样的比特组合,都应当能够在链路上传送。当所传数据中的比特组合恰巧与某个控制信息完全一样时,就必须采取适当的措施,使接收方不会将这样的数据误认为是某种控制信息,这样才能保证数据链路层的传输是透明的。为了解决透明传输问题,可以采用字节填充法,其具体的步骤是:发送端的数据链路层在数据中出现控制字符“SOH”或“EOT”处的前面插入转义字符“ESC”(其二进制编码为00011011),然后接收端的数据链路层把对方加的字符删掉后再发送给自己网络层,从而解决透明传输问题。

(四)流量控制

网络中一些链路或者路由器的处理能力是有限的,当网络的需求大于它们的处理能力时,就会出现网络拥塞和数据包丢失情况。故此,流量控制实际上就是限制发送数据的速率,以避免由于数据发送方和数据接收方速率不匹配,导致数据丢失的情况发生。

(五)差错控制

数据帧在传递的过程中,可能由于信道噪声(如电子的热运动)等各种干扰而发生改变,导致数据传输错误。故此,数据链路层必须具备发现差错的能力,并能够迅速地采取有效措施进行补救,进而使差错控制在尽可能小的范围内。

数据链路层的设计目标就是为网络层提供各种需要的服务。实际的服务随系统的不同而不同，但是一般情况下，数据链路层会向网络层提供三种服务。

1. 无确认的无连接服务

无确认的无连接服务是指源计算机向目标计算机发送独立的帧，但是目标计算机不对源计算机发送的帧进行确认的一种服务。这种服务的可靠性不高，故此，这种服务主要应用于数据传输错误率很低或者对数据的完整性要求不高的情况，如实时业务和局域网业务等。目前，大多数局域网在数据链路层所采用的服务是无确认的无连接服务。

2. 有确认的无连接服务

有确认的无连接服务是为了解决无确认的无连接服务的不足，提高数据传输的可靠性而产生的。在这种连接服务中，源主机数据链路层必须对每个发送的数据帧进行编号，目的主机数据链路层也必须对每个接收的数据帧进行确认。如果源主机数据链路层在规定的时间内未接收到所发送的数据帧的确认，则需要重发该帧，从而提高数据传输的可靠性。这类服务主要用于不可靠信道，如无线网等。

3. 有确认的有连接服务

大多数数据链路层都采用向网络层提供面向连接确认服务。利用这种服务，源计算机和目标计算机在传输数据之前需要建立一个连接，该连接上发送的每一帧也都被编号，数据链路层保证每一帧都会被接收到。而且它还保证每一帧只被按正常顺序接收一次。这是有确认的有连接服务与有确认的无连接服务的区别。在有确认的无连接服务中，没有检测到确认时，系统会认为对方没收到，于是会重发数据，而由于是无连接的，所以这样的数据可能会重复发送多次，对方也可能接收多次，造成数据混乱和冗余。

七、物理层

物理层处于 OSI 七层参考模型的第一层，也是最底层，它直接面向实际承担数据传输的物理介质，执行数据传输的任务，为数据传输提供可靠的环境，是唯一直接传输数据的一层。物理层向上为数据链路层提供服务，向下直接与传输介质相连，起着数据链路层与传输介质之间的逻辑接口的作用。

物理层协议又称物理层接口标准，是 DTE 和 DCE 或其他通信设备之间的一组约定，主要解决网络节点与物理信道如何连接的问题。物理层协议规定了标准接口的以下特性：

（一）机械特性

物理层的机械特性是关于接插件的形状、插头数目、排列方式、电缆长度等的特性，制造厂家可以根据公认的机械标准独立地制造出相互兼容的设备。常用的接口标准包括：

- ISO 2110：25 芯连接器，RS-232-C，RS-366-A。
- ISO 2593：34 芯连接器，V.35 宽带 Modem。
- ISO 4902：37 芯 9 芯连接器，RS-449。

- ISO 4903：15 芯连接器，X.20，X.21，X.22。

（二）电气特性

电气特性主要是在物理连接上导线的电气连接及有关的电路特性，一般包括最大传输速率的说明、互连电缆相关的规则、发送器和接收器电路特性的说明等。

（三）功能特性

功能特性主要规定了 DTE 和 DCE 间包括数据传送、控制、定时和接地等几类引线的功能，如数据、控制、定时、接地等，常用的国际标准包括以下两条。

- CCIIT V.24：数据终端设备（DTE）和数据电路设备（DCE）之间的接口定义，与 V.24 建议 100 系列接口相兼容的有 RS-232-C 和 RS-449。
- CCITT X.24：公用数据网 DTE 和 DCE 之间的接口定义，主要用于公用数据网。

（四）规程特性

规程特性主要定义了各物理线路的工作规程和时序关系，并规定了使用交换电路进行数据交换的控制步骤，进而使比特流的传输得以顺利完成。

本章小结

本章从电子证据的存储介质和电子证据的应用环境入手，介绍了计算机硬盘和网络的相关概念、特性和组成等知识，使读者对电子证据相关的技术基础有一个简单的整体概念，为今后学习取证过程中的常用实践操作打下基础。

思考题

1. 硬盘格式化是物理删除数据还是逻辑删除数据？两种删除数据方式有何区别？哪种删除是无法恢复的？无法恢复的原因是什么？
2. 简述 OSI 七层模型与 TCP/IP 四层模型的优缺点。
3. 简述帧的概念。帧的大小是否固定？一帧数据是多少？
4. 网络中面向用户的应用常位于哪一层？简述面向用户的应用的基本特性。

第四章　国内外电子证据制度发展概况

全球化 3.0 时代：用一台小小的手提电脑，就可以掌控整个世界。①

——［美］托马斯 · 弗里德曼

第一节　国外电子证据法的发展现状

早在 20 世纪八九十年代，国际上就启动了有关电子证据的立法工作。国际组织的早期立法针对的是电子数据的基础性问题，条款也较为原则，为其他主权国家制定规则提供了模板。英美法系国家偏爱制定与电子数据相关的单独法律，对其传统的证据成文法也进行了相应的修改；大陆法系国家则侧重于修订诉讼法及相关实体法典中涉及电子数据取证规则的内容。

一、国际组织层面

（一）联合国国际贸易法委员会

1.《联合国国际贸易法委员会电子商业示范法》

《联合国国际贸易法委员会电子商业示范法》（简称《电子商业示范法》）于 1996 年通过，其制定目的是向各国立法者提供一套国际公认的规则，为"电子商业"创造一个比较可靠的法律环境。《电子商业示范法》共 17 条，分为两部分：一部分涉及电子商业总的方面，另一部分涉及特定领域中的电子商业。

在第一部分中，该法引入"数据电文"这一概念。"数据电文"系指经电子手段、光学手段或类似手段生成、储存或传递的信息，这些手段包括但不限于电子数据交换（EDI）、电子邮件、电报、电传或传真。除一般的定义解释及适用范围外，该法还就数据电文适用的法

① ［美］托马斯 · 弗里德曼：《世界是平的：21 世纪简史》，何帆、肖莹莹、郝正非译，湖南科学技术出版社 2006 年版。托马斯 · 弗里德曼是美国公认最有影响力的新闻工作者，他在《世界是平的：21 世纪简史》中描述了当代世界发生的重大变化，展示了"全球化正在滑入扭曲飞行的原因和方式"，揭开这个世界的神秘面纱。作者分析了这种快速的改变是如何通过科技进步与社会协定的交合，如手机、网络、开放原码程式等，而产生的。电子证据的国内外立法演进过程正是在这样的时代背景下发生的，也成为了其重要组成部分。

律要求、数据电文的传递作了规定，明确了数据电文的法律效力以及可采性规则、原件规则、证明力规则等一系列规则。例如，该法第 5 条承认了数据电文的法律效力，即数据电文的法律认定不得仅仅以某项信息采用数据电文形式为理由而否定其法律效力、有效性或可执行性；在原件认定问题上，该法认为只要某一数据电文具有完整性，可显示，就满足法律有关原件的要求，即"功能等同法"。《电子商业示范法》第 8 条第 1 款规定："(1) 如法律要求信息须以其原始形式展现或留存，倘若情况如下，则一项数据电文即满足了该项要求：(a)有办法可靠地保证自信息首次以其最终形式生成，作为一项数据电文或充当其他用途之时起，该信息保持了完整性；和(b)如要求将信息展现，可将该信息显示给观看信息的人。"联合国国际贸易法委员会在《电子商业示范法(1996 年)颁布指南》对该方法进行了特别说明。《电子商业示范法》第 9 条第 2 款确立了数据电文在诉讼中的证据价值，明确了从数据电文的生成、储存或传递方式是否可靠等方面进行评估的方法，即"在评估一项数据电文的证据力时，应考虑到生成、储存或传递该数据电文的办法的可靠性，保持信息完整性的办法的可靠性，用以鉴别发端人的办法，以及任何其他相关因素"。该法第 10 条还规定了保存电子数据应当符合的条件，即对证据加以固定和保存需要满足的条件，与我国法律中的保全制度起着同样的作用。第二部分则规定了电子商业中货物运输这一具体领域中的运输合同、运输单据、电子提单的法律效力和证据效力等。关于电子商业其他方面问题的规定仍待后续补充。

总体来看，《电子商业示范法》奠定了电子商业领域立法的基本框架，对电子商务的一些基本问题作出了规定，有利于填补国际上电子商务的法律空白，有助于各国健全和完善其他有关传递和存储信息的法规规范。

2.《联合国国际贸易法委员会电子签名示范法》

《联合国国际贸易法委员会电子签名示范法》(简称《电子签名示范法》)以《电子商业示范法》第 7 条的规定[①]为基础，旨在为实践中因电子签名引发的法律争端提供具有可操作性的规范文本，规范电子签名的使用。

《电子签名示范法》第 1 条确定了该法的适用范围，即"商务活动过程中电子签名的使用"；该法第 2 条对电子签名活动中会遇到的一些概念作了定义；该法第 3 条规定了要平等对待签名技术；该法第 4 条规定对《电子签名示范法》的解释应考虑其国际性质及诚实信用原则，在该法对某些问题没有明确规定的时候，要根据该法所依据的基本原则加以解释；该法第 5 条规定可以通过协议对《电子签名示范法》的条款进行删改或变更其效力；该法第 6—12 条分别规定了签名要求的满足、签名人的行为、证明服务提供者的行为、信赖方的行为、外国证书和签名的承认等内容，确立了电子签名的基本法律框架。

① 《电子商业示范法》第 7 条第 1 款规定："如法律要求要有一个人签字，则对于一项数据电文而言，倘若情况如下，即满足了该项要求：(a)使用了一种方法，鉴定了该人的身份，并且表明该人认可了数据电文内含的信息；和(b)从所有各种情况来看，包括根据任何相关协议，所用方法是可靠的，对生成或传递数据电文的目的来说也是适当的。"

《电子签名示范法》的立法技术是非常先进的。这部法律文件确立的法律原则，对世界各国具有很好的指导意义。

3.《联合国国际合同使用电子通信公约》

联合国国际贸易法委员会于2005年通过了《联合国国际合同使用电子通信公约》，该公约是有关电子商务的第一个专门性公约，我国已于2006年7月6日签署了该公约。在《电子商业示范法》和《电子签名示范法》的基础上，该公约在序言第六段中明确，其目的在于消除"对国际合同使用电子通信的障碍"，包括在电子邮件、电子数据和互联网等新技术得到发展之前既成的国际贸易法公约和条约中可能产生的障碍。

该公约共4章25条，主要内容包括：(1) 适用范围。该公约适用于"与营业地位于不同国家的当事人之间订立或履行合同有关的电子通信的使用"。(2) 定义。在"数据电文"的含义上，其与《电子商业示范法》的规定类似，只是增加了电磁手段。(3) 处理当事人所在地的规则。该公约对信息系统的IP地址、域名或地理位置等与电子信息有关的外围信息采取审慎的态度，即虽然这些信息是客观存在的，但其对确定当事人的实际所在地几乎没有决定性作用。(4) 合同的处理规则。该公约承认合同可以通过自动信息系统（电子代理）之间的动作而订立。(5) 发出和收到数据电文的时间。(6) 同其他国际文书的关系。(7)"功能等同"的方法。该公约第9条重申了《电子商业示范法》第6—8条规定的基本规则，这些基本规则确定了电子通信和纸质文件（包括"正本"纸质文件）之间、电子认证和手写签名之间功能等同的标准。

《联合国国际合同使用电子通信公约》实现了以下4个主要目标：(1) 促进了电子商务在国际贸易中的应用，包括在电子通信得到广泛使用之前已缔结的相关条约中的适用；(2) 使《电子商业示范法》和《电子签名示范法》在制定中所追求的统一性得到了提升；(3) 修订了《电子商业示范法》和《电子签名示范法》中的一些条款，并从近来的实践中归纳出一些新规则作为补充；(4) 为尚无电子商务法律或在该领域立法尚不完善的国家提供了现代的和统一的电子商务法。

《联合国国际合同使用电子通信公约》只有19个国家签署，至今并没有成为具有拘束力的国际公约。当前对世界各国影响力较大的依然是《电子商业示范法》和《电子签名示范法》，两者之间是相互补充的关系。其中，《电子签名示范法》只是对《电子商业示范法》中电子签名效力的补充规范。①

（二）欧盟《电子签名统一框架指令》

欧盟《电子签名统一框架指令》是由欧洲议会和欧盟理事会共同讨论通过的关于电子签名的指令。该指令是欧盟电子签名问题一系列指令修改的结果，体现了欧盟在电子签名问题上的基本立场，其目的在于促进电子签名的使用，指导和协调欧盟各国的电子签名立法。该指令主要内容包括电子签名效力的原则、对电子签名数据的保护、对电子签名认证提

① 参见高富平：《从电子商务法到网络商务法——关于我国电子商务立法定位的思考》，《法学》2014年第10期。

供商和电子签名安全核对在技术及法律上的具体要求。该指令首先明确了电子签名与手写签名具有同等法律效力,规定成员国应保证基于资格证书并由安全签署签名设备生成的高级电子签名,在满足一定的要求后,才能在法律程序上作为证据接受。其将电子签名与纸面签名进行比较,明确电子签名在法律上作为证据应满足的要求。具体而言,纸面文件可被所有人阅读;可保存较长时间;可以复制;可令各方当事人持有相同内容的副本;可通过签名的方法对内容进行鉴别。电子签名同样具备上述特征,且具有较高的安全性。

在电子数据保护方面,该指令第 8 条确认了认证机构应在数据保护或隐私权保护这一关键环节上的作用,其第 8 条第 2 款规定,"成员国应保证出具公证书的认证机构仅在向数据主体直接收集并经数据主体明示允许,且仅为制作或出具公证书的必要时,方可收集、传输数据。无论出于任何目的,未经数据主体明示允许的数据收集与传输均应禁止。"

(三)欧洲委员会《网络犯罪公约》

《网络犯罪公约》又称《网络犯罪布达佩斯公约》,是 2001 年 11 月由欧洲委员会的 26 个欧盟成员国以及美国、加拿大、日本和南非等 30 个国家在布达佩斯共同签署的国际公约,其目标之一是使国际社会对网络犯罪的立法有共同参考标准,国际社会在进行网络犯罪侦查时有国际公约予以支持,可以有效进行国际合作。《网络犯罪公约》作为第一部针对网络犯罪行为制定的国际公约,对世界多数国家的相关立法产生了重要影响。

电子取证是《网络犯罪公约》关注的核心事项之一。该公约将电子取证条款区分为国内措施与国际合作两个部分,在第二章"国家层面采取的措施"的第二节"程序法"部分规定了电子取证的国内措施。除《网络犯罪公约》第 14—15 条规定了一般条款外,该公约第 16—21 条还分别规定了电子数据的快速保全、流量数据的快速保全和披露、(用户信息的)出示命令、电子数据的搜查扣押、流量数据的实时收集、内容数据的(实时)侦听。该公约第三章"国际合作"的第二节"特别条款"部分规定了关于跨国电子取证的国际合作事项,包括第 29—34 条共 6 个具体条款。与国家层面采取的措施相似,跨国电子取证的国际合作事项主要涉及加速保存存储的计算机数据、加速存储公开保存的业务数据、计算机访问数据的相互协助、越境访问储存的计算机数据、实时收集业务数据的相互协助、有关内容数据拦截的相互协助。另外,该公约区分了电子调取和物理扣押两种取证形式,以及存量数据和实时数据两种数据状态,并根据"流量数据(Traffic Data)""用户数据(Subscriber Data)"和"内容数据(Content Data)"的电子证据分类,构建了有差别的电子取证义务体系。该公约还规定服务提供者是落实电子取证措施的主要配合方,并就相关规则作出规定。

二、北美

(一)美国

1. 联邦国会立法

联邦国会立法是指联邦国会参议院和众议院颁行的规范性文件。在美国涉及电子证据的联邦国会立法很多,既有证据法或诉讼法性质的法律,如《移民与规划法》《詹克斯法令》

及《行政程序法》等，也有规范电子商务和打击计算机犯罪的新型法律，如《全球与全国商务电子签章法》《爱国者法》《与计算机相关的欺诈及其他行为法》《与存取设备有关的欺诈及其他行为法》《信息披露法》《非法监听法》以及《与联邦政府相关的存取要求法》等。这些立法对确立特殊的电子证据规则有重要贡献。例如，《移民与归化法》第五章规定，美国移民归化局可依据"秘密证据"拘留移民、拒绝他们入境甚至可对其判刑，而不必"披露对移民不利的敏感情报"。这里所说的"秘密证据"实际上包括秘密取得的电子证据。又如，《全球与全国商务电子签章法》第 101 条第（a）款规定，在州际贸易或对外贸易中，不得仅以签章、合同或其他记录使用了电子形式而否定其法律效力、有效性或可执行性。这项规定确定了电子证据可进入法庭程序这一基本原则。该法第 101 条第（d）款规定，电子记录在符合一定条件时可被视为原件。这为解决某些电子证据的最佳证据规则问题提供了解决方案。《爱国者法》明确规定，警方在对计算机黑客犯罪进行侦查时，有权截获犯罪嫌疑人的交谈声音，有权提取声讯邮件或其他声音记录，有权持传票命令网络服务提供者交出各种电子证据或进行紧急披露，有权使用技术手段侦测计算机网络的信息流动痕迹，以及有权在全国范围内开展电子邮件搜查等。

上述法律均被列入美国国会授权编纂的《美利坚合众国法典》中，如《移民与归化法》第五章位于该法典第 8 编第 1531—1537 条，《詹克斯法令》位于第 18 编第 2 部分第 223 章第 3500 条，《行政程序法》位于第 5 编第 5 部分第 2 章。[①]

2. 联邦法院规则

美国联邦法院规则是规范诉讼活动的法律文件，主要包括 1938 年制定的《联邦民事诉讼规则》、1946 年制定的《联邦刑事诉讼规则》和 1975 年制定的《联邦证据规则》。前两部规则侧重程序性规范，其贡献在于确认对电子证据可以加以开示，并就开示的电子证据来源、形式、费用与拒绝等问题逐一作了规定。《联邦证据规则》是迄今以来美国联邦系统最全面的证据法律文件，也是适用最广泛的电子证据法律规范。它共有 11 条，每一条包括若干规则。其中，规则 901、902（11）、902（12）解决了如何认定电子证据是否属实的问题；规则 803（6）、803（8）等排除了电子证据使用时的传闻障碍；规则 1001—1008 针对的是如何判断电子证据是否符合最佳证据规则这一问题。《联邦证据规则》被《美利坚合众国法典》列入第 28 编"司法与诉讼程序"的附录部分。

3. 州法律体系

美国各州制定法、法院规则中最著名的是加利福尼亚州制定的《证据法典》，为许多州借鉴。然而，更多州在制定证据规则时参照《联邦证据规则》或《统一证据规则》。《统一证据规则》是美国统一州法全国委员会和全美律师协会于 1953 年颁布并推荐的，后经多次修改，最终形成。在电子证据问题上，该规则继承了《联邦证据规则》的解决方案，又有所突破，主要体现在其用"记录（Record）"一词，替代了原先使用的"文书（Writings）""录

① 参见刘品新主编：《美国电子证据规则》，中国检察出版社 2004 年版，第 14 页。

音(Recordings)”“照片(Photographs)”等词,并专门定义了“记录”一词的含义。其在规则101(3)中规定,“记录”是指通过有形方式记下的信息,包括存储电子媒介或其他媒介中可通过可察觉的形式获知的信息。这实质是扩大了传统“文书”“录音”“照片”等术语的内涵,使得电子证据能与“文书”“录音”“照片”等证据接受相同证据规则的约束。

《统一计算机信息交易法》由美国统一州法全国委员会于1999年7月通过,并向各州推荐。其主要适用于创作或发行计算机软件、多媒体及交互性产品、计算机数据以及在线信息发行等交易,不适用于有关印刷出版的书籍、报纸、杂志等交易。在计算机信息交易合同的成立和效力方面,《统一计算机信息交易法》针对电子商务的特点,引入了“电子代理人”这一非常重要的概念,正式承认了借助网络自动订立的合同的有效性。

《业务记录与公共记录的摄影复本用作证据的统一法》是由美国统一州法全国委员会颁布的又一部重要的电子证据成文法。该法专门规范应用微缩拍摄技术出现的微缩胶片副本及其放大照片的运用,虽涉及电子证据的种类有限,但该法还是对处理电子数据“原件”含义的问题产生了持续性影响。①

明尼苏达州的《明尼苏达州证据规则》规定了其他鉴别电子数据形式真实性的方法。例如,该规则第16.03(c)条就特地考虑了(下列方法)获取双方当事人就文件之形式真实性作出的约定以及(有关机构)就证据可采性提前作出相关判定等。作为替代性措施,根据该规则第36.01条,一方当事人也可以利用“要求自认制度”来鉴别某些文件的形式真实性,其适用对象包括电子数据。②

犹他州的《数字签名法》以及美国统一州法全国委员会颁布的《统一电子交易法》《统一计算机信息法》主要从电子商务的角度对电子证据问题作了原则性的规定,如与电子商务密切相关的电子证据术语、原件判断标准、保全标准、可采性标准及推定问题等。③需要特别指出的是,犹他州通过的《数字签名法》是世界上第一部涉及电子签名的立法,颁布于1995年,并被奉为20多个州的示范法。这部“技术中立”的法案规定:(1)电子签名符合手写签名的各项要求,并且可在法院诉讼中被接纳为证据;(2)电子合同得以强制执行;(3)不存在对特定技术的特别待遇,但法院可以将不同技术纳入考虑范围。然而,该法并未广泛适用,已于2006年5月1日正式废除。

1997年7月1日正式生效的《伊利诺伊州电子商务安全法》将数字签名与电子签名两套独立的法律技术语言符号熔于一炉,并通过较为巧妙的法律处理使之形成有机的体系。它的基本思路是将电子签名分为高密级电子签名与一般电子签名两种,同时将符合条件的数字签名纳入高密级的电子签名中电子签名,从而巧妙地使两套体系得以衔接。这种大胆的思路给了外国立法相当大的启发。例如,新加坡法就大量因袭了伊州立法。

① 参见刘品新:《论电子证据的原件理论》,《法律科学》2009年第5期。

② 参见毕玉谦等:《民事诉讼电子数据证据规则研究》,中国政法大学出版社2016版,第51页。

③ 参见何家弘主编:《电子证据法研究》,法律出版社2002年版,第522—525页。

4. 判例法

当前在电子证据规则方面，美国仍处于以判例法为主、制定法为辅的阶段。在其判例法背景下，有关电子证据的具体规则也是因案而异的。例如，就电子数据的可采性而言，一些法院只要求最低限度的证人证言。在美国政府诉惠特克案[①]（United Sates v. Whitaker）中，一位联邦调查局探员仅以操作计算机，安装微软 Money 理财软件进行打印的方式，就从一个嫌疑人的个人计算机中获取了一份商业记录的打印件。法院认定这位探员的证言显示其对用来检索和打印数据的程序具有个人认知，而这为该记录的鉴证提供了充分的基础，因此法院肯定了该打印件的可采性。而在其他案件中，对这一展示要求却更为严格。在"盖茨橡胶公司诉班多化工公司"一案中，针对一位法庭专家证人使用的方法，法庭斟酌了对该专家证人提出的异议，并就其未能使用最新的法庭技术从事这一项工作进行了制裁。又如，美国判例法认为，用输入法输入的电子文件中的人名是法律意义上的签名。当然，美国也存在判决结果恰恰相反的判例。例如，在 2014 年审结的 SN4 有限责任公司诉安科银行案（848N.W.2d559，568，Minn.Ct.App.2014）中，明尼苏达州上诉法院判决认为，电子邮件信息上电子签名并不必然构成证明行为人以电子方式签署附带文件之意图的证据。[②]

（二）加拿大

1998 年，加拿大统一州法委员会颁布了世界上第一部专门为电子证据制定的法规：《统一电子证据法》。这部法规是加拿大《证据法》在数字化时代的发展。它以独立于加拿大《证据法》的单行法的形式出现，体现了加拿大立法者对电子证据这一新的证明方法的重视。这部法律对电子证据的定义、适用、鉴证、最佳证据规则、完整性推定、标准等作出了规定。《统一电子证据法》只有 9 个条文，每个条文后均附有评论（Comment）。2000 年修订的《加拿大证据法》第 31 节基本上吸收了《统一电子证据法》的内容。1999 年完成修订的《统一电子商务法》和 2000 年颁布的《个人信息保护与电子文件法》对电子证据的内容及外部适用条件作了相应规定，可以作为辅助立法适用。

与联合国国际贸易法委员会及美国、德国、爱尔兰等国的立法主导意见对"电子数据"持广义的理解不同，加拿大《统一电子证据法》对"电子数据"持狭义的理解。其趋向于将电子证据限定为以计算机数据为基础的证明材料。是否被保存或被记录在一套计算机系统或类似装置中被认为是评定证明材料是否属于电子证据的标准。该法通过对"数据""电子记录""电子记录系统"三个术语的定义界定电子证据。《统一电子证据法》的适用范围包括：各类卡的磁条或智能卡的数据；声控邮件；传输到互联网上的站点的录像；被计算机的压缩磁盘保存的音乐等。它不应用于常规的电话交谈，因为立法者认为此时没有信息被保存。计算机系统直接生成的书面记录，如输出资料，本身就是电子记录。该法使记录保持系统的可靠性与特定记录真实性的证明相关。电子记录系统也被认为是电子证据的一

① 参见 1997 年美国联邦第七巡回法庭第 127F.3d595 号（127F.3d595，7thCir.1997）。

② 参见毕玉谦等：《民事诉讼电子数据证据规则研究》，中国政法大学出版社 2016 版，第 47—49 页。

部分。[①]

该法对最佳证据规则也作出了突破，没有拘泥于“原件”标准，而是创设了“电子记录系统完整性”（Integrity of Electronic Records System）标准以解决电子证据中有关最佳证据的问题。系统的可靠性（System Reliability）可以代替记录的可靠性（Record Reliability），这种可靠性意味着准确、完整。该法第4条规定：明确地、连续地运用、依靠或使用某一原始输出稿生成的电子记录，作为原始输出稿记录或存储信息记录的，该电子记录可视为最佳证据规则意义上的记录。在最佳证据规则适用于电子记录的情形下，只要能够证明电子记录或存储该数据的电子记录系统的完整性，即可认为其满足最佳证据规则的要求。从该规定可知，即使存在电子记录的原件（如纸面文件的电子影像），该法也不要求提供纸面记录。该法也不以原件已被销毁作为电子影像被采信的前提。《统一电子证据法》为电子记录的采信专门设计了一项规则：如果某人在正常的业务过程中按照合理的时间表销毁了纸面原件，他在使用这些记录的可靠的电子版本时不应受到不公平对待。即使出于存档的需要保留了纸面原件，在其电子版本能满足该法对完整性的要求时，可提供电子版本作为证据而无须提供纸面原件。“系统完整性”标准实现了从要求证明单个记录完整性向要求证明生成和保存记录的计算机系统完整性的转变，这是电子证据对最佳证据规则的一大突破。电子证据对完整性和可靠性有严格的要求：评价完整性（Integrity）的标准是信息保持完整、未被修改，在交流、保存、演示的正常程序中引起的改变除外；评价可靠性（Reliability）应考虑制作文件的目的与相关环境状况。这样规定主要是因为电子证据处于特殊环境，即在运行过程中的任一环节，信息都有可能被更改。就记录的完整性和可靠性能否得到保障的问题，加拿大《统一电子商务法》第11条规定，当电子文件符合以下形式时，视为符合现行法要求提供或保留文件原件的规定：（1）有足够可靠的证据证明该文件自第一次以最终形式作出时起包含的信息的完整性。（2）当文件以原件形式提供给收受方，该文件应可供收受方查找并由其保存以备日后调取。另外，加拿大《统一电子证据法》还特别规定了可以通过设定类似ISO的国际或国家认证标准的方式对电子记录系统的完整性设定评价标准。若达到设定的评价标准，则可直接认定电子记录系统具有完整性。这样既可以避免单个证据鉴证的烦琐，又可以较好地解决鉴证规则的不确定性问题。该法还对传闻规则中的宣誓和交叉询问作出了新的规定。

同时，加拿大《统一电子证据法》第5条规定，如果没有相反证据，记录或存储电子记录的电子记录系统满足以下条件即视为具有完整性：（1）有证据证明在所有关键时刻，计算机系统或其他设备运行正常；或者在不正常的情形下，证明不正常运行不影响电子记录的完整性，且没有任何理由怀疑电子记录系统的完整性。（2）有证据证明电子记录是由诉讼当事人记录或存储的，且其利益与引用该记录的当事人相悖。（3）能够证明电子记录的记录和存储是企业在日常经营过程中由非诉讼的当事人作出的，且该行为不是在试图引用该记录作为证据的当事人的控制下进行的。上述第（1）项是关于计算机系统真实性的推定。

① 参见韩波：《论加拿大〈统一电子证据法〉的立法价值》，《政治与法律》2001年第5期。

第(2)、(3)项是当记录为对方及无利害关系的第三方控制、保存时,推定该记录为真实的证据规则。加拿大《统一电子证据法》使对计算机系统真实性及特殊情形下记录真实性的推定成为法律推定,有助于电子证据在诉讼中的运用。

三、欧洲

(一)德国

1.《多媒体法》

为了使德国的法律更好地适应网络虚拟空间技术的发展,1997年6月,德国议会通过了世界上首部系统规范互联网的法律——《多媒体法》。该法对电子证据运用的实施细则进行了完善。该法总共有11章,其中6章是对现有法律条文的修正,只有3章是新制定的法律条文,这3章分别是电讯服务法、电讯服务数据保护法及数字签名法。在第一章"电讯服务法"中,"电讯服务"被界定为基于电讯手段传输的,旨在为个人使用文字、图像或声音等可组合数据提供技术支撑的服务,此外,服务提供者的定义及其责任也被界定。在第二章"电讯服务数据保护法"中,相关法条规定服务提供者应尽量少地收集个人数据,在必须收集时,使用者有权知道自己提供的个人数据被用在了何处。第三章"数字签名法"是德国《多媒体法》篇幅最大的一章,涉及概念的确定、主管部门、证明的程序、数据保护、技术部件的要求等,并对数字签名生成和存储的安全性提出了明确的要求。其余6章则分别涉及刑法典的修正、未成年人保护、著作权法的修正等问题。

2.《电子签名框架条件法》

德国于2001年5月16日颁布了《电子签名框架条件法》。鉴于欧盟发布了《电子签名统一框架指令》,作为欧盟成员国,德国有义务在规定期限内制定或修改国内法。该法既是德国的国内立法,又是德国实施欧盟《电子签名统一框架指令》的具体措施。该法将电子签名分为"先进电子签名"和"合格电子签名"。"先进电子签名"是指那些只分配给钥匙持有人、且由持有人可辨别并单独控制的媒体所生成的电子签名,以及通过关联数据,可以识别事后的修改情况的电子签名。从法律效力上看,"先进电子签名"主要用于识别签名人的身份并表明其认可所签署文件的内容。"合格电子签名"则是指生成时以有效合格证书为基础,或由安全签名制作单位生成的先进电子签名。该法第6条第2款明确规定:如果法律没有其他规定,合格的电子签名在交易中具有与亲笔签名相同的法律效果。这表明《电子签名框架条件法》对电子签名效力的规定严格遵循了技术中立的原则。《电子签名框架条件法》没有明确"安全电子签名"的概念,也没有提及数字签名,只规定符合一定条件的电子签名视为"合格电子签名"。"合格电子签名"在应用上具有更大的优势。

此外,为了应对计算机犯罪和电子证据的新发展,德国对刑法和刑事诉讼法都作出了相应的修改。1986年8月,德国立法机关在刑法中增设了有关计算机犯罪的新罪名,包括计算机诈骗罪、资料刺探罪、计算机破坏罪等。刑事诉讼法的修改主要集中在电子证据运用的规则上,对电子证据运用的技术(如搜查、扣押、监听、使用技术侦查措施等)作出了明确的限制性规定。德国作为典型的大陆法系国家，实行职权主义诉讼模式，在电子证据的审查认定方面实行自由心证原则，电子证据的范围、可采性、相关性、证明力等均由法官自由裁判，法律原则上不作限制性规定。

（二）俄罗斯

早在 1995 年 2 月通过的俄联邦《信息、信息化和信息保护法》就对电子数字签名作出了规定。该法第 5 条第 3 款承认经电子数字签名认证的自动信息和信息系统存储和传输的文件的法律效力。如果自动信息系统有能确认签名身份的技术方案，那么电子数字签名也可以得到法律的承认。对电子数字签名效力的认定必须遵守立法机构的相关规范。此外，俄联邦民法典承认电子数字签名合同的效力。

2002 年，《电子数字签名法》颁布实施。该法的立法目的是“为在电子文件中使用电子数字签名创造法律条件，确认电子文件中的电子数字签名具有与纸质文件中手写签名同等的法律效力”。《电子数字签名法》从法律上明确了国家机构、法人和自然人在正式文件上用电子密码进行签名的条件、电子签名的确认、效力、保存期限，认证机构的法律地位、权利和义务以及利用电子数字签名的程序和规则等。对电子数字签名以及一系列有关的概念（如电子文件、电子签名的手段、电子签名的认证、公钥、私钥等）作出了定义。

其后，《电子商务法》明确了电子商务领域的法律关系、电子商务中电子信息通信的使用，规定了电子商务主体的权利和义务、订立电子合同的规则，并确认了电子文件的法律凭证性。

（三）英国

1. 证据法

英国有关电子证据的规定曾经分散在《1968 年民事证据法》和《1984 年警察与刑事证据法》中，后来又在《1995 年民事证据法》和《1999 年青少年审判与刑事证据法》中被删除。从这些规定来看，英国法律主要规范了电子证据的一种特殊形式，即计算机打印输出，而没有对其他类型的电子证据作出规定。

《1968 年民事证据法》第一编为“传闻证据”，其第 5 条是“计算机打印输出陈述的可采性”。根据该条的规定，在任何民事诉讼中，对于计算机打印输出的文书中所包含的陈述，除非法庭另有规定，如果能够证明该陈述和计算机符合一定条件，可以采纳为事实证据。而《1995 年民事证据法》取消了民事诉讼中的传闻规则，规定在民事诉讼中，不得因为证据是传闻而予以排除。

《1984 年警察与刑事证据法》第 68 条将可以采纳的书面传闻的范围扩大到任何记录或者记录之一部分的文书中所包含的陈述，因此也包括计算机打印输出的文书。但其第 69 条也作了一定的限制性规定。[①]《1999 年青少年审判与刑事证据法》废止了《1984 年警察与刑

---

① 该法第 69 条规定：在任何诉讼（指刑事诉讼）中，计算机打印输出的文书所包含的陈述，不得被采纳为该陈述中所述任何事实的证据，除非该陈述标明：（1）没有合理根据相信因为计算机使用不当而使陈述不准确；（2）在所有重要时刻计算机均运行正常，或者即使未能如此，但不论是否正常运行，还是计算机停止运行，在任何方面均未因此影响文书的制作或者文书内容的准确性；（3）按照要求的形式和时间提供法庭规则可能要求的与陈述有关的信息。

事证据法》第 69 条的规定，该法第 60 条还取消了对源自计算机记录的证据的使用限制，即计算机打印输出的传闻陈述只要满足《1988 年刑事审判法》第 23 条[①]或者第 24 条[②]的规定就可以采纳。

此外，英国北爱尔兰地区《1971 年民事证据法》第 2 条对计算机生成文可采性条件作出了明确规定。爱尔兰《1992 年刑事证据法》第二编（文书证据的可采性）、第三编（特定诉讼中的证据）以及第五编（其他规定）均包含有关电子证据的规则。

2.《电子证据取证的最佳指南》

为规范实践工作，使其符合取证的原则和标准，英国首席警官协会制定了《电子证据取证的最佳指南》，并适时完善指南内容。该指南提出了计算机取证的 4 条基本原则：（1）执法机构及人员采取的措施不能导致计算机及其存储介质中的可能向法庭提交的数据发生改变；（2）在必须接触计算机及其存储介质中的原始数据时，接触人员必须具备相应资质，能够解释证据的关联性以及取证行为的相关性；（3）必须对计算机取证的所有过程创建审计追溯记录或其他记录，并加以保存，任何独立的第三方机构应可通过过程验证得出相同的结果；（4）负责调查的人员（案件负责人）对法律和原则的遵守情况全面负责。

（四）法国

作为大陆法系国家，法国一般将电子证据归于书证或者准书证范畴。例如，根据《法国民法典》第 1316 条第 1 款规定，以电子形式做成的文书符合以下条件的，可与书面形式的文书一样被视为证据：（1）做成该文书的人能够被正式地识别；（2）该文书的制作与保管的条件能保持其完整性；（3）签字与签名人一致；（4）表明当事人对该行为所产生义务的同意。另外，法国在《刑事诉讼法》规定了“电讯的截留”，包括电话窃听以及类似的秘密侦查手段。其第 100 条规定，预审法官基于侦查必要，可以决定截留、登记和抄录邮电通信。其第 100 条第 1—7 款分别就截留的期限、授权、方式、过程等作出了规定。

四、亚洲

（一）新加坡

新加坡《电子交易法》由新加坡电子商务政策委员会制定，于 1998 年 6 月 29 日通

---

① 该法第 23 条规定：包含于文书中的第一手传闻陈述，如果满足两个条件，可以在形式诉讼中被采纳。第一个条件是作出陈述的人因为某种原因不能出庭作证。例如，作出陈述的人已经死亡或者其身体或者精神状况不适于出庭作证，或者作出陈述的人在联合王国之外并且保证其出庭作证既不合理也不可行。第二个条件是陈述是向一名或其他一些负有调查犯罪职责或者看守罪犯的人作出的，并且作出陈述的人因害怕而不愿提供口头证据或者被排除使用此种方法作证。

② 该法第 24 条规定：如果满足四项要求，由一个人在从事贸易、商业或者其他工作的过程中，或者担任某一有薪或者无薪职务时制作或者收到的文书中包含的传闻陈述，不论是第一手传闻、第二手传闻还是多重传闻，在刑事诉讼中应当予以采纳。第一项要求是文书中所包含的信息是由知晓或者可以合理假定知晓所涉及事项的人（不论是否为陈述的作出者）提供的；第二项要求是如果信息是间接输入的，则输入信息的每一个人应该是在从事贸易、商业或其他工作的过程中，或者担任某一有薪或者无薪职务时收到该消息；第三项要求是作出陈述的人因为某种原因不能出庭作证，如作出陈述的人已经死亡或者其身体或者精神状况不适于出庭作证；第四项要求是法庭许可。

过，1998 年 7 月 10 日正式实施。《电子交易法》是一部有关电子商务的综合性法律文件，旨在解决电子交易中的法律问题，建立促进电子交易发展的法律环境。该法主要涉及与电子商务有关的三个核心法律问题，即电子签名、电子合同的效力和网络服务提供商责任。

新加坡《电子交易法》以联合国国际贸易法委员会发布的电子贸易示范法为基础，引领了国际电子签名立法的第三波趋势。电子签名立法呈现出三种不同的模式（或趋势），学界将其分为技术特定、技术中立、折衷型技术中立。（1）技术特定。这种模式将数字签名技术作为电子签名的法定技术，集中规定了数字签名的技术规则和法律效果，美国犹他州《数字签名法》为其代表。（2）技术中立。这种立法模式并不确定具体的技术方案，而是采用技术中立的立场，对广义范围的电子签名给予法律确认。该立法模式为联合国国际贸易法委员会所采用。（3）折衷型技术中立。新加坡立法为第三波引领者，在"技术中立"的程度上，采取了独具特色的折衷型技术中立，对数字签名作出特别规定，确保法律的可靠性和安全性，同时又不排斥其他形式的电子签名。新加坡《电子交易法》第 2 条规定了数字签名的定义和电子签名的定义，还在第 17 条规定了"安全电子签名"的条件，既承认一般电子签名的法律效力，又对"安全电子签名"作了特别规定。该法第 8 条作出电子签名符合签名要求的法律规定，并规定了证实电子签名的方法。1998 年以来，许多国家采纳了新加坡的折衷式立法模式，这已成为国际电子签名法的立法趋势。[①]

（二）印度

印度信息技术立法是由《信息技术法》和一系列相关的规则、法规组成的。2008 年，印度不仅修订了《信息技术法》，还同时对《刑法》《证据法》《银行法》等法律的部分条款进行修改。2011 年，印度又制定四项规则，对更为细微和具体的内容进行详细规定。印度《信息技术法》不仅规定电子合同、电子签名等实体法律内容，而且对电子证据、管辖权、上诉法庭等程序问题进行了规定，具有系列立法、实体法与程序法并举、注重效率与安全、政府主导兼顾当事人自主等特色，为印度电子商务、电子政务和软件业发展提供了良好的法律支持。关于电子证据，2008 年印度修订的《信息技术法》规定，法庭可以接受"电子文书"和"数字签名"作为审判依据；该法第 3 条规定数字签名可以通过公共密钥技术发送，为了确保签名人与发送人一致，必须在签名发送时附上认证机构颁发的数字证书，这样就可确认发送人的身份；该法第 14 条规定，如果电子记录中运用了"安全程序"，则该记录可视为可靠的记录。如果证明的时候已使用安全程序，则使用之时起即为安全。本条规定的范围很宽泛，什么属于本条认为有效的"安全程序"并不清楚。可靠的电子记录和可靠的数字签名可以援引修订后的《证据法》中的有利条款。根据修订后的印度《证据法》第 85C 条规定，如果数字签名证书为签名者所接受，除相反事实获得证明外，均是准确的。该法第 81A 条还规定，若电

① 参见李静：《新加坡电子交易法的前瞻表征及启示》，《东南亚研究》2010 年第 3 期。

子记录满足了法律规定的形式，法庭应推定其真实有效。[①]

（三）菲律宾

2001年《菲律宾电子证据规则》共12条，对各种电子证据的可采性、鉴证、证明力等都作了比较详尽的规定。

该规则确定了对电子证据的“无歧视原则”，认为不可以仅仅因为证据的“电子”形式而排除其可采性，这与联合国国际贸易法委员会的《电子商业示范法》和世界其他国家的立法是一致的；该规则对电子签名（规则6）、电子证言（规则9）和音频材料等电子证据分别进行了规定：对于电子签名，规则6规定需用“某一方法或程序来确认数字签名并进行检验”，或用法律规定或能让法官满意的其他方式进行鉴证；对于电子证言，需速记员保证他们所进行的录制准确无误；对于音频材料等，需要适格的证据证明。此外，关于最佳证据规则，其规则4规定：如果某一电子文件借助视觉或其他形式能被读取、打印或进行其他输出，并有证据证明其准确反映了数据内容，则应将其视为符合最佳证据规则的原始文件相当物，即使该电子文件是正确复制了原件的信息内容而形成的复制件，也应被视为原件的相当物，这也是关于电子证据规则“复式原件说”的代表性规定。关于传闻证据规则，该规则根据“无歧视原则”，规定以电子、光学或其他相似手段制作的业务记录并不应因其是电子形式而被认为不属于传闻规则之例外，它们只要经适格证人的证言加以证明就具有可采性。在电子证据的鉴证方面，其规则5规定，在任何法律程序中，拟引入电子文件的当事人负有依照该证据规则规定的方式证明其真实性的责任，并规定了证明的标准。关于电子文件的证明力，为保证电子文件的真实性，不但需要对其鉴证以保证它的可采性，在评价其证明力时也要考虑其生成、存储、传达的方法或方式等因素以保证该文件信息的准确性和完整性；关于证明的方法，该规则认为有关电子文件可采性和证明力的一切事项，均可通过表明具结人亲身知情的或以真实记录为基础的具结书，加以证明。

五、大洋洲

（一）澳大利亚

1. 证据法

澳大利亚联邦和各州（或地区）都制定了不包含于刑事诉讼法或者民事诉讼法的单独证据法，因此，其电子证据法主要存在于联邦和各州（或地区）的证据法当中。例如，澳大利亚联邦《1995年证据法》第71条、第146条、第147条、第161条、第162条主要是关于传闻规则的例外规定和关于便利证明的规定；澳大利亚维多利亚州《1958年证据法》第55B条主要是关于计算机生成陈述的可采性规定；澳大利亚昆士兰州《1977年证据法》第75—77条、第95条，主要是关于电报信息证明的规定和关于计算机生成陈述可采性的规定；澳大利亚南澳大利亚州《1929年证据法》第53—59条、第59A—59C条主要是关于电报信息

---

① 参见李静:《印度信息技术立法的发展与特色》,《暨南学报》（哲学社会科学版）2012年第11期。

的规定和关于计算机证据的规定。

2.《电子交易法》

澳大利亚《电子交易法》由该国电子商务专家组负责起草，1999 年先后在其众议院和参议院获得通过。该法分 3 章共 16 条，另有一个实施细则。该法第一章“导言”共 7 条，主要规定了有关实施该法的程序性事项，并定义了主要法律概念。第二章“适用于电子通信的法律要求”共 8 条，是该法的主体部分，该章确立了电子通信作为一种与书面等价的交易形式的法律地位，并规定了在不同环境下电子通信作为交易形式应满足的法律要求。第三章“杂项规定”仅有 1 条，授权总理可以对该法的实施制定详细说明。

该法以“电子通信”一词，取代了联合国国际贸易法委员会发布的电子贸易示范法中的“数据”一词。根据该法第 5 条的规定，电子通信包括各种以数据、文本或图像形式存在的信息通信。如果语音在到达地被自动语音识别系统处理，那么语音形式的信息通信也属于本法所指的电子通信。传输电子通信的方式，既包括定向电磁力（如电线、电缆），又包括非定向电磁力（如无线电波、可见光、微波、红外线信号等）。可见，该法对“电子通信”作了最广泛的定义。该法第二章确立以“功能等价”和“技术中立”为两项基本原则。其第 8 条第 1 款规定：“就联邦法律而言，交易不仅仅因为全部或部分以一项或多项电子通信进行而无效。”该法第 9 条关于书面形式的规定则基于“功能等价”原则，认为只要符合一定条件，个人通过电子通信方式提供信息即可被认为已经完成了提供书面信息的要求。该法第 10 条规定电子签名应满足两项基本法律要求：（1）电子签名方法能够鉴别当事人的身份，并表明该当事人对电子通信内容的同意；（2）所用方法是可靠的，对于传递信息的目的来说也是适当的。该法第 11 条规定了当法律要求制作一定形式的文档时，人们应怎样使用电子通信方式来制作文档以使其同样有效。该法第 12 条则是关于文档保存的要求，规定电子形式记录如满足规定的要求，可视为与书面记录有等价效力。此外，该法还规定了电子通信发送和接收的时间和地点及电子通信的归属等问题。

（二）新西兰

新西兰《1952 年证据修正法》第二章规定了关于影印副本作为证据的规则。该法第 3 条对相关概念作出解释。其第 4 条对公共记录照片副本作为证据作出规定，即由负责保管胶片的官员提交或认证的任何公共记录之打印件，不论是否放大，在所有案件中，皆应在该公共记录应被采纳为证据的所有情形中被采纳为证据。该法第 5 条规定了在一定条件下，政府和受托人文书影印副本的可采性问题。

六、南非

南非《1983 年计算机证据法》共有 6 条，主要就计算机打印输出文件的鉴证、业经鉴证的计算机打印输出文件的可采性和证据力等进行了规定。

该法规定，计算机打印输出须经过具备相关资格的人员的鉴证才具有可采性，“业经鉴证”是其可采性的前提条件。其第 2 条第 1 款规定，该种鉴证方式以具结书的方式完成，而且鉴证具结书需要从各方面对该计算机打印输出文件加以证明。其第 2 条第 3 款规定，作出鉴证具结书的作证者应当是具有相关资格而提供证言的人，这种资格既包括掌握一定的计算机基础知识和操作经验，又曾对该计算机中的一切关联记录与真实情况进行过检查。同时，其第 2 条第 5 款还规定了核验的标准：作证者尽其最大的知情或信任，认为这些记录与实情囊括了该计算机中的所有相关记录与实情。即作证者在这些所有相关记录与实情的基础上作出该具结书。

对于业经鉴证的计算机打印输出文件的可采性，该法第 3 条规定，如果关于某事实的直接口头证据具有可采性，则关于该事实的业经鉴证的计算机打印输出文件可以作为证据采纳。对于附带提出的鉴证具结，如果它们形式上符合第 2 条关于具结书内容的规定，也可以作为证据采纳。

关于业经鉴证的计算机打印输出文件的证据力，该法第 4 条规定，业经鉴证的计算机打印输出文件具有与其他可采性的文书同等的证据力，具有“法庭在所有情形赋予它的那种证据力”。

南非《1983 年计算机证据法》最突出的特点就是将业经鉴证作为计算机打印输出文件的可采性的前提条件，而且对鉴证方式、鉴证主体资格、鉴证内容都作了比较严格的规定。这些规定虽然理论上解决了计算机打印输出文件作为证据可采性的问题，但在实践中却难以操作。另外，它只能适用于民事诉讼，刑事诉讼中的计算机证据则没有这些严格的限制。

七、外国电子证据法的比较与启示

电子证据是伴随着以计算机技术为代表的电子技术的迅猛发展而日益受到学界重视的。在证据法比较发达的英美法系国家，电子证据研究已有相当长的历史，形成了较为成熟的看法，而且许多研究已被吸收为立法成果。在大陆法系国家，虽然目前少有独立的“电子证据法”，也没有像英美法系国家那样集中而详细的电子证据条款规定，但很多国家颁行的电子签名法可以视为与电子证据密切相关的法律规范。

我国目前没有独立的电子证据法，但随着科技的进步，我国显然不能独身于“依靠电子证据解决纠纷”的程式外，必然要对电子证据的法律问题予以规范。从我国现行的《民法典》《民事诉讼法》《刑事诉讼法》及各类司法解释中，我们可以看到关于电子证据法的某些条款。我们相信，在世界各国积极推进电子证据立法与电子商务立法的背景下，我国会在不久的将来制定专门的电子证据法。

第二节 我国电子证据法的演进历程

我国关于电子证据最早的立法是 1994 年 2 月 18 日国务院发布的《计算机信息系统安全保护条例》(2011 年修订)。该条例是我国历史上第一个规范计算机信息系统的安全管理、惩治侵害计算机安全的违法犯罪的法规，对计算机信息系统的安全保护、监督管理和法律责任作出了规定。

2004 年 8 月 28 日通过的《电子签名法》（2015、2019 年修正）被称为“我国首部真正意义的信息化法律”，也是我国首部确认电子签名法律效力与证据性的法律，使符合一定条件的电子文件在立法上获得了证据地位和效力。该法将电子签名定义为“数据电文中以电子形式所含、所附用于识别签名人身份并表明签名人认可其中内容的数据”，将数据电文定义为“以电子、光学、磁或者类似手段生成、发送、接收或者储存的信息”。《电子签名法》在立法上的最大突破是明确了电子签名和数据电文的法律效力。该法第 3 条第 2 款规定：“当事人约定使用电子签名、数据电文的文书，不得仅因为其采用电子签名、数据电文的形式而否定其法律效力。”该规定在一定程度上消除了对电子签名、数据电文的偏见，保障了电子文件证据效力的发挥。

2012 年以来，三大诉讼法相继修订，逐步明确了电子数据的法律地位。2012 年修正后的《刑事诉讼法》对证据类型进行了更新，其第五章“证据”第 48 条（现行《刑事诉讼法》第 50 条）规定，“可以用于证明案件事实的材料，都是证据”，证据包括“（一）物证；（二）书证；……（八）视听资料、电子数据”，首次将电子数据列为一种证据类型，确立了电子证据的法律地位。但是，采用将视听资料与电子数据并列的表述方式，实质上并未赋予电子证据独立的法律地位，电子数据处于证据类型的末位。将视听资料与电子数据并列设计，容易造成电子数据与视听资料的混淆和两者法律地位划分不清的问题。2012 年修正后的《民事诉讼法》也对证据类型进行了较大的修改，在原七类证据类型基础上，新增了电子数据证据。

2014 年修正后的《行政诉讼法》同样新增“电子数据”证据类型，规定证据包括“（一）书证；（二）物证；（三）视听资料；（四）电子数据；（五）证人证言；……”在此法条中，“电子数据”的证据地位仅次于书证、物证和视听资料，是三大诉讼法中证据地位排序最靠前的。这种排序方式体现了电子证据的重要性，为电子文件证据效力的发挥提供了更有力的法律保障。

一些立法文件将视听资料与电子证据并列作为证据。例如，2004 年《审计机关审计项目质量控制办法（试行）》（已失效）规定，“审计证据的形式包括书面证据、实物证据、视听或者电子数据资料、口头证据、鉴定结论和勘验笔录以及其他证据”。除此之外，某些行政规章的个别条款也对电子数据的收集作出了规定，如国务院颁布的《互联网信息服务管理办法》、原信息产业部颁布的《互联网电子公告服务管理规定》（已失效）等。

近年来，司法机关全面总结了电子数据应用领域存在的难点，融合技术发展成果，细化电子证据的出示、收集、审查等方面的具体规则，出台了以下相关的司法解释和规范文件：

2016 年《电子数据规定》统一了此前各部门对电子数据的定义和判定标准。同时，还对电子数据的具体收集、审查等方法进行了规定，对电子数据在实践应用中的真实性、合法性以及关联性等也都作了原则性规范。在《电子数据规定》出台之前，电子数据及电子证据的相关规定比较零散，尚无关于电子数据证据的判定标准及实践中的各种原则的规定，因而在具体的司法实践中容易出现各种问题和矛盾。《电子数据规定》对这些问题进行了较为完善的规范，有利于在司法实践中更好地运用电子数据，完善我国的电子证据制度。

2018 年《最高人民法院关于互联网法院审理案件若干问题的规定》详细规定了互联网法院举证的要求：不论在线电子数据还是传统的线下证据均须在网络平台质证，仅在当事人对材料真实性提出异议且有合理理由的情况下，法院才会要求当事人提交原件。该规定明确了电子证据真实性的认定规则：（1）在认定范围上，涵盖对电子证据生成、收集、存储、传输等各环节真实性的认定；（2）在审查内容上，强调对电子数据生成平台、存储介质、保管方式、提取主体、传输过程、验证形式等进行审查；（3）在认定方式上，鼓励和引导当事人通过电子签名、可信时间戳、哈希值校验、区块链等技术手段及取证存证平台等对证据进行固定、留存、收集和提取，以弥补仅依靠公证程序认定电子证据的不足，提升电子数据的证据效力。

2019 年 2 月，公安部发布《公安机关办理刑事案件电子数据取证规则》（简称《电子数据取证规则》），进一步明确和细化了侦查机关运用电子数据取证的相关程序、条件和有关范围，并对 2016 年《电子数据规定》中未尽事项和争议问题进行了补充和回应。该规则的制定和出台，主要是结合公安系统的电子数据取证工作的具体情况来进行的，旨在解决司法实践中所面临的比较突出的电子数据取证和判定问题，包括电子数据的搜集方法和原则。

2019 年 12 月 26 日，《最高人民法院关于修改〈关于民事诉讼证据的若干规定〉的决定》发布，修改后的《最高人民法院关于民事诉讼证据的若干规定》自 2020 年 5 月 1 日起正式施行。此次修改对电子证据的理论发展与实践运用起到了非常重要的推动作用。修改后的《最高人民法院关于民事诉讼证据的若干规定》对电子数据范围作出比较详细的规定，明确了当事人提供和人民法院调查收集、保全电子数据的要求，设置了电子数据审查判断规则，完善了电子数据证据规则体系，对统一法律适用标准，保障当事人诉讼权利具有积极意义。

2021 年 1 月 22 日，最高人民检察院颁布了《人民检察院办理网络犯罪案件规定》。该规定完善了电子证据的取证程序和审查方法，考虑不同类型电子数据的不同特性，结合电子数据的技术性与法律的专业性特点，对电子证据的取证程序进行了详细的规定，以方便进行针对性的审查判断。

2021 年 6 月，最高人民法院发布《人民法院在线诉讼规则》。该规则作为最高人民法院颁布的首部指导全国法院开展在线诉讼工作的司法解释，包含大量关于电子证据运用规则的规定，其主要包括两方面内容：一是明确了电子化材料的效力和审核规则。《人民法院在线诉讼规则》坚持在安全可靠的前提下，电子化材料具有“视同原件”的效力，经人民法院审核通过的电子化材料，可以直接在诉讼中使用，当事人不必再提交原件，这有效丰富了当事人提交诉讼材料的方式，有助于提升诉讼便利，降低诉讼成本。《人民法院在线诉讼规则》

针对电子化材料形式真实性审查和内容真实性认定，分别制定了不同的审核规则和要求，促进防范化解诉讼风险，保障在线诉讼合法规范有序。二是确定了区块链存证效力范围和审查标准。《人民法院在线诉讼规则》根据区块链技术的特点，确认了区块链存储数据具有推定上链后未经篡改的效力，明确了上链后数据真实性和上链前数据真实性的审查认定规则，首次对区块链存储数据的真实性认定作出规则指引，这将有助于当事人积极利用区块链技术解决电子数据"存证难""认证难"的问题，提升人民法院证据认定效率，推动完善互联网时代新型证据规则体系。

【阅读案例】

近年来，随着区块链技术的不断发展，各国尝试将区块链技术投入各种环境中运用，我国也开始在司法审判领域认可区块链技术在电子数据存证中的有效性。

在 2018 年 6 月 28 日，杭州互联网法院对一起互联网作品著作权纠纷案作出公开审判，首次认定了以区块链存证技术固定的电子数据的法律效力，同时也提出了审查判断区块链电子存证的原则和方法。在本案中，杭州某文化传媒有限公司（原告）起诉深圳市某科技发展有限公司（被告）侵犯其作品信息网络传播权。原告在发现被告的侵权行为后，通过保全网（基于谷歌开源代码、在阿里云环境下的第三方存证平台）自动抓取并识别了侵权网页的源码，并计算出以上文件打包后的哈希值，于 2017 年 8 月 25 日上传至保全网。2018 年 6 月 20 日，千麦司法鉴定中心出示司法鉴定书，对本案中所涉及的区块链证据存取技术内容作出说明及确认。2018 年 6 月 28 日，杭州互联网法院对上述侵权保全文件包进行哈希值计算，并根据千麦司法鉴定中心提供的相关技术步骤作出查询操作后，确认该哈希值存在于区块链中，且文件上传时间与文件包形成的时间间隔符合常理，根据区块链的运行特征可知该涉案文件包已有效上传至区块链中保存且未被外界修改。①

同年 9 月 18 日，杭州互联网法院联合蚂蚁金融科技等机构正式推出了司法区块链并将其投入使用，这是我国首个基于区块链技术实现电子数据的全流程记录、全链路可信、全节点见证的司法系统。现阶段该区块链为联盟链性质，逐渐有新的机构被纳入其中。该司法区块链系统是由争议双方自行接入并完成取证、存证等操作的区块链系统，有效地解决了证据分散、不完整，电子数据被伪造或篡改，以及电子数据因时间被重新设置而失去证明力等问题。

---

① 详见杭州互联网法院（2018）浙 0192 民初 81 号民事判决书。该案系全国首次对区块链电子存证的法律效力进行认定的案件，为新型电子证据的认定提供了审查思路，明确了认定区块链存证效力的相关规则，有助于推动区块链技术与司法实践深度融合，对完善信息化时代网络诉讼规则、促进区块链技术发展具有重要意义。

本章小结

本章梳理了肇始于世纪之交的国际电子证据立法进程。国际电子证据立法是在国际组织和各主权国间同步发展的,内容上重点关注电子商贸领域的电子签名、电子合同的效力认定及打击跨国网络犯罪过程中的证据认定,旨在督促和引导各国共同保护以电子商贸为主流的国际贸易往来,共同维护在互联网犯罪攻击下的国际安全。电子证据可以说是应运而生、顺势而起的时代产物。在这一波电子证据制度的发展潮流中,中国与世界同步,用了短短 20 余年的时间,构建起我国电子证据制度的基本框架,其涵盖法律、行政法规、部门规章、地方性法规、司法解释等,其中,司法机关在探索运用电子证据的过程中形成的诸多司法解释,更是构成了当前推动我国电子证据制度发展的主力军。

思考题

1. 电子证据法律规制的重点在哪里?
2. 电子证据立法的困难表现为哪些方面?
3. 电子证据立法演进过程反映了电子证据发展的何种趋势?
4. 国内外电子证据立法的异同体现在哪些方面?
5. 电子证据现有立法能否满足司法实践的需求?

第五章　电子证据收集与提取

作为信息技术与法律知识交叉的前沿阵地,电子取证是电子证据行业发展的绝对热点;它不仅意味着一切传统取证措施的电子化,也意味着某些全新取证措施的出现。

——刘品新

电子证据收集是指为了查明案件事实或证明事实主张,采取各种方法或者技术取得电子数据的过程。电子证据作为人们在网络空间从事相关活动或行为时遗留的"痕迹",在案件发生之后散落在网络空间或各种电子设备中,需要经过人们的收集、提取才可能进入诉讼程序成为证据材料。电子证据收集为电子证据的举证质证、审查认定等诉讼活动奠定了基础。

第一节　电子证据收集概述

一、电子证据收集的主体

电子证据收集主体,是收集电子证据的单位或自然人。在确定电子证据收集主体时,需要考虑两个重要的因素:取证权限和技术资质。电子数据可能承载着相关人员的财产权、隐私权、通信自由权等基本权利,电子数据取证可能会干预或侵犯相关人员的基本权利,这就要求取证主体具有相应的取证权限。电子证据作为现代网络信息技术的产物,属于科学证据的基本范畴,其收集过程和取证方式须遵循相应技术标准,从而确保电子证据免于因取证主体缺乏相应专业技术知识遭到破坏。在刑事案件中,电子证据的收集、提取须由两名以上侦查人员进行,并且收集电子证据的侦查人员应具有相关专业知识。从电子证据收集主体的制度规范和实践运行来看,较为常见的电子证据取证主体主要包括以下几类:

(一)公安机关

公安机关是我国刑事诉讼中的侦查机关,大部分刑事案件的侦查活动都由公安机关承担。公安机关在刑事诉讼程序中享有通过侦查措施收集证据、查明事实的权力,这其中就包括对电子数据的侦查取证权。《电子数据规定》第3条规定:"人民法院、人民检察院和公安机关有权依法向有关单位和个人收集、调取电子数据。有关单位和个人应当如实提供。”该规定赋予公安机关收集、调取电子证据的权力。

（二）检察院

检察院是我国的法律监督机关，也是刑事诉讼中的公诉机关和部分职务犯罪的侦查机关。在职务犯罪侦查中，检察院为了查明案件事实有权收集电子证据。在公诉案件审查中，检察机关可以对案件进行补充侦查，依法收集或调取电子证据。

（三）法院

法院是我国的审判机关，在案件裁判中为了审查证据、查明事实，享有证据收集调查权，这其中就包括收集电子证据的权力。法院既可以在符合法定条件的情况下自行依职权收集电子证据，也可以基于当事人申请收集或调取电子证据。

（四）监察委员会

监察委员会是我国行使国家监察职能的专责机关，其在履行国家监察权的过程中为了查明事实也享有收集证据的权力。我国《监察法》第 18 条规定，“监察机关行使监督、调查职权，有权依法向有关单位和个人了解情况，收集、调取证据”。该条规定是对监察委员会调查取证活动的概括性授权，这其中就包括监察委员会对电子证据的收集权。《监察法》第 25 条第 1 款规定，“监察机关在调查过程中，可以调取、查封、扣押用以证明被调查人涉嫌违法犯罪的财物、文件和电子数据等信息”。该条款中明确了监察委员会有电子数据的取证权。《监察法》第 33 条第 1 款规定：“监察机关依照本法规定收集的物证、书证、证人证言、被调查人供述和辩解、视听资料、电子数据等证据材料，在刑事诉讼中可以作为证据使用。”该条规定明确了监察委员会依法收集的电子数据等证据材料，在刑事诉讼中具有证据能力。

（五）当事人

民事诉讼中的当事人，通常需要对自己主张的事实承担举证责任，为了避免败诉的不利后果，他们都有取证权。《民事诉讼法》第 52 条第 1 款规定：“当事人有权委托代理人，提出回避申请，收集、提供证据，进行辩论，请求调解，提起上诉，申请执行。”收集证据是当事人的重要诉讼权利之一，这也包括收集电子数据证据。在民事诉讼中，当事人可以自行收集电子数据；对于因客观原因无法自行收集的，可申请法院调取。《民事证据规定》第 20 条第 1 款规定：“当事人及其诉讼代理人申请人民法院调查收集证据，应当在举证期限届满前提交书面申请。”第 23 条第 1 款规定：“人民法院调查收集视听资料、电子数据，应当要求被调查人提供原始载体。”故当事人因客观原因无法收集相关电子数据的，可以在举证期限届满之前书面申请法院收集电子数据。

在刑事诉讼中，《刑事诉讼法》及相关司法解释并未赋予犯罪嫌疑人、被告人等当事人取证权。按照理论界和实务界通说，犯罪嫌疑人、被告人在刑事诉讼中没有取证权。因此，犯罪嫌疑人、被告人也无权收集电子数据。但是，被告人可以通过自己的辩护律师来收集电子数据。另外，《刑事诉讼法》第 197 条第 1 款规定：“法庭审理过程中，当事人和辩护人、诉讼代理人有权申请通知新的证人到庭，调取新的物证，申请重新鉴定或者勘验。”该条款赋予被告人申请法院调取新“物证”的权利，这里的“物证”应当理解为广义物证，即实物证据。2021年《最高人民法院关于适用〈中华人民共和国刑事诉讼法〉的解释》第273条第1款赋予当事人申请“调取新的证据”的权利。故被告人可以依据上述规定申请法院调取电子数据。

（六）律师

在民事诉讼中，诉讼代理律师享有取证权。《民事诉讼法》第64条规定：“代理诉讼的律师和其他诉讼代理人有权调查收集证据，可以查阅本案有关材料。”这其中就包括代理律师和其他诉讼代理人对电子数据的取证权。

在刑事诉讼中，辩护律师享有取证权，可以弥补当事人没有取证权的不足。《刑事诉讼法》第43条规定：“辩护律师经证人或者其他有关单位和个人同意，可以向他们收集与本案有关的材料，也可以申请人民检察院、人民法院收集、调取证据，或者申请人民法院通知证人出庭作证。辩护律师经人民检察院或者人民法院许可，并且经被害人或者其近亲属、被害人提供的证人同意，可以向他们收集与本案有关的材料。”根据上述规定，辩护律师享有对电子数据的取证权。辩护律师在收集电子证据时，应当注意以下事项：（1）应当征得占有、控制电子证据的单位和个人的同意。（2）在向被害人或者其近亲属收集电子证据时，既要取得检察院或者法院许可，也要取得被害人或者其近亲属同意。（3）辩护律师可以自行收集电子证据，也可以申请检察院、法院收集或调取电子证据。（4）辩护律师收集到有关犯罪嫌疑人不在犯罪现场、未达到刑事责任年龄或属于依法不负刑事责任的精神病人的电子证据，应当及时告知公安机关、检察院。

二、电子证据收集的原则

电子证据收集的原则是在收集电子证据过程中需要遵循的基本准则。《电子数据规定》第2条规定，“侦查机关应当遵守法定程序，遵循有关技术标准，全面、客观、及时地收集、提取电子数据”。根据该规定，在电子证据收集中应遵循以下原则：

（一）依法收集原则

公安机关、检察院、法院等国家机关在行使侦查权、公诉权、审判权等法定职权时，应当遵循职权法定原则。国家机关工作人员在电子证据收集中不得超越其法定职权，更不得实施与法律规定相悖的取证活动。国家机关工作人员违法收集电子证据的行为，不仅会违反其法定职权，也会导致电子证据被认定为非法证据或瑕疵证据。对于电子数据违法取证行为，情节严重的，甚至需要追究取证人员的法律责任。根据依法收集原则，国家机关工作人员只能采取符合法律规定的电子证据侦查措施或调查措施；在适用这些侦查措施或调查措施时，应当严格依照法定程序收集电子证据。

对于当事人、律师等私人主体而言，由于他们不享有通过强制性调查手段或者措施来收集电子证据的权力，法律通常对其电子数据取证活动不作具体规定。但是，这并不意味当事人、律师可以采取非法手段或者方法（如通过木马程序取证、使用窃听设备取证等）收集电子证据。当事人、律师都有守法义务，其在电子数据取证中也应当遵守相关法律规定。若法律对私人主体取证活动有明确要求的，应当依照法律规定进行。例如，辩护律师收集的有关犯罪嫌疑人不在犯罪现场、未达到刑事责任年龄或属于依法不负刑事责任的精神病人的电子证据，应当及时告知公安机关、检察院；若法律没有明确规定，则私人主体不得采取侵犯他人合法权益、违背公序良俗、损害国家利益的途径或方法来收集电子证据。《最高人民法院关于适用〈中华人民共和国民事诉讼法〉的解释》第 106 条规定："对以严重侵害他人合法权益、违反法律禁止性规定或者严重违背公序良俗的方法形成或者获取的证据，不得作为认定案件事实的根据。"根据上述规定，私人主体通过违法方法收集的电子证据，可能被认定为非法证据。

（二）全面收集原则

公安机关、检察院作为国家专门机关肩负着客观公正义务，既不能放纵犯罪分子，也不能冤枉无辜者，而案件能否得到客观公正处理在很大程度上取决于证据数量和质量的情况。在电子证据收集中，侦查人员、检察人员应当全面、客观收集能够证明案件事实的全部证据，不能仅收集证明犯罪嫌疑人有罪、罪重的电子证据，也应当收集犯罪嫌疑人无罪、罪轻的电子证据，只有这样才能做到客观公正地查明案件事实。若侦查机关在电子证据收集中仅收集、提取对犯罪嫌疑人不利的证据，则很容易导致证据缺失或者遗漏而使案件无法得到客观公正的处理。因此，公安机关、检察院等国家专门机关工作人员在收集电子证据中应当遵循全面收集原则。

对于当事人、律师等私人主体而言，全面收集原则并不要求其收集能够证明案件事实的全部证据，但要求其全面收集能够证明自己事实主张的电子证据。当事人遗漏了应当收集的电子证据导致无法完成证明责任、无法有效证明其事实主张的，其可能面临对自己不利的裁判结果。证据不仅是当事人证明其事实主张的重要材料，也是法院查明案件事实、作出公正裁判的重要依据。《民事证据规定》第 45—48 条规定了书证提出命令制度，其第 49 条规定，"关于书证的规定适用于视听资料、电子数据"。这就意味着我国存在"电子数据提出命令制度"。在符合法定条件下，法院可以责令占有、控制电子证据的当事人向法院提交电子证据。若占有、控制电子证据的当事人拒绝提交，则构成证据妨碍，此时法院可以推定对方当事人主张的事实成立。

（三）及时收集原则

公安机关、检察院等国家专门机关在电子证据收集中还应当遵循及时收集原则。在网络犯罪中，往往需初查大量涉案线索才能确定违法行为是否符合刑事立案标准，因此在立案之前的初查阶段，侦查机关可能就需要收集电子证据。《电子数据规定》第 6 条规定，初查过程中收集、提取的电子数据，可以作为证据使用。该规定赋予初查电子数据相应的证据能力，这简化了侦查机关相关调查取证工作，消除了侦查机关在侦查阶段重新取证可能存在的障碍和困难。在立案之后，侦查人员应当迅速采取相关措施和技术方法收集涉案电子数据。

电子数据本身具有信息生命周期，有些电子数据生命周期很短。例如，有些网络空间中的动态电子数据会很快发生变化，有些电子数据会因为软硬件变化而损坏、灭失。电子数据自身的技术性特征，决定了需要对电子数据及时取证。在刑事案件中，犯罪嫌疑人为了逃避刑事责任，也可能会破坏、伪造电子数据。若侦查人员在电子数据取证中有迟延或拖沓的情况，就很容易使犯罪嫌疑人有时间或机会破坏、伪造电子数据，这都会给侦破案件、查明事实造成困难。

对于当事人、律师而言，他们也会面临电子证据的信息生命周期问题，这也要求他们及时收集电子证据，否则就可能在电子证据灭失后面临举证不能的问题。在民事诉讼中，为了督促当事人及时取证、举证而建立了举证期限制度，举证期限制度有利于防止诉讼拖沓、迟延。《民事证据规定》第 20 条第 1 款规定："当事人及其诉讼代理人申请人民法院调查收集证据，应当在举证期限届满前提交书面申请。"当事人无论是自行收集电子证据，还是申请法院收集电子证据，都应当在举证期限届满前提交电子证据或者书面申请，否则将面临电子证据失权等法律后果。

三、电子证据的收集技术

电子证据作为网络信息技术的产物，属于科学证据范畴，具有较高的科学技术含量。电子证据的科学技术性特征会影响电子证据的收集提取和审查认定活动。电子证据在生成方式、生成过程、收集提取、审查认定等方面都具有较强的技术性。在收集电子证据过程中需要严格遵循相应的技术标准。《电子数据规定》第 2 条要求，"侦查机关应当遵守法定程序，遵循有关技术标准"。其第 7 条要求，"取证方法应当符合相关技术标准"。在取证过程中只有遵循相应的技术标准，才可以完整地收集到涉案的电子数据。否则，不仅无法全面、及时地收集到电子证据，还有可能造成电子证据被破坏、毁灭。

在电子证据收集中，对于相关技术标准的遵守，可能会影响电子证据的真实性。以电子数据时间取证为例，时间是电子数据取证的基础，确定时间是电子证据不可或缺的重要环节和内容。电子数据的生成时间本身也可能是重要证据，保存在硬盘或文件中的时间，可以作为证据来确定相关行为和后果。需要注意的是，不同电子数据文件可能存在不同时间，如创建时间、修改时间、访问时间、压缩时间等。在对电子数据时间进行取证时，需要严格遵循相关技术标准，首先需要进行时间校正，使系统时间与标准时间同步，否则就有可能让取证时间影响电子数据的准确度。取证人员在使用取证工具时，要充分考虑时间转换过程，因为一旦转换过程发生错误，取证人员很容易被其误导。

需要注意的是，技术性标准主要是为了保证电子证据的真实性，电子证据收集中对相关技术标准的遵循与否会对电子证据的真实性、关联性产生影响。如果在电子证据收集过程中不遵循相关技术标准，可能会破坏、毁灭电子证据中蕴含的相关案件信息，影响电子证据的完整性、真实性。技术性标准往往并不涉及相关人员的权利，侦查人员在电子证据收集中违反了相关技术标准，通常不会损害被调查人基本权利。

【阅读案例】

邹某诈骗罪案[①]

在本案中，公诉机关提交了被害人桂某提供的微信、短信截图，用于证明邹某编造了"与蒋某某共同承包中建五局在湘潭的隧道工程出了安全事故""办理米厂扶持贷款""纪委审查中铁五局项目""罗某某越南项目需要垫资"等理由向桂某借钱。

法院经审理后认为，依照《电子数据规定》第1条、第7条的规定，上述证据属于电子证据，收集、提取电子数据，应当由两名以上侦查人员进行，取证方法应当符合相关技术标准。本案中，侦查机关未使用符合法律规定的方法提取数据，以保证这些电子数据的完整性，故对微信、短信截图等电子数据予以排除，不能作为本案的定案依据。

第二节　刑事电子证据的收集

作为广义实物证据，电子证据可以适用实物证据的大多数侦查取证措施；但是，电子数据具有的虚拟性、可复制性、载体依附性等特征，决定了其自身具有不同于传统实物证据的证据形态、取证模式。

一、电子数据搜查

（一）搜查概念

搜查是指为了收集犯罪证据、查获犯罪人，侦查人员对犯罪嫌疑人以及可能隐藏罪犯或者犯罪证据的人的身体、物品、住处和其他有关的地方进行的搜寻和检查。从适用对象来看，搜查的对象仅限于身体、物品、住处、场所等，电子数据作为具有虚拟性的数据，似乎不能成为搜查对象。我国《刑事诉讼法》及其司法解释、部门规章等在规定电子数据取证行为时，也没有明确将电子数据作为搜查对象。但这并不意味电子数据不能成为搜查对象。在司法实践中，存在大量的手机搜查、电脑搜查等行为。搜查手机、电脑等电子设备的主要目的不是取得电子设备本身，而是收集这些电子设备中存储的、与案件有关的电子数据，其本质上是搜查电子数据。由于电子数据具有虚拟性，其必须依附于手机、电脑、硬盘、U盘等存储介质而存在。侦查机关在搜查中获得手机、电脑等电子设备之后，还需要通过技术手段从这些设备中提取电子数据。

（二）搜查程序

电子数据搜查会干预和侵犯被搜查人财产权、隐私权等基本权利。因此，通过搜查来收

---

① 详见湖南省双牌县人民法院（2019）湘1123刑初5号刑事判决书。

集电子证据时,必须按照法定程序进行。

第一,搜查只能由侦查人员进行,其他任何机关、团体和个人都无权进行搜查。由于电子数据取证具有较强的技术性,电子数据搜查除了要符合法定程序外,还需遵循相关技术标准,这就对侦查人员的专业技术水平提出了较高要求。

第二,搜查必须经过审批程序、取得搜查证后才可以实施。《公安机关办理刑事案件程序规定》第 222 条规定:“为了收集犯罪证据、查获犯罪人,经县级以上公安机关负责人批准,侦查人员可以对犯罪嫌疑人以及可能隐藏罪犯或者犯罪证据的人的身体、物品、住处和其他有关的地方进行搜查。”根据上述规定,通过搜查收集电子数据,应当经县级以上公安机关负责人批准。经批准后,侦查人员在具体案件办理中获得搜查权,才可以搜查电子数据。《刑事诉讼法》第 138 条第 2 款规定:“在执行逮捕、拘留的时候,遇有紧急情况,不另用搜查证也可以进行搜查。”在符合该款规定的例外情形下,也可以不用搜查证而进行电子数据搜查。例如在拘留犯罪嫌疑人过程中,发现犯罪嫌疑人正准备破坏手机、电脑等电子设备。

第三,在搜查电子数据过程中,应当向被搜查人出示搜查证,应当有被搜查人或者他的家属、邻居或者其他见证人在场;对于搜查情况应当制作笔录,由侦查人员、被搜查人、见证人签名盖章。在出示搜查证后,若被搜查人主动交出涉案手机、电脑等电子设备,侦查人员则无须使用强制手段;若被搜查人拒不交出,则侦查人员可以强行搜查。对于搜查到的手机、电脑等电子设备,应当让见证人过目,以保障这些物品确实来源于搜查,并将这些电子设备的名称、型号、数量等信息详细记载到搜查笔录中。

二、原始存储介质扣押

(一)扣押概念

扣押是指将在勘验、搜查中发现的各种物品、文件等予以扣留和封存。扣押所适用的对象通常是物品、文件等有形物,电子数据是具有虚拟性的数据,不能直接予以扣押。但是,电子数据所依附的存储介质(如手机、电脑、硬盘、U 盘等)可以作为扣押对象。在扣押存储介质过程中,可以实现对其中所存储电子数据的扣押。原始存储介质是电子数据最初生成和依附的存储介质。在电子数据取证中,扣押原始存储介质契合最佳证据规则(原件证据规则)的基本要求,因此,在电子数据收集过程中通常应扣押其原始存储介质。《公安机关办理刑事案件程序规定》第 232 条第 1 款规定:“扣押犯罪嫌疑人的邮件、电子邮件、电报,应当经县级以上公安机关负责人批准,制作扣押邮件、电报通知书,通知邮电部门或者网络服务单位检交扣押。”该条款规定了电子邮件扣押,电子邮件是典型的电子数据,也具有虚拟性特征,侦查机关无法在物理层面直接占有、控制电子邮件,只能对电子邮件原始存储介质进行扣押。不过,由于作为中央服务器的电子数据存储介质,还存储着其他人的电子邮件,通过扣押中央服务器方式来收集电子邮件的案例,在司法实践中并不常见。

(二)扣押程序

扣押电子数据原始存储介质,应当遵循以下程序:

第一，扣押只能由侦查人员实施。侦查人员在扣押电子数据原始存储介质时，应当持有侦查机关介绍信和侦查人员身份证件。

第二，需要根据案件不同情况和电子数据种类，经过相应的审批程序。《公安机关办理刑事案件程序规定》第 228 条第 1 款规定："在侦查过程中需要扣押财物、文件的，应当经办案部门负责人批准，制作扣押决定书；在现场勘查或者搜查中需要扣押财物、文件的，由现场指挥人员决定；但扣押财物、文件价值较高或者可能严重影响正常生产经营的，应当经县级以上公安机关负责人批准，制作扣押决定书。"在独立适用扣押措施时，扣押电子数据原始存储介质应当经办案部门负责人批准。在依附型扣押中，扣押的前提通常是已经取得实物证据，取得实物证据则需要借助搜查、勘验等措施来完成。因此，扣押通常需要和搜查、勘验等侦查措施结合适用。根据该条款，在现场勘查或搜查中，侦查人员扣押电子数据原始存储介质无须经过审批，仅由现场指挥人员决定即可。扣押承载财产价值较高的电子数据（如比特币、以太坊等数字货币）的原始存储介质时，应经县级以上公安机关负责人批准。

第三，在扣押过程中，需要对电子数据原始存储介质作封存处理。《电子数据规定》第 8 条规定："收集、提取电子数据，能够扣押电子数据原始存储介质的，应当扣押、封存原始存储介质，并制作笔录，记录原始存储介质的封存状态。封存电子数据原始存储介质，应当保证在不解除封存状态的情况下，无法增加、删除、修改电子数据。封存前后应当拍摄被封存原始存储介质的照片，清晰反映封口或者张贴封条处的状况。封存手机等具有无线通信功能的存储介质，应当采取信号屏蔽、信号阻断或者切断电源等措施。"因此，在电子数据收集中，原则上应当收集其原始存储介质。扣押作为一种证据保全型侦查措施，主要功能是实现对证据的固定和保全，防止证据被他人随意处分或毁灭。在传统实物证据取证中，扣押通常可以直接将实物证据置于侦查机关占有和控制之下，使其他人无法占有和处分该实物证据，从而实现对实物证据的保全功能。但是，仅对原始存储介质进行物理性扣押，有时可能无法有效实现对电子数据的保全，因为犯罪嫌疑人仍然可以通过远程登录、操作等技术手段增减或篡改电子数据。因此，扣押电子数据原始存储介质时，需要对其进行物理封存处理，如信号屏蔽、信号阻断或者切断电源等。

第四，须对扣押的情况制作笔录和扣押清单。扣押清单一式三份，须写明原始存储介质的名称、编号、数量、特征及其来源等，由侦查人员、持有人和见证人签名，一份交给持有人，一份交给公安机关保管人员，一份附卷备查。

第五，返还无关电子数据原始存储介质。扣押的电子数据原始存储介质，经查明确实与案件无关的，应当在 3 日以内解除扣押，予以返还。

三、电子数据勘验

（一）勘验概念

勘验是指运用专门技术方法，对与犯罪有关的人、物、痕迹等进行调查检验。勘验的任务是发现、固定、提取和保护与犯罪有关的各种痕迹和物品。《刑事诉讼法》第 128 条规定：

“侦查人员对于与犯罪有关的场所、物品、人身、尸体应当进行勘验或者检查。在必要的时候,可以指派或者聘请具有专门知识的人,在侦查人员的主持下进行勘验、检查。”比较常见的有现场勘验、物品勘验、尸体勘验。在勘验过程中通常会使用有关侦查技术手段,包括发现、提取与犯罪有关的各种痕迹、物品所需的物理、化学、医学等技术方法。传统勘验对象主要是实体的有形物或者有形的物理空间。电子数据作为人们在网络空间从事相关活动或行为中遗留的“痕迹”,在案件发生之后散落在网络空间或各种电子设备之中。电子数据勘验具有传统勘验的很多特征,也有自身特征。例如,电子数据具有虚拟性,在勘验中无法直接接触,只能通过相应技术、设备来提取。

电子数据勘验可以分为现场勘验、设备勘验、远程勘验。现场勘验是在犯罪现场或者其他有关场所直接对电子数据原始存储介质进行勘验。在现场勘验中,通常直接扣押电子数据原始存储介质,而不直接提取电子数据。《电子数据取证规则》第 10 条第 2 款规定:“勘验、检查与电子数据有关的犯罪现场时,应当按照有关规范处置相关设备,扣押、封存原始存储介质。”这就要求勘验犯罪现场时,应先行扣押电子数据的原始存储介质,在取得原始存储介质之后,再从中提取涉案电子数据。

设备勘验是直接对扣押、封存的原始存储介质或电子设备进行勘验,从中收集、提取与案件事实有关的电子数据。与现场勘验不同,设备勘验对取证技术、取证设备、取证环境等要求更高,其通常无法由勘验人员在犯罪现场直接完成,而需要由具有相应技术资质和实践经验的勘验人员在电子数据实验室完成。在设备勘验中,勘验人员能够直接接触到电子数据的原始存储介质。这与远程勘验形成较大差别,勘验人员在远程勘验中无法直接接触到电子数据的原始存储介质。

远程勘验也称为网络远程勘验,是指通过网络对远程计算机信息系统实施勘验,发现、提取与犯罪有关的电子数据。在跨地区、跨国境网络犯罪中,远程勘验是收集相关电子数据的重要手段甚至是唯一手段。远程勘验可以降低取证成本,突破直接跨境取证所面临的制度障碍。在现代网络信息技术下,远程勘验对象不应局限于远程计算机操作系统,还应包括手机、iPad 等智能通信终端的操作系统。从技术操作层面来看,远程勘验应当以使用网络为条件,网络具有联通性,可以将分散各地的机构、人员、设施连接起来。只有通过网络才能实现跨空间、跨距离的远程勘验。

（二）勘验程序

在电子数据勘验中,既要遵守传统勘验的法定程序,也要遵守《电子数据规定》《电子数据取证规则》中关于电子数据勘验的特殊程序要求。勘验电子数据应当遵循以下程序要求:

第一,勘验原则上应由侦查人员进行,必要时可指派或聘请有专门知识的人在侦查人员主持下勘验。电子数据的种类和形态会随着信息技术的飞速发展而发展,侦查人员可能无法掌握最新的信息技术,需要有专门知识的人员介入远程勘验。《电子数据取证规则》第 28 条规定:“网络远程勘验由办理案件的县级公安机关负责。上级公安机关对下级公安机关刑事案件网络远程勘验提供技术支援。对于案情重大、现场复杂的案件，上级公安机关认为有必要时，可以直接组织指挥网络远程勘验。”这里要求远程勘验由县级公安机关承担，上级公安机关可以提供技术支援。

第二，侦查人员应持证勘验，即持有侦查机关的证明文件。《刑事诉讼法》第130条规定：“侦查人员执行勘验、检查，必须持有人民检察院或者公安机关的证明文件。”持证勘验是为保证侦查人员执行勘验任务的合法性，防止其滥用勘验权。《公安机关办理刑事案件程序规定》第214条规定，“勘查现场，应当持有刑事犯罪现场勘查证”。在远程勘验中，由于远程勘验具有非接触性、非公开性等特征，侦查人员在其办公场所或者实验场所就可以在调查对象不知晓的情况下远程勘验目标，故持证勘验的程序性限制在远程勘验中作用不大。

第三，勘验对象通常是电子数据存储介质，在远程勘验中通常是远程计算机信息系统。《电子数据取证规则》第27条规定：“网络在线提取时需要进一步查明下列情形之一的，应当对远程计算机信息系统进行网络远程勘验：（一）需要分析、判断提取的电子数据范围的；（二）需要展示或者描述电子数据内容或者状态的；（三）需要在远程计算机信息系统中安装新的应用程序的；（四）需要通过勘验行为让远程计算机信息系统生成新的除正常运行数据外电子数据的；（五）需要收集远程计算机信息系统状态信息、系统架构、内部系统关系、文件目录结构、系统工作方式等电子数据相关信息的；（六）其他网络在线提取时需要进一步查明有关情况的情形。”该条款对远程勘验的适用对象和适用条件提出了特定要求。

第四，远程勘验以具有必要性为前置条件。《电子数据规定》第9条第3款规定：“为进一步查明有关情况，必要时，可以对远程计算机信息系统进行网络远程勘验。进行网络远程勘验，需要采取技术侦查措施的，应当依法经过严格的批准手续。”该规定要求适用远程勘验以具有必要性为前置条件。这就意味着远程勘验的适用具有置后性，即只有在通过其他常规手段无法达到取证目的时才可适用远程勘验。若能通过其他常规手段（如现场勘验、电子设备勘验）收集电子数据，则不能适用远程勘验。另外，在远程勘验中若采取了某些技术侦查措施，如侦查人员在远程勘验调查对象计算机系统中安装木马程序、间谍程序等应用程序，从而主动、实时地监控被调查对象，收集相应电子数据，则远程勘验就转化为技术性侦查。依据《刑事诉讼法》的规定，适用技术性侦查应经过严格的批准手续。

第五，在远程勘验中，应当有见证人并作勘验笔录，也可采用录像等方式对电子数据取证过程进行固定和保全。《电子数据取证规则》第30条规定：“网络远程勘验应当由符合条件的人员作为见证人。由于客观原因无法由符合条件的人员担任见证人的，应当在《远程勘验笔录》中注明情况，并按照本规则第二十五条的规定录像，录像可以采用屏幕录像或者录像机录像等方式，录像文件应当计算完整性校验值并记入笔录。”勘验笔录可实现对证据收集过程的固定和保全。远程勘验笔录需记录远程勘验工作用机和目标主机的设备环境、网络结构、运行状态；记载目标主机的当前运行程序、系统时间；网络设备应记录设备IP地址、DNS、网关、掩码等信息。除笔录之外，见证人、录像也是保全证据的重要途径。《电子数据取证规则》详细规定了远程勘验笔录的制作要求,也要求见证人在场见证;同时还明确了见证人无法到场时,应通过录像来固定和保全证据。

四、电子数据提取

(一)电子数据提取概念

电子数据提取,是指在电子设备、网络系统等存储介质中提取电子数据的行为。在传统实物证据收集中,通常会使用相关技术、设备来提取实物证据。例如,在犯罪现场勘验中,通过胶纸粘取、静电吸附、制模等技术方法提取指纹或手印。但是,在现有刑事诉讼法学理论和刑事侦查学理论中,"提取"并不是一项独立的侦查取证措施,而是侦查取证技术。指纹、足迹、血迹、生物样本等实物证据的提取,通常作为侦查技术成为相关侦查措施的内在构成因素之一。例如,在勘验检查中提取生物样本,在搜查中提取相关指纹。但是,《电子数据规定》和《电子数据取证规则》将电子数据网络在线提取定性为独立的侦查措施,而不仅仅是电子数据取证的侦查技术。这主要体现在以下方面:(1)在体系结构上将电子数据网络在线提取与原始存储介质扣押、电子数据冻结并列。《电子数据取证规则》第二章第2节为"扣押、封存原始存储介质",第4节为"网络在线提取电子数据",第五节为"冻结电子数据"。扣押和冻结都是《刑事诉讼法》规定的侦查措施,将网络在线提取电子数据与二者在该章中并列规定,意味着从体系结构上承认其具有同等地位。(2)明确网络在线提取电子数据的证据能力。《电子数据规定》第6条规定,"通过网络在线提取的电子数据,可以作为证据使用"。

电子数据提取可以分为不同类型:

(1)扣押后提取电子数据。《电子数据规定》第8条第1款规定:"收集、提取电子数据,能够扣押电子数据原始存储介质的,应当扣押、封存原始存储介质,并制作笔录,记录原始存储介质的封存状态。"在此种情况下,电子数据提取并不是一种独立的侦查措施,其依附于先行对电子数据原始存储介质的扣押行为,是扣押后取得电子数据的方法或者途径。

(2)现场提取电子数据。《电子数据规定》第9条第1款规定:"具有下列情形之一,无法扣押原始存储介质的,可以提取电子数据,但应当在笔录中注明不能扣押原始存储介质的原因、原始存储介质的存放地点或者电子数据的来源等情况,并计算电子数据的完整性校验值:(一)原始存储介质不便封存的;(二)提取计算机内存数据、网络传输数据等不是存储在存储介质上的电子数据的;(三)原始存储介质位于境外的;(四)其他无法扣押原始存储介质的情形。"现场提取电子数据是指在无法扣押原始存储介质的情况下,通过现场提取方式收集电子数据。该条款列举了现场提取电子数据的常见情形。在原始存储介质不便封存时(如体积过大、经常使用等导致原始存储介质无法扣押),就需要通过现场提取来收集电子数据;由于内存数据极易丢失(如计算机断电其内存数据就会丢失),当内存数据没有保存于计算机之外的存储介质之中时,在不扣押计算机的情况下,就只能通过现场提取方式收集电子数据;网络传输数据属于动态电子数据,并不存储于特定存储介质之中,而处于网络系统之中,也需要通过现场提取方式来收集;原始存储介质位于境外的电子数据,受制于国家主权、路途遥远等因素,也无法通过扣押原始存储介质方式来收集,需要借助相关软硬件技术设备作现场提取。

(3)网络在线提取电子数据。《电子数据规定》第9条第2款规定:“对于原始存储介质位于境外或者远程计算机信息系统上的电子数据,可以通过网络在线提取。”《电子数据取证规则》第23条规定:“对公开发布的电子数据、境内远程计算机信息系统上的电子数据,可以通过网络在线提取。”网络在线提取是电子数据远程取证中较为常见的取证措施。

(二)电子数据提取的规定

在刑事案件中,扣押后提取并不是一种独立的侦查措施,而是扣押后取得电子数据的方法或者途径,依附于先行对电子数据原始存储介质的扣押行为。因此,这里主要介绍现场提取和网络在线提取的程序。电子数据的现场提取和网络在线提取,通常应当遵循如下规定:

1. 电子数据提取的主体

《电子数据取证规则》第6条规定:“收集、提取电子数据,应当由二名以上侦查人员进行。必要时,可以指派或者聘请专业技术人员在侦查人员主持下进行收集、提取电子数据。”电子数据提取通常需借助专业技术方法和取证设备,这就对电子数据提取主体提出较高要求,即其应当由两名以上具有相关专业知识的侦查人员进行,必要时,可以指派或者聘请专业技术人员在侦查人员主持下提取电子数据。在此情况下,取证主体仍然是侦查人员,技术人员仅是从电子取证专业知识角度提供协助。

2. 电子数据提取的适用情形

现场提取和网络在线提取的适用情形并不完全相同。《电子数据取证规则》第16条第1款规定:“具有下列无法扣押原始存储介质情形之一的,可以现场提取电子数据:(一)原始存储介质不便封存的;(二)提取计算机内存数据、网络传输数据等不是存储在存储介质上的电子数据的;(三)案件情况紧急,不立即提取电子数据可能会造成电子数据灭失或者其他严重后果的;(四)关闭电子设备会导致重要信息系统停止服务的;(五)需通过现场提取电子数据排查可疑存储介质的;(六)正在运行的计算机信息系统功能或者应用程序关闭后,没有密码无法提取的;(七)其他无法扣押原始存储介质的情形。”根据上述规定可以看出,电子数据现场提取通常适用于侦查人员在犯罪现场能够接触到原始存储介质或者涉案电子设备但无法扣押原始存储介质的情形,该条款所列的七种情形都属于无法扣押原始存储介质的情形。例如,对于具有自动销毁功能的电子数据,若不及时提取可能在其自毁之后无法收集的,可以现场提取电子数据;对某些提供公共服务运营商的电子设备中的电子数据,关闭电子设备可能导致公共服务停止的,需要现场提取电子数据;登录、操作有些计算机信息系统功能或者应用程序,需要输入账号、密码,若关闭正在运行的此类计算机信息系统功能或者应用程序,在没有账号、密码的情况下,将无法收集到涉案电子数据的,可以在运行的计算机信息系统或者应用程序中通过现场提取方式收集电子数据,而不宜先扣押原始存储介质。

而网络在线提取的适用情形则有所限缩。《电子数据规定》第 9 条第 2 款规定:“对于原始存储介质位于境外或者远程计算机信息系统上的电子数据,可以通过网络在线提取。”《电子数据取证规则》第 23 条规定:“对公开发布的电子数据、境内远程计算机信息系统上的电子数据,可以通过网络在线提取。”根据上述规定,对于境外公开发布的电子数据、境内远程计算机信息系统上的电子数据,因侦查人员通常无法接触到这些电子数据的原始存储介质,或者需要花费很多成本才能接触到其原始存储介质,此时可以通过网络在线提取收集电子数据。

3. 电子数据提取的固定保全程序

在电子数据提取中,应当采取取证笔录、同步录像、见证人见证等方法对电子数据提取过程进行固定和保全。《电子数据取证规则》第 19 条规定:“现场提取电子数据,应当制作《电子数据现场提取笔录》,注明电子数据的来源、事由和目的、对象、提取电子数据的时间、地点、方法、过程、不能扣押原始存储介质的原因、原始存储介质的存放地点,并附《电子数据提取固定清单》,注明类别、文件格式、完整性校验值等,由侦查人员、电子数据持有人(提供人)签名或者盖章;电子数据持有人(提供人)无法签名或者拒绝签名的,应当在笔录中注明,由见证人签名或者盖章。”其第 21 条规定:“由于客观原因无法由符合条件的人员担任见证人的,应当在《电子数据现场提取笔录》中注明情况,并全程录像,对录像文件应当计算完整性校验值并记入笔录。”《电子数据取证规则》第 25、26、34、35 条规定了网络在线提取笔录、同步录音录像制度,并详细规定笔录中所要记载的信息,明确了同步录音录像、拍照、截屏等证据保全程序的适用条件。取证录像、取证笔录是固定实物证据收集保管链条的重要方式,是实物证据鉴真的重要方式。通过提取笔录、同步录像等方式来固定和保全电子数据提取过程,可以更好地为后期证明电子数据的真实性、合法性提供辅助性证据。

五、电子数据冻结

(一)电子数据冻结的概念

在刑事诉讼法规定的侦查措施中,冻结是指侦查机关通知银行、邮局或者其他有关单位,不准犯罪嫌疑人提取或者转移其存款、汇款、债券、股票、基金份额等财产的一种物品控制型侦查措施。该措施主要是为了防止犯罪嫌疑人处分、转移其存款或汇款。《刑事诉讼法》第 144 条第 1 款规定:“人民检察院、公安机关根据侦查犯罪的需要,可以依照规定查询、冻结犯罪嫌疑人的存款、汇款、债券、股票、基金份额等财产。有关单位和个人应当配合。”在云计算、大数据等网络信息技术不断兴起的背景下,对海量电子数据进行扣押、封存、提取的难度较大,因此,电子数据冻结应运而生。从这个角度看,电子数据冻结是扣押和封存的替代性措施,其主要功能并不是收集、取得电子数据,而是实现对电子数据的固定和保全。不同于传统的财产冻结,电子数据冻结是侦查机关基于电子数据不便提取等原因而通知占有或控制单位暂时禁止对电子数据的访问或处分。冻结电子数据并不能让侦查机关直接取得、占有涉案电子数据，其主要目的是实现在法律层面对电子数据的控制，防止犯罪嫌疑人访问、操作相关电子数据。

（二）电子数据冻结的规定

电子数据冻结应当遵循以下规定：

1. 电子数据冻结的法定事由

《电子数据取证规则》第 36 条规定："具有下列情形之一的，可以对电子数据进行冻结：（一）数据量大，无法或者不便提取的；（二）提取时间长，可能造成电子数据被篡改或者灭失的；（三）通过网络应用可以更为直观地展示电子数据的；（四）其他需要冻结的情形。"冻结作为一种控制型侦查措施，通常只有在无法或不便直接提取电子数据的情况下才可以适用。例如，在某传播淫秽物品牟利案有 70 个涉案网络云盘、涉案淫秽视频 150 余万部（共 1 000 T）的情形中，因数据量大、提取时间长，可以适用电子数据冻结。

2. 电子数据冻结的审批程序

《电子数据取证规则》第 37 条规定，"冻结电子数据，应当经县级以上公安机关负责人批准"。公安机关负责人在审批时，应当审查案件是否符合电子数据冻结的法定事由，只有符合《电子数据取证规则》第 36 条规定的法定事由，才可以批准电子数据冻结。

3. 电子数据冻结的执行程序

《电子数据取证规则》第 37 条规定："冻结电子数据，应当经县级以上公安机关负责人批准，制作《协助冻结电子数据通知书》，注明冻结电子数据的网络应用账号等信息，送交电子数据持有人、网络服务提供者或者有关部门协助办理。"电子数据冻结并不是由侦查机关直接执行，而是由侦查机关通知电子数据持有人、网络服务提供商或者有关部门来执行。这些主体通常是电子数据的持有人、控制人或单位，他们有协助执行电子数据冻结的义务。《电子数据取证规则》第 40 条规定："冻结电子数据，应当采取以下一种或者几种方法：（一）计算电子数据的完整性校验值；（二）锁定网络应用账号；（三）采取写保护措施；（四）其他防止增加、删除、修改电子数据的措施。"冻结电子数据具有较强的技术性，要求侦查机关、电子数据持有人、网络服务提供者或者有关部门采取技术措施防止电子数据被访问、操作或处分，确保处于冻结状态下的电子数据不被增减、修改。完整性校验值是电子数据的"数字指纹"，对电子数据的任何增减或修改，都会导致完整性校验值发生变化，在冻结电子数据时计算其完整性校验值，有利于保持电子数据的完整性和同一性。锁定网络账号可以使用户无法登录、使用和操作相关账号。采取写保护措施可以使被冻结电子数据只能读取，而不能写入或更改。采取这些技术性方法来冻结电子数据，有利于保证冻结措施的有效性和电子数据的完整性。

4. 电子数据冻结的法定期限

《电子数据取证规则》第 39 条规定，"冻结电子数据的期限为六个月。有特殊原因需要延长期限的，公安机关应当在冻结期限届满前办理继续冻结手续。每次续冻期限最长不得超过六个月。继续冻结的，应当按照本规则第三十七条的规定重新办理冻结手续。逾期不办理继续冻结手续的，视为自动解除。”

5. 电子数据冻结的依法解除

《电子数据取证规则》第38条规定：“不需要继续冻结电子数据时，应当经县级以上公安机关负责人批准，在三日以内制作《解除冻结电子数据通知书》，通知电子数据持有人、网络服务提供者或者有关部门执行。”《电子数据规定》第12条第1款规定，“解除冻结的，应当在三日内制作协助解除冻结通知书，送交电子数据持有人、网络服务提供者或者有关部门协助办理”。电子数据冻结解除包括超期冻结解除和错误冻结解除。前者是指超过电子数据冻结法定期限且没有延长期限的特殊原因而解除电子数据冻结的情形；后者是指冻结电子数据不符合法定事由时，对其予以解除的情形。

【阅读案例】

刘某等人开设赌场案[①]

在本案中，辩护律师认为：无法确认本案电子数据证据的真实性、合法性、完整性，因此本案的电子数据证据不能作为定案依据。其主要理由如下：（1）涉案电子证据取证笔录既没有持有人签章，也没有见证人签章，取证程序不合法；（2）缺少对涉案电子数据存储介质（手机）进行电子数据检验时拆封过程的录像；（3）侦查机关在取证时没有对搜索、恢复的样本数据进行完整性校验，只计算了刻录光盘的完整性校验值，无法确定电子数据是否经过修改、删除等，因此其真实性无法确认；（4）涉案电子数据存储介质的扣押没有见证人签字，也没有录像，无法证实证据的完整性；（5）涉案电子数据网络远程勘验的用户名、密码显然不是由电子数据持有人刘某提供，侦查笔录中没有对其具体来源进行解释，该证据提取不符合程序规定；（6）本案涉案电子数据只进行了哈希值函数计算，没有比对样本，无法通过核对完整性校验值来确定证据的真实性和同一性。综上，由于侦查机关在电子数据取证、远程勘验程序等环节存在不合法、不合规的操作，涉案电子数据的真实性、完整性、合法性存疑，不得作为定案依据，应当依法予以排除。

法院经审理后认为：对于辩护人关于本案电子数据真实性、完整性、合法性提出的异议，侦查机关进行了补正，辩护人对相关证据亦无异议，故对本案相关电子数据予以采信。

第三节 民事电子证据的收集

在民事诉讼中，电子数据取证在多数情况下由当事人进行。对于私人的电子数据取证，只要不侵害他人合法权益、违反法律禁止性规定或者严重违背公序良俗，法律通常不作干

① 详见山东省莱州市人民法院（2019）鲁0683刑初262号刑事判决书。

预。当事人收集电子证据既为其履行举证责任奠定基础，也关涉法院能否有效查明事实、解决纠纷。因此，民事诉讼中有关电子证据收集的部分通常也会受到法律调整，这主要包括以下内容：

第一，当事人申请法院收集电子证据。《民事证据规定》第 2 条第 2 款规定："当事人因客观原因不能自行收集的证据，可申请人民法院调查收集。" 在民事诉讼中，主要由当事人自行收集证据。但是，为了弥补当事人取证能力不足，该条款赋予了当事人申请法院调查收集证据的权利。这其中就包括当事人申请法院收集电子证据的权利。在网络信息时代，很多涉案电子证据被网络运营商、网络服务商等主体占有和控制，当事人自行收集电子证据时，网络运营商、网络服务商等主体可能会以涉及商业秘密、个人隐私为由而拒绝提供。此时，当事人可以申请法院收集。

第二，当事人应当尽量收集电子证据原件。《民事证据规定》第 15 条第 2 款规定："当事人以电子数据作为证据的，应当提供原件。电子数据的制作者制作的与原件一致的副本，或者直接来源于电子数据的打印件或其他可以显示、识别的输出介质，视为电子数据的原件。" 该条款规定了电子证据原件规则。其虽然是对当事人举证的要求，但也倒逼当事人在电子证据收集阶段就遵循原件规则。当事人在收集电子证据时，原则上应当收集电子证据原件。电子证据原件是最初生成的电子数据及其所依附的各种存储介质。但是，当事人在无法收集电子证据原件时，也可以收集与原件一致的副本电子证据和直接来源于电子证据的打印件或其他可以显示、识别的输出介质，其与电子证据原件在内容的完整性和功能的可用性上并无本质区别。

第三，当事人可以申请法院依照法定程序对电子证据采取保全措施。《民事诉讼法》第 84 条第 1、2 款规定："在证据可能灭失或者以后难以取得的情况下，当事人可以在诉讼过程中向人民法院申请保全证据，人民法院也可以主动采取保全措施。因情况紧急，在证据可能灭失或者以后难以取得的情况下，利害关系人可以在提起诉讼或者申请仲裁前向证据所在地、被申请人住所地或者对案件有管辖权的人民法院申请保全证据。"《民事证据规定》第 27 条第 2、3 款规定："根据当事人的申请和具体情况，人民法院可以采取查封、扣押、录音、录像、复制、鉴定、勘验等方法进行证据保全，并制作笔录。在符合证据保全目的的情况下，人民法院应当选择对证据持有人利益影响最小的保全措施。" 由于在民事诉讼中，当事人无权采取强制手段限制对方对涉案证据的处分行为，其在面临证据可能灭失或者被破坏的情况下，只能申请法院采取证据保全措施。而在收集电子证据时，电子证据更容易被删减、篡改，因此，在符合法定条件的情况下，当事人可以申请法院对电子证据进行保全。

第四，当事人可以依照法定程序申请法院作出电子证据提出命令。《关于适用〈中华人民共和国民事诉讼法〉的解释》第 112 条规定："书证在对方当事人控制之下的，承担举证证明责任的当事人可以在举证期限届满前书面申请人民法院责令对方当事人提交。申请理由成立的，人民法院应当责令对方当事人提交，因提交书证所产生的费用，由申请人负担。对方当事人无正当理由拒不提交的，人民法院可以认定申请人所主张的书证内容为真实。”其第113条规定：“持有书证的当事人以妨碍对方当事人使用为目的，毁灭有关书证或者实施其他致使书证不能使用行为的，人民法院可以依照民事诉讼法第一百一十四条规定，对其处以罚款、拘留。”《民事证据规定》第49条规定，“关于书证的规定适用于视听资料、电子数据”。这实际上确立了电子证据提出命令制度。从电子证据生成来看，人们在开展在线购物、在线娱乐、在线交流等线上行为时会产生大量电子证据，这些电子证据往往被网络服务商、运营商所掌握，他们通过搜索引擎、算法程序等技术手段很容易调取涉案电子证据。而自然人主体很难有专业知识或设备来获取涉案电子证据，通常会在发生纠纷后通过照片、截屏、打印等方式提交涉案电子证据。其提交的电子证据主要是表层显示的内容信息和应用信息，缺乏系统信息、环境信息等方面的电子证据。在诉讼过程中，若网络服务商、运营商本身就是诉讼主体，基于趋利避害、追求胜诉的心理，他们可能会拒绝向对方当事人或法院提供涉案电子证据，此时，当事人可以申请法院作出电子证据提出命令。

第五，当事人应当及时收集电子证据。当事人在收集电子证据时，可能会面临电子证据信息生命周期有限的问题，这要求他们及时收集电子证据，避免在电子证据灭失后面临举证不能的问题。

【阅读案例】

甲公司与乙公司合同纠纷案①

在本案中，甲公司为了证明涉案款项转账的情况，在案件审理过程中向法院提交了甲公司以乙公司的名义拟定的两份电子文档，其内容主要是对涉案款项属于乙公司委托甲公司代为向众友和公司进行支付作出说明。同时，甲公司就这两个电子文档的创建时间提交了相应的证据，以证实上述以电子文档形式作出的情况说明是当时甲公司受乙公司委托并依其意思表示拟定的。

法院经审理后认为：上述两份电子证据在形式上虽然能够与甲公司所主张的代转账事实相印证，与待证事实具有形式上的关联性，但由于电子文档的创建时间存在被修改的可能，在缺乏其他相关证据佐证的情况下，不能确定两份电子证据的创建时间。依照《民事证据规定》第90条的规定，上述电子证据因存有疑点，不能单独作为认定案件事实的证据。另外，从该证据的证明内容看，该电子文档由甲公司单方面拟定，未经乙公司以任何形式确认，无法体现双方当事人的合意，不能证明乙公司委托甲公司支付涉案款项的事实。故对上述两份电子证据不予采纳。

① 详见湖北省高级人民法院（2020）鄂民终96号民事判决书。

本章小结

电子证据作为网络信息时代的“证据之王”，其具有的虚拟性、可复制性、技术性等特征，决定了电子证据具有与传统实物证据不同的取证模式和取证方法，并由此衍生出不少新型取证行为或措施，如网络在线提取、远程勘验、电子证据冻结等。同时，传统的侦查取证措施在被应用于电子证据收集时，也会面临一些新的问题和挑战，如电子证据虚拟性和海量性对确定搜查范围的挑战。电子证据收集涉及法律与技术的交叉融合，在电子证据收集、提取中，既需要遵循相关法律、法规，也需要遵循相应技术标准，以确保电子证据的证据能力和证明力。

思考题

1. 收集电子证据应当遵循哪些原则？
2. 电子数据远程勘验的适用情形有哪些？
3. 电子证据提取是否应当作为一项独立的侦查措施？
4. 电子证据可否作为搜查对象？

第六章　境外电子证据取得与运用

电子证据的形式以及在国际通信设施中的存在方式使其具有天然的“跨国”性质。

——［加拿大］罗伯特 J·柯里

由于数据不具有实体形态，存储地可距犯罪管辖地或侦查地万里之遥，跨境取证已成为打击跨境犯罪、国内犯罪必不可少的一部分。

——［爱尔兰］劳伦斯·斯里

电子证据具有存储分散、分布点较多等特点，随着信息化、电子化的发展及其在生活中的广泛应用，各种网络犯罪行为呈现出了跨境趋势，境外电子证据的取得也面临难题。境外电子证据取得面临的首要难题是各国司法主权独立。按照传统国际法观点，一国执法机关应在本国领域内调查取证，不得在未经他国同意的情形下到他国调查取证。对于一国执法机关能否直接取得实际存储在他国的电子证据这一问题，也充满争议。境外电子证据取得还涉及国际条约义务的履行，对犯罪嫌疑人、被告人和其他数据权利人权利的保障等。因此，必须在尊重国际法和国内法的基础上，确立境外电子证据取得的原则。在取证方法方面，刑事司法协助是最主要的取证方法，在比较法上也出现了本国法延伸适用的取证实践。从我国相关立法来看，《中华人民共和国国际刑事司法协助法》（简称《国际刑事司法协助法》）及我国签署的多边、双边司法协助条约构成了我国刑事司法协助的基本框架。《电子数据规定》第 9 条对境外电子数据取证作了规定。《电子数据取证规则》对境外电子证据的网络在线提取作了限制。取得境外电子证据后还需要按照本国法的相关规定对其进行审查运用，对此也需要认真讨论。

第一节　境外电子证据取得概述

一、境外电子证据取得的界定

境外电子证据取得涉及一个重要概念，即境外电子数据。境外电子数据是境外证据的一个类型，对境外电子数据进行界定需要对境外证据的内涵进行分析。目前，主要从三个角度对境外证据予以界定：一是从证据材料来源的角度界定，即只要相关证据形成于境外即可，而不考虑证据收集是否在境外进行。这是对2012年《最高人民法院关于适用〈中华人民共和国刑事诉讼法〉的解释》（已失效）第405条中“来自境外的证据材料”的语义分析。二是从证据收集主体的执法权限角度界定，认为证据收集主体从境外收集或调取的证据，都属于境外证据。而从国内收集或调取的证据则不属于境外证据；三是同时考虑证据材料来源和证据收集主体的执法权限，认为“所谓‘境外证据’是指证据的形式和内容均形成于境外，证据取得的途径来源于境外的证据”。[①]

上述对境外证据的三种界定。主要是针对传统证据类型而言的，并且都存在一定不足。第一种界定仅关注证据材料的来源，扩大了境外证据的范围，在一些情形下证据材料来源并不会实质影响证据的运用。例如，张三和李四在境外签订了一份合同，后来该合同被办案机关在张三的国内住所搜查并扣押，此时，虽然这份合同形成于国外，但其与在国内签订的合同无异。第二种界定的关注点是执法机关的执法权限，这一理解对于取得物证、书证、鉴定意见等证据具有一定合理性，但对电子数据则存在一定争议。例如，在微软案中，美国法院不经司法协助程序，直接要求微软公司交出其控制下的存储在爱尔兰的电子数据，对这一行为，国际社会和美国国内都产生了诸多争议。按照第二种界定，美国法院要求本国公司提交其所控制的存储在其他国家的信息的行为，并非取得境外证据，这一观点实质上规避了境外电子数据这一范畴。第三种界定则不当缩小了境外证据的范围。在传统国际法上，从一国境外取得的证据属于境外证据，并不需要考虑证据的形式和内容是否也形成于境外。例如，李某在实施犯罪行为后，将相关书证带到其他国家存放，该书证在办案机关通过司法协助的方式取得后，就具有境外证据的性质。

对境外证据概念的讨论有助于为境外电子数据的界定提供参考，但境外电子数据的界定问题更加复杂。比较不同的立法例，我们可以发现，很多国家采用了传统的“数据存储地”标准来界定境外电子数据，这与传统的境外证据概念是一致的。而美国、欧盟则采取了“数据控制者”标准，即在立法上通过一定的连接点将实质上存储在本国或本法域之外的电子数据纳入了境内电子数据的范畴，通过立法重塑了“境外电子数据”的概念。[②]这种做法将部分境外电子数据“转变为”境内电子数据，实现了本国法、本地区立法在境外电子数据取证上的“域外效力”。在理论上，界定境外电子数据可能更为复杂，数据所有者的国籍、居住地或主要营业地，数据控制者的国籍、居住地、主要营业地等都可能成为界定境外电子数据的标准。[③]

本文认为，对境外电子数据的界定应当坚持“数据存储地”标准。境外电子数据是指存储于本国领域外的电子数据。在这一定义下，境外电子证据取得是指本国执法者、当事人及

① 参见安徽省繁昌县人民法院(2019)皖0222刑初10号刘某、顾某侵犯公民个人信息一审刑事判决书。

② 参见洪延青：《“法律战”旋涡中的执法跨境调取数据：以美国、欧盟和中国为例》，《环球法律评论》2021年第1期。

③ See “Criminal Justice Access to Data in the Cloud: Challenges”, Discussion Paper, p.15, available at https://rm.coe.int.

其辩护人、诉讼代理人通过司法合作或其他方式收集取得存储于境外的电子数据的行为。[①]

二、境外电子证据取得的特点

（一）牵涉国家主权

取得境外电子证据与取得境内电子证据最大的不同就是获取境外电子证据涉及国家主权问题。根据国际法原则，一国执法机关只能在本国境内实施刑事调查取证行为，在未经对方同意的情形下，不能直接到他国境内实施取证行为。由于大陆法系和英美法系国家在诉讼模式、诉讼传统方面存在差异，大陆法系国家对于境外取证中的主权问题更为重视。[②]境外电子证据取得不仅涉及传统的国家主权问题，还涉及各国对于网络主权、数据主权的理解。一些国家主张网络无主权，我国主张必须维护网络主权，取得境外电子证据应当尊重对方国家的网络主权。

（二）法律依据多元

境外电子证据取得涉及请求国法、国际条约和被请求国法，有时还会涉及第三国的法律规范。例如，在刑事司法协助的框架下，请求国执法机关首先要按照本国法、双边司法协助条约等的规定准备调查取证的申请和相关材料，请求国司法协助主管机关随后会按照刑事司法协助条约或双方共同参加的司法协助平台（组织）的规定，向电子证据所在国的司法协助主管机关移送申请和相关材料，证据所在地国的取证机关一般会按本国法的规定进行取证。这个过程不仅涉及国内法的规定，如请求国、被请求国的刑事诉讼法、隐私保护法、数据保护法、个人信息保护法等，还涉及多边、双边司法协助条约、国际人权条约等。

（三）数据流动双向性

境外电子证据取得还涉及数据流动的双向性问题，既包括本国从外国调取或取得电子证据，也包括外国从本国调取或取得电子证据。《国际刑事司法协助法》对我国办案机关向外国请求调查取证的请求书、所附材料和外国执法机关向我国调查取证的程序等作了规定，这也体现了境外电子证据取得的双向性。一些国家的立法为本国取得境外电子证据提供便利，却严格限制其他国家取得本国电子证据。这一立场损害了电子证据跨境流动的双向性原则和互惠性原则。在此情形下，部分国家为了防止他国通过“长臂管辖”获得存储在本国的电子证据，在立法上还规定了“阻断条款”，即禁止一定情形下的电子证据出境。

（四）权力与权利交织

境外电子证据取得主要是本国执法机关行使调查取证权的过程，具有典型的权力行使特点。在传统的国际刑事司法协助框架下，司法协助被视为请求国与被请求国之间的合作，

---

① 参见冯俊伟：《境外电子数据的取得与运用——基于第 67 号检察指导性案例的展开》，《国家检察官学院学报》2021 年第 4 期。

② See A.Klip, “Obtaining Evidence from Witnesses Abroad:Comparative Examples of Attitudes and Responses of States in Mutual Legal Assistance in Criminal Matters”, in J.F. Nijboer, J.M.Reijntjes(eds.), *Proceedings of the First World Conference on New Trends in Criminal Investigation and Evidence*, Koninklijke Vermande, Lelystad, 1997,pp.454–455.

诸多双边司法协助条约还对个人权利行使作了限制，如“本条约仅适用于双方之间的相互司法协助。本条约的规定，不给予任何私人当事方以取得或者排除任何证据或者妨碍执行请求的权利。”[①] 但是，境外电子证据取得涉及多元主体的权利保障，如犯罪嫌疑人、被告人的诉讼权利，数据所有人和网络服务提供商的权利等，因此，境外电子证据取得必须重视对相关主体的实体权利和诉讼权利的保障。

（五）法律与技术并存

境外电子证据取得不仅涉及法律规定，还涉及电子取证的技术能力、技术标准等。电子证据的收集、提取、冻结、移送、检验、分析等都与电子技术的发展密切相关，电子取证技术也直接影响电子证据的审查运用。一方面，境外电子证据取得应当尊重本国法、国际法和外国法的规定；另一方面，境外电子证据取得应当符合相应领域的电子证据取证规范，以保障境外电子证据的完整性、真实性和可靠性。同时必须强调的是，境外电子证据取得必须在法律框架下进行，禁止通过技术优势在法律框架外取得境外电子证据。

第二节　境外电子证据取得的原则

一、相互尊重主权原则

境外电子证据取得应当尊重电子证据所在国的主权，未经对方同意，一国不得到他国领土进行调查取证。电子证据跨境流动具有双向性，一国既可能是证据请求国，也可能是被请求国，因此，在电子证据“流入”和“流出”的问题上应保持一致立场，贯彻相互尊重主权原则。部分国家严格限制电子证据流出并授权本国执法机关可通过“长臂管辖”促进电子证据流入的做法没有贯彻相互尊重主权原则。《国际刑事司法协助法》第 4 条第 1、2 款规定，中华人民共和国和外国按照平等互惠原则开展国际刑事司法协助。国际刑事司法协助不得损害中华人民共和国的主权、安全和社会公共利益，不得违反中华人民共和国法律的基本原则。《人民检察院办理网络犯罪案件规定》第 56 条也规定，办理跨国网络犯罪案件应当依照《国际刑事司法协助法》及我国批准加入的有关刑事司法协助条约，加强国际司法协作，维护我国主权、安全和社会公共利益，尊重协作国司法主权、坚持平等互惠原则，提升跨国司法协作质效。上述规定体现了相互尊重主权原则。

二、遵守国际条约原则

境外电子证据取得涉及国内法、国际法和外国法的适用。在这一过程中涉及国际法和国内法关系的问题，应当贯彻遵守国际条约原则。有学者提出，要尊重国际条约和国际习

---

① 《中华人民共和国和泰王国关于刑事司法协助的条约》第 1 条第 4 款。

惯，要改变“国内法先于国际法、国内议事日程高于国际社会吁求的传统”。[①] 我国《刑事诉讼法》第 18 条规定：“根据中华人民共和国缔结或者参加的国际条约，或者按照互惠原则，我国司法机关和外国司法机关可以相互请求刑事司法协助。”结合《国际刑事司法协助法》的相关规定，在办理涉外刑事案件中，应当重视和贯彻遵守国际条约原则，对于我国已经批准加入的国际条约和国内法规定不一致的地方，尊重国际条约的规定。我国 1998 年《最高人民法院关于执行〈中华人民共和国刑事诉讼法〉若干问题的解释》（已失效）第 317 条规定，中华人民共和国缔结或者参加的国际条约中有关于刑事诉讼程序具体规定的，适用该国际条约的规定。但是，我国声明保留的条款除外。这一规定有助于我国履行刑事司法协助条约方面的国际义务。[②] 近年来，我国立法中规定了贯彻特定性原则的条文，体现了遵守国际条约原则。例如，《中华人民共和国反恐怖主义法》第 72 条规定，通过反恐怖主义国际合作取得的材料可以在行政处罚、刑事诉讼中作为证据使用，但我方承诺不作为证据使用的除外。再如，2021 年《最高人民法院关于适用〈中华人民共和国刑事诉讼法〉的解释》第 77 条第 1 款也有相关规定。

三、正当法律程序原则

取得境外电子证据，无论是通过刑事司法协助方式进行，还是通过其他方式进行，都应当贯彻正当法律程序原则。正当法律程序原则也内在地排斥通过非正式方式取得境外电子证据。

在刑事诉讼的语境下，正当法律程序是刑事程序正当性的内在要求，是确保犯罪嫌疑人、被告人不被任意定罪、不被错误追诉的内在保证，是限制国家追诉权、保障公民权利的重要机制。各国刑事诉讼立法和实践都重视对正当法律程序的维护，但在涉外刑事诉讼程序中，如何贯彻正当法律程序原则是一个崭新的课题。在欧洲，主要是通过《人权和基本自由欧洲公约》（又称《欧洲人权公约》）相关条款的适用来贯彻正当法律程序原则，但这显然不能满足跨境追诉对于正当程序保护的要求。[③] 在涉外刑事诉讼程序中贯彻正当法律程序原则要求在涉外案件中确立被追诉人的主体地位，并给予其与追诉方同等的诉讼权利。具言之，包括两个方面的要求：一是保障犯罪嫌疑人、被告人的基本诉讼权利。基本诉讼权利主要是指相关国际人权公约、本国宪法、刑事诉讼法上规定的重要诉讼权利和救济。例如，《国际刑事法院罗马规约》第 69 条第 7 款规定，以违反该规约或者国际公认人权的方式获得的证据在一定条件下不可采。二是保障犯罪嫌疑人、被告人有效获得境外证据（包括境外电子数据）。[④] 有学者呼吁，在国际刑事司法协助中贯彻武器平等原则，保证辩方能够通过有效途径获得有利于辩方的证据，以及相关证据得到与控诉方所获证据同等评价的机会。[⑤]

---

① 王逸舟：《中国人为什么特别需要尊重国际法》，《世界知识》2015 年第 21 期。

② 2012 年《刑事诉讼法》修改后，这一条文在司法解释中被删掉，但这并不意味着相反解释的成立。

③ 其中的一个重要原因是，欧洲人权法院在跨境刑事案件中的相关判决较少。

④ 参见冯俊伟：《刑事司法协助所获证据的可采性审查：原则与方法》，《中国刑事法杂志》2017 年第 6 期。

⑤ 参见［瑞士］Sabine Gless：《刑事程序之公平审判原则：以武器平等为中心》，王士帆译，《成大法学》2014 年总第 27 期，第 174—175 页。

四、权利保障原则

境外电子证据取得应当重视对多元主体的权利保障。在比较法上，欧盟立法者指出，电子数据取证立法可能影响三类主体的基本权利：收集之数据所有人的权利，包括个人数据保护、隐私和家庭生活受到尊重、言论自由、辩护权、获得有效救济和公正审判的权利；服务提供者的权利，包括商业自由的权利，获得有效救济的权利；所有公民的权利，包括自由和安全方面的权利。[①] 境外电子证据取得也必须重视上述三类主体的基本权利，违反权利保障原则可能带来的后果包括：（1）被请求国或电子证据存储国、网络服务提供者可能拒绝提供相关电子证据，从而影响境外电子数据取证的顺利进行；（2）从境外调取或获得的相关电子证据不符合国内法的规定，不能在国内诉讼中作为证据使用。以隐私权、数据权利的保护为例，随着信息技术的发展，不仅在计算机中，而且在手机和其他移动电子设备、存储设备中都包含诸多隐私信息和数据信息。在电子数据跨境取证中，数据所在国的一个担忧是，如果数据被一个隐私保护较差的国家获取，那么相关数据可能很快被泄露在网络上，数据所在国法律中关于隐私权保障的规定将变得毫无意义。[②] 再如，在服务提供者商业自由保护方面，美国《境外数据合法使用法》规定，在一定条件下，服务提供商可以向法院提出申请撤销或者更改披露电子数据的动议。这一规定有助于保障服务提供商的商业自由，也有助于解决其在电子数据跨境取证中面临的法律冲突。[③]

【阅读案例】

微　软　案[④]

微软公司的注册地和总部都在美国，其自1997年开始向公众提供电子邮件服务，后来，微软在用户所在国家或地区设立了存储中心，用于储存本地用户的电子邮件信息及相关文件。微软公司的一个数据中心设在爱尔兰都柏林。2013年12月，纽约南区地方法院签发了一个搜查令，要求微软公司披露一个邮箱的相关信息，执法人员怀疑该邮箱的使用者从事非法毒品贸易。具体包括：（1）储存在该邮箱中的所有邮件内容，包括账户发送的电子邮件副本；（2）关于该账户的用户身份的所有记录和其他信息；（3）个人在使用该账户时留存的所有记录和其他信息；（4）该msn使用者与任何人的交流信息等。微软公司提出，邮件内容

---

① See Proposal for a Regulation of the European Parliament and of the Council on European Production and Preservation Orders for Electronic Evidence in Criminal Matters, COM (2018) 225 final, p.9.

② See Jenny Ng, "International Cybercrime, Transnational Evidence Gathering and the Challenges in Australia: Finding the Delicate Balance", *International Journal of Information and Communication Technology*, 2016, p.185.

③ 参见冯俊伟：《跨境电子取证制度的发展与反思》，《法学杂志》2019年第6期。

④ See United States v. Microsoft Corp, No. 17-2, 584 U. S. (2018).

数据存储在都柏林数据中心，执法机关应当通过司法协助方式取证，并向法院提出了撤销动议申请。随后，法院否定了该撤销动议申请。法官指出，按照1986年美国《存储通讯法》的规定，法院有权要求微软公司提供存储在境外的数据信息。

微软公司不服这一决定并上诉到美国第二上诉巡回法院。上诉法院指出，从立法史上看，《存储通讯法》中的令状条款并无域外适用效力，这些条款的核心是为了保护用户的隐私利益。《存储通讯法》并未授权政府通过向美国的服务器提供商签发令状的方式获取存在美国领域外的电子交流信息，本案中地区法院的做法不合法。2017年6月，美国司法部将该案件诉至联邦最高法院。在案件上诉到联邦最高法院期间，为了解决美国从海外获取电子数据的难题，2018年3月，美国国会通过了《境外数据合法使用法》，该法案明确规定，美国执法者有权获取存储在美国或美国境外的任何通信记录或者其他信息。在这一法律通过后，微软案的争议已不具法律意义。

第三节　境外电子证据取得的方式

境外电子证据取得方式有不同分类，如正式途径取证和非正式途径取证、委托取证与派员取证等。在我国的立法框架下，境外电子证据主要通过司法合作途径取得，国内法上也存在一些规定。从比较法来看，各国实践中还存在其他非正式取证方式。

一、司法合作

从调查取证合作的发展来看，早期主要是通过请求书（Ietters Rogatory）方式展开取证合作，但这种方式在境外电子数据取得中较少使用。司法协作途径是境外证据取得的最重要的方式。我国参加了《联合国反腐败公约》《联合国打击跨国有组织犯罪公约》等重要国际公约，还与其他国家签订了诸多双边司法协助条约。这对我国通过司法协助途径取得境外证据（包括境外电子数据证据）有重要的意义。2018年《国际刑事司法协助法》的通过，对我国与其他国家开展包括调查取证在内的司法协助工作有积极意义。《国际刑事司法协助法》第25条规定，办案机关需要外国协助电子数据调查取证的，应当制作刑事司法协助请求书并附相关材料，经所属主管机关审核同意后，由对外联系机关及时向外国提出请求。《刑事诉讼法》和《最高人民法院关于适用〈中华人民共和国刑事诉讼法〉的解释》、最高人民检察院发布的《人民检察院刑事诉讼规则》和公安部发布的《公安机关办理刑事案件程序规定》对司法合作调查取证的相关程序作了规定。

根据国际刑事司法协助的立法和实践，在两国存在多边、双边司法协助条约时，或在互惠原则的基础上，一国可以向另一国提出调查取证的请求，另一国应当根据司法协助条约和本国法（如《国际刑事司法协助法》）的相关规定完成请求事项。随着电子数据的广泛应用，电子数据存储于另一国家或地区的情形以及关于电子数据取证的司法协助请求不断增多。根据我国《国际刑事司法协助法》的规定，通过司法合作方式取得境外电子数据，沿循了一个“倒U型”的流程。以中日刑事司法协助调查取证为例，我国基层公安机关申请司法协助调查取证时，根据《公安机关办理刑事案件程序规定》第380条的规定，应先按照司法协助条约的要求，提出司法协助请求书并附相关文件及日文译本，层报省级公安机关审核后报送公安部，公安部审查后根据《中华人民共和国和日本国关于刑事司法协助的条约》的规定，与日本法务大臣或者国家公安委员会联系，提出司法协助请求。根据日本《国际侦查协助法》第6—8条的规定[①]，日本法务大臣或者国家公安委员会收到相关请求后，需要进行审查，审查通过后则交由地方检察厅或国家公安委员会，地方检察厅应当命令检察官开展取证工作，国家公安委员会应当将相关文件交由适当的都道府县警察署进行调查取证。最后，日本检察官或司法警察取得相关证据后，将证据经由原渠道交回。

整体而言，通过司法合作方式取得境外刑事证据存在缓慢、低效的问题。面对跨境电子取证问题，传统司法协助调查取证制度的滞后性更加凸显：一是缓慢低效的取证程序难以满足电子数据及时取证的需要。二是电子数据与隐私权、数据权等权利保障密切相关，传统司法协助程序缺乏对程序参与者权利保障问题的有效关注，也难以回应相关主体的权利保障期待。三是电子数据取证的复杂性也使得取证结果难以预判。[②]

在我国立法框架下，以下两种方式也属于广义的司法合作方式，在实践中发挥了重要作用：一是警务合作。根据我国《刑事诉讼法》的规定，公安机关是刑事侦查机关，负有收集证据、办理刑事案件的职责，因此担负着重要的刑事诉讼职能。我国相关法律文件已将我国公安机关与其他国家的警察机关的合作纳入司法合作的范畴。例如，2016年《最高人民法院、最高人民检察院、公安部关于办理电信网络诈骗等刑事案件适用法律若干问题的意见》规定，通过国际警务合作机制、国际刑警组织启动合作取证程序收集的境外证据材料，经查证属实，可以作为定案的依据。但国际警务合作应当限于我国公安部与其他国家警察机关或国际组织之间的合作。地方公安机关在边境地区与其他国家的警察机关开展的互助合作在严格意义上不属于警务合作的范畴。二是海关合作。在我国，走私犯罪的侦查主体是海关缉私部门，海关缉私部门也是我国刑事诉讼法上的重要侦查主体。我国海关与美国、欧盟等国家、地区或区域组织建立了广泛的联系，共同开展调查取证、情报分享等方面的合作，因此，在办理走私刑事案件时，可以通过海关合作的途径获得境外电子证据。早在2005年，我国海关总署缉私局，最高人民检察院侦查监督厅、公诉厅，最高人民法院刑二庭就发布了《关于走私犯罪案件中境外证据的认定与使用有关问题的联席会议纪要》，该纪要对境外证据的使用作了规定，这一规定后来成为2012年《最高人民法院关于适用〈中华人民共和国刑事诉讼法〉的解释》（已失效）第405条的基础。2020年，最高人民检察院第四检察厅、海关总署缉私局共同出台的《关于办理走私刑事案件境外取证及境外证据审查工作指引（试行）》，规定了海关缉私部门在办理走私刑事案件时在境外取证方面的收集、审查标准。

---

① 参见张凌、于秀峰编译：《日本刑事诉讼法律总览》，人民法院出版社2017年版，第361—362页。

② 参见冯俊伟：《跨境电子取证制度的发展与反思》，《法学杂志》2019年第6期。

二、国内法规定

在我国立法上，随着网络犯罪案件的不断增长，2010年《最高人民法院、最高人民检察院、公安部关于办理网络赌博犯罪案件适用法律若干问题的意见》、2014年《最高人民法院、最高人民检察院、公安部关于办理网络犯罪案件适用刑事诉讼程序若干问题的意见》都对境外电子证据取得作了规定。2016年《电子数据规定》第9条规定，“对于原始存储介质位于境外或者远程计算机信息系统上的电子数据，可以通过网络在线提取。为进一步查明有关情况，必要时，可以对远程计算机信息系统进行网络远程勘验。进行网络远程勘验，需要采取技术侦查措施的，应当依法经过严格的批准手续”。2019年，《电子数据取证规则》对境外电子证据的网络在线提取作了规定。

从贯彻境外电子证据取得的原则来看，应当禁止针对电子证据的单边取证措施的适用，但立法上，还应对境外电子证据位置不明等情形作出特殊规定。同时还需注意的是，由于电子证据主要由网络服务提供者掌握，通过相关立法促进本国执法机关与网络服务提供者的直接合作是当前各国立法的重点，[①] 在这方面需要进一步关注。

在域外的实践中，还出现过通过“黑客”“监听”等方式取得境外电子证据的个案。通过这些非正式方式取得境外电子证据不仅有损他国主权，也缺乏对相关主体的权利保障，应当禁止使用。

【阅读案例】

沈某合同诈骗案[②]

被告人沈某系韩国SIMPSON商社的营业董事，负责处理该商社所有业务。2004年9—10月间，沈某代表韩国SIMPSON商社与菲西尔公司先后签订了编号为YGB—4042和YGB—4043的两份购销合同，约定由SIMPSON商社向菲西尔公司采购女式羽绒服和女式麂皮绒夹克各1万件，并由沈某指定的货代公司CLOVER商社的上海合作方——易运国际货运有限公司(以下简称“易运公司”)负责运输。同时，沈某代表SIMPSON商社将上述货物卖给了美国的Pacific Whale Textile Corporation。同年11月1日和5日，在沈某支付了2.5万美元定金后，菲西尔公司分别将合计13.7万余美元(折合人民币113.7万余元)的货物交易运公司运输。沈某收到美国Pacific Whale Textile Corporation支付的全部货款后，未将货款(人民币93万余元)支付给菲西尔公司而逃逸。2007年11月10日，沈某欲从我国

---

① See Lawrence Siry, Cloudy Days Ahead: Cross-border Evidence Collection and Its Impact on the Rights of EU Citizens, 10 (3) *New Journal of European Criminal Law*,2019, pp.228-229.

② 参见最高人民法院:《刑事审判参考》(总第70集)，法律出版社2010年版，第224—229页。本书对指导性案例内容作了删减。

吉林省长春市口岸出境时，被边防检查人员抓获。

在本案中，上海市公安局请求韩国警方和美国警方提供司法协助，并按照《公安机关办理刑事案件程序规定》提供了调查提纲及译文，经公安部审批后递交给了韩国警方和美国警方。韩国警方和美国警方根据我国警方的要求进行了调查取证，提供了相关协查复函等证据，上述证据符合客观性、关联性、合法性的要求，一审法院予以认定，并结合被告人沈某的供述，对韩国警方所调查的信息，即 SIMPSON 商社成立于 2005 年 5 月 2 日，具有正常经营活动，沈某系该商社营业董事，负责处理该商社所有业务等予以采信；结合沈某出具的收到货款的收条，以及 Pacific Whale Textile Corporation 的负责人（James Lee）向美国警方所作的 Pacififc Whale Textile Corporation 已向韩国 SIMPSON 商社付清全部货款的陈述，一审法院对美国警方的调查内容予以采信。

第四节　境外电子证据的运用

取得境外电子证据是为了使相关电子数据能在本国作为认定案件事实、实现追诉目的的证据。因此，应当重视对境外电子证据的审查运用。我国相关法律文件规定了对境外电子证据的鉴真，部分法律文件也规定了对境外电子证据资格的判断要求，2021 年《最高人民法院关于适用〈中华人民共和国刑事诉讼法〉的解释》第 77 条是判断境外电子证据资格的主要依据。

一、境外电子证据的鉴真

证据鉴真是旨在确立在法庭上提交的证据的同一性和真实性的活动，也是判断证据可采性的先决条件。[①] 我国刑事诉讼司法解释中存在着证据鉴真的规定，如物证书证等来源应当清晰，在收集、保管及鉴定过程中未受到破坏或者改变等。近年来，随着各类网络犯罪的发展，境外电子证据在刑事追诉中的作用不断显现。最高人民法院、最高人民检察院相关司法解释和相关法律文件对境外证据（包括境外电子证据）鉴真问题也作了规定。2021 年《最高人民法院关于适用〈中华人民共和国刑事诉讼法〉的解释》第 77 条第 1 款规定，“对来自境外的证据材料，人民检察院应当随案移送有关材料来源、提供人、提取人、提取时间等情况的说明”。2021 年《人民检察院办理网络犯罪案件规定》第 58 条对境外证据移交、封存等作了更细致的要求，即“人民检察院参加现场移交境外证据的检察人员不少于二人，外方有特殊要求的除外。移交、开箱、封存、登记的情况应当制作笔录，由最高人民检察院或者承办案件的人民检察院代表、外方移交人员签名或者盖章，一般应当全程录音录像。有其他见证人的，在笔录中注明”。该规定第 59 条还要求，“人民检察院对境外收集的证据，应当审

① 参见张保生主编：《证据法学》，中国政法大学出版社 2009 年版，第 201—202 页。

查证据来源是否合法、手续是否齐备以及证据的移交、保管、转换等程序是否连续、规范”。

考虑到在一些境外取证案件中，确实存在难以提供相关境外证据移送、转交、保管等相关手续的情形，2021 年《最高人民法院 最高人民检察院 公安部关于办理电信网络诈骗等刑事案件适用法律若干问题的意见（二）》中还作了例外规定，即“通过国（区）际警务合作收集或者境外警方移交的境外证据材料，确因客观条件限制，境外警方未提供相关证据的发现、收集、保管、移交情况等材料的，公安机关应当对上述证据材料的来源、移交过程以及种类、数量、特征等作出书面说明，由两名以上侦查人员签名并加盖公安机关印章。经审核能够证明案件事实的，可以作为证据使用”。这一规定是在办理电信网络诈骗等刑事案件中，对包括境外电子证据在内的境外证据鉴真要求的放宽，在个案中应当严格适用。

整体而言，对境外电子证据的鉴真应当分为两种情形：一种是扣押了境外电子证据原始存储介质的情形，这时应对电子证据原始存储介质和电子证据进行双重鉴真。[①] 另一种是未能获得电子证据的原始存储介质，则需要对电子证据鉴真。对境外电子证据原始存储介质的鉴真按照关于物证的鉴真要求进行，对境外电子证据本身的鉴真可以通过熟悉电子证据的相关证人、电子证据与其他证据的印证或者使用相关技术手段等进行，如通过可信时间戳、哈希值校验、区块链、无污损鉴定等手段，确定境外电子证据的同一性、完整性。

二、境外电子证据的证据资格

在取得境外电子证据后，如何判断境外电子证据的证据资格也是一个重要问题。境外电子证据与境内电子证据在取得、保管、移送等方面都不同，在证据资格判断方面也存在一定差异。例如，一些电子证据是依照证据存储地国家或地区的法律取得的，相关取证要求与法院地国（或请求国）的法律要求不同。因此，境外电子证据的证据资格判断与境内电子证据的证据资格判断既有共同之处，也存在一定差异。

从比较法角度来看，法院对于包括境外电子证据在内的境外证据资格的判断，采取了一种相对国内证据资格更为宽松的判断标准。例如，在制定法上，马尔群岛 2002 年《涉外证据法》第 209 条规定，采纳国外证据材料可能导致不公正时，应当予以排除，相关考量因素包括国外证据材料不可采用的程度、其对于待证事项的证明价值、排除国外材料是否会造成不必要开支或延误等。[②] 在实践中，苏格兰在司法实务中坚持了“触犯公正、公平的基本原则”的判断标准。[③] 因此，如何针对境外电子证据建构一个与境内电子证据不同的、相对宽松的证据资格标准是一个较为前沿的课题，对此尚未形成广泛共识。如前所述，由于电子证据牵涉证据所有人、服务提供者和其他公民的权利保障，在境外电子证据取得过程中，如果存在严重侵害相关主体隐私权、数据权利等情形，那么对于该境外电子证据的证据资格应如

① 参见刘译矾:《论电子数据的双重鉴真》,《当代法学》2018 年第 3 期。

② 参见陈卫东主编:《涉外程序和刑事司法协助：外国刑事诉讼法有关规定》,中国检察出版社 2017 年版,第 393 页。

③ See Robert J.Currie, “Human Rights and International Mutual Legal Assistance: Resolving the Tension”, *Criminal Law Forum*, 2000, p.177.

何判断？从当前的国际条约和各国国内法规定来看，对此尚无统一的、通行的做法，还需要回到各国立法框架下进行判断。

在我国相关立法中，2012 年《最高人民法院关于适用〈中华人民共和国刑事诉讼法〉的解释》（已失效）第 405 条较早对境外证据的证据资格问题作了规定："对来自境外的证据材料，人民法院应当对材料来源、提供人、提供时间以及提取人、提取时间等进行审查。经审查，能够证明案件事实且符合刑事诉讼法规定的，可以作为证据使用，但提供人或者我国与有关国家签订的双边条约对材料的使用范围有明确限制的除外；材料来源不明或者其真实性无法确认的，不得作为定案的根据。当事人及其辩护人、诉讼代理人提供来自境外的证据材料的，该证据材料应当经所在国公证机关证明，所在国中央外交主管机关或者其授权机关认证，并经我国驻该国使、领馆认证。"2016 年 12 月，《最高人民法院　最高人民检察院　公安部关于办理电信网络诈骗等刑事案件适用法律若干问题的意见》、2018 年《检察机关办理电信网络诈骗案件指引》在上述条文的基础上对境外证据的审查作了进一步规定。

2021 年《最高人民法院关于适用〈中华人民共和国刑事诉讼法〉的解释》第 77 条对 2012 年《最高人民法院关于适用〈中华人民共和国刑事诉讼法〉的解释》（已失效）第 405 条作了修改。该条第 1 款规定了对境外证据资格判断的一般要求，即"对来自境外的证据材料，人民检察院应当随案移送有关材料来源、提供人、提取人、提取时间等情况的说明。经人民法院审查，相关证据材料能够证明案件事实且符合刑事诉讼法规定的，可以作为证据使用，但提供人或者我国与有关国家签订的双边条约对材料的使用范围有明确限制的除外；材料来源不明或者真实性无法确认的，不得作为定案的根据。"该条第 2 款规定了对当事人及其辩护人、诉讼代理人提供的境外证据的特殊要求，即"当事人及其辩护人、诉讼代理人提供来自境外的证据材料的，该证据材料应当经所在国公证机关证明，所在国中央外交主管机关或者其授权机关认证，并经中华人民共和国驻该国使领馆认证，或者履行中华人民共和国与该所在国订立的有关条约中规定的证明手续，但我国与该国之间有互免认证协定的除外。"上述规定的主要内容如下：一是判断境外证据（包括境外电子证据）证据资格的一般标准是"相关证据材料能够证明案件事实且符合刑事诉讼法规定"；二是对公安、司法机关和"当事人及其辩护人、诉讼代理人"提供的证据作了不同的要求，对后者提供的证据材料增加了"公证""认证"或"证明手续"等额外的程序要求，这些要求违背了控辩平等原则。

"相关证据材料能够证明案件事实且符合刑事诉讼法规定"，是指境外电子证据应与案件事实有关联性，并且符合我国刑事诉讼法、司法解释和相关规范性文件的规定。根据这一标准，对境外电子证据证据资格的判断，应当根据 2021 年《最高人民法院关于适用〈中华人民共和国刑事诉讼法〉的解释》、2016 年《电子数据规定》等进行，主要审查电子数据的真实性、完整性、合法性和关联性等。例如，在电子数据合法性审查方面，2021 年《最高人民法院关于适用〈中华人民共和国刑事诉讼法〉的解释》第 112 条规定，对收集、提取电子数据是否合法，应当着重审查以下内容：（1）收集、提取电子数据是否由二名以上调查人员、侦查人员进行,取证方法是否符合相关技术标准;(2)收集、提取电子数据,是否附有笔录、清单,并经调查人员、侦查人员、电子数据持有人、提供人、见证人签名或者盖章;没有签名或者盖章的,是否注明原因;对电子数据的类别、文件格式等是否注明清楚;(3)是否依照有关规定由符合条件的人员担任见证人,是否对相关活动进行录像;(4)采用技术调查、侦查措施收集、提取电子数据的,是否依法经过严格的批准手续;(5)进行电子数据检查的,检查程序是否符合有关规定。根据上文的分析,在通过司法协助方式取证的情形下,由于部分取证行为是由国外执法主体依据其国内法在我国境外实施的,因此,在个案中对通过司法协助方式获取的境外电子数据合法性进行审查时,应当在适用我国相关审查规定时,适当放宽判断标准。

从整体上看,我国相关司法解释并未严格区分境外电子证据与境内电子证据,“相关证据材料能够证明案件事实且符合刑事诉讼法规定”的内涵还需要立法上作进一步明确。在实践中,很多办案机关更重视境外电子证据的真实性,“以真实性为中心”的做法,弱化了取证程序的规范意义,也一定程度上虚置了证据排除规则的制度功能。[①] 从2018年《检察机关办理电信网络诈骗案件指引》、最高人民检察院的相关指导性案例(检例第67号张某等52人电信网络诈骗案)和2021年《最高人民法院关于适用〈中华人民共和国刑事诉讼法〉的解释》来看,在对境外电子证据的审查和运用中,办案机关已开始更为重视境外电子证据的合法性问题,这对于完善境外电子证据的证据资格的相关立法有重要意义。

拓展阅读

张某等52人电信网络诈骗案

本章小结

本章详细讲解了境外电子证据取得的概念、特点、基本原则和取证途径等。境外电子证据,是指存储于境外的电子证据。在这一定义下,境外电子证据取得,是指本国执法者、当事人及其辩护人、诉讼代理人通过司法协助、行政协助等方式收集取得境外电子证据的行为。境外电子证据取得具有涉及国家主权、法律依据多元、数据流动双向、权力与权利交织、法律与技术并存等特点。境外电子证据取得应当按照相互尊重主权、遵守国际条约、正当法律程序、权利保障等原则进行。境外电子证据取得的主要方式是司法合作,在我国立法框架上,警务合作也属于广义的司法合作。对于境外电子证据在本国的运用,应当重视境外电子证据的鉴真,并根据2021年《最高人民法院关于适用〈中华人民共和国刑事诉

① 参见冯俊伟:《境外电子数据的取得与运用——基于第67号检察指导性案例的展开》,《国家检察官学院学报》2021年第4期。

讼法〉的解释》第 77 条等规定对境外电子证据进行审查,确定其能否在我国法院作为证据使用。

思考题

1. 境外电子证据取得有哪些特点?
2. 在境外电子证据取得中如何贯彻正当程序原则?
3. 境外电子证据取得主要通过哪些方式进行?
4. 境外电子证据的证据资格如何判断?

第七章　电子证据的检查和侦查实验

如果你拷问数据到一定程度，它会坦白一切。

——［英］罗纳德·哈里·科斯

上面是新制度经济学的鼻祖、1991 年诺贝尔经济学奖获得者罗纳德·哈里·科斯的经典名言。随着电子数据的获取手段不断进化、更迭和自我完善，可以预见的是，在电子证据检查面前任何犯罪终将无处遁形。

检查和侦查实验是获取电子证据的重要侦查手段，通过检查获得的电子证据，以及电子证据检查、侦查实验产生的笔录都是刑事诉讼法规定的证据种类。随着电子产品的多样化发展和普及使用，许多犯罪证据以电子数据的形式存储于电子设备和网络之中，且并非如其他实物证据一样肉眼可见。检查和侦查实验，即由具有专业知识的侦查人员依法开展电子证据检查，在必要时进行侦查实验，以发现和提取与案件相关的电子证据，验证有关犯罪事实。电子证据的检查和侦查实验是应时之需，对侦破案件具有重大意义。如果电子证据的检查、侦查实验工作做得充分，就可以为案件的侦办打下良好基础，否则会导致关键证据灭失，造成不必要的周折和损失。《电子数据规定》第 16 条第 1 款授权侦查机关采取电子证据检查和侦查实验行为：“对扣押的原始存储介质或者提取的电子数据，可以通过恢复、破解、统计、关联、比对等方式进行检查。必要时，可以进行侦查实验。”为了规范电子证据的检查和侦查实验，《电子数据取证规则》作了较为详细的规定。

第一节　电子证据的检查

一、电子证据检查的概念

电子证据检查是指对已经扣押、封存、固定的原始存储介质或者提取的电子证据进行检查，以发现侦查线索、获取犯罪证据的行为，是电子数据取证的一种具体手段和方法。

电子证据检查的任务是发现、固定、提取与犯罪相关的电子证据及其他证据，进行调查访问，制作和存储信息资料，判断案件性质，确定侦查方向和范围，为侦查破案提供线索和证据。

传统搜查扣押程序可概括为“一阶段搜索模式”，电子证据搜查扣押程序可概括为“二阶段搜索模式”。传统物证、书证等证据在侦查过程中一般只涉及现场勘验、搜查、提取、扣押，相关常规工作在现场即可完成。然而，一些设备存储了海量电子数据，很难判断哪些电子数据和案件之间有相关性，由于检查电子证据需要花费大量的时间和精力，侦查人员很难在现场快速发现和提取电子证据并完成检查。例如，虽然侦查人员知道所要搜索的文件的特定信息，但是由于这些文件可能被故意贴错标签，被加密，被储存于隐藏目录中，或者被隐藏于文件列表可能忽视的碎片空间中，侦查人员很难迅速发现这些文件。不仅如此，有罪证据并不总是以文件的形式存在，还可能存在于日志中、操作系统伪影中，或者其他记录数据的片段中，如果不花费大量的时间并借助适当的工具，很难定位和获取有罪证据。[①] 同时，电子证据具有很多特性，如数字化特性、挥发性、复制的精确性、形式多样性、无形性、可挽救性，这使电子证据提取具有很高的专业性和技术性要求，很难在现场完成，因而需要先查扣存储介质。此外，电子证据的表现形式复杂隐蔽，收集、提取的电子证据与案件事实之间的相关性难以清晰判断，因而需要采取技术手段（如恢复、破解、搜索等），凸显该电子证据与案件事实之间的证明性。

综上，对于电子证据，首先需要搜查特定场所以发现电子证据的存储介质，然后扣押该存储介质，再对扣押的存储介质进行“电脑鉴识”。对于电子证据，需要在现场取证和鉴定、检验之间增加一个环节，即扣押后由侦查人员对电子证据通过进一步恢复、破解、搜索、仿真、关联、统计、比对等方式进行处理，以进一步发现和提取与案件相关的线索和证据，该环节被称为电子证据的检查。该环节处于现场取证和鉴定、检验之间，是现场取证工作的自然延续，不属于专门性技术问题的检验、鉴定。[②]

实际上，刑事诉讼法中并没有关于电子证据检查这种侦查方法的规定。刑事诉讼法中的勘验、检查是指侦查人员对与犯罪有关的场所、物品、尸体或者人身进行勘查、检验或者检查，以发现和搜集犯罪活动所遗留的各种痕迹和物品的一种侦查活动。勘验的对象是现场、物品和尸体，而检查的对象是活人的身体。《刑事诉讼法》第 132 条规定，为了确定被害人、犯罪嫌疑人的某些特征、伤害情况或者生理状态，可以对人身进行检查。电子证据检查不属于人身检查，其更类似于传统的物品勘验制度，勘验也包括对现场收集的物品进行查验，以发现与案件有关之信息。只不过，电子证据检查勘验的对象是电子证据，具有较大的特殊性，因此《电子数据规定》创设了电子证据检查这一制度。

二、电子证据检查的原则

（一）完整性原则

电子证据本质上是以电子形式存储或者传输的数据，只需要敲击键盘，即可对其进行

① 参见陈永生：《电子数据搜查、扣押的法律规则》，《现代法学》2014 年第 5 期。

② 参见周加海、喻海松等：《关于办理刑事案件收集提取和审查判断电子数据若干问题的规定的理解与适用》，《人民司法（应用）》2017 年第 28 期。

增加、删除、修改,其具有显著的易变性特征。如何确保电子证据不被篡改、破坏,即保证电子证据的完整性,是电子证据检查过程中需要特别关注的一个问题。电子证据的完整性是真实性的前提和基础,如果电子证据缺乏完整性,则其真实性自然无法得到保证,其所表达的内容或者证明的事实就可能并非是客观存在的。因此,对比物证、书证、证人证言、鉴定意见、被告人供述和辩解等传统证据审查规则,电子证据的审查有一个显著特征,即注重对完整性的审查。检查活动都必须记录在案,存档待查。检查电子证据,应当制作"电子证据检查记录",记录基本情况、检查过程、检查结果等内容;检查电子证据时需要提取电子证据的,应当制作"电子证据提取固定清单",记录该电子证据的来源、提取方法和完整性校验值。

(二)合法性原则

这一原则要求电子证据检查要实现人员、审批程序和检查技术标准上的规范化和制度化,即取证流程符合国家相关法律法规的规定,从事取证的执法人员须得到法律的授权,以及取证人员须完全有能力确保取证符合法律和相关规定等。

(三)比例原则

这一原则要求开展电子证据检查工作必须满足必要性、适当性、均衡性的要求,最大限度避免对公民的合法权益的侵害和不利影响。(1)必要性。根据相关规定,电子证据检查只能出于刑事案件特定目的,在特定范围内由特定人员开展,而不能用于其他目的,如治安管理、个人目的,也不能由非法定人员进行检查或者对非涉案人员进行检查等。(2)适当性。根据电子数据技术侵害公民基本权利程度的不同,须对应犯罪严重程度、性质、侦破案件的难易程度等设计数据检查的方式。例如,数据比对和关联结果常涉及公民个人的高度私密信息,通过计算机对提取的电子证据检查分析,能够刻画一个人的性格特点和活动规律,这种"3D 人像"式分析结果的准确度甚至能够超过被分析人对自身的了解程度,对此适用应保持一定的谦抑性。建议非特殊原因该检查方式仅适用于严重犯罪行为,如危害国家安全犯罪、恐怖活动犯罪、黑社会性质的组织犯罪、毒品犯罪以及可能判处 7 年以上有期徒刑的刑事案件。对情节轻微、难度不大、确需开展电子证据检查的刑事案件,可以采取数据恢复、破解、搜索等电子证据检查方式。(3)均衡性。均衡性要求在侦破案件过程中,如果多种电子证据检查方式都可以达到侦办案件的需求,则应该选取对公民权益侵害最小的检查方式。

总体而言,比例原则还要求司法机关在证据检查中采用合理的技术手段收集、处理数据,不得破坏数据的完整性、真实性以及损害数据主体及关联主体的其他权益;应规范数据控制者的行为,加强数据控制者责任,以最小限度损害公民的合法权益。可以采取的方法包括:数据库实行访问控制,缩小可以直接接触个人信息的侦查人员范围,严格限制证据使用者和管理者的权限,严格限制证据检查的范围,明确证据使用者和管理者的保密责任等。

(四)专业性原则

电子证据的检查具有很强的专业性,从而检查人员、检查工具、检查方法都必须达到一定的专业标准,才能满足电子证据检查的专业性要求。

三、电子证据检查的基本程序

根据《电子数据取证规则》，电子证据检查须遵循的规则主要有：

（一）电子证据检查的决定

在侦查过程中，侦查机关需要对扣押的存储介质和电子证据进行检查时，可以决定实施电子证据检查的侦查行为。我国《刑事诉讼法》第130条规定：“侦查人员执行勘验、检查，必须持有人民检察院或者公安机关的证明文件。”电子证据检查是在提取存储介质的基础上完成的，虽然在提取存储介质时必须取得相应的证明文件、办理相应的审批手续，但是对电子证据进行检查，我国现行法律并未设置相应的审批程序。这为电子证据检查提供了便利性条件，使其更加高效，然而也产生了对电子证据检查程序控制不足的问题。

在搜查、扣押原始存储介质后，检查其中的电子证据时，一体授权对原始存储介质中的电子证据进行检查，并不符合比例性原则。因为，原始存储介质存储大量电子数据，这些数据有的与案件有关，有的与案件无关，如果不用程序对其加以控制，可能会导致侦查权滥用。例如，智能手机中的数据包括海量信息，属于所有权人的个人隐私，公民享有通信自由，因此未就手机数据取证规定审批程序显然是不合理的，这对公民隐私权的保护十分不利。

（二）电子证据检查的主体

传统证据的勘验、检查由侦查人员进行，必要的时候可以指派或者聘请具有专门知识的人，在侦查人员的主持下进行。电子证据检查对侦查人员的技术水平要求较高，实践中一般以公安机关警务技术任职资格为条件。因此，对电子证据检查应由两名以上具有专业技术的侦查人员进行。必要时，可以指派或者聘请有专门知识的人参加。电子证据检查特别强调检查主体的专业技术条件。此处需要强调的是，“具有专业技术”和“具有专门知识”是不同概念，前者侧重于公安机关内部警务技术任职资格情况，后者侧重于刑事诉讼活动的辅助人员资质。实际上，法律要求实施电子证据检查的主体是具有特定专业技术的专业型侦查人员，而不是普通侦查人员，也不是“具有专门知识”的侦查辅助人员。法律上采取了专业技术和侦查人员“二合一”的要求。

（三）电子证据检查的对象

电子证据检查对象包括两种：扣押的原始存储介质和提取的电子证据。前一种是电子证据存储在原始存储介质中，需要通过检查，提取具有相关性的电子证据的情形。例如，通过检查犯罪嫌疑人的手机，提取犯罪嫌疑人实施犯罪行为的微信聊天记录。后一种是已经提取了电子证据，但是电子证据和案件的相关性需要通过比对来凸显的情形。例如，提取了犯罪嫌疑人的诈骗收款记录，但需要通过对其检查来确定数额。

（四）保护移送电子证据的真实性

只有移送用于检查的电子证据和搜查、扣押的电子证据一致，其检查结论才具有可靠性。移交时，应当办理移交手续，并核对电子证据，包括其完整性校验值是否正确，封存的照片与当前封存的状态是否一致等。可见，检查电子证据前，应当对电子证据的真实性进行查验,判断其是否和扣押、封存的电子数据一致。移交时电子证据完整性校验值不正确、原始存储介质封存状态不一致或者未封存可能影响证据真实性、完整性的,检查人员应当在有关笔录中注明。在扣押封存原始存储介质和电子证据时,应当严格遵守相关的真实性、完整性规则。实际上,《电子数据规定》对检查过程中电子证据的真实性、完整性的保护作了专门规定。传统物证、书证的真实性、完整性是通过保管、移送链条的可靠完整性保障的,而电子证据则主要通过完整性校验值保障其真实性和完整性,直接扣押原始存储介质、没有提取电子证据的,则通过比对封存的照片、录像,确保查封扣押的电子证据没有发生变化。电子证据检查对象的完整性查验还可以参照 2021 年《最高人民法院关于适用〈中华人民共和国刑事诉讼法〉的解释》第 111 条的规定,即“对电子数据是否完整,应当根据保护电子数据完整性的相应方法进行审查、验证:(一)审查原始存储介质的扣押、封存状态;(二)审查电子数据的收集、提取过程,查看录像;(三)比对电子数据完整性校验值;(四)与备份的电子数据进行比较;(五)审查冻结后的访问操作日志;(六)其他方法”。

(五)检查方法的多样性

运用数据恢复、破解、搜索、仿真、关联、统计、比对等方式进行检查。实际上,电子证据检查的方法是为发现和提取电子数据服务的,其方法可能随着技术的发展而不断变化,虽然法律列举了 7 种常见的检查方法,但严格来看,这种列举并未包含所有检查方法。不管用何种检查方法,都应满足科学性和可靠性的要求,检查标准必须符合相关技术标准。

(六)检查过程的可靠性保障

用于证明案件事实的证据都必须被固定并保存下来,即使在用其证明完案件事实之后仍需将其留存以供查验。检查电子证据要注意的一个重要问题是:不能因为检查电子证据而破坏原始电子数据。电子数据脆弱且易受损,原始数据及其载体一旦受损,其对案件的办理必然造成不可挽回的影响,因此侦查人员在检查时更应当确保原始数据的真实完整性。侦查取证确立了“以间接检查存储设备为原则,以直接检查存储设备为例外”的程序规则。具体而言,检查电子证据应当遵循以下规则:通过写保护设备接入到检查设备进行检查,或者制作电子证据备份、对备份进行检查;无法使用写保护设备且无法制作备份的,应当注明原因,并全程录像;检查前解除封存、检查后重新封存的,应当拍摄被封存原始存储介质的照片,清晰反映封口或者张贴封条处的状况;检查具有无线通信功能的原始存储介质,应当采取信号屏蔽、信号阻断或者切断电源等措施保护电子数据的完整性。

需要注意的是,在检查电子证据时,应制作多个电子证据备份,应远离高磁场、高温、灰尘、积压、潮湿等不利环境,尽量与目标系统的最初状态保持一致。

见证人制度是我国刑事诉讼制度的重要组成部分。在刑事诉讼中,一些侦查活动需要见证人,以确保公安司法人员进行刑事诉讼活动的合法性,以及相关笔录和清单记载的真实性。根据《刑事诉讼法》,现场勘验、检查是需要见证人的。勘验、检查的情况应当写成笔录,由参加勘验、检查的人和见证人签名或者盖章。《电子数据规定》明确了收集、提取电子证据的见证人制度。然而对于电子证据检查,并未要求须见证人在场,但要求对活动过程进行录像。设立见证人制度的目的是通过与案件无利害关系的人员见证侦查行为，保障侦查行为依法实施。然而在实践中，电子证据的检查有时难以见证。这主要因为电子证据检查的场所往往涉密，难以找到符合法定条件的人员担任见证人。因此，电子证据检查一般在备份件或者写保护的情况下进行，在既无法备份又无法写保护的特殊情形下，要对其全程录像。在全程录像保证侦查行为可被全程监督的情况下，见证人缺位是被准许的。

（七）落实检查过程记录制度

检查电子证据应当制作“电子证据检查笔录”，注明检查方法、过程和结果，由有关人员签名或者盖章。记录内容有：（1）基本情况，包括检查的起止时间，指挥人员、检查人员的姓名、职务，检查的对象，检查的目的等；（2）检查过程，包括检查过程使用的工具，检查的方法与步骤等；（3）检查结果，包括通过检查发现的案件线索、电子证据等相关信息。“电子证据检查笔录”是非常重要的记录检查过程的证据材料，对审查判断电子证据的真实性具有重要意义，检查人员应当客观、如实地记录。

（八）记录提取的电子证据

电子证据检查以发现、提取电子证据为目标，一旦在电子证据检查中有所发现，对提取的电子证据应当如实记录。因此，电子证据检查时需要提取电子证据的，应当制作《电子证据提取固定清单》，记录该电子证据的来源、提取方法和完整性校验值。

四、电子证据检查的方法

如果电子证据收集和提取是电子取证的重要环节，那么电子证据检查就是电子取证的核心环节。《电子数据取证规则》明确了数据恢复、破解、搜索、仿真、关联、统计、比对等电子证据检查方式。因此针对被检查的电子证据，需要侦查人员选择适当的检查方法，提高案件侦破的效率。

（一）数据恢复

数据恢复是指当计算机存储介质损坏，导致部分或全部数据不能访问读取时，通过一定的方法和手段将数据重新找回，使信息得以再生的技术，是电子证据检查中最常用的基础技术或方式之一。数据恢复技术不仅可以修复受损的硬盘、U 盘等存储介质，使其能够被正常读取，还能够从电子证据存储介质中恢复、修复被删除、损坏的数据文件和数据内容。数据恢复技术通常分为两大类：逻辑恢复技术和物理修复技术。逻辑恢复技术是在保存数据的存储介质（如硬盘、存储卡等）没有任何物理故障，计算机系统能够正常识别和访问的情况下，对存储介质中丢失或受损的数据进行恢复的技术。一般来说，高级格式化仅更新文件分配表，不会擦除数据区，只有数据擦除或低级格式化才会破坏系统区域和数据区域的数据。数据区域的数据通常可通过两种方式恢复：一是按照文件系统的存储原理，重建 MBR、DBR、FAT、FDT，根据存储介质内的数据信息确定记录文件或目录存储位置的 FAT 或 MFT 中的值，从而找回丢失的数据；二是根据文件签名特征中文件头和文件尾特征值进行检索，通过文件签名特征恢复技术直接从数据区域的数据中找回丢失的特定格式的文件。[①] 以FAT文件系统为例,数据文件写到基于该系统的磁盘上后,会在目录入口和FAT表中记录相应信息。目录入口保留我们通常通过资源管理器等工具能看到的文件信息,如文件名称、大小、类型等,还保留了该文件在FAT中相应记录项的地址;而FAT记录了该文件在磁盘上占用的各个实际扇区的位置。当犯罪嫌疑人从磁盘上删除一个文件(包括从Windows提供的回收站中清除)后,该文件在目录入口中的信息就被清除了,在FAT中记录的该文件所占用的扇区也被标识为空闲,但这时保存在磁盘上的实际数据并未被真正清除;只有当其他文件使用该文件占用的扇区时(因为它们已被标识为空闲),该文件才会被真正覆盖掉[②]。物理修复技术则是在保存数据的存储介质(如硬盘、存储卡等)出现了物理故障,计算机系统不能正常识别或访问的情况下,对存储介质进行修复使其能够正常工作的技术。[③]

(二)破解

犯罪嫌疑人可能会对犯罪相关重要文件资料进行加密处理,以防止其泄露。此外,犯罪嫌疑人犯罪时使用的计算机、手机等电子设备会设置开机密码,这也给电子取证工作的开展带来诸多不便。密码破解是随着密码应运而生的,其目标就是破解各种各样的加密方式。对于电子证据检查来说,密码是离真相最近的金钥匙,破解了密码往往意味着可以挖掘出重要的线索,是重大突破。针对一般的加密文件,可利用专业的破解软件破解。破解移动设备类密码也是电子证据检查的一项重要内容,常见的WiFi密码可以使用Wireless Key View软件快速查看Windows本地存储的WiFi无线网络密码的方法破解。[④]

(三)搜索

搜索,是指根据查询要求从一个计算机文件或数据库中提取所需数据的技术,是数据检查的基本技术或方式之一。如果要查找的数据全部位于计算机内存储器中,则对此类数据的查找称为内查找;如果要查找的数据不在内存储器而在外存储器中,则对此类数据的查找称为外查找。数据一般按照数据项、记录、文件三级被组织在一定的结构之中。用于组织文件的基本数据项称为关键字。关键字搜索以二进制的形式在介质中进行遍历,直到命中结果。关键字搜索往往可以搜索到删除文件、文件松弛区(Slack Space)和未分配空间(Unallocated Space)的关键字,以找到数据。对于不同的文件结构和查询要求,需要用不同的查找技术。在一些目的明确的取证工作中,如查找某个机密文件,可直接利用文件的关键字信息搜索,直接命中结果。[⑤]

(四)仿真

仿真是主要通过模型创建,模拟事物发展过程的技术。计算机仿真技术是用计算机

---

① 参见刘浩阳、李锦、刘晓宇主编:《电子数据取证》,清华大学出版社2015年版,第49—50页。

② 参见蒋平、杨莉莉编:《电子证据》,清华大学出版社、中国人民公安大学出版社2007年版,第101页。

③ 参见刘浩阳、李锦、刘晓宇主编:《电子数据取证》,清华大学出版社2015年版,第53—54页。

④ 参见刘浩阳、李锦、刘晓宇主编:《电子数据取证》,清华大学出版社2015年版,第233页。

⑤ 参见刘浩阳、李锦、刘晓宇主编:《电子数据取证》,清华大学出版社2015年版,第87页。

软件在计算机中建立现实生活中的系统的虚拟替代物，以方便人们对该系统的结构、功能、行为、过程等进行模拟。计算机仿真技术具有经济、安全、可重复和不受气候、场地、时间限制的优势，是理论推导和科学实验之外人类认识自然、改造自然的重要手段。计算机仿真技术模拟过程更加精准，过程中行为动态更为真实，数据准确性较高，能够作为指导实践的依据。

（五）关联

关联分析是一种简单、实用的分析技术，是发现大量数据之间的关联性或相关性，从而描述一个事物中某些属性同时出现的规律和模式。例如，对在凶案现场发现的手机进行电子证据检查，对该电话号码相关数据库进行关联分析，锁定嫌疑人 A。后续结合系统提供的数据流和时间轴助手，对案发前后 A 通话行为以及交通伴行行为进行线索挖掘以及关系索引，发现与 A 关联密切的另一嫌疑人 B。数据关联技术可以对与案件相关的多源数据进行可视化展现、交互分析，将分散隐蔽的证据、信息有效衔接，筛选有用信息、排除干扰信息，将证据链完整呈现。最终通过资金往来以及人际关系分析，锁定幕后买凶杀人的嫌疑人 C。数据与数据间蕴藏着各式各样的联系，而这些联系之间隐藏着无限价值。通过关联分析的手段将数据间有价值的联系深度挖掘出来，能实现高效的数据分析和利用。

（六）统计

与计算机相关犯罪的犯罪嫌疑人在犯罪过程中，往往需要大量运用电子设备，因此也产生了数量惊人的数据信息。以一个存储容量为 16GB 的 U 盘为例，如果将其中存储的文字打印到 A4 纸上，则总共超过 80 万页。电子数据存储的海量性以及物理介质的集成化给以此为对象的搜查、扣押活动带来了新的挑战。面对海量的数据，侦查人员在现场很难精确地提取、固定与犯罪相关的数据，更无法对与犯罪相关的证据进行整理分类和统计，尤其是与量刑相关的数据，如犯罪所获具体金额、传播淫秽视频的具体数量等。因此，应当在固定提取利用电子数据检查技术客观统计后得出具体数字，以此作为证据在法庭上展示。以梁世勋贩卖淫秽物品牟利案为例：被告人梁世勋在淘宝网上开设了名为“诚信得 1188”的网店，经销相关软件和可供他人进行网上信息存储、读取、下载的云盘。2015 年 5 月 11 日，梁世勋在该网店以 28.8 元的价格向章某某出售了含有视频、图片资源的百度云盘，该云盘内所含的 906 部视频、24 张图片可能属淫秽物品。侦查人员对上述云盘中所含的视频、图片进行检查，经统计，所含的 316 部视频、24 张图片属淫秽物品。[①] 法院认为应当按照网络云盘中实际存储的淫秽视频文件数量认定淫秽物品的数量。可见，贩卖淫秽物品的数量是指能够单独进行传播的淫秽视频文件个数，如果不通过统计的方式确定具体的文件个数，那么法官将难以适用法条的具体规定定罪量刑，甚至可能有滥用裁量权的风险。

（七）比对

比对分析是数据检查中最实用的方法，是将两个或两个以上的数据进行比对，分析其

① 详见浙江省湖州市中级人民法院（2017）浙 05 刑终 144 号刑事判决书。

中的差异，从而揭示这些事物代表的发展变化情况以及变化规律。比对分析是常用的方法，因为其比其他证据检查方法的结果的呈现更简单、更直观、更量化。例如，A县某金银首饰销售店铺夜间被盗窃，除迅速展开调查走访外，侦查人员调取并搜集了该店铺内部的监控视频，利用电子证据检查技术与天网监控系统搜集附近相关视频并逐帧比对观察，将犯罪嫌疑人的行踪在各大监控里有序连接拼凑起来。通过比对分析，侦查人员可以锁定犯罪嫌疑人大致年龄和体貌特征，之后调取社会监控视频，对所获信息进行深度比对分析，获取犯罪嫌疑人清晰画像，最终成功抓捕犯罪嫌疑人归案。

拓展阅读

取证的“套路”和“蹊径”——还原一个电子数据取证案例的全过程

第二节 电子证据的侦查实验

一、电子证据侦查实验的概念

电子证据侦查实验是在刑事诉讼活动中，侦查人员参照案件的原有条件，还原或者模拟案件发生时的软、硬件和网络环境，采用验证型或设计型的演示方法，揭示电子证据以及相关设备与某些现象之间的因果联系及其发展变化规律的侦查措施。

电子证据具有很强的专业性，涉及计算机、网络传输、信息处理等多学科知识，因此对电子证据生成、传输和完成等通常难以进行有效判断，而侦查实验的介入可以很好地解决这些问题。作为兼具法律性和科学性的侦查措施，侦查实验能在一定程度上解决电子证据在法庭科学中应用困难的问题。

电子证据侦查实验的客体是案件（犯罪）事实，侦查实验的对象则是案件事实的存疑部分。具体来说，电子证据侦查实验是通过实验验证在特定条件下，电子设备以及电子证据是否发生、是否可能发生以及如何发生变化，即通过实验验证事实与排除犯罪。侦查实验验证的对象还可以是侦查人员对案情的猜想和分析，即通过电子证据侦查实验查证案件推理的某些细节[①]。

二、基本程序

（一）批准程序

为了查明案情，必要时，经县级以上公安机关负责人批准，可以进行电子证据侦查实验。这与刑事诉讼法其他侦查实验的启动条件类似。

（二）侦查实验主体的专业性

相较其他侦查实验，电子证据侦查实验的专业性要求更高。电子证据侦查实验必须由

① 参见李波阳主编：《刑事侦查学》，中国民主法制出版社2005年版，第134页。

特定的专业人士，依靠特定的设备技术，依据国家和行业标准进行。特定的专业人士是指具有侦查人员身份且拥有专业知识、技能、能力的技术人员。特定的设备技术是指得到认证、认可的软硬件设备工具、手段方法。作为一项在电子数据领域的侦查措施，电子证据侦查实验在模拟案件情况时，会运用大量的新技术、新手段以及刑事侦查知识。侦查人员和设备技术的高度专业性可以有效保障电子证据侦查实验的真实性和客观性。科学的电子证据侦查实验结果通常是可重复和可验证的。

（三）设备依赖性

与一般的侦查实验相比，电子证据侦查实验对设备的依赖性更大。必须借助专用设备、工具才能读取电子证据，才能对电子证据进行检查和侦查实验，才能得出科学的结论，这是由电子证据的特性决定的。2012 年，刑事诉讼法正式将“电子数据”作为法定证据类型，国内诸多地方结合网络犯罪侦查实际需要，建立了电子证据取证实验室，以方便开展侦查实验，GPU 并行运算技术、虚拟化技术、数据挖掘技术等正逐步运用到实验室建设之中。

（四）禁止行为

侦查实验禁止可能泄露公民信息或者影响非实验环境计算机信息系统正常运行的行为。有些电子证据中蕴含大量的公民信息，这些信息一般不能泄露，如果侦查实验可能导致公民信息泄露，应采取相应的措施予以避免；有些电子证据本是用于破坏计算机信息系统的病毒，如果将之用于侦查实验会导致需要保护的非实验环境计算机信息系统，也应采取措施对其运用加以规制。同时，根据刑事诉讼法的相关规定，侦查实验禁止一切足以造成危险、侮辱人格或者有伤风化的行为。虽然关于电子证据侦查实验的法律规范没有对此作专门规定，但电子证据侦查实验也适用刑事诉讼法中的一般规定，即其禁止一切足以造成危险、侮辱人格或者有伤风化的行为。

（五）电子证据侦查实验的技术要求

电子证据侦查实验应当符合以下技术要求：

第一，应当采取技术措施保护原始存储介质数据的完整性。相关规范并未要求必须在备份的基础上进行电子证据侦查实验，因为有些侦查实验需要原始的存储介质环境。但是，现行法定程序仍要求采取技术措施保护原始存储介质数据的完整性，这是有弹性且有很高要求的表述。这意味着办案机关应当根据不同侦查实验采取不同的保护介质完整性的措施。例如，可在备份上完成的侦查实验应当在备份上完成。

第二，在有条件的情况下，应当进行两次以上电子证据侦查实验。电子证据侦查实验具有偏差性。电子证据侦查实验的主要方法是模拟，这是其与其他侦查行为最本质的区别之一，也是侦查实验容易偏离案件真实情况的原因。一般而言，模拟实验须在保证科学性、客观性、相似性的基础上，再现和还原案件的某些细节或者全部；通过反复实验，缩小误差，取得相对精确的结果。但是，再精确的实验结果也不能等同于案件发生的真实情况。案件发生的时空不可以被完全复制，因此在模拟案发时获得的结论也不一定是案发时真实存在的。基于电子证据侦查实验的偏差性，同一电子证据侦查实验应当进行两次以上，以达到验证和避免偏差的效果。同时，偏差性特征也决定了电子证据侦查实验的结果只能作为验证案件真实情况的侦查措施；到了诉讼阶段也只能作为间接证据，和其他证据形成印证，这才是侦查实验存在的最大价值。[1]

第三，侦查实验使用的电子设备、网络环境等应当与案发现场一致或者基本一致；必要时，可以采用相关技术方法对相关环境进行模拟或者进行对照实验。这是对侦查实验的基本要求，电子证据侦查实验主要采用的方法是“模拟”，即通过模拟案件发生时的网络环境、设备条件、人员技术等，提前设计好一套策略，通过案发过程中已知事实，模拟相关技术或者网络行为对电子设备中电子数据的影响，通过模拟实验形成的结论为案件发生的情况提供客观依据，最大限度地还原未知的案件事实，探究某些因素之间的因果关系，进而为案件的侦破提供线索，甚至为诉讼作好证据上的准备。因此模拟与还原的准确度越高，侦查实验结论的说服力就越强。应当着重审查侦查实验笔录中关于实验过程、方法的内容，以及笔录的制作是否符合有关规定。侦查实验的条件与案件发生时的条件有明显差异，或者存在影响实验结论科学性的其他情形的，侦查实验笔录不得作为定案的依据。

（六）客观记录侦查实验过程

应完整记录电子证据侦查实验的过程和结果。侦查实验必须全程记录实验过程，《电子数据取证规则》明确要求，进行电子证据侦查实验，应当使用拍照、录像、录音、通信数据采集等一种或多种方式，客观记录实验过程。

由于电子证据侦查实验是刑事案件侦查的重要手段，实验产生的笔录是刑事诉讼中的法定证据之一，因此电子证据侦查实验必须完整、科学、真实、保密，实验产生的笔录必须客观完整地记录实验的全过程，相关实验人员必须签字，使其能够符合刑事诉讼过程中定案证据的审查标准，从而发挥应有的功效。进行电子证据侦查实验，应当制作《电子证据侦查实验笔录》，记录侦查实验的条件、过程和结果，并由参加侦查实验的人员签名或者盖章。

三、电子证据侦查实验的任务

侦查实验的目的就在于运用模拟和重演的方法去验证案件能否发生、怎么发生以及发生何种结果。依照《电子数据取证规则》，电子证据侦查实验的任务包括以下几个方面。

第一，验证一定条件下电子设备发生的某种异常或者电子证据发生的某种变化。通常情形下，电子设备能持续稳定运行，但是由于受到外部干扰，电子设备也会产生信息错误，导致设备异常，如死机、复位等。电子证据侦查实验就是通过实验的方式，探究在案发现场条件下对某部分二进制编码进行干扰后，电子设备的异常或者电子证据的改变情况。通常这种干扰来自入侵行为。例如，入侵者通过使用恶意代码对电子设备的某些参数配置进行修改，这种恶意操作就可能导致电子设备的异常。所以，在此种类型下，需要验证的就是恶意操作导致电子设备和电子证据稳定运转的环境被破坏后，其会发生的异常或者变化，如被入

① 参见许昆主编:《侦查学》，高等教育出版社 2016 年版，第 329 页。

侵后计算机被修改系统配置或者被删除某些注册表和系统文件、卸载某些设备驱动、更改网络配置等。

第二，验证在一定时间内能否完成对电子证据的某种操作行为。由于电子证据有无形性、易破坏、易传播、易复制等特点，对电子证据的操作行为在某些情况下容易发生且难以被发现。单机环境下的电子证据操作行为可以分为查看、复制、增加、删除、修改等。例如勒索病毒是一种新型电脑病毒，主要以邮件、程序木马的形式进行传播。这种病毒利用各种加密算法对文件进行加密，被感染者一般无法解密，必须拿到解密的私钥才有可能破解，犯罪嫌疑人会在桌面等明显位置生成勒索提示文件，指导用户缴纳赎金。又如，网络流量劫持行为发生在客户端与服务器端进行动态数据传输的过程中，通常在实现劫持后，犯罪嫌疑人可以对传输的 IP 数据报文中的某些字段进行增加、修改、删除等操作，由于网络传输数据的动态特性，需要验证在还原案件相关条件下，犯罪嫌疑人是否有能力及时完成这种字节流级的操作。

第三，验证在某种条件下使用特定软件、硬件能否完成特定行为、造成特定后果。电子证据侦查实验的一项重要内容就是验证在还原案件发生时被攻击方的所有安全措施的情况下，犯罪嫌疑人使用的软件或者硬件能否造成某些后果。犯罪嫌疑人利用专业的黑客工具即可实施分布式拒绝服务攻击、钓鱼网站诱骗等攻击行为。例如，验证在一定条件下可执行程序能否入侵计算机信息系统、获取计算机信息系统数据、控制计算机信息系统、破解计算机软件、加密电子数据、解密电子数据。

第四，验证一定条件下某种计算机信息系统应用或者网络行为能否修改、删除特定的电子数据。在网络时代，数据是笔巨大的财富，个人信息也是炙手可热的“商品”，一般发生的网络恶意行为是为了破坏或得到某些电子数据。例如，犯罪嫌疑人利用计算机或服务器的漏洞，窃取人民政府或公众信息，并在微信等平台进行兜售。电子证据侦查实验需要验证在原目标系统未被入侵的状态下，犯罪嫌疑人的网络行为或者使用的特定工具是否可以入侵或者控制计算机信息系统等。还需验证在原目标系统被入侵的状态下，能否删除、修改入侵之后的信息痕迹，能否与特定应用的数据库进行连接，并删除、修改相应的数据。

此外，电子证据侦查实验的任务还包括其他需要验证的情况。例如，在案件侦查过程中发现某些现象，但难以解释其原因，需要通过侦查实验进行观察分析的有关情况。再如，需要侦查实验验证侦查人员有关案件侦办需要的猜想，以便明确案件侦查方向。

拓展阅读

黎某某等提供侵入非法控制计算机信息系统程序工具案

本章小结

本章详细讲解了电子证据的检查以及侦查实验的概念、特点、法定程序和实现任务的要求。基于电子数据的特性,相对于传统的检查和侦查实验,电子证据的检查和侦查实验具有鲜明的特点,有着不同的程序要求。现今手机等电子产品成为人们的随身携带之物和交流沟通的重要渠道,诸多涉案证据和线索会留存在电子数据之中,电子证据的检查和侦查实验已经成为侦破案件不可或缺的措施。电子证据检查和侦查实验不仅能够挖掘案件线索,验证案件事实,推动案件侦破,其产生的检查笔录和侦查实验笔录还可作为证据使用,这就要求电子证据的检查和侦查实验必须严格依法依规开展,注重每一个步骤和要求,每一个细节。电子证据的检查不仅要注重完整性、合法性,还要坚持比例原则;侦查实验在明确任务的前提下,严格遵守各项要求。只有合规的检查和侦查实验笔录才能作为定案的证据使用。必须承认的是,电子证据检查和侦查实验是刑事侦查过程中不可缺少的环节,必将发挥越来越重要的作用。

思考题

1. 电子证据检查与传统的勘验、检查有哪些区别?
2. 在手机电子证据检查中应如何保护隐私权?
3. 如何理解电子证据检查中的完整性要求?
4. 电子证据侦查实验的任务及程序要求有哪些?

第八章　民事电子证据保全

电子证据保全司法效用：让海量数据“进得来、出得去、改不了”。

——中国金融认证中心（简称“CFCA”）

随着计算机信息技术的发展与大数据时代的到来，电子软件已然成为社会活动中广泛应用的工具，社会各界人士的办公、交流等活动都难以离开电子软件而独立开展。由此，电子数据成为社会活动痕迹的主要呈现形式。越来越多的证据在审判前被以电子数据的方式予以保全，而这些电子数据又在此后的审判中被大量展示、播放。[①] 在2012年《民事诉讼法》将电子数据纳入法定证据种类后，民事诉讼中电子证据的数量与日俱增，形式也逐渐多样化，电子证据成为影响审判结果走向的重要因素。由于电子证据的设备依赖性、脆弱性等特征导致电子证据的证明力和证据能力在司法实践中往往难以达到预期效果，审判结果也不尽如人意，为最大限度地保障电子证据的运用实效，以使审判结果最大限度达到预期，电子证据保全平台如雨后春笋般蓬勃发展，电子证据保全备受瞩目。如何对电子证据进行保全，弥补电子证据的法律缺陷，使电子证据的证明力和证据能力在司法实践中最大限度达到预期实效，逐渐成为社会各界关切的问题。本章主要探讨民事电子证据保全的内涵、特征、原则，在对民事电子证据的类型进行简单介绍的基础上，分别对民事电子证据诉讼保全和公证保全的概念和保全程序等基本要点进行讲解，并阐述我国电子证据档案制度的功能、基本原理与归档流程。

第一节　民事电子证据保全概述

证据保全是指人民法院依其职权或者根据当事人的申请，根据法定程序，在证据有可能灭失或者以后难以取得的情况下，采取科学的技术方法手段，对证据进行固定和保护的制度。[②] 证据保全通过采取保全措施，验证和提取了难以取得或可能灭失的证据，保持了相应

① 参见林劲松：《法定证据种类的解释视角反思——以刑事诉讼为中心的分析》，《浙江大学学报》（人文社会科学版）2016年第4期。

② 参见蒋平、杨莉莉编：《电子证据》，清华大学出版社、中国人民公安大学出版社2007年版，第129页。

证据的真实性和证明力，对民事诉讼活动的开展具有极为重要的意义。在互联网大数据和信息化迅猛发展的背景下，民商事争议中出现越来越多的电子证据，尤其是随着智慧法院的建设，如何运用电子证据逐渐受到各界关切。《民事诉讼法》将电子数据确立为一种法定证据种类，2019 年发布的《最高人民法院关于修改〈关于民事诉讼证据的若干规定〉的决定》，强化了电子证据运用的规定。在此背景下，电子证据保全显得愈发重要，亟待从规则建构方面完善电子证据保全的制度设计。

一、民事电子证据保全内涵

与许多实践先行于立法的法律现象一样，电子证据保全在我国实践中的发展状况呈现出名称多样、应用混乱、观念差异大等特点，再加上电子证据保全本身的技术方案具有高度开放性，除了现在常用的数字签名、区块链、时间戳等技术外，未来可能会加入更多的技术及其不同的组合方案，因此在理论上为这种行为进行具体概念上的界定是非常困难的，仅能通过对现有应用情况进行描述，以明确其所指范围。[①] 基于当前电子证据运用现状，民事电子证据保全可以理解为在电子证据日后难以取得或有可能灭失的情况下，有关机关依职权或基于当事人的申请，遵循一定的规则，结合电子证据的特点，针对电子证据采取的固定和保护的措施。民事诉讼、刑事诉讼和行政诉讼均会涉及电子证据保全的问题，本章仅探讨民事电子证据保全问题。民事电子证据保全在实践中一般分为诉讼保全和公证保全。电子证据常规保全方法主要有勘验、扣押、调取、复制等，电子证据特别保全方法主要包括网络保全、技术扣押、电子档案管理等。基于电子证据相较于传统证据更具脆弱性和易失性，加上电子证据的"微变化性"和"不直观性"，电子证据保全相较传统证据保全具有较大差异。具体来说，电子证据保全主要具有如下特点：

第一，电子证据保全应关注全方位性。鉴于电子证据呈现为二进制的数据形态，电子证据具有高度的设备依赖性，其可视化必须依托于特定系统软件环境和电子设备主件，如手机、电脑和相关操作平台等。同时，电子证据的脆弱性特征导致电子证据保全对设备、技术与保全环境条件的要求较高。因此，电子证据保全不能局限于电子证据本身，还应当关注电子证据的取证人员、环境、设备和操作步骤等，以最大限度地保障所保全电子证据的真实性。此外，由于电子证据具有高度隐蔽性，在收集电子证据时，还应当注意对电子设备中出现的其他内容进行保全，并注意结合电子硬件使用特性查找是否存在隐藏文件，以确保所保全电子证据的完整性得到保障。

第二，电子证据保全具有超地域性。电子证据与传统证据的不同之处首先表现为电子证据的虚拟空间性。具体而言，电子证据通常不是实实在在的物，而是由某种信号量（包括模拟信号量和数字信号量）的方式存储着的信息。[②] 此外，信息传播上的高效、精准等特征，

① 参见熊志海、李嘉斌：《论电子数据保全之司法应用》，《重庆社会科学》2020 年第 1 期。

② 参见刘品新：《电子证据的关联性》，《法学研究》2016 年第 6 期。

使得电子证据保全不一定必须在服务器所在地或行为地进行，也可跨地域进行电子证据保全。例如，网络公证保全电子证据可打破“以地域管辖为原则，行为地管辖为例外”的传统管辖模式，只要公证机构能够合法获取并保存有关的电子证据即可为当事人进行保全公证，而不必问该电子证据的原始出处或存放地点，也不必问这一行为的发生地点。

第三，电子证据保全应强调保全手段的安全性、稳定性和及时性。鉴于电子证据的脆弱性特征，电子证据易被破坏、伪造、篡改或毁灭，并且其被篡改后难以查清，毁灭后难以复原，即使对电子证据的篡改、毁灭留下痕迹，电子证据得以复原，由于缺失原件无法比对，也难以保证复原电子证据的真实性与完整性。因此，在对电子证据保全时，需要尽可能借助传统介质、手段进行固定、备份（如通过光盘、软盘、胶片、纸张等介质存储），并注意保障保全环境的安全（如防磁、防电、防震等）。同时，电子证据保全对技术要求极高，必须由信息技术专门人员借助现代信息技术和必要的专业设备进行取证、鉴定、还原等处理。需要特别注意的是，基于电子证据具有易灭失性，必须迅速快捷地对电子证据采取保全措施。

第四，电子证据保全具有高度专业性。电子证据保全对技术要求极高，并不是简单对电子数据进行拷贝、导出就能实现。保全电子证据的全过程是否是全方位的、安全的和稳定的，均会影响电子证据保全的效果和证据效力。此外，硬件损坏或误操将导致数据不能读取或数据毁坏，带来的损失不可估量。以快播公司传播淫秽物品案为例，由于电子数据的提取、保存和移交等程序存在瑕疵，即便法院通过鉴定加以补强，其认证仍备受质疑。因此，电子证据保全，尤其是对数据进行鉴定、还原等处理，具有极强的专业性，必须由专门人员遵循一定的步骤、程序和规则进行。司法实践中，为了最大限度地发挥电子证据的证据效力，当事人自行保全常借助第三方电子证据保全平台进行。

【阅读案例】

帕某某（张家口）工业技术有限责任公司与北京某某文化传媒有限公司侵害作品信息网络传播权纠纷案①

本案裁判主旨是当事人借助第三方专业机构进行的电子数据保全证书具有证据能力。本案相关判决内容如下：上诉人帕某某（张家口）工业技术有限责任公司认为，一审作为裁决依据的《电子证据保全证书》是由百度取证、并由北京国创鼎城知识产权司法鉴定中心制作的，证据来源不符合法律规定，既非双方当事人共同委托调取，又非受诉法院委托调取，也非受诉法院诉前保全的证据。因此上诉人对证据来源的合法性、证据本身的客观性均无法予以认可。二审法院认为，当事人提供电子数据证据，可以采用截图、拍照、录音、录像等方

① 详见北京知识产权法院（2021）京73民终990号民事判决书。

式固定证据内容，并提供记载、存储有证据内容的打印件、照片等传统载体。北京某某文化传媒有限公司向一审法院提交了某某网站包含涉案图片的网页截图，该证据形式符合法律规定，帕某某（张家口）工业技术有限责任公司未提交足以推翻前述证据的相反证据，《电子证据保全证书》可以作为证据使用。

二、民事电子证据保全原则

民事诉讼程序规则和刑事诉讼程序规则均要求在证据保全时不得使用或损毁证据，对可以作为证据使用的电子数据存储介质，应当记明对象，内容，录取、复制的时间、地点，规格，类别应用长度，文件格式及长度等，并妥为保管。其根本原因在于，电子证据保全的核心价值在于使被保全的电子证据最终能够作为裁判依据，这就要求电子证据的保全方式和保全过程必须符合法定手续和要求，固定方法和保管措施必须科学、合理，以确保其真实性和可靠性，剔除其由于人为因素伪造、变造、调换或自然因素发生变化的可能性，满足电子证据举证、质证和认证等多个环节对证据效力审查的要求。在电子证据保全的司法实践中，某些电子证据保全仅采用与传统物证保全相同的方法，对计算机硬盘等进行封存、扣押，或者仅采用一般复制的方法拷贝计算机中的相关电子文件，这些保全措施均是不科学的，极大影响了电子证据的司法运用。鉴于电子证据具有极强的专业性，电子证据保全并非通过简单的复制和导出就可实现，需要借助专业技术和周密部署。由此，厘清电子证据保全的基本原则有利于在司法实践中规范、安全和全方位地进行电子证据保全。总的来说，电子证据保全原则可归纳如下：

（一）环境安全原则

环境安全原则主要强调电子证据保全要注意预防差错或人为的故意破坏，抑或不安全的物理环境改变电子证据。电子数据本身具有脆弱性，静电、磁场、高温、高湿、灰尘等不安全的物理环境，以及人为地用强磁体消去磁盘或磁带上记录的磁信号，或者利用计算机改变存储媒体的数据，均会破坏电子证据的完整性，或使得电子证据载体的物理性质发生变化而影响到电子数据读取。鉴于此，电子数据的保全通常需要在一个安全且封闭的环境下进行，以使被保全的电子证据具有法定的证据能力和较高的证明力。通常情况下，电子证据环境安全原则要求注意三点：一是保全过程防断电。例如，检查计算机内部信息时要使用不间断稳压电源（UPS）。二是防止电子证据受到强磁场影响。例如，运输时关掉无线设备，利用指南针检查强磁场。三是防止电子证据受恶劣环境影响，注意电子证据存储介质防潮、防热、防尘、防冷和防霉变等。

（二）完整无损保全原则

完整无损保全原则要求电子证据保全必须完整地提取原始数据，包括附属信息和环境信息以及对证据的获取、访问、存储或传输过程的完整记录。完整无损保全原则要求电子证据保全须注重以下两方面内容：一方面，电子证据应完整地被保全下来，包括数据信息、附属信息和环境信息。为避免电子证据可能被不留痕迹地修改或破坏，用适当的存储介质（如

Messstorage 或 CD—ROM）进行原始的镜像备份较为适宜，同时以提取笔录的形式将复制的时间、地点、复制的方法、处理人员、使用软件、复制过程等事项记录下来，以确保电子证据的合法性、真实性、关联性与完整性，从而使所提取的数字证据具有明确的证据能力与证明力。另一方面，不得改变原始数据，以防止电子证据被故意或无意破坏；不允许直接对原有存储介质进行操作，以免影响电子证据的证明力及证据效力。此外，应对保全的电子证据制作多个副本用于备份，将原件与副本分开保管。如果原本可能变质或者难以保管，则应对原本进行拍照或录像，并将原本和副本一起保管备份。

（三）双重固定原则

电子证据的双重固定原则是指对依附设备和数据流同时进行固定。就依附设备而言，电子证据具有设备依赖性，信息设备是电子证据的存在环境和必要载体。因此，实施电子证据保全要保全电子证据的依附设备。即使在某些情况下不扣押信息设备，也要对其特征、状态、环境等进行固定。需要注意的是，保全电子证据的依附设备可以采取传统物证保全的方法，如提取原物，无法提取原物的应当制作笔录记录其各种特征，并采取拍照、录像等方法加以固定。就固定数据流而言，其一般分为两个步骤：第一步是在电子证据发现的现场，并在证据持有人和见证人在场的情况下，由专业技术人员利用取证技术及必要设备对电子证据的数据流进行固定，且一般情况下应当同时制作镜像复制件；第二步则是将在第一个步骤中生成的关于电子证据数据流的特定特征信息（数据流固定信息）进行转化，变成书面形式的证据材料进行保全。

（四）严格管理过程原则

为了保证电子证据的真实性、完整性和合法性，也为了最大限度避免由于人为因素改变或者毁损电子证据，保全电子证据的每一个环节都要严格按照法定程序进行。首先，提取电子证据不能由一人单独完成，而应至少两人以上，其中一至两人操作，一人负责照相、记录以及保证周边环境的安全封闭。其次，在电子证据的提取、移交、开拆与加封等环节均应当制作详细笔录以保证证据不会在保管期间发生信息失真，由行为人共同签名。再次，电子证据保管人员应严格依法保管并提供证据。例如，《互联网信息服务管理办法》（2011 修订）明确规定互联网信息服务提供者和互联网接入服务提供者的记录备份应当保存 60 日，并在国家有关机关依法查询时，予以提供。需要注意的是，为了确保电子证据在保管期间的安全稳定，有必要从法律层面进一步细化关于保管人员真实可靠地保管好证据并应司法机关的要求提交证据义务的规定，保管人员违反保管义务的，应受到相应的法律制裁。最后，应当制作详细的现场记录。现场记录包括的主要内容有：操作与记录人员；保全的时间与地点；保全使用的电子设备与移动存储介质及控制人和对前述设施设备的清洁性检查情况；计算机所使用的操作系统、浏览器及其他相关软件的名称、版本；电子证据保全的全部操作步骤等。

（五）利益影响最小化原则

《民事证据规定》第 27 条第 3 款规定，在符合证据保全目的的情况下，人民法院应当选择对证据持有人利益影响最小的保全措施。参照计算机调查专家国际协会《电子检验程序》所确立的扣押电子证据的“有限性”原则,就电子证据保全领域而言,利益影响最小化原则主要是指电子证据保全应尽可能不要影响电子证据载体设备持有人使用,最大限度保障其利益不受损害。根据利益影响最小化原则要求,在电子证据保全过程中应注意四点:一是与案件无关的电子设备不应该被封存;二是基于对电子设备多重功能的考量,应尽量把设备中的涉案资料拷贝出来,以避免长期封存给电子设备持有人带来损失;三是如确有必要封存电子设备,应该妥善保管;四是如电子设备持有人需使用该设备,可通过电子证据公证程序替代保全措施,或将涉案资料拷贝刻盘,并在法官主持下经双方当事人对真实性质证后,将电子设备退还持有人。

三、民事电子证据保全类型

从现有证据保全的制度设计看,民事电子证据保全主要包括诉讼保全和公证保全两种类型。

诉讼保全是当事人申请人民法院采取的一种保全类型,当事人既可以在诉前、又可以在诉中申请。从启动方式看,诉讼保全又可分为人民法院依当事人申请采取保全措施和依职权采取保全措施。《民事诉讼法》第 72 条第 1 款明确规定,在证据可能灭失或以后难以取得的情况下,当事人可以在诉讼过程中向人民法院申请保全证据,人民法院也可以主动采取保全措施。在法院既未成立专门技术机构,也未建立专门技术委托机制的情况下,通过委托公证机构进行电子证据保全相对较为可行。

公证保全是司法实践中最为常见的保全措施之一,是指公证机关或公证人基于当事人的申请按照法定程序对电子证据采取的保全措施。从保全流程看,公证保全可分为传统公证保全与网络公证保全两类。传统公证保全中部分保全流程可在网上操作,如网上预约公证,但其并未突破传统公证的限制,仍有部分流程须当事人到公证处或由公证人员上门操作。而网络公证保全可全流程在网络上进行,无须当事人线下操作。需要注意的是,经公证保全的电子证据通常由当事人自己提交法庭,而不是由公证机构提交。

此外,第三方存证和保全亦是司法实践中常见的电子证据保全措施之一。从司法实践的视角观察,随着互联网的迅速发展和互联网存证技术的日趋成熟,人民法院对于第三方存证和保全的电子证据效力的态度逐渐由回避和谨慎转向开放和包容,使得第三方存证和保全行业迎来了新的发展机遇。在此背景下,第三方存证和保全或将成为新的电子证据保全类型。

第二节 民事电子证据诉讼保全

人民法院的公权力色彩较重,其所实施的保全行为的强制性较强,当事人在选择电子证据保全方式时,更倾向于选择电子证据诉讼保全。作为证据保全的一种重要类型,电子证据诉讼保全是民事诉讼中最为常见的对电子证据进行保全的方式之一,在民事电子证据收集领域有举足轻重的地位。其主要启动方式为依当事人申请，在实践中，人民法院依职权启动的情形较为罕见，一般出现于民事公益诉讼领域。作为电子证据保全的特殊主体，人民法院在保全电子证据过程中，除了遵循电子证据保全应当遵循的一般原则外，还应当根据民事诉讼法及相关司法解释规定的专门程序，在传统保全方法基础上探索适合人民法院的新的保全技术和机制。

一、民事电子证据诉讼保全程序

法院的参与使得电子证据保全具有强烈的公权力色彩，对被申请人具有较强的强制性，为防止当事人滥用此程序，民事电子证据诉讼保全的启动、管辖、审查和实施必须按照法律规定进行。相较传统证据，如书证、物证，电子证据的篡改、毁坏更具有隐蔽性且不易留痕，这使得民事电子证据诉讼保全在程序上有比传统证据保全更为严格的要求。

（一）民事电子证据诉讼保全程序的启动方式

根据民事诉讼法的相关规定，在证据可能灭失或者以后难以取得的情况下，诉讼当事人可以向人民法院申请保全证据，人民法院也可以主动采取保全措施。因此，民事电子证据保全程序的启动方式包括人民法院依职权启动和基于当事人申请两种方式，也称依职权启动和依申请启动。从司法实践的视角观察，民事电子证据保全程序的启动主要是基于当事人的申请，人民法院依职权进行电子证据保全极为罕见。这种现象的存在，一方面是由于我国民事诉讼正在由“职权主义诉讼模式”向“当事人主义诉讼模式”转型，比较严格限定法院依职权启动证据保全的条件，通常在“涉及可能有损国家利益、社会公共利益或者他人合法权益的事实”或“涉及依职权追加当事人、中止诉讼、终结诉讼、回避等与实体争议无关的程序事项”两种情况下，才依职权启动；另一方面是由于“诉讼爆炸”引发人民法院案多人少问题突出，法官在具体审理案件过程中大多不愿意依职权启动证据保全程序。

（二）民事电子证据诉讼保全程序的启动条件

当事人申请启动或人民法院依职权启动电子证据保全，均须依据一定的法定条件。从民事诉讼法的规定看，证据“可能灭失”或者“以后难以取得”是电子证据保全程序得以启动的实质要件。虽然尚无法律专门规定，根据民事诉讼一般法理，启动电子证据保全还应当满足另一个实质要件，即待保全的电子证据应当与待证事实具有关联性，可直接、充分证明待证事实。此外，就当事人申请启动电子证据保全的条件而言，根据民事诉讼司法解释和人民法院在司法实践中的通常要求，其还应当满足时限要求，即诉前电子证据保全申请应当在起诉前或申请仲裁前提出，诉中电子证据保全申请应当在举证期限届满前提出。当然，通常情况下，申请电子证据保全应当提出书面申请，并载明请求保全的电子证据、该电子证据与案件事实的联系、申请的理由以及电子证据保全的有关线索等事项。特定情况下，人民法院会要求申请人提供相应的财产担保。

【阅读案例】

河北某电子有限公司、邢台市某医院知识产权合同纠纷案①

本案裁判主旨是在特定情况下，如电子证据保全涉及财产使用限制，相关当事人应当提供财产担保。本案相关判决内容如下：申请人河北某电子有限公司因与被申请人邢台市某医院知识产权纠纷，于2020年11月5日向本院申请诉前保全证据，请求法院对被申请人一楼门诊大厅摆放的3台“就诊一卡通自助机及使用的软件系统”进行证据保全，并以担保人张某某在河北银行的50万元存款（卡号62×××67）提供担保。在提供财产担保前提下，人民法院裁定予以支持。

（三）电子证据诉讼保全的管辖

我国民事诉讼法及相关司法解释没有明确规定证据保全的管辖法院。从司法实践情况看，证据保全的管辖法院一般是案件受理法院。当诉讼系第一审时，向一审人民法院提出证据保全申请；当诉讼系第二审时，则应向第二审人民法院提出证据保全申请。境外立法也有前述类似规定。特别需要注意的是，境外立法还有证据保全法院管辖的例外规定，尤其是德国民事诉讼法及我国台湾地区“民事诉讼法”规定，紧急情况下受诉法院、被询问人所在地法院或证物所在地法院均有管辖权。在前述立法经验基础上，鉴于电子证据的脆弱性、设备依赖性等特征，其在电子证据保全方面具有紧迫性，为把握住电子证据保全的黄金时机，有必要在我国立法层面完善关于管辖法院的顶层设计，允许证据所在地人民法院管辖。

（四）电子证据诉讼保全申请的审查

电子证据诉讼保全申请的审查是指在依申请模式下，法院对当事人启动电子证据保全申请的合法性和必要性进行的审查。通过审查法院作出是否启动电子证据保全程序的裁定。合法性审查的主要内容是证据保全的实质要件和形式要件是否符合相关的法律规定以及该法院是否拥有管辖权。必要性审查的主要内容是待保全电子证据是否可能发生灭失或以后难以取得的情形，以及待保全电子证据与待证事实是否具有关联性。从条件的性质区分，又可将审查的条件分为程序条件和实质条件，程序条件主要是申请期限、申请书形式、财产担保以及保全内容和保全方法等内容，实质条件主要是证据“可能灭失”“以后难以取得”以及关联性等内容。电子证据保全申请审查的关键问题之一在于如何对关联性进行审查，对此问题具有较大争议性。在司法实践中，由于电子证据诉讼保全申请的审查法官与案件审理法官为同一人，法官对案情比较了解，通常认为在电子证据与待证事实具有实质关联性时，才启动电子证据保全程序。

---

① 详见河北省邢台市中级人民法院（2020）冀05证保1号民事裁定书。

（五）电子证据诉讼保全措施的实施

电子证据诉讼保全措施的实施须遵循一定的工作流程。通常，电子证据诉讼保全分为保全前准备、控制现场和实施保全三个步骤。保全前准备包括事先勘查现场，确定保全参与人员，制订保全方案，准备裁定书、清单、笔录、空白移动存储设备等相关材料。控制现场主要是指到达现场后，将无关人员清出现场。实施保全则包括调取证据，保存证据（当场封存并制作保全清单）以及制作保全笔录等。同时，因电子证据有脆弱性等特征，电子证据诉讼保全需要注意采取更为科学合理的方法进行。例如，对所有原始软件、查获的媒体采取写保护措施，并由现场见证人、当事人签名（盖章）、捺指印，及时固定一切有用证据，将电子证据进行文书化，按其物理存放格式（如逐扇区，包括坏扇区）备份电子证据，妥善保管存储电子数据证据的介质并将其置于安全环境。因此，在民事电子证据诉讼保全时，法院亦可聘请具有专业知识的人员辅助保全，或委托公证机构或其他具备电子证据保全技术的合格单位对电子证据进行保全。

二、民事电子证据诉讼保全技术

因具有不同于传统证据的存在和呈现形式，电子证据的保全技术具有更强的专业性。电子数据一般存储于计算机中，且可能被设置成隐藏格式、存放于隐藏分区、或被加密、删除。因此，在保全电子证据时必须利用一定的计算机信息技术。常见的电子证据保全技术主要有数据隐藏技术、数据加密技术、数字签名和数字时间戳技术、数字摘要技术四种。数据隐藏技术是指为了识别版权和注释等将相关数据嵌入宿主媒体中，并能在基本不影响宿主媒体质量的前提下，将被隐藏的数据可靠地提取出来的技术。数据隐藏技术仅适用于短期数据保存，想要长期保存数据须将数据隐藏技术和其他技术联合使用。数据加密技术（如 IP 加密、VPN 加密、SSL 加密等），旨在保护已获取的电子证据，以避免其在存储、处理和传输过程中受到非授权用户的访问、篡改。数字签名用于验证传送对象的完整性以及传送者的身份，数字时间戳技术可对数字签名时间进行见证，在电子证据保全实践中通常将其进行配合使用。数字摘要（Digital Digest）也称安全 HASH 编码法（Secure Hash Algorithm，SHA），不是一种加密机制，但能产生信息的数字“指纹”，确保数据没有被修改或发生变化，保证信息的完整性不被破坏。

需要注意的是，前述电子证据诉讼保全技术并非民事诉讼领域独有的技术，在公证保全、电子档案以及第三方专业机构保全等领域同样适用。例如，在许昌某歌厅诉上海某文化传媒股份有限公司著作权权属侵权纠纷案中，上海某文化传媒股份有限公司提供了由国家授时中心联合信任时间戳服务中心出具的《可信时间戳认证证书》，涉案的 202 首歌曲的视频及图片已经在取证时被时间戳固化，与上海某文化传媒股份有限公司提交的视频及图片形成了一个完整的证据链，法院经审查对《可信时间戳认证证书》的证明效力予以确认。①

① 参见河南省高级人民法院（2021）豫知民终 7 号民事判决书。

鉴于电子证据保全技术的普遍适用性，本章在介绍公证保全、电子档案以及第三方专业机构保全等领域保全类型时将不再赘述。

第三节 民事电子证据公证保全

电子证据公证保全，是指通过公证的方法对电子证据进行固定和保管，采用公证文书的形式将某个客观事实的电子数据进行固化，是一种社会普遍认可的能够有效固定证据的方式。通常，人民法院会将公证机关出具的公证书直接作为有效证据予以采信。与一般公证相似，电子证据公证保全也需要依据当事人申请，由公证机关或公证人员按照一定规程进行，其与一般公证的主要区别在于其公证对象限于电子证据。同时，鉴于电子证据保全具有高度专业性，具有较大的难度，进行电子证据公证保全通常需要具有专门技术知识的专家参与，并借助一定的高科技设备。常见公证保全的电子证据主要有邮件、网页、短信、微信、聊天记录及电子购物记录等。随着电子数据成为社会发展的重要生产因素，电子证据在诉讼中起到越来越重要的作用，电子证据公证保全也逐渐成为当事人青睐的一种重要取证方式。

一、民事电子证据公证保全基本要点

与传统证据保全相比，民事电子证据公证保全既有共通性，也有一定特殊性。通常而言，电子证据公证保全启动方式被动、无须提供担保、保全措施中立，且借助电子设备来实现，具备较高的技术性要求，存在超地域性特征。整体而言，公证保全的电子证据在民事诉讼中具备较高证明力，被人民法院采信的可能性普遍较高。

（一）电子证据公证保全规范依据

《民事诉讼法》明确将“电子数据”作为法定的证据种类，为电子证据的公证保全奠定了基础。2012年，原中国公证员协会专门制定《办理保全互联网电子证据公证的指导意见》，成为我国最早的关于电子证据公证保全的专门性规则。总体而言，目前电子证据公证保全尚无系统性的专门规则，仍适用通用的公证规则。这些规范依据主要是《中华人民共和国公证法》、《中国公证员协会关于办理保全证据公证的指导意见》、司法部出台的《公证程序规则》以及《最高人民法院关于审理涉及公证活动相关民事案件的若干规定》等。

（二）电子证据公证保全对象

公证是指公证机构根据自然人、法人或者其他组织的申请，依照法定程序对民事法律行为、有法律意义的事实和文书的真实性、合法性予以证明的活动。公证不对申请事项的资质、等级、性质等进行评判。在司法实践中，通常将证据公证保全分为对民事法律行为的公证保全和对有法律意义的事实、行为的公证保全。电子证据公证保全显然不属于对民事法律行为的公证保全，而属于具有法律意义的事实的公证保全。鉴于公证旨在对公证对象的真实性和合法性进行证明，在判断电子证据公证保全对象时，应当关注对电子证据真实性的证明。当前，对公证机构如何证明电子证据真实性尚存一定争议。需要强调的是，对于具有

技术性、脆弱性特征的电子证据，不能要求公证机构独立确认其真实性，因为这不仅超出了公证机构的证明能力，也与其证明责任不符。通常，当公证机构无法判断数据本身的真实性时，应通过确认公证申请人取得电子证据过程的真实性，间接证明其指向事实的合法性、有效性。这就要求确保电子证据的原始性、电子记录系统的完整性以及保全过程的完整性。此外，电子证据保全公证的内容还应当包括电子证据原始性公证和电子证据取得行为真实性公证。

（三）电子证据公证保全申请条件

公证机关受理证据公证保全事务的前提和基础应当是申请人的申请，因此，当事人提出公证保全申请是电子证据公证保全启动的首要条件。当事人可以选择线下面对面申请或线上远程申请。当事人线下申请的，需按公证机构规定，带上相应证件与资料，前往所选择公证处申请保全。当事人在线上远程申请的，可选择公证机构，但在传统公证模式下与网络公证模式下当事人可自行选择的公证机构的范围有所区别：在传统公证模式下，当事人应尽量选择距离当事人或电子证据所依托的电子设备较近的公证机构，以便后续公证流程的顺利进行；在网络公证模式下，当事人可不考虑距离因素，自行选择公证机构。此外，为了保障公证事项不侵害他人权益，线上公证平台往往要求实名注册，再进行后续操作。就申请公证保全的时间限制而言，申请人直接向公证机关提出公证保全申请尚无时间限制，但向人民法院提交公证书的时间可能影响公证书的证据效力，尤其是申请人在规定举证时限内没有提交证据的，可能会导致证据不被采信或申请人因无正当理由迟延提交而被人民法院予以训诫、罚款处罚。就人民法院而言，鉴于人民法院不是适格的公证申请人，人民法院不能直接要求公证机构进行证据保全。如果法院认为需要证据保全公证，应当提醒当事人申请证据保全公证。随着公证辅助司法改革的深入推进，人民法院直接委托公证机关进行保全可能成为制度创新。需要注意的是，法院直接委托公证保全视为法院进行的公证保全，实质上属于诉讼保全的范畴，仍须法院依据当事人申请或依据职权启动相应的保全程序。

（四）电子证据公证保全措施

电子证据公证保全措施尚无完整体系，散见于《中华人民共和国公证法》《最高人民法院关于审理涉及公证活动相关民事案件的若干规定》等相关法律规范中。在司法实践中常见的电子证据公证保全措施有以下两类：

一是保全设备安全性保护措施。保全设备安全性保护措施主要包括保证保全设备的清洁性和封存。公证机构办理电子证据公证保全时，原则上应当使用公证机构自有的计算机、网络接口、移动硬盘、存储卡、U 盘、光盘、录音机、录像机、照相机、手机等移动存储介质。如果使用当事人或者第三人提供的计算机、网络接口或移动存储介质，均应当进行严格的清洁性检查。这就要求公证机构在办理电子证据公证保全时，应当要求当事人携带相关移动存储介质前往公证机构，在公证机构内使用公证机构的相关设备设施进行保全，只有在特殊情况下，才由公证机构外出保全，即便在此种情况下，公证机构也应尽可能使用自有的设备设施。另外,在提取电子证据后,应当在公证员和当事人共同监督下对存入电子证据的移动存储介质进行封存。需要特别注意的是,要将存入电子证据的移动存储介质附在公证书之后的,应使用一次性刻录光盘并采用终结方式刻录。

二是电子证据完整性保护措施。实施电子证据完整性保护措施需重点关注以下几点:首先,保全的电子证据内容应当具有完整性。例如,打印件无法完整体现全部内容时,应同时采用录像或照相方式提取、固定证据,并特别记录打印件无法体现完整内容的情形。又如,在侵权纠纷网页保全时,应当注意保全网页的源代码。因截屏保存或者打印内容有遗漏,当事人要求补充保全的,应当重新保全。若当事人仅对部分内容进行保全,应注意避免所保全内容与电子证据整体内容矛盾或有歧义。其次,电子证据的保全过程应当具有完整性。对登录、下载、截屏、保存等指令输入和保全过程应当全部记录,并将截屏打印(至少应包括关联性最紧密的内容)形成纸质文件附于公证书内。最后,对保全电子证据的附属信息,如网页“权利声明”“网站备案(许可)信息”“联系方式”以及付费过程和付费凭证等,应当一并保全。

(五)电子证据公证保全的法律效力及其运用

公证书具有独特的证据效力,根据民事诉讼法及相关司法解释规定,有效公证书证明的事实属于免证事实,当事人无须举证证明。可见,公证书是一种法律推定的可靠证据,具有突出的证明优势,其权威性毋庸置疑。在肯定民事诉讼中公证书独特证明功效的同时,必须清醒认识到,公证并非“绝对证明”,公证书制作、办证程序以及公证书内容可能存在瑕疵,因此离不开司法监管。首先,公证书必须具有合法性。在司法实践中,大多法院对具有严重瑕疵的公证书不予采信。其次,公证书必须具有真实性。没有“如实公证”的公证书会被严重质疑,并不被作为定案根据。这突出表现在保全公证的内容不够完整、准确,或保全的步骤不够严谨。再次,公证书如果没有契合民事诉讼中对证据关联性的要求,也不会被采信。公证书更加关注合法性、真实性要求,而司法实践中法官更加关注关联性要求,两者之间往往存在一定程度脱节,这也成为对公证书质证的主要内容。最后,公证书具有可推翻性。公证书的证明效力是相对的。根据《民事诉讼法》第 72 条和《中华人民共和国公证法》第 36 条,经公证的民事法律行为、有法律意义的事实和文书,应当作为认定事实的根据,但有相反证据足以推翻该项公证的除外。

除人民法院可在诉讼中对存在重大瑕疵的公证书予以排除外,公证机构发现或经当事人申请发现已经出具的公证书确有错误的,也应当自我纠正。就公证机构对公证书的纠正而言,当事人、公证事项的利害关系人认为公证书有错误的,可以向出具该公证书的公证机构提出复查。公证书的内容违法或者与事实不符的,公证机构应当撤销该公证书并予以公告,被撤销的公证书自始无效;公证书有其他错误的,公证机构应当予以更正。此外,当事人还可就公证书的内容争议或失实直接向人民法院寻求救济。一方面,当事人、公证事项的利害关系人认为公证书的内容有争议的,可就该争议向人民法院提起民事诉讼;另一方面,公证机构及其公证员因过错给当事人、公证事项的利害关系人造成损失的,应由公证机构承担赔偿责任。当事人、公证事项的利害关系人与公证机构因赔偿发生争议的，可就该争议向人民法院提起民事诉讼。

二、民事电子证据公证保全主要类型

随着人工智能和数字化改革的深入推进，公证领域的智慧化改革备受重视，并在公证实践中不断拓展，形成了网络公证的保全类型。至此，出现了两种民事电子证据公证保全类型，即传统公证保全和网络公证保全。传统公证保全是指公证人员当面或线上接受申请人的申请，并对申请人提交的申请材料进行审查。需要注意的是，民事电子证据传统公证保全中的公证申请与部分电子证据传递等可通过网络进行，但其并未突破传统公证的限制，对电子证据的保全措施往往需要申请人前往公证机构或者电子证据所处的电子设备所在地实施。而对于网络公证保全，当事人可以直接通过网络平台提交申请，公证人员可以网上接受并审查当事人的申请，并在网络上进行公证[①]。对此有如下评价：

（一）民事电子证据传统公证保全

随着我国互联网、大数据、人工智能等信息技术快速发展，智能化服务得到广泛应用，生产生活方式发生深刻改变，社会治理和服务效能得以提高。但同时，我国老龄人口数量快速增长，不少老年人不会上网、不会使用智能手机，在出行、就医、消费等日常生活中遇到不便，无法充分享受智能化服务带来的便利，老年人面临的“数字鸿沟”问题日益凸显。[②]在智慧法院和智慧公证建设背景下，网络公证平台如雨后春笋般涌现，但传统公证在解决老年人和其他不习惯应用网络公证平台人员面临的“数字鸿沟”问题上仍具有不可替代的优越性。就传统公证而言，其可由公证机构的工作人员全流程线下指导，甚至可以提供上门服务，对于在网上操作实有困难的申请人，可从根本解决其问题，提供更周全、更贴心、更直接的便利化公证服务，因而具有不可替代性。

1. 电子证据传统公证保全的程序

传统公证要求公证人员到固定的公证场所与公证事项申请人面对面接触和交谈，注重对纸质介质（如申请表、告知单和谈话笔录等）的使用，并制作纸质卷宗，进行纸质登记，出具纸质公证书。电子证据的传统公证保全也遵循常规程序，即受理书面申请，组织现场访谈，接受证据材料以及以书面形式出具公证书等。但随着计算机技术的快速发展，传统公证亦有所发展，部分操作流程可在网络公证平台进行。需要注意的是，传统公证采取的这种“线上＋线下”的操作模式，虽然在一定程度上兼具了线上与线下公证的特点，但尚未达到全流程在线操作的程度。总体而言，电子证据传统公证保全程序主要可以概括为以下两个方面。

一方面，公证机构对公证保全申请进行审查并决定是否受理。审查主要包括合法性审

① 网络公证的内涵尚未形成统一认知，主要存在两种观点，一种观点认为其是与公证相关的对象、方法、过程、处理等诸多要素中至少有一项涉及计算机网络的公证。另一种观点认为网络公证即公证人员不同申请人见面，借助网络平台，从网上接受申请并审查当事人的委托，开展的背靠背式的公证。本章所指网络公证是指后者，即在线公证。

② 参见《国务院办公厅印发关于切实解决老年人运用智能技术困难实施方案的通知》（国办发〔2020〕45号）。

查和管辖权审查。合法性审查是指对申请主体和公证事项合法性的审查，如对电子数据保全是否侵害他人隐私权的审查。就管辖权而言，自然人、法人或者其他组织申请办理公证，可以向其住所地、经常居住地、行为地或者事实发生地的公证机构提出，本书认为鉴于电子证据的超地域性特征，应适当放宽电子证据公证保全的管辖权限制。需要注意的是，公证机构在进行管辖权审查时，必须关注人民法院对管辖权问题的司法解释。

另一方面，公证机构决定受理公证保全后，应当实施公证保全措施并制作公证书。公证机构应及时实施电子证据保全措施，以免电子数据被损坏或丢失。同时，电子证据公证保全应当确保电子数据的完整性。不仅要确保电子数据的原始性，还要确保电子数据不被损害或丢失。需要注意的是，公证人员必须对保全的电子数据与原始资料内容的一致性进行验证，并对保全过程各个环节中的信息进行详细记录，必要时可以通过录像加以记录。

2. 电子证据传统公证保全的注意事项

电子证据传统公证保全应严格遵循相关法律程序和行业规范，坚持客观、公证原则，在具体实践中，应着重关注以下几点：首先，在受理电子证据公证保全申请之后，公证机构应明确申请人和被申请人的身份信息及其可信度，为申请人提供公证法律咨询服务，告知申请人公证程序及其法律效力；其次，应明确所保全电子证据的特征、地点等，审查管辖权，制定保全措施具体实施方案并作可行性分析；再次，在实施过程中，应重点保全关键电子证据，并关注保全行为的相关性、连续性和完整性，详细记录保全过程；最后，保全人员还应向申请人实时反馈保全进程。完成电子证据公证保全措施后，应将电子证据刻录成光盘、作封存处理，并制作公证书（附密封的光盘或优盘），将相关材料交予申请人。电子证据保全公证书通常由公证机构交申请人，再由申请人提交人民法院或仲裁委员会。

（二）民事电子证据网络公证保全

随着网络时代的迅猛发展和智慧司法建设的深入推进，逐渐出现了网络公证保全形式。网络公证保全，又称在线公证，可实现足不出户完成公证全过程。例如，上海市东方公证处（原上海市公证处）在全国率先建立的涉外民事公证远程申办平台可 24 小时受理申请、办理业务，集受理付费、在线实时交流、资料传输等多功能于一体。再如，辽宁省内多家公证机构开展"零接触"远程视频公证，积极打造互联网公证平台。黑龙江省司法厅指导公证机构相继推出远程视频公证。中国公证协会也推出了在线公证平台——公证云，其已覆盖 31 个省（市）的多家公证机构。网络公证保全旨在实现公证业务全流程的数字化流转、智能化管理以及电子化办证。相比传统公证保全，民事电子证据网络公证保全具有一定特殊性。

1. 保全方法严格

因网络公证全过程可在网络公证平台进行，无须公证人在场，为了最大限度实现操作真实性和客观性，其保全方法较之传统公证更为严格，如须提供清洁可靠的取证工具和对取证全过程进行记录。为了保证用户身份信息的真实性，网络公证平台普遍需要实名认证。此外，部分网络公证平台积极开展与公安机关、互联网法院等机构的合作，该合作一方面可为用户提供更为丰富的在线司法服务；另一方面可为网络公证的真实性、可靠性提供更为权威的保障，为经网络公证的电子证据在诉讼中的运用奠定良好的基础。以某机构的保全云为例，其在网络公证全过程的严格性具体体现如下：在具体的取证技术上，取证主体须通过国家的身份认证系统实名认证，从而确保取证主体的客观真实性；在取证时间上，通过国家授时中心的授时服务，整个取证过程使用了北斗卫星授时；在取证环境（包括主机和网络环境）的清洁性上，采用清洁、与取证主体无关的云系统确保环境清洁且不受取证主体控制；在取证程序的安全可靠上，通过公安部警用与安全设备鉴定予以严格保障；在证据传输和存储上，采用严格的 256 × 512 位 HASH 算法，通过区块链系统加密存证；在证据勘验环节，法院通过在线审查的方式查询校验区块链上的电子证据并可重复提取，以满足电子证据的司法勘验要求。①

2. 普遍启用“电子印章”

南京公证处、上海市公证协会等单位均已启用“电子印章”，即负责人远程审核公证文书后，在公证书的电子文档加盖印章，印章图案可随公证书一并打印输出，公证书加盖印章后产生法律效力。公证书电子档加盖印章后不可篡改，打印操作将被记录，电子印章不可单独提取，加密手段和防范机制确保印章使用安全。相比传统印章，电子印章确认效率高，核对难度小，印章管理成本低，用章周期短，且公证档案的保密级别得以加强。同时，异地出证模式将出证时间大大缩短。在启用“电子印章”的情形下，如当事人申请纸质公证书，公证机构仍可通过邮寄的方式向申请人提供。

3. 申请及审批等全流程在线操作

电子证据公证保全服务模式的网络化是民事电子证据网络公证保全的核心，申请及审批流程均实现在线操作，各个环节基本是当事人通过网络在不同的甚至遥远的地点完成。以中国公证协会打造的公证云平台为例，其使用的通常步骤为：首先，点击公证云网络平台首页的“在线公证”，选择支持在线申办的公证机构和公证内容。其次，注册并登录公证机构，然后发起申办，选择公证事项、填写申请信息、确认订单信息、上传材料、提交订单。再次，公证处在线审核信息与材料，决定受理后，积极配合办理完成全部公证手续，并制作公证书。最后，在线完成出证程序，包括申请人电子签名、付费等。同时，公证处建立了用户申请网络公证书查询系统，申请人及相关单位可依法对电子公证书进行查询。此外，部分公证保全亦可由申请人通过网络自主进行全流程的操作。

第四节　民事电子证据档案管理

随着计算机技术的普及，人们普遍接受了通过电子文件处理日常事务的工作方式，并且这种办公方式越来越常态化，电子文件的使用几乎遍及各行各业，从而产生海量的电子文件，

① 参见《IP360 区块链电子证据判例入选 2020 中国法院十大著作权纠纷案》，载于 IP360 全方位数据权益保护开放式平台，https://www.ip360.net.cn。

其成为民事交易的基础或民事纠纷处理的依据。当事人通常无法预见纠纷,很少提前对电子证据进行保全,这导致电子证据通常被毁损或面临灭失的风险,此外,传统电子证据保全模式无法满足当事人随时要求保全的需求。因此,人们逐渐将解决问题的视角转向电子文件管理,并进行相应制度设计。电子文件管理制度的建设必须依靠政府部门、网络服务商、文档管理部门和用户等各方力量协作完成。我国对此高度重视,中共中央办公厅和国务院办公厅相继出台《电子文件管理暂行办法》《关于加强和改进新形势下档案工作的意见》等文件,强化电子文件的管理,涵盖了电子文件形成、办理、归档、移交、保管、利用等全流程的各个环节。此外,原国家质量监督检验检疫总局、中国国家标准化管理委员会发布的《电子文件归档与电子档案管理规范》(GB/T 18894—2016)和国家市场监督管理总局、中国国家标准化管理委员会发布的《电子档案管理系统通用功能要求》(GB/T 39784—2021)等文件更加系统地对电子文件的归档管理进行了规定。这些均为电子证据档案管理的规范化奠定了基础。

一、电子证据档案的内涵及功能

纸质档案作为传统证据归档的方式,有着存放时间长和原件识别性强等优势。随着信息技术的发展,尤其是智慧法院建设的深入推进,无纸化办公被作为一项重要改革措施,档案电子化备受瞩目,成为司法改革的重要内容之一,电子证据档案也备受重视。

(一)电子证据档案相关概念

电子证据档案是电子档案的一部分,是电子档案的下位概念。与电子证据档案相关的概念主要有电子文件和电子档案。电子文件是国家机关、社会组织或个人在履行其法定职责或处理事务过程中,通过计算机等电子设备形成、处理、传输和存储的数字格式的各种信息记录。电子文件在档案法层面上是电子档案管理的基石。《CAD 电子文件光盘存储、归档与档案管理要求》与《电子文件管理暂行办法》对电子文件使用的规定,引发了相关人士对电子文件的关注。我国《档案法》使用了电子档案的术语,引发了档案学学者对电子档案的关注。2014 年开始,社会各界对电子档案的关注度逐渐提升。就电子文件与电子档案的关系而言,“电子文件”是“电子档案”的子集的这一观点在档案法规与档案标准层面得到了普遍认可,如《电子档案管理系统通用功能要求》将电子档案界定为具有凭证、查考和保存价值并归档保存的电子文件及其相关信息的集合。

(二)电子证据档案主要功能

作为电子档案的一种,电子证据档案的功能与电子档案基本相同,主要是提升档案管理的效率。电子档案管理一般需要以先进的计算机技术及网络技术为基础,通过信息化将档案资料进行共享和储存。因此,在工作效率方面,电子档案比传统档案管理有明显优势,这主要体现在其效率更高,受自然条件限制小,节约物理空间,节省了人力、物力,通过数据挖掘技术的运用更便于使用和查询等。可以说,电子证据档案的运用和发展,使证据归档、提取、查找、引用等工作更加高效,也使查缺补漏、备份、编纂工作更为简便,有利于人工智能在司法裁判和管理过程中的强化运用,为我国智慧法院建设奠定了基础,助推了远程庭审的运用和电子卷宗随案生成。然而需要注意的是,尽管电子证据档案有着诸多便捷性优势,但其风险(如数据泄露和丢失等)仍不容忽视,须加以防范。

二、电子证据档案的证据效力

可从微观和宏观两个层面对电子证据档案的证据效力进行探讨。就微观层面而言,2004年8月通过的《电子签名法》是我国首部真正意义上的信息化法律,在电子商务领域,该法首次正式明确了部分电子文件(如数据电文、电子文书)的证据效力;2012年修正的《民事诉讼法》第63条将“电子数据”新增为一种独立的法定证据种类,从民事诉讼法层面首次肯定了电子数据的证据地位;2019年修正的《最高人民法院关于民事诉讼证据的若干规定》第93条和第94条对电子数据的审查判断作了进一步细化,为电子数据在证据领域的运用完善顶层设计。就宏观层面而言,2019年4月颁布实施的《国务院关于在线政务服务的若干规定》明确规定,“符合档案管理要求的电子档案与纸质档案具有同等法律效力”;2020年修订的《档案法》第37条第2款明确规定,“电子档案与传统载体档案具有同等效力”。二者均从档案学的角度肯定了电子档案的法律效力。

三、电子证据档案保管的基本要求

电子证据档案保管主要有真实性要求和完整性要求。原国家质量监督检验检疫总局与中国国家标准化管理委员会发布的《电子文件归档与电子档案管理规范》(GB/T 18894—2016)对电子文件、电子档案的真实性和完整性进行了权威界定。

就真实性而言,在某种程度上就是要求数据“来源可靠”,特别是数据的形成过程须被认可,必须由安全可靠的系统生成,且电子数据在固化、传输、保管、迁移过程中不被篡改。为了保证电子数据的真实性,在较长时间内,仍应坚持归档“双轨制”,即电子数据必须与相同版本的纸质档案同时归档保存。另外,民事诉讼过程中诉讼材料的电子化应尽可能由人民法院或人民法院委托的扫描中心形成,对当事人自行提交的电子证据材料应进行质证。

就完整性而言,在电子证据的应用场景下,主要强调三个方面:一是声像类电子数据应能客观、完整地反映业务活动的主要内容、人物和场景等;二是邮件、网页、社交媒体类电子数据的文字信息、图像、动画、音视频数据等应齐全、完整,网页版专有格式不变,需收集、归档完整的网站系统时,应同时收集网站设计数据、维护手册等;三是以专有格式储存的电子数据不能转换为通用格式时,应同时收集专用软件、技术资料、操作手册等。

四、电子证据档案的归档流程

参照国家标准化管理委员会发布的《党政机关电子公文归档规范》(GB/T 39362—2020),可以将电子证据档案的归档流程分为四个环节,即电子数据收集、电子数据整理、电子数据移交和电子档案接收。电子数据收集又分为捕获、录入和转换三个步骤。对人民法院在民事诉讼过程中形成的电子数据,包括电子文件及元数据,原则上应当随时完整地捕获,未进入人民法院智慧数据系统流转或者无法保证来源可靠的数据，应当在经当事人质证后由人民法院工作人员录入智慧数据系统；捕获或录入的电子数据不符合归档格式要求的，应将其转换成便于保存和利用的规范格式。电子数据整理包括组件、编号和封装三个步骤。组件是指将电子数据以件为单位进行整理，使其内部构成和排序符合特定的规范要求。编号是根据分类和排序，给完成组件的电子数据科学编制档案号。封装是将拟归档的电子文件和元数据封装成归档信息包。在电子数据移交环节，要对电子数据的真实性、完整性、可用性和安全性进行检测，并将检测合格的电子文件的种类、形成日期、保管期限、大小等信息进行移交登记，连同电子数据归档登记表一并提交档案管理部门。电子证据档案接收是指档案接收部门完成接收手续，包括接收检测、接收登记和对接收电子数据的确认三个步骤。

拓 展 阅 读

上海市奉贤区人民法院深入推进电子卷宗改革和深度应用打造全流程网上办案体系

拓 展 阅 读

印度尼西亚D公司诉深圳IC公司等买卖合同纠纷案

本章小结

如何通过电子证据保全最大限度地发挥电子证据运用实效这一问题备受关注。电子证据保全的核心功能在于，确保证据材料在自收集之初到呈交法庭审查的整个过程中，不因操作不当而发生损毁、篡改等情形。电子证据保全具有全方位性、超地域性以及高度专业性的特点，应强调保全手段的安全性、稳定性和及时性。同时，电子证据保全应遵循环境安全、完整无损、双重固定、严格管理过程和利益影响最小化五个基本原则。

从现有证据保全的顶层设计看，民事电子证据保全主要包括诉讼保全和公证保全两种类型。诉讼保全主要是指在证据可能灭失或者以后难以取得的情况下，诉讼参与人向人民法院申请保全证据，或人民法院主动采取保全措施。启动诉讼保全应符合证据“可能灭失”或者“以后难以取得”，待保全的电子证据应可直接、充分证明待证事实两个实质要件。保全申请经管辖法院审查通过后，电子证据保全措施方可实施。电子证据诉讼保全分为保全前准备、控制现场和实施保全三个步骤。电子证据公证保全，是指通过公证的方法对电子证据进行固定和保管，采用公证文书的形式将可证明某个客观事实的电子数据进行固化，是一种具备较高证明力的、能够有效固定证据的方式。电子证据公证保全需要依据当事人申请开展，通常需要懂得专门技术知识的专家参与，并借助一定的高科技设备完成。

纸质档案作为传统证据归档的方式，有着存放时间长和原件识别性强等优势。随着信息技术的发展，尤其是智慧法院建设的深入推进，无纸化办公被作为一项重要改革措施，电子证据档案也备受重视。作为电子档案的一种，电子证据档案的功能与电子档案基本相同，主要是提升档案管理的效率。电子档案与传统载体档案具有同等效力，一般需要以先进的计算机技术及网络技术为基础，通过信息化将档案资料进行共享和储存。电子证据档案管理要求确保电子证据收集、保管的真实性和完整性，其归档流程分为电子数据收集、电子数据整理、电子数据移交和电子档案接收四个环节。

思考题

1. 电子证据保全的类型有哪些？
2. 电子证据保全需注意哪些事项？
3. 民事电子证据诉讼保全较公证保全有哪些优势？
4. 电子证据传统公证保全的不可替代性体现在哪几个方面？
5. 电子证据传统公证保全与网络公证保全有何不同？
6. 电子证据档案如何管理？

第九章　电子证据司法鉴定

狱事莫重于大辟，大辟莫重于初情，初情莫重于检验。

——（南宋）宋慈

随着计算机网络的迅速发展和各种通信设备的普及，很多法律事实需要电子鉴定中的电子数据信息来认定。电子数据的主要表现形式有：程序、文本、图像、声音、视频。当这些电子数据作为证据使用的时候，便成了法律意义上的证据。电子数据有隐蔽性、脆弱性、多样性、易失性等特点，因此在司法实践活动中存在电子证据认知难、采信难的情况。在涉及电子证据的案例中，需要提取相应的电子数据信息，有时甚至需要从已经被删除的、被加密的、被篡改或者被破坏的文件中提取证据作为法庭上的诉讼凭证。这对操作主体的专业技术性有很高要求，也是电子证据与传统物质的一大区别。在这种情况下，电子证据司法鉴定应运而生。作为司法程序中的重要环节，电子证据司法鉴定涉及对电子证据的获取、保存、分析及证物呈堂等相关的法律和技术问题，这对司法领域和计算机科学领域都提出了新的挑战。

第一节　电子证据司法鉴定概述

我国的电子证据司法鉴定实践和理论研究起步较晚，在国家法律层面还没有明确规制电子证据鉴定的法律规范，在国家相关司法部门的正式规范文件中，有关电子证据鉴定的概念、对象和范围的规定仍未统一。就概念而言，目前在正式规范文件中对电子证据鉴定的表述有“电子数据鉴定”“计算机司法鉴定”“电子证据检验鉴定”及“电子证据鉴定”等。通常它们用来指同一概念，一般不加以区分。如 1998 年《公安机关办理刑事案件程序规定》第 234 条规定，鉴定的范围包括刑事技术鉴定、人身伤害的医学鉴定、精神病的医学鉴定、扣押物品的价格鉴定、文物鉴定、珍稀动植物及其制品鉴定、违禁品和危险品鉴定、电子数据鉴定等，第一次明确地将“电子数据鉴定”纳入鉴定范围。

司法部于 2000 年发布的《司法鉴定执业分类规定（试行）》中采用“计算机司法鉴定”这一概念，并将其规定为一种独立的司法鉴定类型。根据该规定，“计算机司法鉴定”是“运用计算机理论和技术，对通过非法手段使计算机系统内数据的安全性、完整性或系统正常运行造成的危害行为及其程度等进行鉴定”。由于当时对电子证据的认识有一定局限性，这种界定方式涵盖的范围较小，仅包括计算机系统的安全性鉴定、完整性鉴定和危害情况鉴定，主要描述的是对侵害计算机的行为及对计算机损害程度的鉴定，而没有涉及计算机数据作为证明案件事实的证据的鉴定。

2005年发布的《公安机关电子数据鉴定工作规则》使用“电子数据鉴定”这一术语，并将其定义为“公安机关电子数据鉴定机构的鉴定人按照技术规程，运用专业知识、仪器设备和技术方法，对受理委托鉴定的检材进行检查、验证、鉴别、判定，并出具鉴定结论的过程”。而公安部2006年施行的《公安机关鉴定机构登记管理办法》中则将“电子证据检验鉴定”列为一个独立的鉴定项目，并规定“电子证据检验鉴定，包括对计算机存储设备和其他电子设备中存储的电子数据的检验鉴定”，遗憾的是该办法没有对电子证据检验和鉴定作明确区分。

2009年最高人民检察院下发的《人民检察院电子证据鉴定程序规则（试行）》，正式采用了电子证据鉴定的概念，并对电子证据鉴定程序作出规定。2010年最高人民法院等五部门下发的《关于办理死刑案件审查判断证据若干问题的规定》规定，对电子证据有疑问的应当进行鉴定，正式确立了电子证据鉴定的法律地位。从上述相关法规和部门规章可以看出，电子证据鉴定的概念在我国经历了一个动态的发展过程。

在鉴定实务中，有专家认为应将电子证据司法鉴定作为独立的鉴定类型，因其涵盖范围比计算机司法鉴定广；也有专家认为应将计算机司法鉴定作为独立的鉴定类型，因其鉴定内容包含电子证据司法鉴定。从术语的字面意义上分析，电子证据司法鉴定是从鉴定对象出发界定概念；计算机司法鉴定则按照专门知识类别进行概念界定。根据我国司法鉴定学科分类体系和鉴定实务情况，本书认为应将计算机司法鉴定设置为司法鉴定（学科）中的新类别，而电子证据司法鉴定从属于计算机司法鉴定。其理由可归纳为以下几点：

第一，司法鉴定学科分类是按照专门知识所属学科进行划分的。司法鉴定是运用科学技术或者专门知识，对诉讼涉及的专门性问题进行鉴别和判断，并提出鉴定意见的活动。司法鉴定被广为接受的这一概念并非从鉴定对象角度对其界定，而是强调“科学技术”“专门知识”“专门性问题”。因而当对司法鉴定进行细分时，从“专门知识”等角度作进一步划分更加合理。而“专门”知识或问题一般依据不同学科类别（如法医学、物证技术学、计算机科学、会计学、建筑工程学等）角度划分，更加清晰和明确。司法鉴定学科分类也采用了按照不同学科进行分类的方式，未采用按照鉴定对象或者证据类别进行分类的方式。①

第二，司法鉴定实务的划分总体上是按照学科类进行的。我国司法鉴定实务的划分总体上也是按照学科不同进行的。法医类司法鉴定主要利用医学知识，是法学与医学相结合的交叉学科；物证类司法鉴定主要利用物证技术学原理和技术；声像资料司法鉴定主要利

① 这里指一级分类，在学科内部可按照鉴定对象进行分类。

用语音学、电子学等学科知识；[①] 而其他门类司法鉴定也有相对应的学科。计算机司法鉴定主要利用计算机科学的原理和技术，与其他司法鉴定采用的原理和方法均存在差异，是法学与计算机科学的交叉学科，应与法医类司法鉴定等司法鉴定类别具有同等的地位。

第三，按照鉴定对象对司法鉴定作一级划分在实践中不具有可行性。如果按照鉴定对象或者客体对司法鉴定作一级划分，则会导致委托人无法确定鉴定所属学科的情况发生，这不利于鉴定活动的正常运行。某种证据材料或者被鉴定对象，由于在诉讼中涉及的可疑点不同，可能属于不同的鉴定类别。以印有人像的书面文件为例，它可以作为物证类司法鉴定的检验对象（如判断书面文件的真伪），也可以作为法医类司法鉴定的检验对象（如判断人像中特定人的伤残情况），还可以作为声像资料类司法鉴定的检验对象（如判断人像与特定人是否为同一人）。因而，从逻辑层次上看，只有在事先按学科对司法鉴定进行分类的基础上，才可以对其按照客体或证据材料不同作进一步划分。

第四，电子证据司法鉴定为计算机司法鉴定的主要类型之一。依照检验对象对司法鉴定进行一级划分难以直接体现鉴定人的“专业性”特征。只有在某一学科内部按照鉴定对象进行划分才有实际意义。按照鉴定对象不同，计算机司法鉴定可分为以电子证据为主要对象的鉴定和以电子设备为主要对象的鉴定。当然，电子设备中可能存有电子证据，电子证据也依赖于存储设备，其划分方法为看哪一对象起主要作用。也就是说，应将计算机司法鉴定设置为一种新的司法鉴定类别，它与法医类司法鉴定、会计司法鉴定、物证类司法鉴定属于同一层次。

综上，相关法律法规和公、检、法、司各部门对电子证据司法鉴定的概念界定并没有完全统一，在司法实践中对电子证据鉴定的认识也存在偏差。任何一个科学概念，都应包括内涵和外延两个方面，前者指明概念所反映对象的本质特征，后者指明概念所反映对象的范围。为了避免发生认识上的混乱，只有准确界定电子证据司法鉴定概念的内涵和外延，我们才能正确规制电子证据司法鉴定的相关规则、技术规范与应用范围。相对于传统证据，电子证据最重要的特点是：第一，电子信息以数字形式存在；第二，电子证据对电子系统具有依赖性，其生成、存储和传递都必须借助电子系统和一定的存储介质保存，其通常存在于计算机等电子设备的硬盘、磁盘、光盘或存储卡等存储设备中，而且必须借助适当的电子系统硬件或软件环境才得以显现。因此，电子信息和电子设备（主要指各种存储设备、计算机设备、通信设备、网络设备等）是电子证据鉴定的主要对象。在刑事诉讼案件中，电子信息和设备在下列情况下，可能成为电子证据司法鉴定的对象：(1) 是犯罪活动的工具；(2) 是犯罪活动侵害的目标；(3) 是犯罪活动的赃物；(4) 保存记录了与犯罪活动相关的信息。

通过专门的技术方法鉴定与案件相关的电子信息和设备，就能获得证明犯罪活动事实的证据。根据目前我国电子证据鉴定发展的水平、技术手段、鉴定范围，应将电子证据司法

① 某些数字化声像资料鉴定也可纳入计算机司法鉴定中，属于声像资料与计算机司法鉴定交叉内容。对传统的声像资料进行鉴定主要利用电子和物理学知识，而数字化声像资料鉴定则需要利用计算机科学知识。

鉴定界定为:专门鉴定机构的鉴定人就具体的专门性问题,对计算机设备、通信设备、网络设备等各种电子设备及其所存储的电子信息,按照一定的技术规程,运用专业知识、仪器设备和技术方法,对受理委托鉴定的检材进行检查、提取、分析、鉴别、判定并出具鉴定意见的过程。该定义包含以下几方面含义:(1)电子证据司法鉴定的对象是与案件事实相关的、能够证明案情并需要运用专业电子技术知识进行鉴定的各类电子设备及其所存储的电子信息;(2)鉴定的主体是具有电子证据鉴定资质和能力的鉴定机构的鉴定人;(3)进行电子证据鉴定需要依托计算机科学、电子技术、信息技术等相关专业知识和科学原理;(4)受理电子证据鉴定委托后,要经过检查、提取、分析、鉴别、判定等一系列鉴定过程,最后出具鉴定意见。

【阅读案例】

谢某与甲灯控设备有限公司侵害商标权纠纷案[①]

本案中,针对当事人提交的电子证据,法院经审理认为:电子数据只要符合法定条件,就可视为满足法律法规的原件形式要求。而被告在本案中提交的共计74页微信聊天记录截屏是电子证据内容的截录,应当按照上述要求办理确保电子证据内容完整且未被更改的司法鉴定手续,否则这些电子证据因真实性存疑而难以被采信。尤其是被告提交的74页微信聊天记录截屏中确实存在《新车代购协议》签订后,对合同约定权利、义务变更的内容,在被告对此应当办理而未办理上述证据的确定、认证手续的情况下,法院对被告提交的电子证据不予认可。

第二节 电子证据司法鉴定的内容与范围

一、电子证据司法鉴定的内容

对电子证据司法鉴定的主要内容,相关法律规范一般采用列举方式进行规定。例如,2009年《司法鉴定收费管理办法》(已失效)规定,电子证据司法鉴定包含硬盘检验(包括台式机硬盘、笔记本硬盘、移动硬盘)、服务器检验(包括磁盘阵列柜、网络硬盘等)、CD及DVD光盘检测鉴定、U盘及存储卡检测鉴定(含SIM卡)、软盘检测鉴定、电子设备检验鉴定(包括录音笔、传真机、电子秤等同类电子设备)、存储介质物理故障排除(部件包括调换磁头、电机;更换PCB板;坏扇处理等)、手机机身检验、注册表检验鉴定、软件一致性检验鉴定、软件功能检验、文件一致性检验鉴定、数据库数据恢复、数据库一致性检验鉴定、其他电

① 详见广东省江门市中级人民法院(2017)粤07民终1229号民事判决书。

子数据检验鉴定（包括网络数据包等）、密码破解、现场数据获取、网络数据获取、光盘溯源检验、光盘刻录机检验、电子物证鉴定文证复审等21个项目。

二、电子证据司法鉴定的范围

在中国合格评定国家认可委员会（CNAS）2020年发布的《司法鉴定/法庭科学认可领域分类》中，电子证据司法鉴定仍然独立于法医、物证和声像资料三大类鉴定之外，并将电子数据鉴定分领域及项目调整为电子数据的提取、固定与恢复，电子数据真实性（完整性）鉴定，电子数据同一性、相似性鉴定3大项。[①] 其中电子数据鉴定对象种类主要包括存储介质、移动终端、芯片、电子邮件、电子文档、数据库、网络数据、软件等。根据实务中司法鉴定项目的性质不同，可以将上述类型的电子数据司法鉴定的鉴定范围细分为数据检索与固定、数据恢复、数据来源分析、数据内容分析和数据综合分析、同一鉴定、真伪鉴定、相似性鉴定、功能鉴定和复合鉴定等。

（一）数据内容分析

数据内容分析是将隐藏的、未知内容的数据转换为可读的、有意义的信息内容的过程。数据内容分析实际上是分析和发现二进制数据所表达的真实信息内容的技术。由于二进制数据具有信息解释的多样性、感知手段的多样性和依赖性等特点，同样的二进制数据使用不同的解释方法，其信息内容可能是不同的。只有找出数据内容不可读的原因，并采取相应的数据解释方法，才能正确还原全部或者部分原始信息内容。常见的原因主要有：数据在处理或者转移过程中出现错误，产生乱码；数据信息被加密；信息无法被访问等。相应地，可采用的分析手段有乱码分析、加密信息分析、口令破解、隐藏数据发现等。

（二）数据检索与固定

数据检索与固定包含两类技术：数据检索技术、数据提取与固定技术。数据检索技术包括很多具体技术和方法，如各种不同的数据挖掘技术、粗糙集技术等。根据检索时预测信息的性质不同，可将其分为基于数据内容的检索技术、基于指纹信息的检索技术、基于痕迹信息的检索技术三种。基于数据内容的检索技术的预测信息与所检索数据内容或属性直接相关；基于指纹信息的检索技术的预测信息与检索数据内容的数字指纹信息相关；基于痕迹信息的检索技术则采用间接检索方式找到定位电子数据的痕迹信息，从而确定电子数据的位置和内容。提取和固定技术除包括传统的提取和固定手段外，常使用电子数据复制技术。不同性质的案件对复制的技术要求也是不同的。根据所提取和固定电子数据的形态不同，可将提取和固定技术分为静态数据的提取和固定、动态数据的提取和固定。

---

① 中国合格评定国家认可委员会（CNAS）2010年发布的《司法鉴定/法庭科学认可领域分类（试行）》，首次将电子证据鉴定独立于法医、物证和声像资料三大类之外，并将电子证据鉴定领域划分为电子数据的提取、固定与恢复，数据的分析与鉴定，信息系统分析与鉴定3大项和17个小项目。

（三）数据恢复

数据恢复是使被系统删除或被破坏的、不能被系统正确识别和处理的数据信息重现并被系统识别的技术。数据恢复的应用场景主要有：存储设备出现硬件故障，无法被计算机系统正常访问；存储设备中数据被删除，或者文件系统被格式化；设备中数据被覆盖，或者设备被完全损坏等。对于以上三种情况，需依次采用物理故障修复、软件层面恢复、物理信号恢复等数据恢复技术。

（四）数据来源分析

数据来源分析指根据现有的材料和信息，确定特定文件、程序、代码和其他数据信息的最初来源或者其来源路径的技术。常见的数据来源分析技术包括文档来源、邮件来源、数据包来源分析等。数据来源分析技术不仅使用于以“发现证据”为目标的电子数据司法鉴定中，也常在同一鉴定、真伪鉴定等以“评估证据”为目标的电子数据司法鉴定中被使用。

（五）数据综合分析

在数据综合分析中，往往采用综合技术发现证据，即从案情出发，采用综合技术找出判定案件事实和性质的相关电子数据。例如，在可能被黑客非法侵入的计算机信息系统中，通过各种手段找出与案件相关的所有电子数据证据。在这一类鉴定中，实际上鉴定人员完成了部分侦查人员的工作，或者需要与侦查人员密切合作，共同完成案件侦查工作。

（六）同一鉴定

电子数据司法鉴定中的同一鉴定，是指比较两个文件、代码、信息等是否来源于同一客体的鉴定。它与数据来源鉴定性质不同。在同一鉴定中，委托人需要同时提供检材和样本，且检材和样本的信息内容基本相似。在数据来源鉴定中，委托人只需要提供检材，其目的是寻找和判断检材的最初来源，或其生成或运行路径。

（七）真伪鉴定

真伪鉴定是指判断被检验材料真实性的鉴定。进行真伪鉴定，需要分析影响检验材料可靠性的各种因素、检验其是否有常见伪造手法的特征、综合评判其可靠程度，并结合案情作出检材是否真实的判断。从鉴定对象看，真伪鉴定包含的事项非常多，任何作为证据提供的材料均可能成为其对象，如电子邮件真伪鉴定、聊天记录真伪鉴定、数字图像真伪鉴定等。

（八）功能鉴定

功能鉴定主要是对计算机软件（包括具有破坏性的程序、合法程序等）的功能进行分析，判断其是否具有某种功能，或者其功能与所描述的功能是否一致的鉴定。功能鉴定既可以通过源代码进行，也可以通过目标代码进行，具体比对对象需要根据案件情况确定。常见的功能鉴定有恶意代码鉴定、软件功能鉴定、技术措施鉴定等。恶意代码鉴定是指对被检验代码进行分析，判断它是否属于恶意代码，属于何种恶意代码，具有哪些破坏功能等的鉴定活动。软件功能鉴定是指通过检验和分析计算机软件，判断软件是否具有某一项或某几项功能，或者判断软件应具有的某种功能是否达到特定技术指标的鉴定活动。技术措施鉴定是指通过分析技术措施的功能，判断技术措施的性质的鉴定活动。例如，判断其是否具有控制访问次数功能、是否能够跟踪并收集用户信息、是否能够强制删除用户账号、是否能够删除竞争对手的程序等。

（九）相似性鉴定

相似性是指文件或代码在某种性质上的相似程度。根据鉴定对象不同，可以将相似性鉴定分为文件内容相似性鉴定、软件代码相似性鉴定等事项。文件内容相似性鉴定是指通过比较两个文件的内容，判断两者是否一致，或者实质上是否相似的鉴定活动。软件代码相似性鉴定指对软件的源代码或可执行程序进行比对和技术分析，判断两者是否实质相似的鉴定活动。相似性鉴定与功能鉴定不同。以计算机软件为例，软件功能鉴定关注的是软件功能，仅仅从技术角度分析问题；而软件代码的相似性鉴定，则主要从计算机软件著作权角度去分析其相似程度，常比较软件的源代码，而由于软件的功能不属于作者的思想表达，不属于独创性内容，其一般不被作为比较的对象。

（十）复合鉴定

复合鉴定是一种相对较复杂的鉴定，其鉴定过程涉及的事项较多、学科知识广，难以纳入以“评估证据”为目标的其他类别电子数据司法鉴定，都属于复合鉴定。常见的复合鉴定有资产损失鉴定、企业各种应用系统鉴定、数字证据链鉴定、电子证据司法鉴定文书复审等。资产损失鉴定是指对涉案的计算机软硬件资产和其他无形资产进行评估，判断案件涉及的资产损失情况。企业各种应用系统鉴定，是指对企业的应用系统或软件（如 ERP、SCM、OA 等）中所存储数据的有效性、真实性及其所反映的公司财务、管理等情况的鉴定。数字证据链鉴定是指根据案件中涉及的数字证据，以及物证、书证等其他证据，综合分析证据链，以判断其是否能够证明某种案件事实的鉴定。其实际上是一种对涉案证据真实性和可靠性进行判断的综合鉴定。电子证据司法鉴定文书复审，实际上是通过分析电子证据司法鉴定文书的鉴定过程、方法和结论的描述等内容，结合其他相关材料，判断鉴定文书中鉴定意见是否科学可靠并出具复审意见的鉴定。①

第三节 电子证据司法鉴定分类

一、电子证据司法鉴定的基本分类

根据电子证据司法鉴定的要求和作用，我国目前开展的电子证据司法鉴定大致可分为四个主要类型：第一类是计算机取证，是司法实践中最常见的类型，即提取和检验具有证据价值的电子信息内容，包括用扫描技术和对比搜索技术搜索、提取与案件事实相关的文件资料、直接读取加密的文件、恢复和读取被删除的文件、恢复读取被损坏存储介质中的文件等。第二类是电子信息内容真实性鉴定，包括鉴定电子文档资料、电子邮件是否被改动，电子视

① 参见王学光：《电子证据法律问题研究》，法律出版社 2019 年版，第 176 页。

频、音频文件是否被编辑修改等,并作出电子证据是否真实的结论。第三类是电子设备硬件和软件运行情况和性能鉴定,包括硬件的功能和状况、软件的内容和应用性能等鉴定,主要是运行硬件和软件系统,试验和检测系统的各项性能,或用程序对照分析方法,将当前系统运行的程序与备份程序进行比较,找出不同之处,分析改变后的程序和当前程序的功能,其鉴定结果是客观的测试结果报告。第四类是电子信息同一认定鉴定,包括软件源程序同一认定鉴定、电子信息内容同一认定鉴定、数据文件与原始创建硬件设备比对鉴定等,其鉴定结果是专家作出的认定或否定结论。

然而,通过列举方式对电子数据司法鉴定进行分类,难以涵盖所有的司法鉴定项目,也无法把握不同司法鉴定项目的共性和差异性特征。应该从理论角度对其进行科学分类。根据电子证据不同形态,可以将电子证据司法鉴定分为静态电子证据司法鉴定和动态电子证据司法鉴定。根据鉴定对象范围,可以将电子证据司法鉴定分为基于网络的电子证据司法鉴定和基于主机的电子证据司法鉴定。上述两种分类方法对研究不同类别电子证据司法鉴定的具体性质和规律有一定的作用,但对于研究司法鉴定的具体技术和标准来说又略显粗糙。因此,应按照新的划分标准进行分类,既克服列举式方式无法涵盖所有司法鉴定活动的缺陷,又便于科学和合理地制定具有可操作性的鉴定方法和技术标准。

电子证据司法鉴定,广泛应用于案件侦查、审判等环节。在案件侦查中,电子证据司法鉴定的主要目标是找到与案件事实相关的证据,而在审判环节,其主要目标则是对当事人提供的电子证据的真实性和关联性等进行分析和评价,以判断电子证据的证据效力。因此,还可以将电子证据司法鉴定分为以“发现证据”为目标的司法鉴定和以“评估证据”为目标的司法鉴定。在以“发现证据”为目标的司法鉴定中,委托人往往无法提供鉴定所依据的具体“证据”及说明其所能证明的事实问题,这些问题恰恰是需要鉴定人完成的事项。通常,委托人仅提供可能存在证据的场所或者设备,能否发现相关证据则需要鉴定以后才能知晓。在以“评估证据”为目标的司法鉴定中,委托人往往提供了能证明某种案件事实的“证据”或材料,要求计算机司法鉴定人就这种证据能否证明某种案件事实,或者对证明这种案件事实的可信度进行评价。这种性质的鉴定常常出现在诉讼中的审判阶段。

二、电子证据司法鉴定的常见类型

(一)手机鉴定

手机早已成为人们工作生活中不可缺少的电子产品。作为重要的硬件鉴定对象之一,手机常常为案件的侦破带来有价值的证据和线索。

1. 手机鉴定对象

手机鉴定对象通常包含四个部分:SIM 卡、机身存储芯片、扩展卡、网络服务提供商。

(1) SIM 卡。SIM(Subscribe Identity Module)卡即用户身份识别卡,移动通信网络通过此卡对用户身份进行鉴别。SIM 卡中通常有在手机使用过程中存储的个人数据,如短消息、电话簿、行程表和通话记录等信息。SIM 卡符合国际标准 ISO7816 的要求,内部数据结构统一规范。因此对SIM卡的鉴定技术也比较成熟,使用读卡器和鉴定工具可以对SIM卡中的数据进行提取和恢复。

(2)机身存储芯片。根据存储数据的差异,机身存储芯片可分为动态存储区和静态存储区两部分。动态存储区中主要存储执行操作系统指令和用户应用程序时产生的临时数据,静态存储区保存操作系统、各种配置数据以及一些用户个人数据。从手机鉴定的角度来看,静态存储区中的数据往往具有更大的证据价值。机身存储芯片的鉴定是手机鉴定的难点所在。

(3)扩展卡。扩展卡可以扩展手机的存储容量,允许个人存放额外的信息。通常这些卡都被格式化为传统的FAT格式,通过读卡器可与电脑相连,因此可以使用传统的鉴定工具形成镜像并对其进行分析。常见的扩展卡类型有CF卡、SD卡、MMC卡等。

(4)网络服务提供商。网络服务提供商保存的用户信息有用户数据库、呼叫数据记录数据库、用户位置。其中,呼叫数据记录数据库包含了鉴定中最有价值的信息。用户每进行一次呼叫或者发送短信息,就会产生呼叫数据记录,每条记录包含源MSISDN、目的MSISDN、源和目的IMEI长度、服务类型、初始提供服务的基站等信息。每部手机在组装完成后,都被赋予一个全球唯一的由15位数字组成的IMEI号码。即使SIM卡被更换,根据呼叫数据记录中的源和目的IMEI号,也有可能查出该电话的所有呼叫情况。根据初始提供服务基站的地址,还可以大致确定呼叫人所在方位。近年来,伴随着智能手机的涌现以及移动通信网络传输速率的提高,手机为鉴定人员带来了越来越多的证据和线索。2011年4月在北京举行的第七届CCFC计算机法证技术峰会上,来自美国的取证专家史蒂夫(Steve)在苹果电脑中展示了一些图片文件,查看这些图片文件的元数据信息,可以得到一个经度值和一个纬度值,将这两个数值输入google地图,就能够精确定位照片拍摄的地址,从而获得史蒂夫曾经的行踪。最后,Steve揭开谜底,这些元数据中含有地理位置信息的照片是他使用自己的iPhone手机拍摄的,该手机带有GPS功能,而在手机中加载GPS导航正是目前手机技术发展的趋势。

2. 手机鉴定面临的挑战

手机为鉴定人员带来了意外的收获,然而,作为电子证据司法鉴定领域新增加的重要的鉴定对象,手机为电子证据司法鉴定人员带来更多的是一系列的挑战:

(1)种类繁多。全世界有数以千计的手机型号。每一个手机都有不同的特性,数据形式(如保存位置、保存形式及格式)各异。目前手机使用的操作系统主要有5个:Android、Apple、Blackberry、Windows Mobile、Symbian,此外,还很多手机运行私有系统。全世界有超过10万个可下载的应用程序,有几百种手机连接线和充电器。

(2)功能复杂。面对功能强大的手机,鉴定人员必须格外小心,否则会造成难以弥补的损失。例如,苹果的MobileMe服务可以实现手机与在线存储空间之间Email、联系人、日历等数据的主动推送以实现相互同步。如果当事人在手机被查封后立刻对在线存储空间的信息进行删除,之后鉴定人员在没有信号屏蔽的情况下对手机开机,就可能因为手机与在线存储空间自动同步而造成数据的丢失。

（3）机身数据获取困难。执行鉴定调查最重要的一点就是在不改变待分析系统的任何数据的基础上对原始数据进行位对位的镜像复制。传统的计算机系统有比较完善的鉴定技术和程序，但是手机却没有。在传统的计算机系统中，硬盘很容易拆卸。而在手机中，只有 SIM 卡和扩展卡是容易拆卸的，机身存储芯片无法简单取出，因此也难以对其进行完整镜像。当前，大部分手机鉴定工具较多地采用指令集和软件的方式对机身存储芯片进行证据获取。由于数据传输是基于手机操作系统层面的，因此无法对删除的数据进行恢复，也无法在鉴定前后通过计算和比较哈希值来进行机身数据的完整性检查。

（4）缺乏技术标准和规范。遵守和采用规范的方法从鉴定对象中提取数据对于鉴定调查人员是很重要的，但目前在我国尚没有手机鉴定的技术标准和规范。

（二）软件鉴定

随着信息技术的不断发展，各类软件应用已经渗透到人们工作生活的方方面面，涉及软件鉴定的案件也愈来愈多。在司法鉴定实践活动中，软件鉴定需求大量增长，而软件鉴定方法相对滞后，需要司法鉴定人员在鉴定实践中不断探索，科学完善软件检验鉴定机制。

1. 涉及软件鉴定的案件类型

在司法鉴定活动中，涉及软件鉴定的案件通常有以下几种。

（1）侵犯专利权案。在需开展软件司法鉴定的案件中，侵犯专利权的案件较少，因为我国专利法规定，“智力活动的规则和方法”不能被授予专利权，所以单独的计算机软件无法获得专利权。如果某项发明的实现过程中包含有计算机软件部分，则这部分软件可以申请发明专利。

（2）侵犯著作权案。在把软件作为作品进行保护的侵犯著作权案中，适用《中华人民共和国著作权法》（简称《著作权法》）《计算机软件保护条例》对软件作品进行保护。我国著作权法明确规定，计算机软件受著作权法保护。《计算机软件保护条例》规定，该条例对软件著作权的保护不延及开发软件所用的思想、处理过程、操作方法或者数学概念等。从上述法律规定可以看出，《著作权法》和《计算机软件保护条例》主要对计算机软件的形式进行保护，重点保护计算机软件的固有形态。在这类案件中，软件司法鉴定的重点是软件的一致性和相似性，即通过对检材软件与样本软件进行比对，得出其是否一致或实质相同的鉴定意见。

（3）侵犯商业秘密案。把软件作为商业秘密是保护计算机软件经常采用的一种方式，在作为商业秘密的软件受到侵害时，可以适用《中华人民共和国反不正当竞争法》（简称《反不正当竞争法》）。《反不正当竞争法》规定，商业秘密是指不为公众所知悉、具有商业价值并经权利人采取相应保密措施的技术信息、经营信息等商业信息。把软件作为商业秘密进行保护，既能保护软件的外在表现形态，也能保护软件设计思想、设计方案、数据结构、核心算法等要素。在这类案件中，需要明确保护的密点，进而鉴定密点“不为公众所知悉”的属性。

（4）破坏计算机信息系统案。利用软件从事非法活动，获取不正当利益的案件也会涉及软件司法鉴定。这类行为通常会构成破坏计算机信息系统罪。我国刑法规定,破坏计算机信息系统罪是指违反国家规定,对计算机信息系统功能或计算机信息系统中存储、处理或者传输的数据和应用程序进行破坏,或者故意制作、传播计算机病毒等破坏性程序,影响计算机系统正常运行,后果严重的行为。在这类案件中,通常需要对软件的功能进行检验鉴定,作出软件是否具有某项功能的鉴定结论。

2. 软件鉴定的相关标准和基本方法

目前,电子证据司法鉴定的依据主要有国家标准、公共安全行业标准以及司法鉴定领域专家认可的方法等。依据司法鉴定相关标准和规范,通常从以下几个方面开展软件司法鉴定工作。

(1)一致性鉴定。《电子物证文件一致性检验规程》(GB/T 29361—2012)是涉及软件一致性鉴定的国家推荐性标准。该标准规定了文件一致性的检验方法,即哈希值计算法。如果哈希值计算结果相同,则文件相同,否则文件不一致。《电子物证软件一致性检验技术规范》(GA/T 829—2009)是相关行业标准,详细规定了软件一致性的检验鉴定对象、方法、步骤等内容。在司法鉴定实践中,软件一致性检验的基本方法是对检材文件和样本文件进行比对并作出检验结论。具体操作是,对检材文件和样本文件分别进行哈希值计算,如果两个文件的哈希值一样,则说明两个文件一致,否则文件不一致。目前常用的哈希值校验算法有 MD5、SHA-1、SHA-256 等。在检验过程中,为防止哈希值碰撞,通常使用两种哈希值算法对文件进行哈希值校验。软件文件一致性检验的对象包括源程序和目标程序中的目录、文件等。比较常见的哈希值计算工具有 Hash calculator、quick-wash 等,Linux 下使用 md5sum 命令可以计算文件的 MD5 值,sha sum 命令可以计算文件的 SHA1 值,另外许多取证软件也都带有哈希值计算功能。

(2)相似性鉴定。相似性鉴定的行业标准是《软件相似性检验技术方法》(GA/T 1175—2014),该标准规定的检验内容有安装程序检验、安装过程检验、安装后的程序检验、程序的使用过程检验、核心程序的逆向分析等。相似性检验主要是通过检验比对,确定检材与样本之间的相似度。通常进行四个方面的比对:一是源代码间的比对,即对检材和样本的目录结构、文件名、文件内容、函数、变量等进行比对检验,检验时应排除文件名、函数名、变量名等因素的影响。二是与目标程序的比对,包括安装前目录结构、文件等比对;安装过程中安装步骤的比对;安装后的目录结构、文件名、文件内容比对;软件使用过程中屏幕显示内容、功能等的比对。三是将源代码编译成目标程序后再进行比对,其比对方法与目标程序的比对方法相同。四是检材与样本中软件文档的比对,包括目录结构、文件名称、文件内容、文件属性等。为了鉴定源代码(或文档)的相似度,需要使用代码比对工具对检材源代码与目标源代码(或文档)进行比较。常用的代码比对工具有 Win Merge, Diffuse, Beyond Compare, Code Compare, Apt Diff, Ultra Compare, Altova Diff Dog 等。

(3)功能检验鉴定。涉及软件功能检验鉴定的标准有《电子物证软件功能检验技术规范》(GA/T 828—2009),该标准规定应根据送检要求对软件功能进行检验,并未规定检验鉴定的具体方法步骤。行业标准《网络游戏私服检验技术方法》(GA/T 978—2012)规定了针对网络游戏私服的检验鉴定方法，明确了检验对象，其规定的鉴定方法与《电子物证软件一致性检验技术规范》中的检验方法基本一致。

3. 软件鉴定面临的主要挑战

由于软件技术发展迅速，软件应用的范围也非常广泛，在软件鉴定中存在不同程度的挑战。

(1) 检材软件多样性方面的挑战。在软件的鉴定过程中，委托方提供的检材软件存在很大差别。一是软件的运行平台不同：有的软件运行在 Windows 平台，有的运行在 Linux 平台，有的运行在 Android 平台，有的运行在 IOS 平台，有的运行在嵌入式系统中。二是软件编写使用的语言各异，有的软件用 C 语言，有的用 Java 语言，有的用 Python 脚本，有的用 .net 语言等。三是检材呈现的形态不同，有的检材是程序源代码，有的是目标程序，有的是虚拟机镜像文件，有的是磁盘镜像。四是检材的功能各异，有的检材是行业专用软件，有的是游戏软件，有的是恶意代码，有的是网站源码。五是委托方鉴定要求不同，有的委托方要求对软件功能进行鉴定，有的要求作相似度鉴定。总之，检材软件的多样性给鉴定工作带来了一定挑战。

(2) 软件核心算法等要素认定方面的挑战。软件是开发人员智力活动的产物，是开发者通过编程语言实现特定功能的产物。一些大型专用软件是开发团队经过长时间不断开发测试研发出来的，一些核心算法和核心数据结构具有较高的科技含量。在窃取商业秘密等案件中，原告往往把软件的设计思路、软件架构、数据结构、核心算法等作为商业秘密进行保护。由于受专业和环境限制，司法鉴定人员不可能完全理解软件的设计思路、软件架构、数据结构、核心算法等核心要素，只能根据自己的知识和经验，按照司法鉴定程序对软件进行检验鉴定。在软件的核心要素鉴定方面，司法鉴定人员面临较大挑战。

(3) 软件源代码“不为公众所知悉”认定方面的挑战。目前，商业秘密的非公知性鉴定尚没有统一的行业标准。在软件侵权案件中，如果作为商业秘密的软件被窃取，在证明其是否“不为公众所知悉”时，主要以《最高人民法院关于审理不正当竞争民事案件应用法律若干问题的解释》的相关规定为依据。在司法鉴定中，一方面，鉴定人员主要通过大量的检索来反证涉检软件“不为公众所知悉”，鉴定结果与鉴定人员自身所掌握的资源有很大关系。另一方面，鉴定人员依靠自身的行业经验进行判断。在源代码是否“不为公众所知悉”的认定方面存在一定的挑战。

(4) 软件功能认定方面的挑战。功能鉴定是软件鉴定的一项重要内容。在司法鉴定实践中，鉴定软件功能有以下几个方面的困难：一是缺少相关的操作标准和规范。软件功能鉴定的相关标准规范较少。由于软件功能多样，已有规范未明确规定具体检验鉴定方法和流程，操作指导性不强。二是需要鉴定的软件功能繁杂。在进行检验鉴定的过程中，常遇到软件运行环境不同、功能各异的问题，甚至有些待鉴定功能是鉴定人员闻所未闻的功能。三是有些软件功能比较模糊，无法通过具体的标准进行衡量。比如，在某一案件中，委托方提供了一款软件，要求鉴定该软件是否具有赌博功能，但没有明确的相关规定对赌博功能和游戏功能进行区分。

（三）云计算鉴定

用于公众存储的云计算正作为一项新兴服务引起全世界的广泛关注。美国司法部的马丁·诺瓦克（Martin Novak）谈到，不久的将来，云计算将包含越来越多的犯罪活动证据。为更好地服务司法取证，美国司法部已经计划资助相关领域的研究项目以改进电子取证，这其中就包括云计算。

1. 云计算鉴定对象

云计算环境下的鉴定对象主要包含四部分：云端、本地终端、子云和审计控制节点。

（1）云端。在云计算下，用户的很多行为和动作都可以直接在网上完成。比如Google的私有云提供了在线文档编辑、图片存储编辑和表格编辑等功能，用户完全可以在Web网页上直接操作，而不需要再安装微软的Office办公软件客户端。因此，取证人员的数据调查重点就转移到了网线的另一端，即Web网页，其需要直接从云计算开发公司获取节点数据，从该节点数据处去分析、鉴定涉案使用痕迹和证据。

（2）本地终端。虽然在云计算下很多数据在网络上传递，但是这些数据最终还得为用户服务。在进行编辑、修改和传递中会有一些文件碎片、网页缓存遗留在本地，可以根据文件系统的存储原理从一些残留区、未分配簇和碎片里查找相关的证据。

（3）子云。能够建立私有云或者公有云甚至企业云的都是一些大公司，只有全球化的企业才能完成这样规模的工作，如Google、微软、亚马逊等巨头，这样的企业只是极少数，大部分企业都只是在这些大公司建立的云下提供一些子云或者子服务，甚至某个小模块。对于一些没必要直接从云端鉴定调查的案件，可以从子云提供商处取证调查。

（4）审计控制节点。即对政府出于监管目的在服务提供商所在地设立的审计控制节点的数据进行取证调查。

2. 云计算鉴定面临的挑战

云计算为传统的被动式的电子证据司法鉴定方式带来了极大的挑战。

（1）证据获取困难。传统的电子证据鉴定方法允许调查者获取设备以执行具体的分析和数据恢复。而云计算没有疆域的概念，服务提供商很可能位于地球的另一边。云计算给鉴定带来的最大挑战来自对证据的控制。

（2）证据分析困难。英国爱尔兰计算机犯罪调查中心的阮克匀（Keyun Ruan）坦言："云计算取证很麻烦，由于多租户、同步以及日志中如何分离数据的技术问题，云计算取证面临众多挑战。"数据大部分都存储在云中，用户本地可能没有完整的数据母本，这样的情况在以后的云计算中将非常普遍。不同客户数据的混合，尤其是保密、敏感数据在储存或传输过程中不同客户数据的混合，将在数据安全和地缘位置等方面增加安全性挑战。从数据取证的角度来说，必须对相关数据的时间属性、关联属性、记录痕迹等进行证据固定后才能分辨和鉴别，但是当所有的行为都是在网上完成，而这个网上的资源又在不断变化中时，开展鉴定工作无疑将面临更大挑战。

第四节　电子证据司法鉴定技术规范

一、电子证据司法鉴定的技术与挑战

（一）关键技术

电子证据的取证和鉴定的立体不同：取证的主体主要是执法人员；而鉴定的主体主要是独立的第三方，即由第三方提供鉴定结论。但两者在技术本质上是一样的，相关技术既可称为电子证据取证技术，也可称为电子证据鉴定技术。由于电子证据司法鉴定是一项必须符合法律要求的活动，为了保证所获取电子证据法律的有效性，电子证据鉴定过程需要遵循以下基本要求：（1）任何处理行为不能更改被检验介质上的数据，必须使用司法意义上的工作介质，对原始数据进行径向、拷贝和分析，并保障被检验介质的数据完整性。数据完整性是这个环节的关键点。（2）如果不得不访问原始介质，访问者必须掌握这种技能，并证明行为的必要性和可能造成的后果。（3）对证据处理的过程要详细记录，独立的第三方应该能根据记录重复检验鉴定的过程，并获得同样的结果。（4）必须保证检验数据的计算机系统及辅助的软件安全可信。电子证据司法鉴定的主要任务包括：电子证据内容统一性的认定；电子证据的真伪及形成过程的鉴定；电子证据内容的生成、传递、存储及来源情况的认定。（5）电子证据与案件事实有因果关系。围绕上述基本要求和主要任务，电子证据司法鉴定主要有以下三类关键技术：

一是数据复制技术。它主要指从待鉴定的设备中把电子证据复制出来，以固定证据数据，并保证这个证据数据的原始性和完整性。待鉴定设备是指存储、处理或者传输二进制数据的设备，包括计算机、通信设备、网络设备、电子数据存储设备等。该技术主要涉及各种设备中存储数据的写保护技术、主比特的数据复制技术、可信值的校验技术和数据擦除技术。

二是数据复原技术。它是对电子数据中被删除、覆盖、损害或者加密的文件进行还原恢复的技术。它主要涉及文件系统级的恢复技术。例如，系统崩溃后对其进行恢复，并把存储其中的证据文件清理出来。其也包括系统文件应用级的恢复技术、数据库的恢复文件、错误文件修复技术和加密文档的破解技术。

三是数据搜索分析技术。这是指在数据中搜索特定的信息并加以关联，以进行有效的分析，如文件属性分析、文件的数字摘要分析、日志分析等。它主要涉及对文本信息的搜索关联技术，图像、音频、视频内容的识别技术，以及海量数据的分析技术。

（二）常用技术

电子证据司法鉴定领域常用的技术包括数据复制技术、数据复原技术、密码破译技术、日志分析技术、数据截取技术、攻击源追踪技术、数字签名和数字时间戳技术、数字摘要技

术等。[①]

1. 数据复制技术

电子证据司法鉴定中的数据复制技术,是指将需要进行鉴定的设备上的数据复制、保存到用于鉴定数据的设备上,保证源数据与目标数据中指定数据的一致性。对电子证据进行鉴定时,不可在送检的设备上直接对电子证据进行分析处理。由于电子数据本身具有脆弱性,一旦操作错误将导致原始电子数据发生错误、丢失、被改写,从而损坏电子数据的完整性,使后续鉴定工作无法进行,影响电子证据在法庭上的说服力。所以,在鉴定时,首先要将送检的电子数据进行复制。数据复制技术包括数据备份技术、数据镜像技术、数据快照技术等。

2. 数据复原技术

电子证据司法鉴定中的数据复原技术是恢复被破坏的数据以及使不可见区域数据呈现的技术。数据复原技术利用数据恢复技术,通过调取数据在磁盘分区表中的记录来实现对数据的复原。当数据在 Windows 界面中通过回收站被清除后,磁盘分区表中记录的数据所占用的相应扇区被标记为空闲,如果没有其他数据写入该位置,即在数据未被覆盖的情况下,可以通过读取该数据所在分区表中的记录来实现数据的复原。

3. 密码破译技术

密码破译技术是数据加密技术的逆过程。数据加密技术是对已知明文数据通过加密算法"加壳"以实现数据的加密。在这个过程中,加密算法是公开的,而密钥是保密的,所以密码破译实际是对密钥的破解。破解加密数据的技术主要有密码分析技术,密码猜测技术,以及密码搜索、提示、提取技术等。密码分析技术的专业性极强,只适用于早期的"WinZip""WinRar"和"Office"文件的解密。密码猜测技术严重依赖于对字典的选择,如果密钥太长,破解会耗费很长时间。密码搜索、提示、提取技术还有待深入研究。

4. 日志分析技术

通过对日志分析可分析 CPU 时段负荷、用户使用习惯、IP 来源、恶意访问提示等。另外,系统的日志数据还能够提供一些有用的源地址信息。系统日志数据包括系统审计数据、防火墙日志数据、来自监视器或入侵检测工具的数据等。这些日志一般都包括访问开始和结束的时间、被访问的端口、执行的任务名或命令名、改变权限的尝试、被访问的文件等信息。这些日志数据都有可能成为重要的诉讼证据。日志分析技术研究的重点包括:常用操作系统、数据库、应用系统日志、防火墙、入侵检测系统的组成结构和知识库构建;通用的日志形式化描述方法;对日志的非正常配置与篡改、删除等操作的判别;日志文件的完整性和一致性的检查分析;网络和服务端口关联日志的搜索和描述,基于内容的完整性和一致性的检查分析;假冒 IP、假冒账号等异常行为的识别;特定对象的网络行为和实施的动作查证技

① 参见麦永浩主编:《电子证据司法鉴定实务》,法律出版社 2011 年版,第 22—24 页;廖根为主编:《计算机司法鉴定:理论与探索》,法律出版社 2012 年版,第 58 页。

术；日志信息的数据挖掘。

5. 数据截取技术

数据截取技术又称网络数据包截获技术，主要运用于网络传输中，主要利用“抓包工具”等相关的软件或命令截获数据。此类电子数据鉴定的前提是捕获这些“流动”数据。捕获这些数据的常用办法是网络嗅探，比较常见的工具有“Net Sniffer”“Netxray”“Sniffer Pro”以及 Linux 的“Tcp Dump”等。对于捕获数据的鉴定可用电子数据通用的分析和鉴定技术处理。

6. 攻击源追踪技术

攻击源追踪就是当攻击正在进行或已经结束后，根据现有的、所能获得的信息确定攻击者的位置。通过查找攻击者使用机器的 IP 地址，寻找攻击者的蛛丝马迹。攻击源追踪方法可分为四类：（1）基于主机的方法，即依靠每台主机收集的信息实施追踪。（2）基于网络的方法，即依靠网络连接本身的特性（连接链中应用层的内容不变）实施追踪。（3）被动式的攻击源追踪方法，即采取监视和比较网络通信流量的方式追踪，使用这种方式的前提是攻击必需持续，直到找到真正的攻击源为止。其主要方法有入口过滤法、输入调试法、受控制的淹没法等。（4）主动追踪方法，即通过定制数据包处理过程，动态控制和确定同一连接链中的连接。其主要方法有 ICMP 追踪消息、标记等。

7. 数字签名和数字时间戳技术

由于电子证据有脆弱性、易损性，电子证据的可靠性往往受到质疑，任何一个环节的疏漏都有可能导致电子证据丧失证明力。电子证据司法鉴定作为诉讼中的专门活动，更应妥善保全作为鉴定客体的电子证据。利用数字签名和数字时间戳技术可以很好地证明数据内容的有效性。数字签名用于检验传送对象的完整性及传送者的身份；数字时间戳技术用于鉴定数字签名时间。数字签名和数字时间戳技术对保全电子证据十分有用，提供了无可争辩的公正信息来证明电子证据在特定时间存在，以及在从获取、鉴定到开庭期间未被修改过。

8. 数字摘要技术

数字摘要技术是一项用来保证信息完整性的安全技术，其功能在介绍数字签名和数字时间戳技术时已作说明，不再赘述。

另外，用于电子证据司法鉴定领域的技术还有日志反删除技术、对比搜索技术、数据挖掘技术、证据链技术等，这些技术对电子证据司法鉴定也十分重要。随着信息网络技术的不断更新和发展，将会有更多的数据技术应用于电子证据司法鉴定领域。

（三）技术挑战

电子技术的发展日新月异，计算机工业的变革和基础设施的变化削弱了电子证据司法鉴定技术的能力。当前电子证据司法鉴定技术面临的挑战有：（1）在越来越多的案件中，不再只针对某一台设备进行分析，而需要分析有证据关联性的多台设备。例如，使用云计算来进行数据的远端处理和存储，就意味着无法获取需要分析的设备。（2）操作系统和文件格式的增多极大增加了鉴定工具开发的复杂性和成本。（3）在进行电子数据司法鉴定时，为了避免破坏原始证据，鉴定人员一般不会直接对原始的存储设备进行鉴定操作，而是先取出原始存储设备，对原始数据进行完整、精确、无损的镜像，再对镜像数据进行鉴定。而嵌入式 Flash 存储设备的流行和硬件接口类型的大量增加使存储设备更难被取出以进行完整镜像。

（4）加密技术的成熟和广泛使用意味着即使数据能够被恢复和查看，其含义也难被解密。

（5）鉴定人员已经开始陷入不能以一种合理的方法来获得数据或者在获得数据后进行处理直至完成的困境。证据，特别是用于法庭辩论的关键证据，常常被“例行地”遗失掉。当调查人员面对手机时，这个问题更为明显。我国还没有专门针对手机鉴定的技术标准和技术规范。

（四）鉴定技术标准化

鉴定过程的规范化和鉴定技术的标准化是电子证据司法鉴定的基础工作。规范化可以通过立法或者制定规章制度来解决。但是鉴定技术标准化就显得更为复杂，必须在研究国外的电子数据取证和鉴定技术基础上，根据我国的法律、结合国内的司法实践活动对其进行逐步完善。在鉴定技术标准中，完善鉴定工具的标准是目前亟待解决的问题。

在电子证据司法鉴定技术的标准化方面，公安部公共信息网络安全监察局在 2008 年初提出了 4 个社会公共安全行业标准，主要包括数字化设备证据数据发现提取固定方法、程序功能检验方法、电子数据存储介质写保护设备的要求及检测方法和电子数据存储介质、复制工具要求及检测方法。公安部第三研究所电子数据司法鉴定技术实验室于 2007 年年底开展了关于电子证据司法鉴定工具体系和鉴定工具检测项目的研究，主要研究内容有：

（1）对电子证据和工具进行分类，提出各种鉴定工具应具备的功能和性能指标，以及每一类证据对应的鉴定工具。在实践中指导从业人员自主开发专门的鉴定工具，为电子证据选择适当的鉴定工具。

（2）在鉴定工具的使用中，即使技术成熟、应用广泛的工具也难免会出现不符合法律取证要求、程序错误、不便使用等问题。为防止这些错误导致数据损坏和证据失效，对目前常用的鉴定工具的可靠性、有效性进行检测评估是非常必要的。结合我国的国情和司法体制，从实际出发，深入研究各类取证与鉴定工具的检测方法，并对现有常用工具实施有效性检测，在对每一类工具形成检测报告的基础上，提出对我国电子数据鉴定工具检测的规范和建议很有必要。

（3）如何从海量的数据中发现证据是一个具有挑战性的工作。据统计，在一个计算机系统中已知的常用文件占该系统所有文件的 40%—95%。例如，如果在仅安装了 Windows2000 操作系统的计算机中有 7 720 个文件，那么通常只有 840 个文件是未知的，已知文件占所有文件的 89%。如果能排除已知文件，就能为鉴定工作节省大量的时间和精力。美国的 NSRL 项目构建了一个庞大的软件参考库，将目前美国常用的软件逐一进行哈希值标注，然后从海量数据中筛选出用户生成的文件及一些被恶意篡改的文件，电子数据鉴定只需针对这些文件即可。可见，建立我国的软件参考库很有意义。

（4）鉴定工具的开发。我国在鉴定工具的研发方面与市场需求还有很大的差距，目前主要是翻译汉化或者改版国外的工具，真正适用的工具并不多。因此，自主研发适合我国国情、能够全面检查数字化设备与网络系统的鉴定工具与软件已经迫在眉睫。

二、电子证据司法鉴定的流程与规范

（一）基本流程

电子证据司法鉴定是一个极为繁杂的过程。通常情况下，电子证据司法鉴定需经过如下基本流程：（1）对电子证据的形成过程与真伪进行鉴定。鉴定的主要目的是确定送检的电子证据内容是否被添加、修改、剪辑，确定电子证据的具体形成过程是否存在异常。（2）采用数据快照技术、数据镜像技术、数据备份技术等对原介质数据进行复制，并将其制作成一个完整的电子证据副本。为保证复制的电子证据副本具备完整性，采用的数据提取工具需具备写保护功能。（3）将制作的电子证据副本与原本进行反复对比，确保副本与原本电子证据保持一致。（4）将送检的原始电子证据运用特定技术手段进行封存保管。（5）运用常用电子证据司法鉴定设备及电子证据司法鉴定技术对电子证据副本实施科学分析与鉴定。（6）得出电子证据司法鉴定结论，并形成电子证据司法鉴定报告。

（二）程序规范

当前开展电子证据司法鉴定工作的主要是公安机关电子证据鉴定机构和经司法机关核准成立的社会第三方电子证据鉴定机构。电子证据司法鉴定是司法鉴定的一种类型，为规范鉴定机构电子证据司法鉴定程序和鉴定人的工作，维护电子证据司法鉴定意见的客观性、关联性和合法性，确保其在法庭上具有可采性和证明力，相关部门制定了一定的程序和管理流程。

2007 年司法部公布的《司法鉴定程序通则》专章规定了“司法鉴定的委托与受理”“司法鉴定的实施”和“司法鉴定文书的出具”，在宏观上对电子证据司法鉴定工作的开展具有一定的指导意义。

2005 年公安部发布的《公安机关电子数据鉴定规则》也对“鉴定的委托”“鉴定的受理”“鉴定程序”“鉴定文书”等内容设专章予以规定，保证了电子证据司法鉴定工作的科学性和严肃性。而在实际的电子证据司法鉴定业务中，往往需要更加具体的鉴定流程模型来指导和规范相应的鉴定工作，因此有学者提出，根据电子证据的特点，电子证据司法鉴定的具体流程可分为案件受理、鉴定方案制定、数据收集获取、数据固定和副本制作、数据搜索分析、数据提取、数据保全、证据报告和验证、出庭、证据管理等。涉及具体案件的电子证据司法鉴定工作，除应遵循法律法规宏观上规制的基本程序外，还应特别注意遵循以下程序和技术规范。

1. 鉴定受理的规范

在受理鉴定委托阶段，鉴定委托单位应向电子证据司法鉴定机构提交下列材料：（1）《电子证据鉴定委托书》；（2）证明送检人身份的有效证件；（3）委托鉴定的检材；

（4）鉴定人要求提供的与鉴定有关的其他材料。其中,《电子证据鉴定委托书》应当包括下列内容:委托单位、送检人和委托时间;案件或事件的简要情况;委托鉴定材料清单以及鉴定的目的和要求。提出复核鉴定或重新鉴定的,应当附原鉴定书。鉴定机构经过审查,应作出接受委托、修改鉴定要求、补充材料或不予受理的决定。鉴定机构决定受理委托的,应当填写《受理电子证据鉴定登记表》,并向鉴定委托单位提供该《受理电子证据鉴定登记表》。

2. 鉴定实施过程中的技术规范

（1）电子证据鉴定应当由两名以上鉴定人员参加,对疑难、复杂或者特殊的鉴定事项,可以指定或者选择多名鉴定人进行鉴定。

（2）受理鉴定后,鉴定人员应在熟悉案情和明确鉴定要求的基础上,先对检材进行初步分析,根据初步分析拟定详细的鉴定方案,确定具体的鉴定方法和步骤。

（3）必须保证原始存储介质内数据的原始性和完整性,保证在鉴定过程中对原始存储介质和电子设备中的数据不作修改。换言之,不能直接对原始存储介质中的数据进行分析和鉴定,一般应在检材复制件上进行。对于无法复制的检材,或因特殊原因需要使用原始存储介质和电子设备的,应当在只读状态下进行。如果鉴定分析可能对原始存储介质和电子设备中的数据进行修改,必须事先向委托人说明并经委托人同意,同时要根据具体情况制作《原始证据使用记录》。

（4）制作检材复制件时,要使用洁净的存储设备,用只读式精确复制或者镜像复制,而不能用普通的复制和粘贴方式。同时,要制作多个复制件备份,并对复制件采用哈希值校验,以确保检材复制件与原件的原始数据具有一致性。检材复制件制作完毕后,应立即封存原始检材,制作和填写《封存原始证据记录》并签名。

（5）在鉴定过程中用以分析数据的计算机系统、辅助软件和分析方法必须安全可信,尽可能使用如时间戳、数字签名等技术手段和方法保证原始数据的完整性。同时,必须详细如实记录整个检验鉴定过程,记录的内容应当真实、客观、准确、完整、清晰,记录的文本或音像载体应当被妥善保存。

（6）电子证据司法鉴定应该在规定的时间内完成,应当针对鉴定要求得出鉴定意见并制作《电子证据鉴定书》。

3.《电子证据鉴定书》的内容规范

鉴定完毕后,鉴定人应当制作《电子证据鉴定书》。鉴定书是司法鉴定人依照法律规定的条件和程序,运用专门知识或者技能对诉讼、仲裁等活动中所涉及的专门性问题进行科学鉴别和判定后制作的规范化文书。《电子证据鉴定书》应当包含:(1)委托单位、委托人、送检时间;(2)案由、鉴定要求;(3)鉴定实施过程及分析论证;(4)鉴定意见;(5)《受理鉴定检材清单》;(6)《提取电子证据清单》;(7)鉴定过程中生成的照片、文档、图表等其他材料。对在鉴定意见和论证报告中引用到的电子证据,应当将其以电子证据的形式作为鉴定报告的附件,并制作《提取电子证据清单》,详细记录该电子证据的来源、提取方法及其内容含义。如果电子证据数量巨大,无法作为附件提交,也可以在《提取电子证据清单》中只注明该电子证据在原存储媒介中的存储位置。对能够转换成书面材料并可以直观理解的电子证据，应将其转换为书面材料，并作为鉴定报告的文本附件，对鉴定过程中拍摄的照片进行编号并制作《照片记录表》。

第五节 电子证据司法鉴定的发展历程与立法演变

一、电子证据司法鉴定的发展历程

随着《电子签名法》《全国人民代表大会常务委员会关于司法鉴定管理问题的决定》《司法鉴定机构登记管理办法》《公安机关电子数据鉴定规则》等相关法规和部门规章的出台，具有独立第三方法律地位的电子证据司法鉴定机构开始出现。电子证据的证明力问题通过鉴定结论得以解决，越来越多的电子证据转化为鉴定意见进入诉讼程序。电子证据司法鉴定成了一种新型的司法鉴定，它的对象主要是以数字化形式存储、处理和传输的数据，建立的目的是为涉及电子证据的诉讼裁判提供证据。

北京网络行业协会电子数据鉴定中心是我国第一个开展电子证据司法鉴定业务的机构，受理的案件主要集中在北京。2005 年以来，其每年受理的案件数量在全国居于首位。从现有的数据来看，电子证据司法鉴定主要集中于刑事案件，但涉及的案件类型很广。随着进一步的发展，我国的电子证据司法鉴定将被广泛应用于刑事诉讼、民事诉讼、行政执法、财务审计、公司调查、保险、知识产权保护等领域。

（一）发展初期

相较于美国 FBI 实验室 1984 年就开始对计算机取证进行研发，我国电子证据取证与鉴定工作开始得相对较晚，直到 2001 年入侵取证反“黑客”开始，才正式引入计算机取证的执法概念。计算机取证实践主要是侦查机关在刑事司法领域依法收集电子证据并打击网络违法犯罪。2005 年《全国人民代表大会常务委员会关于司法鉴定管理问题的决定》对司法鉴定管理体制作出了重大调整，经司法行政部门批准的第三方司法鉴定机构开始面向社会开展电子证据司法鉴定业务。电子证据司法鉴定技术在发展初期的特点主要有：（1）鉴定对象多为分时共享和集中化的计算设备，很少需要对个人的存储设备进行鉴定。（2）由于磁盘容量很小，嫌疑人通常进行打印输出，因此需要对电子证据进行分析的案例很少。例如，美国联邦调查局在 1984 年就开始执行“磁介质程序”，但是第一年只在三个案例中对磁介质进行了检查。（3）在鉴定过程中通常只需要分析简单的文档，很少使用专门的电子证据司法鉴定技术，通常不需要使用工具就可以恢复数据。（4）鉴定工作主要由执法机构的计算机专家执行，普通民众的关注度很小。（5）缺乏规范的鉴定程序、鉴定工具和相关培训。

（二）发展黄金时期

21 世纪初至今是电子证据司法鉴定发展的黄金时期。在这段时期，电子证据司法鉴定技术成为了一扇“魔法窗”，可以通过恢复删除数据看到过去，可以通过恢复邮件和即时消息洞悉犯罪分子的想法，还可以通过网络和内存鉴定将时间凝固以观察嫌疑人的犯罪行为，使得易失数据也可以作为证据固定。电子证据司法鉴定技术在这一时期的影响非常广泛，并且深受信赖。电子证据司法鉴定技术在此阶段的特点主要有：

第一，鉴定人员通常只需要鉴定属于当事人的个人计算机。WinTel 联盟（Microsoft Windows 操作系统与 Intel CPU 所组成的个人计算机）的成功使得 Microsoft Windows 成为个人计算机上最常见的操作系统。因此电子证据司法鉴定人员熟练掌握 Microsoft Windows 操作系统及几个常用的取证工具，就能够开展大部分案件的鉴定工作。

第二，鉴定中的文件格式较为固定。文档格式主要是 Microsoft Office 文档，数字图像格式主要是 JPEG，视频格式主要是 AVI 和 WMV。

第三，存储设备装备有标准的接口（IDE/ATA），附带使用可拆卸的电线和连接线，外壳上的螺丝也是可拆卸的。

第四，加密技术在市场上的失利使得数据恢复工具及鉴定工具的开发和销售取得了瞩目的成绩。这些工具适用于广泛的客户范围，使一些受过相对较少训练的鉴定人员也能够搜索邮件信息、恢复被删除数据甚至在元数据被删除时进行基本的文件修复工作。

第五，我国相关行业主管部门制定了电子证据鉴定技术的行业规范，包括《电子数据存储介质写保护设备要求及检测方法》（GA/T 755—2008）、《电子物证软件功能检验技术规范》（GA/T 828—2009）、《电子物证软件一致性检验技术规范》（GA/T 829—2009）《汽车电子数据检验技术规范》（SF/T 0077—2020）《数字图像元数据检验技术规范》（SF/T 0078—2020）等。2010 年 1 月 20 日，中国合格评定国家认可委员会发布了《检测和校准实验室能力认可准则在电子物证检验领域的应用说明》（CNAS—CL27：2010）。

二、刑事司法领域电子证据取证与鉴定法治化沿革

1999 年《合同法》、2003 年《道路交通安全法》和 2004 年《电子签名法》中开始有个别条款涉及电子数据。2012 年后，我国民事诉讼法、行政诉讼法和刑事诉讼法相继将电子数据确定为法定证据种类，电子证据在司法诉讼活动中发挥越来越重要的作用。我国电子证据取证与鉴定的立法规定也主要散见于以三大诉讼法为主干的法律规范体系中，其中刑事司法领域的法制沿革如下：

2005 年公安部发布的《计算机犯罪现场勘验与电子证据检查规则》对电子证据的范围，保护电子证据完整性、真实性和原始性的方式，电子证据检查等作了详细规定，并明确了相关工作记录。这是我国首个以《刑事诉讼法》《公安机关办理刑事案件程序规定》《公安机关刑事案件现场勘验检查规则》为依据制定的电子数据取证规则文件，对公安机关规范计算机犯罪现场勘验与电子证据检查工作具有重要意义。2005 年《公安机关电子数据鉴定规则》是公安机关电子数据鉴定的专门性规范文件，明确规定了鉴定人的权利和义务、鉴定回避、委托、受理、鉴定程序、鉴定文书等内容。2005 年《全国人民代表大会常务委员会关于司法鉴定管理问题的决定》确立了我国司法鉴定管理体制的统一框架。该决定要求侦查机

关根据侦查工作需要设立的鉴定机构,不得面向社会接受委托从事司法鉴定业务,人民法院和司法行政部门不得设立鉴定机构。根据该决定的规定,无论是侦查机关取证机构还是作为社会第三方的电子证据司法鉴定机构都必须进行计量认证或实验室认可,建立完善的质量管理体系,保障电子证据取证与鉴定的质量。

2006 年《公安机关鉴定机构登记管理办法》和《公安机关鉴定人登记管理办法》两个部门规章,明确划分了各级公安机关鉴定机构开展检验鉴定项目的范围,明确规定鉴定机构及鉴定人必须取得鉴定资格方可开展鉴定工作。

2006 年最高人民检察院制定《人民检察院鉴定机构登记管理办法》《人民检察院鉴定人登记管理办法》和《人民检察院鉴定规则(试行)》,明确了人民检察院鉴定机构、鉴定人登记管理和鉴定人的权利和义务、鉴定回避、委托、受理、鉴定程序、鉴定文书等内容。

2008 年中央政法委员会发布《关于进一步完善司法鉴定管理体制遴选国家级司法鉴定机构的意见》,明确了侦查机构内设鉴定机构和鉴定人管理模式、侦查机构内设鉴定机构从事鉴定业务和国家级司法鉴定机构遴选等问题。

2010 年最高人民法院、最高人民检察院、公安部、国家安全部和司法部联合制定《关于办理死刑案件审查判断证据若干问题的规定》,首次对我国电子证据在刑事案件中的审查判断、电子数据取证和电子数据鉴定作出原则性的规定,要求审查电子数据取证、处理与展示的过程以及内容的完整性。

2011 年《最高人民法院、最高人民检察院关于办理危害计算机信息系统安全刑事案件应用法律若干问题的解释》规定了危害计算机安全案件的定罪量刑标准,明确了侵害计算机系统安全类案件中的电子数据取证要点。

2012 年《刑事诉讼法》以部门法的形式明确了电子证据的独立证据地位,但并未对电子证据的收集提取、审查判断等作出专门规定。2012 年《最高人民法院关于适用〈中华人民共和国刑事诉讼法〉的解释》(已失效)在《关于办理死刑案件审查判断证据若干问题的规定》的基础上,对电子证据的审查判断作出了进一步完善。随着网络犯罪持续增长,并逐渐成为危害公共安全的突出风险,电子证据收集和审查判断成为侦查实践活动中的基础性、普遍性工作,电子证据技术日渐丰富,实践基础不断充实。在这样的背景下,2014 年《最高人民法院、最高人民检察院、公安部关于办理网络犯罪案件适用刑事诉讼程序若干问题的意见》专设一章对电子数据取证人员资质与技术要求、电子数据取证原则、收集提取电子数据的笔录制作要求、电子数据的移送规则和电子数据的鉴定与检验等作了进一步明确规定。

2016 年 9 月,为推动公、检、法三部门对电子证据的证据规格、证据效力和证明力等问题形成统一的判断标准,增强前述已有规定的可操作性,提高司法实践中电子证据的规范性、可采性,最高人民法院、最高人民检察院、公安部首次就电子数据制定专门性规定,联合发布了《电子数据规定》。该规定以《刑事诉讼法》为依据,沿用了《最高人民法院、最高人民检察院关于办理危害计算机信息系统安全刑事案例应用法律若干问题的解释》《最高人民法院关于适用〈中华人民共和国刑事诉讼法〉的解释》《最高人民法院、最高人民检察院、公安部关于办理网络犯罪案件适用刑事诉讼程序若干问题的意见》中关于电子数据收集、提取、移送、审查的相关规定，同时针对司法实践出现的新情况、新问题，第一次采用列举加定性的方式对“电子数据”的概念进行了界定，全面提出电子数据收集提取、审查判断的具体方法。

2017 年 2 月，《公安部关于发布〈公安机关鉴定规则〉和鉴定文书式样的通知》（公通字〔2017〕6 号）对 2008 年 6 月 1 日起施行的《公安机关鉴定规则》（已失效）进行了修订，规定了鉴定人、鉴定流程、鉴定文书等内容。

2019 年 2 月，公安部发布并施行《公安机关办理刑事案件电子数据取证规则》。该规则进一步明确了公安机关电子数据取证的相关程序、条件和范围等内容，对电子数据取证的阶段划分、原始存储介质的扣押封存、电子数据现场取证规范、无见证人时录像规范、登记保存的适用情形、网络在线提取和远程勘验的区别、网络在线提取的适用范围、冻结电子数据的程序和期限问题等司法实践中亟需明确的事项作出规定，并规定了相关的工作记录。在委托公安部指定的机构出具报告的其他事宜上，该规则与 2017 年《公安机关鉴定规则》一致。该规则同时规定，公安部之前发布的文件与该规则不一致的，以该规则为准。

综上可见，随着我国信息化的不断发展，办理刑事案件、网络犯罪案件司法实践的迭代和演化，我国刑事领域电子证据取证与鉴定法制建设不断完善，聚焦电子证据的法律地位、证据能力规范与发展、电子证据的证明力、电子证据取证与鉴定质量管理、鉴定机构能力建设和规范化等核心问题，形成了以《刑法》《刑事诉讼法》为顶层设计，以部门规章、“两高”司法解释和大量规范性文件为实体制度和程序支撑的体系化立法架构，走出了一条既与国际接轨，又不乏中国特色的电子证据取证与鉴定法治之路，为推进“以审判为中心的刑事诉讼制度改革”奠定了坚实基础。必须注意的是，电子证据取证与鉴定领域呈现法律规则与技术规范深度交融的特性。电子证据的可采性和证明力认定是司法实践中无法回避的首要问题，电子证据取证与鉴定的意义之一在于如何提高电子证据的可采性和证明力。电子证据取证与鉴定法治化的历史沿革事实上也是在不断回应或力图解决这一根本问题。在我国现有刑事诉讼法律体系下，电子证据取证与鉴定的标准化、规范化、专业化与深度化发展有助于提升公安机关、人民检察院、人民法院对电子证据专业问题的认识能力，进一步提升电子证据的可采性与证明力。法律与技术的交叉属性则决定了电子证据取证的技术规范化、过程标准化、工具专业化程度将直接影响到取证结果的有效性和电子证据的证据力。具体来说，电子证据取证的可行性和取证结果的有效性一方面依赖于相关技术和规范应对最新的信息技术发展变化的能力，须融合、采用最新的技术解决正在发生或即将发生的问题，另一方面则依赖于规范化操作与发展的水平，使获得的电子证据在法律体系下具有法律效力。

三、行政执法领域电子证据取证与鉴定的立法支撑

行政执法与刑事司法是当前我国网络空间安全治理的两大合力。2017 年 6 月 1 日，作

为我国网络空间安全基本保障法的《中华人民共和国网络安全法》(简称《网络安全法》)正式施行,标志着我国网络空间法制化进程的实质性展开,也成为国内外持续关注的焦点立法。

在网络安全监管体制上,该法明确规定网信、电信、公安等部门各司其职并在网信部门统筹协调下开展网络安全保护和监督管理工作。在网络安全关键控制点上,《网络安全法》明确了网络空间主权原则,关注网络运行安全和网络信息安全。在网络运行安全方面,该法分别从系统安全、产品和服务安全、数据安全以及网络安全监测评估等方面设立制度,在网络信息安全方面,该法规定了个人信息保护制度和违法有害信息的发现处置制度。除了网络安全等级保护、个人信息保护、违法有害信息处置等成熟的制度规定外,该法关于产品和服务强制检测认证制度、关键信息基础设施采购的国家安全审查制度和数据本地化制度等制度的规定都具有相当的前瞻性,成为《网络安全法》的亮点。在网络安全"行刑衔接"上,《网络安全法》致力于完善"两法衔接"机制,与《刑法》以及相关司法解释一起,实现了网络安全行政执法权与刑事司法权的有效衔接。正式实施以来,《网络安全法》下位立法、制度规定、行业规划、国家标准等配套规定的制定工作仍在持续进行;网信、工信、公安等网络安全监管机构不断加大执法力度。例如,公安机关实行"一案双查"制度,在对网络违法犯罪案件开展侦查调查工作的同时,启动对涉案网络服务提供者法定网络安全义务履行情况的监督检查。与此同时,网络安全监管机构也在强化执法规范化,2018 年 11 月 1 日施行的《公安机关互联网安全监督检查规定》是规范公安机关互联网安全监督检查工作的重要部门规章。

从执法行动和实施效果来看,依据包括网络安全等级保护、关键信息基础设施保护、个人信息保护、违法有害信息治理等在内的基本法律制度开展的行政执法检查活动已经开始在全社会形成常态,电子证据取证与鉴定成为网络安全行政执法活动的有力支撑。网信、公安、工信等网络安全监管机构均在构建或完善网络安全行政执法取证队伍或机构,提升行政执法领域的电子证据取证与鉴定能力。《网络安全法》框架下的电子证据取证与鉴定呈现从境内、静态取证向跨境、动态取证的扩展趋势。

首先,2018 年以来,执法数据的跨境调取成为各国博弈与制衡的新焦点,扩张本国法律的适用范围、提升执法行为的域外效力成为当前国际社会的立法趋势。《网络安全法》以维护网络空间主权,强化关键信息基础设施保护为目的,为跨境数据取证乃至主动防御确立了国家立法基础。随着未来国际博弈的进一步加剧和数据本地化、出境评估和我国对境外数据调取等相关规定的完善,我国执法机关将面临跨境数据取证技术能力的现实考验。

其次,在《网络安全法》行政执法工作中,信息内容取证成为新常态。2017 年 5 月 2 日国家互联网信息办公室发布《互联网信息内容管理行政执法程序规定》,该规定第四章"调查取证"对执法人员和执法程序、电子数据定义、电子数据收集提取要求、电子数据司法鉴定、电子取证工作记录等作了详细规定。

最后,在《网络安全法》执法规范化的统一要求下,电子证据取证与鉴定的行政执法程序愈加明晰。在网络安全行政执法中，监管机构往往借鉴刑事司法领域中相对成熟的电子证据收集与提取、电子证据审查与判断规则，实施行政执法中的电子证据取证与鉴定工作。事实上，行政执法取证与刑事案件取证在证据要点和证据要求、量化情节等方面存在差别。在对标《刑法》形式要求的基础上实现差异化，细化包括网络安全法在内的行政执法量化认定要求，可能是完善网络安全行政执法的未来方向之一。此外，如何解决网络安全行政执法中海量电子证据即时批量鉴定、见证人员不足等证据效力补强问题，也是这一领域电子证据取证与鉴定非常值得研究的方向之一。

综上可见，《网络安全法》诸多核心制度设计涉及电子证据，一系列下位配套和相关规定为电子证据取证规定的完备性和有效性提供了支撑。在《网络安全法》体系下，推进执法规范化、提升行政机关执法能力等现实需求为电子证据取证与鉴定带来了新的机遇与挑战。

第六节 电子证据司法鉴定的价值体现与功能发挥

司法鉴定活动是依据诉讼法中的相关规定，由司法行政部门主管的一项司法调查活动，其核心是借助相关领域专业知识，对社会事件中涉及的关键证据信息进行科学解释与认定，明确法律事实，为责任认定和司法行政处罚提供依据。司法鉴定活动是一项兼具技术与法律双重特性的社会活动。电子证据司法鉴定主要是对信息系统内以电子形式存在的证据进行技术分析，并以合乎法律规范的形式形成有效证据，为司法诉讼、行政执法等社会化活动提供依据。目前，电子证据司法鉴定在公、检、法等司法机关适用非常广泛，主要用于协助相关单位正确认定案件事实，明确责任归属。以市场监管系统为例，在网络市场行政执法及网络市场监测活动中，可借助日志分析、数据挖掘、加解密等司法鉴定技术手段，对关键的电子数据信息进行证据识别与固化，并结合司法鉴定人员的特殊法律身份进行证据保全，确保证据信息的法律效力，为依法行政提供参考。电子证据司法鉴定在社会经济活动中也具有广泛的适用性。以知识产权领域为例，一项应用信息系统的软件著作权会给企业发展带来直接经济效益，由此产生的侵权纠纷也屡见不鲜。针对此类问题，可使用功能验证、代码解析与比对等司法鉴定技术手段对软件著作权的归属进行明确认定。随着信息化社会的逐步推进，以及电子政务、电子商务的快速发展，电子证据司法鉴定在社会各项领域的应用将更加深入广泛。

总之，司法鉴定活动是我国司法制度的重要组成部分，对证据链的构成、法律事实的认定具有重要意义，是维护司法公正、保障依法行政的基本法律活动。实施司法鉴定活动既要遵循诉讼法中的相关法律要求，也要依照司法行政机关制定的法规以及规范性文件。

一、确保电子证据在诉讼证明过程中的准确适用

电子证据具有隐藏性、多样性、脆弱性等特点，在获取、传送、分析等各个环节都有可能

被改变，而且不易留下痕迹，不易识别，这些常常成为提交到法庭的电子证据被质疑的重要原因。因此，在司法鉴定过程中保障数据的真实性和完整性是提高电子证据证据效力的关键，也是当前电子证据司法鉴定面临的难题。证据只有符合真实性、关联性、合法性的标准才能作为有效的证据，才能作为认定案件事实的依据。

（一）保障电子证据的合法性

合法性指司法鉴定中所取得的电子证据符合法律规定，可作为证据采纳，进而用于证明案件事实的特性，是保证电子证据证据效力的基础和前提。具体而言，电子证据的合法性主要包含了三方面：一是证据必须具有合法的形式；二是证据的来源必须合法；三是证据必须经法定人员依法定程序收集和提取。

1. 通过司法鉴定将电子证据固定为证据

电子证据应通过第三方的司法鉴定，以鉴定结论或鉴定意见书的形式提交给法庭。由于电子证据具有极强的技术性和专业性，法官很难在技术层面判断电子证据是否真实可靠，因此必须由技术专家运用科学技术或者专门知识对涉及的专门性问题进行解释、鉴别和判断，提供鉴定意见并形成证据。[①] 为保证证据的公正客观，形成证据的工作应由具有法律资质的第三方鉴定机构承担，技术专家应是与案件无关的具有专业知识和合法资质的鉴定人员。这样才能保证作为证据使用的电子证据具有合法的形式。

2. 审查被鉴定物品的来源

《司法鉴定程序通则》第 14 条明确规定，司法鉴定机构收到委托，应当对委托的鉴定事项进行审查，并且明确了不得受理的委托情形，包括“鉴定材料不真实、不完整、不充分或者取得方式不合法的”等。因此，电子证据司法鉴定必须要对所接收的委托鉴定物品的真实性、合法性进行检查，确保检材满足证据来源合法性要求。鉴定机构可从两方面对物品来源进行审查：一是接受委托时，进行委托方身份证明和鉴定物品来源审核。当委托方是自然人时，应提供身份证据文件（如身份证及其复印件）；当委托方是执法机关，企事业单位、律师事务所时，应提供相应的单位介绍信、委托函或委托人身份证明等。此外，委托单位和个人必须提供鉴定物品来源证明。例如，侦查执法机关应提供扣押（或调取）物品清单复印件。鉴定机构对以上材料的真实性进行严格审核，材料通过审核后，鉴定机构方可考虑受理。二是对委托物品进行初检，判断其真实性和完整性。电子证据司法鉴定所涉及的鉴定物品为计算机、移动存储介质、光盘、手机等。初检的目的是快速对物品内数据进行浏览，初步判断委托方所声称的数据状态是否真实，能否满足委托方鉴定要求，鉴定机构的业务范围、技术条件和鉴定能力是否能满足鉴定需求。初检工作应以只读方式对检材数据进行读取，不能改变数据的原始状态。如在初检中发现一些明显的异常，如物品声称在某个时间被扣押，却出现了这个时间之后的数据，那么该物品数据已发生改变，无法保证其真实性和原始性，该鉴定委托应不被受理。

① 参见汪建成：《司法鉴定基础理论研究》，《法学家》2009 年第 4 期。

3. 遵守和采用电子证据司法鉴定技术标准和技术规范

目前,在电子证据司法鉴定领域,我国共有4项国家标准、19项行业标准以及10项司法部技术规范。这33项标准和技术规范涵盖了电子证据司法鉴定的所有项目,为鉴定工作提供了科学的依据。[①]《司法鉴定程序通则》《检测和校准实验室能力认可准则》《司法鉴定机构资质认定评审准则》明确规定了选择技术标准和技术规范的原则,即应优先选用国家和行业标准及技术规范,只有当标准方法未涵盖实际工作范围时,才可使用经过事先确认过的方法。在电子证据司法鉴定阶段,法定的证据收集和提取必须按照以上技术标准和技术规范以及标准选用原则进行。

(二)提高电子证据的真实性和关联性

当合法取得的电子证据可作为证据使用时,证据效力的大小,必须由真实性和关联性来判断。所谓真实性,是指建立在事实基础上的,能准确、可靠地反映事物本质的属性。只有证明证据是真实的,证据才具有可采性。而关联性是指提取到的证据必须与需要证明的案件事实或其他有争议的事实具有一定的联系。案件事实是客观存在的,可能从多个方面体现出来,也可能直接或间接地体现出来,对提取到的电子数据,应进一步判断它们是否一致,是否存在矛盾的地方,以确定证据是否真实可靠,是否能真实体现案件的事实和本质,从而得到完整的证据链。这是电子证据司法鉴定的精华所在,没有完整证据链的鉴定工作,其证据的效力会大打折扣,下文将结合实例探讨如何形成完整证据链。此外,要提高电子证据的证据效力,还必须在鉴定意见和结论中将得到的检验结果以清楚、准确、易于理解的方式表达出来。

1. 制作副本以保证证据的真实性和完整性

在电子证据司法鉴定中,最重要的一条原则就是所有的操作都不能改变原始数据。这是保证电子证据真实性的根本。因此,在实施鉴定过程中,首先应采用专业设备对检材进行复制,生成副本,然后对原始检材妥善封存,后期的所有鉴定操作在副本进行。副本由原始检材按位复制而成,数据形态和内容与原始检材完全一致。专业的取证鉴定设备在复制时使原始检材处于只读状态,保证了原始数据不被改变,原始检材可重新进行检验,以验证是否能够得到同样的案件事实。此外,制作副本时要进行完整性校验。完整性校验采用的哈希计算方法,生成原始数据的短信息摘要,这相当于数据指纹。即使只有一个数据位的改变,也会得完全不一致的哈希结果,因此完整性校验值被记录后可用于证实数据的原始状态未被改变,并且副本数据与原始数据完全真实一致,使在副本上进行的鉴定操作具有可靠性和有效性。值得注意的是,对某些鉴定物品(如手机),就目前的取证技术而言还没有有效的技术方法能实现完全只读保护或副本操作,那么对这类物品,应详细记录鉴定过程中每一步操作及操作结果,并进行过程录像。

2. 选择安全可靠的鉴定工具

电子证据司法鉴定的对象是特定二进制编码,因此需要特定的设备和工具将虚拟化的

① 参见刘东华、张寅:《标准在电子数据司法鉴定工作中的作用》,《中国标准化》2019年第3期。

电子证据用可以理解的形式呈现出来。并且在电子证据传输速度和存储容量迅猛增长的现状下，电子证据司法鉴定不可能仅靠人工完成，因此鉴定工具的使用几乎贯穿了整个鉴定环节，包括数据的获取和固定、数据搜索、数据恢复、数据分析以及报告生成。应选择安全可靠的鉴定工具，确保工具的使用不会造成数据以错误的形式表现出来。目前用于电子证据司法鉴定的工具种类和数量众多，常用的硬件工具有硬盘复制机和只读设备，常用的软件工具功能包括综合取证分析、手机取证、网络取证、数据恢复、密码破解等。鉴定机构在选用鉴定工具前，应对其安全性和可靠进行评估和检验。在我国，目前仅有两项行业标准可用于电子证据取证与鉴定工具的检测——《电子数据存储介质复制工具要求及检测方法》（GA/T 754—2008）和《电子数据存储介质写保护设备要求及检测方法》（GA/T 755—2008）。在这种情况下，为保证鉴定工具的安全可靠，鉴定机构可使用人员比对和工具比对的方法检查取证工具是否安全可靠。人员比对是指不同人员使用相同工具和方法进行相同的取证操作，看是否得到一致结果。而工具比对是同一人使用不同工具执行相同的取证操作，看是否结果一致。

3. 在鉴定文书中用客观公正、易于理解的表述体现案件事实

司法鉴定文书是司法鉴定机构和司法鉴定人依照法定条件和程序，运用科学技术或者专门知识对诉讼中涉及的专门性问题进行分析、鉴别和判断后出具的记录和反映司法鉴定过程和司法鉴定意见的书面载体。出具鉴定意见或鉴定结论是电子证据司法鉴定最后一个环节，鉴定文书是鉴定工作的最终体现形式，将作为证据提交到法庭，其质量将直接影响证据效力。鉴定文书要写明鉴定的实施过程和科学依据，包括检材处理、鉴定程序、所用技术方法、技术标准和技术规范等内容，要有形成鉴定意见的分析、鉴别和判断的过程。以数据搜索和恢复为例，数据搜索和恢复的处理对象常常是无法直接读取的文件，如交换文件、被删除或损坏的文件、临时文件和碎片空间，以及存储介质的未分配空间中残留数据等。[①] 搜索和恢复的结果可能是获得体现某一事实的不完整碎片，也可能是改变文件某些特征属性。例如，文件名称为“a.doc”的文件被删除后，如果所在分区的文件分配区已被破坏，那么恢复出的文件名可能会由恢复软件自定义，而不是原文件名“a.doc”。在这样的情况下，为保证电子证据的真实性，提高其证据能力，必须在鉴定意见的检验过程中详细说明所采用的取证软件名称、版本等，在分析说明中详细说明得到结果的过程，以证实得到的数据确实是原始数据的真实体现。鉴定结论和意见是鉴定人员对案件事实的最终判断，是法庭对证据认定的依据，其表述应明确、具体、规范，具有针对性和可适用性，能够为非专业人士理解。

二、支撑市场监管行政执法及调查活动

新形势下，以大数据、云计算等为代表的新一轮科技革命和产业变革，促进了技术、资源、产业和市场的跨时空、跨领域融合，网络经济、分享经济、众创空间、线上线下互动等新产业、

① 参见王俊:《论电子数据鉴定》,《证据科学》2008 年第 2 期。

新业态、新模式不断涌现。市场主体的经营活动从线下逐步转移到线上，电子发票、电子证照、电子合同等电子文件的凭证逐步取得法律地位，电子数据也在逐步取代书式材料，这对市场监管提出了新要求、新挑战。目前，调查取证难是困扰市场监管行政执法的一大问题。在互联网技术普及应用的大背景下，交易行为覆盖地域广，整个过程主要以电子数据形式为主。不像传统的纸质文档易辨别、易保存，电子数据具有流动性、不确定性和易删改性，因此收集电子证据难度大。司法鉴定机构以其专业的法律身份对执法活动中发现的电子数据违规线索予以固定，并进行深度关联分析，可使执法活动有据可循、有法可依。为了更好地支撑市场监管行政执法，中国标准化研究院经北京市司法局批准，在 2017 年设立了专门从事电子数据业务的标新司法鉴定所。经过几年的建设和发展，标新司法鉴定所拥有通过国家实验室认可（CNAS）和检验检测机构资质认定（CMA）的电子数据取证实验室，并培养了一批技术实力雄厚、业务熟练、政治可靠的人才队伍，为行政执法及调查活动提供有效的技术支撑。

（一）电子证据司法鉴定应用于行政执法领域的法律依据

早在 2011 年，原国家工商行政管理总局就发布了《关于工商行政管理机关电子数据证据取证工作的指导意见》，为规范工商行政管理机关电子证据取证工作，加强网络商品交易及有关服务违法行为查处工作提供了制度保障。2012 年，《刑事诉讼法》第二次修正，首次将“电子数据”列为证据种类，其后《民事诉讼法》《行政诉讼法》都将“电子数据”列为证据种类，在国家法律上正式确定了电子证据的法律定位。2014 年 12 月通过的《最高人民法院关于适用〈中华人民共和国民事诉讼法〉的解释》首次规定了电子数据的定义。2016 年 9 月发布的《电子数据规定》、2018 年 9 月发布的《最高人民法院关于互联网法院审理案件若干问题的规定》、2019 年 2 月发布的《公安机关办理刑事案件电子数据取证规则》、2019 年 12 月发布的《最高人民法院关于民事诉讼证据的若干规定》，逐步细化了各领域电子证据的取证流程和证据审查标准。①

由于电子证据具有流动性、不确定性和易删改性等特点，在很多领域都难以被直观、具体、明确地认可，与其他书证或物证相比，也更难被以有形的方式作为证据展现，由于鉴定意见本身是一种合法的证据形式，并且易于展示和理解，在质证时比单纯的电子数据更易被接受。根据 2015 年修正的《全国人民代表大会常务委员会关于司法鉴定管理问题的决定》，司法鉴定是指在诉讼活动中鉴定人运用科学技术或者专门知识对诉讼涉及的专门性问题进行鉴别和判断并提供鉴定意见的活动。鉴定意见是法定证据种类之一。

《市场监督管理行政处罚程序暂行规定》明确了电子证据和鉴定意见是行政执法中的证据类型。2020 年国家市场监督管理总局起草的《网络交易监督管理办法（征求意见稿）》也规定市场监督管理部门对网络商品交易及有关服务活动的技术监测记录资料，可以作为对违法的网络商品经营者、有关服务经营者实施行政处罚或者采取行政措施的电子证据。

① 参见刘东华：《电子数据司法鉴定支撑线上线下一体化监管及行政执法探析》，《中国市场监管报》2020 年 12 月 15 日，第 3 版。

将电子证据司法鉴定运用到行政执法过程中，可以为行政执法活动提供明确依据，使监督检查和行政处罚活动有客观的证据支撑，充分体现依法行政的服务理念。以价格监督检查应用为例，目前大规模生产型企业（如药品生产企业）均部署有对应的ERP（信息系统），对企业内部的物流、人流、资金流和信息流进行统一管理。ERP涵盖了企业生产的整个供销链条，可以明确核实出产品成本、对应产值及利润。因此，对产品价格的监督检查可以从对ERP的深入分析入手，综合使用加解密、日志分析、数据恢复、数据挖掘、数据展现等多项司法鉴定技术手段，直取电子证据信息，并通过具有法律身份的司法鉴定所鉴定从而形成具有法律效力的技术核查报告，为后续的行政执法活动提供可靠证据。

此外，随着信息化社会不断发展，越来越多的资源信息以电子数据的形式体现，对应的服务收费行为也转化为虚拟空间内的数据交互。对于此类价格收费行为的监管，同样可以借助电子证据司法鉴定所的法律身份和技术能力将虚拟数字信息固化为标准的证据文书，确保其在司法行政领域内的法律效力，为依法行政的深入推广提供支持。[①] 司法鉴定机构委派鉴定人参加行政执法活动，为执法人员提供技术支持的同时，以专业的法律身份对执法活动中发现的违规线索予以固定，并进行深度关联分析，使执法活动有据可循、有法可依。电子数据司法鉴定可以为依法行政提供司法保障，为案件调查取证提供技术支持，同时，司法鉴定机构的法律身份可以保证取证活动的规范性和有效性，从而降低发生司法、行政纠纷的风险，间接降低行政成本。

（二）电子证据司法鉴定支撑行政执法的业务领域

2020年10月至12月，国家市场监督管理总局牵头的网络市场监管部际联席会议各成员单位联合开展了“2020网剑行动”。对于行动方案中的各项重点任务，电子证据司法鉴定均能提供强有力的支撑。[②]

1. 网络市场监管

《中华人民共和国电子商务法》规定了电子商务平台以及经营者主体应当履行的义务。相关监管行政部门可通过电子证据司法鉴定中的在线取证技术，以大数据采集和分析方式，开展网络市场监测，对电商平台的主体资格、履行审查核验义务情况、经营者登记备案及资质资格、亮照亮证亮标和知识产权核查情况等进行在线取证，并将存证固定为标准的证据文书，从而掌握网络市场情况，及时发现案源线索，督促电子商务平台落实电子商务法规定的主体责任。

2. 反不正当竞争

网络时代的不正当竞争常常伴随着数据造假，如“刷单”“冲榜”“买粉”“买流量”等。此类行为一般通过软件技术实现。相关监管行政部门可通过电子证据司法鉴定中的软件功

---

① 参见刘品新、张艺贞：《虚拟财产的价值证明：从传统机制到电子数据鉴定机制》，《国家检察官学院学报》2017年第5期。

② 参见刘东华：《电子数据司法鉴定支撑线上线下一体化监管及行政执法探析》，《中国市场监管报》2020年12月15日，第3版。

能鉴定，能够判断一款软件是否协助实施了不正当竞争行为并出具鉴定意见，进而为行政执法提供证据。

3. 网上销售假冒伪劣商品

网上销售假冒伪劣商品通常既涉及线上又涉及线下操作，需要利用电子证据司法鉴定中的在线取证发现线索。执法人员在抓获嫌疑人后，可通过手机取证、电脑取证、密码破解等技术手段提取涉案电子证据，形成完整的证据链并出具鉴定意见。制售假冒伪劣商品情况严重的会触犯刑法，由于电子数据和鉴定意见在行政执法和刑事诉讼中均属于法定证据类型，办案机关在行政执法和刑事司法中可实现无缝衔接。

4. 野生动植物及其制品非法交易

打击野生动植物及其制品的非法交易时，相关执法部门除了需像打击网上销售假冒伪劣商品开展线上线下配合执法之外，还需监测网络社交平台中是否有相关的违法视频和网络直播行为。相关执法部门可通过电子证据司法鉴定中的在线取证技术，获取相关电子数据并存证固定，确保电子证据可追溯、无法篡改，避免违法人员抵赖，保护野生动植物资源和公共卫生安全。

5. 互联网广告

相关执法部门可通过电子证据司法鉴定的在线取证技术，监测门户网站、搜索引擎、电子商务平台、移动客户端和新媒体账户等互联网媒介上发布虚假违法广告的行为，结合云计算、智能语义分析、人工智能等技术，及时发现虚假违法的互联网广告，维护互联网广告市场秩序。

【阅读案例】

苏某、沈某、江某非法经营罪案[①]

本案中，被告人苏某、沈某的辩护人提出该案的电子证据没有《封存电子证据清单》《固定电子证据清单》，可能被污染，属于非法证据应予以排除。

法院审理认为，该案电子证据是崇阳县公安局民警对被告人苏某两处办公地点和沈某一处办公地点依法进行搜查、现场勘验、提取并制作了提取笔录和扣押物品清单所获得的证据，虽未按照《计算机犯罪现场勘验与电子证据检查规则》制作《封存电子证据清单》和《固定电子证据清单》，存在瑕疵，但不属非法证据，结合检验报告和鉴定意见以及其他言词证据，可排除电子证据已被污染，根据该电子证据材料所作的司法鉴定可作为证据使用。对辩护人的该部分辩护意见，法院不予采信。

① 详见湖北省崇阳县人民法院（2017）鄂1223刑初135号刑事判决书。

第七节　电子证据司法鉴定管理机制

电子证据司法鉴定是随着电子证据的法庭应用诞生的一种全新的鉴定类别，在鉴定客体、鉴定技术方法、鉴定程序、所用设备工具、鉴定环境要求等方面，与传统鉴定存有明显区别，对电子证据鉴定人在专业知识、技术能力等方面的要求也与传统鉴定项目的要求不同。我国现行立法规定应对申请从事电子证据司法鉴定的人员进行“形式化”审查，侧重申请从业人员的行为能力、工作经历、技术职称、学历的审查，却鲜有关于电子证据司法鉴定人员从业准入知识技能条件的规范。因此在实践中，司法鉴定行政管理机构对申请从事电子证据司法鉴定人员的考核往往难以触及实质，一些能力不适格的人可能趁机混入鉴定队伍，损害电子证据司法鉴定的公信力。

一、完善电子证据司法鉴定人准入机制

电子证据司法鉴定是一个新的鉴定领域，有资质的鉴定机构数量较少，许多专门性问题无法由有资质的鉴定人出具鉴定意见。例如，办理危害计算机信息系统安全刑事案件过程中，经常会遇到对计算机病毒、计算机程序功能、数据统计数量、数据同一性认定等问题，但具有相应资质的鉴定机构较少，难以满足办案需求。为此，2011 年《最高人民法院、最高人民检察院关于办理危害计算机信息系统安全刑事案件应用法律若干问题的解释》规定，对于是否属于刑法规定的“国家事务、国防建设、尖端科学技术领域的计算机信息系统”“专门用于侵入、非法控制计算机信息系统的程序、工具”“计算机病毒等破坏性程序”难以确定的，应当委托省级以上负责计算机信息系统安全保护管理工作的部门检验。司法机关根据检验结论，并结合案件具体情况认定。2021 年《最高人民法院关于适用〈中华人民共和国刑事诉讼法〉的解释》第 100 条第 1 款亦规定：“因无鉴定机构，或者根据法律、司法解释的规定，指派、聘请有专门知识的人就案件的专门性问题出具的报告，可以作为证据使用。”①

（一）我国电子证据司法鉴定人准入的资质条件

《公安机关电子数据鉴定规则》首次明确了在公安机关内申请从事电子证据鉴定业务人员的资质要求。其进步之处在于，首次将“专业培训”和“考试”的准入方式，以及“专门知识和经验”要求写入电子证据鉴定人的准入管理规定中，但关于如何对申请电子证据鉴定的人员进行培训、考试的方式和内容、申请从业人员应掌握哪些专业知识及经验等一系列问题，该规则尚未作明确规定。在实践中，对申请从事电子证据司法鉴定活动人员的准入培

① 2012 年《最高人民法院关于适用〈中华人民共和国刑事诉讼法〉的解释》（已失效）第 87 条第 1 款规定：“对案件中的专门性问题需要鉴定，但没有法定司法鉴定机构，或者法律、司法解释规定可以进行检验的，可以指派、聘请有专门知识的人进行检验，检验报告可以作为定罪量刑的参考。”2020 年修改时，该规定被稍作调整，删去了“检验”二字。

训和考试,因缺少与之配套的细则规定,通常流于形式且内容不统一。除上述规定外,我国现行法规鲜有涉及电子证据司法鉴定人准入资质审查的具体规定。在当前上位法要求较为宽松、申请从业人员知识和经验要求内容不明、准入考核规定要求过于笼统、配套细则不明的背景下,如何考评申请从事电子证据司法鉴定人员的能力,考评方法能否保证电子证据司法鉴定从业人员能力的适格性,是急需解决的问题。

(二)我国电子证据司法鉴定人准入考核

电子证据司法鉴定人准入考核主要涉及准入考核的责任主体、考核方式和考核内容三个方面。目前我国电子证据司法鉴定人主要是在享有侦查权的机构中从业的司法鉴定人,也包括集中于社会鉴定机构中的相关从业人员。根据《关于做好司法鉴定机构和司法鉴定人备案登记工作的通知》,对申请在享有侦查权的机构内从业的电子证据司法鉴定人,由其主管机关自行审核,并报司法行政部门备案。对申请在社会鉴定机构从事电子证据司法鉴定的人员,则由司法鉴定行政管理部门负责对其进行准入考核。关于申请从业的电子证据司法鉴定人的准入考核方式,除前述《公安机关电子数据鉴定规则》中有"考试准入"的原则性规定外,目前我国其他法律规范和司法鉴定人从业管理规范并未作出明确规定。这就造成了鉴定人准入考核无据可依、方式各异、内容不明的现状。

(三)明确电子证据司法鉴定人准入所应具备的技术能力

作为法庭科学中的一类,电子证据司法鉴定和其他法庭科学门类一样,都需要鉴定人具有较强的动手能力。电子证据司法鉴定人应该具备哪些技术能力才算适格?答案可在电子证据司法鉴定人准入的"技术知识掌握"要求中找到。电子证据司法鉴定人的技术理论水平是否达标、能否将其所掌握的技术知识应用到鉴定实践之中,这都需要通过实践检验。这为制定电子证据司法鉴定人技术实践能力要求提供了指引。具体的要求包括但不限于:能够熟练运用系统指令;熟练对电磁存储设备进行具体维护和故障处理;将常见的电子证据司法鉴定技术熟练运用到具体案件的处理中;熟练操作配置的电子证据司法鉴定设备工具;熟练掌握鉴定的方法技巧,在复杂条件下能独立完成技术检验和分析;能在鉴定中对紧急情况(如设备缺失、即时条件)下的证据捕获等作技术处理。此外,对于鉴定人技术能力的考核还可以参考其在申请准入之前,所从事的辅助性工作情况。

(四)优化电子证据司法鉴定人准入考核方式

司法鉴定是一门实践性较强的学科,电子证据司法鉴定更是如此。这就决定了对从业人员的准入考核不能仅局限于对其专业知识掌握情况进行书面考察,而应采取考试和专业能力考察(如案例验证、专家评审)相结合的方式,对其专业技能进行实质性考察。对于法律知识以及电子证据司法鉴定所涉及的程序性知识掌握情况,一般可通过考试方式考察。

(五)调整电子证据司法鉴定人准入考核的主体

电子证据司法鉴定人准入管理,包括对申请从业人员"资质审查""准入考核"和"专业技能评价"三个方面。对于申请从事电子证据司法鉴定活动的两类人员的资质审查和准入考核,目前分别由侦查机构主管部门和司法行政部门负责。虽然这种管理模式尚有不足,但其在短时间内难以得到改善，我们可以从“专业技能评价”角度找到两类鉴定人准入考核主体“归一化”的突破口，从而保障在不同机构内从事电子证据司法鉴定工作的人员在准入知识技能要求层面上的一致性。对此，可考虑以下两种解决方案：一种是由两类管理主体共同牵头，授权经双方共同认可的本领域内具备较高资质，在知识背景、技术职称、从业经历以及工作实绩等方面符合要求的鉴定人，对电子证据司法鉴定申请人进行专业技能评价；另一种是将电子证据司法鉴定人的准入考核交由经授权的社会第三方专业认证机构进行。

二、科学设置电子证据司法鉴定机构管理体系

经过多年发展，我国已建立多个电子证据司法鉴定中心，如国家信息中心电子数据司法鉴定中心、上海辰星电子数据司法鉴定中心、江西中证电子数据司法鉴定中心、福建中证电子数据司法鉴定中心等。但现有的电子证据司法鉴定管理机制仍无法满足日益增长的鉴定需求，必须按照电子证据司法鉴定的特点及时改进。

（一）在公安机关设置专门负责电子证据刑事司法鉴定的机构

根据《中华人民共和国计算机信息系统安全保护条例》和《信息安全等级保护管理办法》的相关规定，公安部、国家保密局等部门均负有计算机信息系统安全保护管理工作的职能。理论上讲，这些部门均有鉴定资格。但多头负责和多头设立易导致互相推诿，原则上应由一家单位承担鉴定及与鉴定相关的管理工作。因公安部是计算机信息系统安全保护工作的主管单位，且公安机关承担了全国大部分网络刑事案件的侦查工作，由公安机关负责鉴定工作，有利于沟通协调。考虑到侵犯国家事务、国防建设、尖端科学技术领域的计算机信息系统的案件，可能涉及国家机密，国家保密机构宜保留鉴定的权利，在特殊情况下，由省级以上国家保密机构进行鉴定。质疑者认为，公安机关作为电子证据司法鉴定的常设机构，由于缺少中立性，且公安机关鉴定体制游离于统一的司法鉴定管理体系之外，可能导致鉴定的可信度下降。对此，本书认为，由于侦查机关承担着侦查犯罪、提供犯罪嫌疑人有罪证据的职责，其作出的鉴定意见也是对犯罪嫌疑人采取刑事强制措施的依据，因此，侦查机关的鉴定机构有其存在的合法性。基于电子证据司法鉴定的特殊性，在公安机关设立专门的电子数据鉴定机构，可以保障侦查工作的顺利进行，但应该严格限定鉴定事项的范围。此外，还可以从公安机关鉴定程序启动与监督入手，设置及完善保持相对独立性的鉴定人出庭作证机制，接受当事人的询问和质证，建立专家辅助人制度等弥补公安机关内设鉴定机构的不足。

即使是在同省范围内，有时不同市县之间网络刑事案件的数量也相差较大。如果全部由省级部门来承担鉴定工作，将导致省级部门的工作量过大，出现“案多人少”的问题，从而难以在法律规定的侦查、审查、起诉时间内得出鉴定意见。而司法鉴定具有较强的科技属性，需要大量仪器设备的投入，因此不可能在每个县区设立鉴定机构。

（二）严格限制提交鉴定的主体范围

根据 2015 年《全国人民代表大会常务委员会关于司法鉴定管理问题的决定》和 2017 年《公安机关鉴定规则》的相关规定，电子证据司法鉴定机构的工作属于公安机关的鉴定工

作,需遵守上述规定,严格限定鉴定范围,不可接受社会委托的业务。电子证据司法鉴定机构的鉴定工作虽属于司法鉴定工作,但只包含司法鉴定工作中对刑事司法和行政执法活动,以及事件、事故、自然灾害等调查处置中的鉴定工作。电子证据司法鉴定机构只能接受司法机关、行政机关及政府部门的委托。当事人认为有鉴定必要的,须向司法机关等有关部门提出申请,由相关部门委托电子证据司法鉴定机构鉴定。

【阅读案例】

常某组织、领导传销活动罪案[①]

本案中,辩护人辩称,出具(会计)司法鉴定意见书的会计师事务所没有相应的鉴定资质,该意见书不能作为证据使用。

法院经审理认为,盐城市公安局直属分局于2018年3月19日委托上海辰星电子数据司法鉴定中心对"亚元"平台的相关数据搭建网络环境,并在搭建的网站中对77个涉案账号的信息进行了固定保全,同时对送检材料中的数据库备份文件进行了还原,在还原的数据库中对相关数据进行了固定保全。该中心对常某账号的用户信息截屏并进行了保全。本案电子证据的取得方式符合《电子数据规定》,该电子证据提取程序合法,电子证据鉴定结论明确,予以采纳,对辩护人的辩护意见不予采纳。

本章小结

本章介绍了作为司法鉴定领域新成员的"电子证据司法鉴定"的概念、特征、范围及相应的鉴定管理体制,电子证据与传统证据、电子证据司法鉴定与传统的司法鉴定的区别使得我们不得不关注这些全新的问题。电子证据的科技与法律的复合属性决定了电子证据的司法鉴定的复合性和复杂性特征,而在程序设计方面,电子证据司法鉴定与电子证据取证的融合也加大了对电子证据司法鉴定认识的难度,但同时也提高了在运用电子证据时对这一特殊的鉴定意见的重视程度。大量的司法案例表明,离开了电子证据司法鉴定的协助,电子证据的真实性与完整性的认定往往无法保障。可喜的是,2005年以来,我国司法行政管理部门相继批准了许多具有电子证据司法鉴定资质的鉴定机构,授予了一批具有专业技能和经验的从业人员电子司法鉴定人资格。这样一来,当事人可以将涉案的一些电子证据委托给专门的鉴定机构,从而为司法机关提供真实有效的电子证据,帮助司法机关发现电子证据背后的线索,为判定案件事实提供有效的依据,有效地解决涉案电子证据认证难、采信难的问题。

① 详见江苏省盐城经济技术开发区人民法院(2019)苏0991刑初122号刑事判决书。

思考题

1. 电子证据司法鉴定与传统的司法鉴定有哪些区别？
2. 电子证据司法鉴定意见审查的重点和难点有哪些？
3. 电子证据司法鉴定管理体制改革的核心任务是什么？
4. 电子证据取证与电子证据司法鉴定的关系是什么？
5. 电子证据司法鉴定机构资质要求的独特性体现在哪里？

第十章　电子证据的移送、出示及质证

> 反驳方针对电子证据的质证不能空泛而谈，而应当聚焦于各种实质性问题。
>
> ——刘品新

现代社会已成为网络社会和信息社会，在计算机、手机、硬盘、优盘、导航设备、服务器、网络、云端、应用软件、操作系统等硬件和软件中留下、存储的电子痕迹、电子证据越来越多。如果能对其全面而客观地发现、收集、提取及审查，并将其呈现，就能有效地证明案件事实。在这一过程中，就涉及对发现、收集和提取的大量电子证据的移送、举证和质证。本章主要论述这三方面的问题。

第一节　电子证据的移送

一、电子证据移送的概念

电子证据移送是指为了对电子证据进行检查、鉴定、检验、侦查实验、审查以及用其证明案件事实，将电子证据在同一机关内部及不同机关之间转移和送交的行为。通常，电子证据的移送主体是司法机关、行政机关等权力机关，以及这些机关的内部部门。电子证据的种类不同，其移送方式及程序也有所区别。

二、电子证据移送的原则

电磁介质，如磁盘、光盘等是电子证据存在的“安命之所”。现在先进的存储介质可以储存海量的电子数据，同时其具有技术性、隐蔽性、易毁灭、易篡改等特性，这就对其移送提出了更高的要求。因此，移送主体要在移送过程中重点保护电子证据的真实性、完整性，从而确保其在移送后的可靠性、可信性及证明力，因而需要遵循下列基本原则。

（一）优先移送原件及备份原则

我国现行电子证据法律规范特别注重电子证据“原件”（原始存储介质）的收集、提取及移送。

首先，特别强调收集、提取电子证据时的原始存储介质优先提取原则。《电子数据规定》

第 8 条第 1 款规定:“收集、提取电子数据,能够扣押电子数据原始存储介质的,应当扣押、封存原始存储介质,并制作笔录,记录原始存储介质的封存状态。”《电子数据取证规则》第 8 条规定,“具有下列情形之一的,可以采取打印、拍照或者录像等方式固定相关证据:(一)无法扣押原始存储介质并且无法提取电子数据的;(二)存在电子数据自毁功能或装置,需要及时固定相关证据的;(三)需现场展示、查看相关电子数据的。根据前款第二、三项的规定采取打印、拍照或者录像等方式固定相关证据后,能够扣押原始存储介质的,应当扣押原始存储介质;不能扣押原始存储介质但能够提取电子数据的,应当提取电子数据。”根据该规定,即使已采用打印、拍照或录像等方式提取、固定相关证据,也要再审查能否扣押原始存储介质。

其次,强调了移送时的“原件”原则及备份原则。《电子数据规定》第 18 条第 1 款规定:“收集、提取的原始存储介质或者电子数据,应当以封存状态随案移送,并制作电子数据的备份一并移送。”这里关于移送的行文也是将“原始存储介质”放在了“电子证据”前面,还强调了封存,更特别要求了“应当”制作电子数据的备份一并移送。在电子证据取证和固定中,备份也是“原件”的代名词,尤其是采用逐比特的镜像方法备份的。因此,这其实是对优先移送“原件”的双重强调。

(二)全面、真实、完整、及时原则

如前所述,电子证据具有易毁损、易篡改等特点,因此,法定主体必须在法定期限内对电子证据进行及时、全面的移送,防止电子证据真实性、完整性及可靠性受到损害。这里的全面、真实、完整有两层含义:(1)与案件定罪量刑相关、具有关联性的电子证据必须全部而完整地移送,不得遗漏、隐藏、删改电子证据;(2)移送时不要破坏封存状态,并查验是否进行了完整性校验值计算等,以防止电子证据在移送过程中被篡改。

《电子数据规定》第 5 条规定:“对作为证据使用的电子数据,应当采取以下一种或者几种方法保护电子数据的完整性:(一)扣押、封存电子数据原始存储介质;(二)计算电子数据完整性校验值;(三)制作、封存电子数据备份;(四)冻结电子数据;(五)对收集、提取电子数据的相关活动进行录像;(六)其他保护电子数据完整性的方法。”

此外,电子证据和视听资料还有很特殊的地方,即它们往往能最大限度地记录真实交往过程,可能包含不易理解的绰号、暗语、俗语等。因此,最新的司法解释对这些相关说明的同时移送也提出了要求。2021 年《最高人民法院关于适用〈中华人民共和国刑事诉讼法〉的解释》第 115 条明确规定:“对视听资料、电子数据,还应当审查是否移送文字抄清材料以及对绰号、暗语、俗语、方言等不易理解内容的说明。未移送的,必要时,可以要求人民检察院移送。”

(三)移送前后鉴真原则

鉴于电子证据易被篡改,因此,移送中的移交方和接收方除了要注意对其真实性、完整性及可靠性采取各种措施予以保护外,还要在移送前、接收时进行相应的鉴真活动,这包括移交前对封存状态、笔录清单等证据保管链、完整性校验值的检查,接收时接收主体对上述内容的核对和检查,以确保电子证据在移送过程中不受损害,并构建起完善的监管和溯源链条。

（四）移送中及时剔除非法证据原则

对电子证据，同样存在非法取证的可能，甚至电子证据增删改不易被发现、复制简单快捷、取证具有较强专业性的特点会增加其非法取证的概率。这会给电子证据主体的权益造成很大的、不可逆的损害。

因此，在电子证据移送前后，要关注非法取证行为，发现违反程序要求取证的，要及时采取责令补正及解释的措施，并坚决排除不能补正和无法合理解释的电子证据，以及时、有效地防止侦查人员的权力滥用，防止这些非法甚至已不真实、不完整的证据进入下一阶段，影响案件的公正处理。

当然，移送也要遵循法定原则，即由法定主体按照法定程序、在法定期限内进行移送。这是题中应有之义，不再赘述。

三、电子证据移送的程序规制

电子证据移送过程的严谨、科学、合法是“保真”[①]的重要手段，是形成电子证据保管与监管链条的前提和基础[②]。根据电子证据收集、提取、使用的情形以及《电子数据规定》等法律法规、司法解释对电子证据移送的规范，在不同性质案件的不同阶段都会出现电子证据的移送问题。

电子证据在理论和实践中存在着非常丰富的种类，其收集、提取的方式也可能大相径庭，对其移送也需要采取不同的方式和规制才能保障其真实性、完整性、可靠性以及同一性。因此，我们可将电子证据移送细分为原始存储介质的移送、打印类电子证据的移送、被冻结电子证据的移送以及侵入、非法控制类电子证据的移送。

此外，由于刑事案件往往不仅开始于刑事侦查，行政机关的行政执法、查办案件等活动可能成为刑事案件的关联程序，也极有可能收集到将来可以作为刑事案件定案根据的电子证据，因此，我们根据移送主体不同，可将其分为司法机关之间的移送和行政机关与司法机关之间的移送。

（一）司法机关之间及其内部移送的程序规制

1. 不同种类（表现形式）电子证据的移送

针对不同形式的电子证据，《电子数据规定》作出了不同的移送要求。其第 18 条规定：“收集、提取的原始存储介质或者电子数据，应当以封存状态随案移送，并制作电子数据的备份一并移送。对网页、文档、图片等可以直接展示的电子数据，可以不随案移送打印件；人

---

① 这里的“保真”是笔者对保持和维护电子证据真实性、完整性、可靠性、可信性、同一性和关联性的概括。笔者分析总结后认为，证据（包括电子证据）需要做到五个环节的“真”：取证时的“确真”；移送时的“保真”；检查时的“查真”；检验时的“验真”，以及鉴别、鉴定时的“鉴真”。最后一个术语——“鉴真”，在更多诉讼法学者和证据法学者那里指的是用各种方式，如查看保管链条、独特性特征、鉴定等，对证据的同一性和关联性进行考察和鉴别。

② 刘品新：《电子证据的鉴真问题：基于快播案的反思》，《中外法学》2017 年第 1 期。

民法院、人民检察院因设备等条件限制无法直接展示电子数据的，侦查机关应当随案移送打印件，或者附展示工具和展示方法说明。对冻结的电子数据，应当移送被冻结电子数据的清单，注明类别、文件格式、冻结主体、证据要点、相关网络应用账号，并附查看工具和方法的说明。”其第19条规定：“对侵入、非法控制计算机信息系统的程序、工具以及计算机病毒等无法直接展示的电子数据，应当附电子数据属性、功能等情况的说明。对数据统计量、数据同一性等问题，侦查机关应当出具说明。”

据此，针对四种不同形式的电子证据，有四种不同移送要求：

（1）原始存储介质及单独提取的电子证据。移送要求包括：第一，必须以封存状态移送；第二，制作备份；第三，备份也要一并移送。而且，《电子数据规定》还特别重视原始存储介质的移送和封存问题，作为审查电子证据真实性首选审查内容，其第22条规定，“对电子数据是否真实，应当着重审查以下内容：（一）是否移送原始存储介质；在原始存储介质无法封存、不便移动时，有无说明原因，并注明收集、提取过程及原始存储介质的存放地点或者电子数据的来源等情况”。

这里要说明的是，对现场直接、单独提取的电子证据，实践中是存储于侦查和调查人员携带的专门存储设备中的，对这些电子证据所在的专门的自带的存储设备可以不封存。但是根据《电子数据规定》第9条，“应当在笔录中注明不能扣押原始存储介质的原因、原始存储介质的存放地点或者电子数据的来源等情况，并计算电子数据的完整性校验值。”因此，移送这类电子证据时，要同时移送记载其完整性校验值的书面文件，以便接收机关和人员核对。

（2）可直接展示性电子证据（网页、文档、图片等）。移送要求包括：第一，说明证据情况，由接收移送的接收机关直接查看和展示即可；第二，接收机关无法直接展示的，移送机关要移送打印件，或者附展示工具和展示方法说明，以帮助后续机关完成查看和展示；第三，结合《电子数据规定》第10条“由于客观原因无法或者不宜依据第八条、第九条的规定收集、提取电子数据的，可以采取打印、拍照或者录像等方式固定相关证据，并在笔录中说明原因”的规定，也可以移送拍照、录像及说明原因的笔录。

（3）冻结的电子证据。冻结方式往往用于存储在网络应用平台或者“云”服务器上的电子证据。因为已被侦查和调查机关“冻结”，相关部门在移送时无须移动该类证据，也没有必要移动。对此类证据的移送要求有：第一，移送清单，清单内需注明类别、文件格式、冻结主体、证据要点、相关网络应用账号。第二，附查看工具和方法的说明。第三，《电子数据规定》第12条规定：“冻结电子数据，应当制作协助冻结通知书，注明冻结电子数据的网络应用账号等信息，送交电子数据持有人、网络服务提供者或者有关部门协助办理”。因此，移送时，冻结机关也要移送《协助冻结通知书》。第四，相应地，接收移送的机关要注意依据前三项要求进行核对，以确保移送机关按要求移送。

（4）侵入、非法控制性电子证据（程序、工具、病毒）。这类电子证据通常较为专业复杂，无法被直接展示或者被展示就极可能对司法机关的电脑及系统造成损害。因此，对此类证据的移送要求有：第一，移送证据名称、目录等；第二，说明它们的属性、功能，为后续司法人员对这类电子证据的审查提供专业知识帮助；第三，说明它们的数据统计量、数据同一性问题；第四，在实践中，往往还要将相关的鉴定意见、检验报告、完整性校验值、照片和录像同步移送，以备后续司法机关在接收证据时核对、检查。

实践中较突出的问题是，侦查和调查机关即使收集、提取了原始存储介质或电子证据，往往仍会把电子证据以打印件、拍照件、录像件等形式移送。这些方式虽然能起到固定和保全电子证据的作用，但无法摆脱电子证据被增删改及剪辑的嫌疑。而且，这种间接转化的成果无法让后续的接收机关审查、分析和判断电子证据独有的、非常重要的自身属性——创建、修改、最后访问时间及存储路径等。

因此，移送机关在移送时仍然要遵守移送原始存储介质为主，移送单独、直接提取的电子证据为辅，移送打印件、拍照件和录像件为补充的原则。

2. 不同诉讼阶段的外部和内部移送

在刑事案件中，侦查与调查机关开展了大部分的电子证据取证工作，但值得注意的是，由于这些机关内部分工不同，电子证据可能在其内部进行一定的移送和送回。如果案件进入审查起诉阶段，侦查和调查机关要将有关证据移送检察院审查；如果案件进入审判阶段，检察机关须将有关证据移送法院进行审查。当然，理论上审查起诉和审判阶段也会存在电子证据的内部移送。同时，在所有这些阶段，还会存在电子证据被移送给鉴定、检验机构并被送回的情形。

首先，不同阶段的移送除了要遵守前述《电子数据规定》第 18、19 条关于封存、备份同步移送等要求外，还要遵守其第 20 条关于移送的专门的、有针对性规定：“公安机关报请人民检察院审查批准逮捕犯罪嫌疑人，或者对侦查终结的案件移送人民检察院审查起诉的，应当将电子数据等证据一并移送人民检察院。人民检察院在审查批准逮捕和审查起诉过程中发现应当移送的电子数据没有移送或者移送的电子数据不符合相关要求的，应当通知公安机关补充移送或者进行补正。对于提起公诉的案件，人民法院发现应当移送的电子数据没有移送或者移送的电子数据不符合相关要求的，应当通知人民检察院。公安机关、人民检察院应当自收到通知后三日内移送电子数据或者补充有关材料。”

这里的程序规制要点是：第一，报请审查批捕和移送审查起诉应当将电子证据一并移送；第二，未移送或移送不符合要求的，后阶段主体应当通知前阶段主体补充移送或补正；第三，前阶段主体应在接到通知后 3 日内完成移送或补正。从法律规范制定角度看，这一规定旨在保障对案件有实质作用的电子证据进入案件全过程，以助力证据的全面审查和案件的公正处理。

其次，对公安机关内部因为检查、侦查实验、检验、鉴定而产生的电子证据移送问题，《电子数据取证规则》第 46 条也有示范性规定：“电子数据检查应当保护在公安机关内部移交过程中电子数据的完整性。移交时，应当办理移交手续，并按照以下方式核对电子数据：（一）核对其完整性校验值是否正确；（二）核对封存的照片与当前封存的状态是否一致。

对于移交时电子数据完整性校验值不正确、原始存储介质封存状态不一致或者未封存可能影响证据真实性、完整性的，检查人员应当在有关笔录中注明。”

其程序规制要点是：第一，办理移交手续，主要确认移送人员、接收人员、移送内容并在笔录上签字。第二，采用对比完整性校验值、对比封存状态与封存照片的方式进行核对。第三，发现异常的，接收人员应在笔录中注明。

该规定对因为要进行侦查实验、检验和鉴定而开展的移送和送回也是有参照意义的。

（二）行政机关与司法机关之间电子证据的移送

随着我国社会治理体系化和现代化步伐的加快，不少刑事案件的电子证据来自行政机关在行政执法和查办案件过程中收集的证据材料。到了刑事诉讼阶段，这些电子证据能否直接作为证据使用是一个需要明确的问题。刑事立案后，再次收集被告人供述和辩解、证人证言、被害人陈述等言词证据较为容易，物证、书证、电子数据等实物证据则没有必要由侦查、调查及司法机关再次收集，或者也无法由新的主体重新收集。

因此，2012 年《刑事诉讼法》第 52 条第 2 款规定，“行政机关在行政执法和查办案件过程中收集的物证、书证、视听资料、电子数据等证据材料，在刑事诉讼中可以作为证据使用”，首次明确规定行政机关收集的电子数据、视听资料在刑事诉讼中有作为证据使用的资格，也就明确了其可以被直接移送。2018 年修正的《刑事诉讼法》第 54 条第 2 款保留了这一规定。

值得注意的是，2021 年《最高人民法院关于适用〈中华人民共和国刑事诉讼法〉的解释》再次修订时，对这一问题作了更为细致的解释，其第 75 条规定：“行政机关在行政执法和查办案件过程中收集的物证、书证、视听资料、电子数据等证据材料，经法庭查证属实，且收集程序符合有关法律、行政法规规定的，可以作为定案的根据。根据法律、行政法规规定行使国家行政管理职权的组织，在行政执法和查办案件过程中收集的证据材料，视为行政机关收集的证据材料。”

一方面，这一解释在肯定这些电子证据、视听资料可以在刑事诉讼中作为证据使用的基础上，强调了“经法庭查证属实，且收集程序符合有关法律、行政法规规定的”才“可以作为定案的根据”。据此可以得出结论，这类电子证据、视听资料的移送程序也需要“符合有关法律和行政法规规定”。

另一方面，这一解释还适度扩大了证据收集的主体范围，即“根据法律、行政法规规定行使国家行政管理职权的组织”收集的证据材料“视为行政机关收集的证据材料”。因此，这些行政组织收集的电子证据、视听资料也有了直接移送到刑事诉讼程序进行审查并成为刑事审判定案根据的可能性。

此外，国务院 2020 年修订了《行政执法机关移送涉嫌犯罪案件的规定》，其第 2 条对行政执法机关也进行了明确约束，即行政执法机关“是指依照法律、法规或者规章的规定，对破坏社会主义市场经济秩序、妨害社会管理秩序以及其他违法行为具有行政处罚权的行政机关，以及法律、法规授权的具有管理公共事务职能、在法定授权范围内实施行政处罚的组织”。

同时,该规定对文书及证据的同时移送也提出了明确要求,这一要求也适用于这类案件中的电子证据和视听资料。其第 6 条规定:“行政执法机关向公安机关移送涉嫌犯罪案件,应当附有下列材料:(一)涉嫌犯罪案件移送书;(二)涉嫌犯罪案件情况的调查报告;(三)涉案物品清单;(四)有关检验报告或者鉴定结论;(五)其他有关涉嫌犯罪的材料。”第 12 条规定:“行政执法机关对公安机关决定立案的案件,应当自接到立案通知书之日起 3 日内将涉案物品以及与案件有关的其他材料移交公安机关,并办结交接手续;法律、行政法规另有规定的,依照其规定。”

因此,行政机关不仅要在行政执法、查办案件过程中恪守电子证据、视听资料的提取、收集程序,做好封存、拍照、同步录音录像工作,而且在向侦查、调查及司法机关移送案件时也要做好电子证据、视听资料的封存、备份、笔录注明、获得回执要求工作。相应地,电子证据接收机关也要做好封存照片核对、完整性校验值核对、责令补充移送及合理解释、笔录注明、回执签字等工作。从而保障行政机关向司法机关移送电子证据、视听资料的过程本身不损害它们的真实性、完整性、可靠性,保障后续的司法机关获得与本案相关的全部证据,将案件办理建立在以事实和证据为依据、以各项法律为准绳的基础上。

拓展阅读

“快播案”

第二节　电子证据的出示

我国三大诉讼法都要求将证据拿到法庭上出示,以便在法庭调查阶段辨认和质证,否则无法其将作为定案根据。

具体到电子证据,其种类和形式多样而特殊、信息量巨大。因此,其出示的范围、内容及方式也有很强的特殊性,值得研究和重视。

一、电子证据出示的对象、内容及范围

(一)出示的对象

1. 原件还是复制件问题

电子证据领域还存在关于“原件”和复制件出示效力的问题。在提交、出示传统的书证和物证时,要求必须提交原件或者是在原件基础上形成的、经过审核的复制件。我国《民事诉讼法》第 73 条第 1 款规定:“书证应当提交原件。物证应当提交原物。提交原件或者原物确有困难的,可以提交复制品、照片、副本、节录本。”电子证据作为新型证据,不同于传统的物证、书证,一方面其具有易毁损性和易被增删改的特征,因此,提交、移送和出示电子证据均应以原件为主。但不可否认的是,电子证据的原件其实是存储于原始存储介质、新介质以及虚拟空间中的数字,人类是无法直接感知的。对这些真正的“原件”,

我们其实是难以直接感知和出示的。因此,实践中多通过打印、播放等方式将其内容予以展示。

而且,由于电子证据的上述特殊性,在法庭调查中其"原件"只是作为证据的载体出现的,其承载的内容要通过上述其他形式显现和展示,因此,此时的"原件"的最大价值已不是用自身的材料原始性来显现和证明案件事实,而是其载体的原始性更能保障电子证据的同一性、关联性、真实性、完整性。

因此,现在的电子证据收集、提取、提交、保管、出示及审查等还是多实行"原件主义""推定原件主义"。例如,2019 年《最高人民法院关于民事诉讼证据的若干规定》第 15 条第 2 款规定:"当事人以电子数据作为证据的,应当提供原件。电子数据的制作者制作的与原件一致的副本,或者直接来源于电子数据的打印件或其他可以显示、识别的输出介质,视为电子数据的原件。"第 23 条第 1 款规定:"人民法院调查收集视听资料、电子数据,应当要求被调查人提供原始载体。"《律师办理电子数据证据业务操作指引》第 55 条也规定:"律师向法庭提交电子数据证据,原则上应当一并提交电子数据证据所在的电子设备或存储介质。因客观原因不能提交的,应当说明理由。"

2. 不同出示对象的不同出示要求

我国法律整体上对电子证据的出示规定的不是很详细。但需要注意的是,《电子数据规定》关于电子数据收集、提取的程序和要求,对其出示也具有积极的参考意义。例如,根据这些要求制作的笔录、拍摄的照片以及计算的电子数据完整性校验值一般情况下在庭审中也是有必要出示的,以证明电子数据的同一性、可信性、真实性及完整性。

根据《电子数据规定》及《电子数据取证规则》规定的收集、提取电子数据的具体方式(扣押、封存原始存储介质,现场提取电子数据,网络在线提取电子数据,冻结电子数据,调取电子数据)的不同,电子证据在庭审中的出示也会有不同的侧重。

第一,出示扣押、封存的原始存储介质时,需要出示封存状态笔录和封存前后拍摄的照片,必要时照片还要清晰反映电子设备的内部存储介质细节。另外,还需出示《扣押清单》以达到更好地展示目的。

第二,出示现场提取的电子证据时,要侧重《电子证据现场提取笔录》和《电子证据提取固定清单》,以说明提取电子证据的时间、地点、方法、过程、不能扣押原始存储介质的原因及其存放地点信息,以及提取到的电子证据的类别、文件格式和完整性校验值等信息。

第三,出示网络在线提取的电子证据时,需要在出示相关笔录、清单的基础上,更侧重对在线提取过程的录像、拍照、截屏的展示。

第四,出示冻结的电子证据时,需要展示《协助冻结电子证据通知书》并展示被冻结清单,以说明它们的类别、文件格式、冻结主体、证据要点、相关网络应用账号以及查看工具和方法。

第五,出示调取来的电子证据时,应展示《调取证据通知书》以及证据清单,以说明证据的类别、文件格式、相关网络应用账号以及相应的检查笔录、检验报告和鉴定意见。

第六，凡是采用打印、拍照或者录像等方式固定相关证据的，应当同时出示有侦查人员和电子证据持有人签名或盖章的笔录，以说明其采用这些方式的原因、电子证据的存储位置以及原始存储介质特征和所在位置等。

（二）出示的内容

电子证据的出示内容，应当在客观、真实、全面基础上符合相关性原则。从法庭调查及举证、证明活动的原理看，证据出示是为了通过证据还原案件事实，因此举证和证明主体所出示的证据及其具体内容都应该是和案件紧密相关的。而且在实践中，相当多网络犯罪案件（如电信诈骗、组织领导传销组织、非法集资、伪基站、破坏或控制计算机系统犯罪）的电子证据往往是海量的，即使是其中的单个电子证据也可能包含大量数据和信息。同时，如果将一些最常见的电子证据（如网络聊天记录、群聊内容等）打印成书面材料，往往有数十页至数百页之多。

因此，在出示电子证据时要做好取舍，突出重点，讲究策略和逻辑，根据电子证据证明对象、重要性、证明力等因素依次展示，不能为了诉讼的胜利，进行证据突袭，故意打乱各种证据的顺序，给对方的阅卷和质证制造不必要的麻烦，更不能增删改其信息内容，影响电子证据的真实性、完整性和可信性。

同时，鉴于电子证据具有信息量巨大、纷繁复杂的特点，在出示时还需要辅以清楚而富有层次的说明和引导。对此，2021 年《人民检察院办理网络犯罪案件规定》第 47 条第 2 款规定："公诉人在出示电子数据时，应当从以下方面进行说明：（一）电子数据的来源、形成过程；（二）电子数据所反映的犯罪手段、人员关系、资金流向、行为轨迹等案件事实；（三）电子数据与被告人供述、被害人陈述、证人证言、物证、书证等的相互印证情况；（四）其他应当说明的内容。"

（三）出示的范围

电子证据出示的范围也应当符合相关性原则，同时注意对国家秘密、商业秘密和隐私权的保守和保护。我国《刑事诉讼法》第 54 条第 3 款规定："对涉及国家秘密、商业秘密、个人隐私的证据，应当保密。"《民事诉讼法》第 71 条规定："证据应当在法庭上出示，并由当事人互相质证。对涉及国家秘密、商业秘密和个人隐私的证据应当保密，需要在法庭出示的，不得在公开开庭时出示。"《电子数据规定》第 4 条更是直接规定："电子数据涉及国家秘密、商业秘密、个人隐私的，应当保密。"这要求涉及国家秘密、商业秘密和个人隐私的证据不得在公开开庭时出示。但执行这一规定的难点在于，很多情况下较难直接判断电子证据是否属于"不得在公开开庭时出示"的范围，以及其中的哪一部分属于上述范围，因为其所蕴含的海量信息和数据往往杂糅在一起，难以快速分离和判断。这就加大了电子证据出示范围划定的难度。

因此，侦查、调查人员及审查起诉人员应当善于做好电子证据的查看、分析和统计工作，同时，要善于借助高科技手段或者咨询专业人士做好这一工作。在民事案件中，诉讼代理人和当事人要积极沟通，避免上述证据因疏忽大意而被公开出示。

二、电子证据出示的方式

基于电子证据生成、传输和存储的特殊性，其出示也不能采用传统证据的出示方式。经过多年的总结和摸索，现阶段形成了直接出示、转化出示、综合出示这三种方式。

（一）直接出示

1. 实体出示

实体出示适用于电子证据所依托的实体，如手机、电脑、光盘、硬盘及优盘等的直接出示。一方面，实体出示往往是后续的多媒体出示及转化出示的基础步骤和前端行为；另一方面，在案情简单、事实争议不大的简单诉讼中，也可以采用对手机、笔记本电脑直接出示，并展示短信、聊天记录等内部信息的方式。如果电子证据内容繁多，则即使其只是照片、聊天记录、通话记录等，也应当采用多媒体出示或者转化出示的方式。实体出示时需要注意展示实体设备的品牌、规格、序列号、编号及标签等自有特征及添加特征，以显示其就是收集和提取时的那份证据以及与办案当事人关联的那份证据。如果是庭审中的出示，则为了更好地呈现实体设备的上述特征，也可以通过多媒体设备将其作放大展示和形象展示，使法庭上的各方主体均可观看和阅读。

2. 多媒体出示

多媒体出示是借助电脑、投影仪等多媒体设备，形象、客观地将证据出示、播放和演示。这不同于将电子证据的内容或者拍照件、截图件打印为纸质版再予展示，因此仍属于直接展示。《电子数据规定》第 21 条规定，“控辩双方向法庭提交的电子数据需要展示的，可以根据电子数据的具体类型，借助多媒体设备出示、播放或者演示”。2021 年《人民检察院办理网络犯罪案件规定》第 47 条第 1 款也规定，“人民法院开庭审理网络犯罪案件，公诉人出示证据可以借助多媒体示证、动态演示等方式进行”。多媒体展示、动态演示可以将电脑内存储的以及互联网上的电子证据通过投影仪投影到法庭大屏幕上，达到直观、可视地展示图片、音频、视频、网页等证据的效果，也节省了逐一出示、传阅证据的时间，简洁明了且具说服力，是一种值得提倡的直接展示方式。

在多媒体展示过程中，不同设备的硬件连接和系统兼容方案是非常重要的基础工作，其有时不单纯是视频、音频的播放事宜。因此，在不少情况下是需要专业人士的操作或辅助的。2021 年《人民检察院办理网络犯罪案件规定》总结、回应了实践中的这一需求，其第 47 条第 1 款明确规定，“（公诉人）必要时，可以向法庭申请指派检察技术人员或者聘请其他有专门知识的人进行相关技术操作，并就专门性问题发表意见”。2016 年《电子数据规定》第 18 条第 2、3 款规定：“对网页、文档、图片等可以直接展示的电子数据，可以不随案移送打印件……对冻结的电子数据，应当移送被冻结电子数据的清单，注明类别、文件格式、冻结主体、证据要点、相关网络应用账号，并附查看工具和方法的说明。”

这些规定表明，对网页、文档、图片等可以直接展示的电子证据，可以选择在庭上用多媒体演示的方式进行展示。同时,对被冻结的电子证据,可以依照相关的网络应用账号、查看工具和方法进行查看和当庭演示。相应地,存储于"云"服务器上的证据,也可以在核对和展示相关账号后采用类似方式当庭演示。

就律师的证据展示而言,《律师办理电子数据证据业务操作指引》第 57 条也有建议性规定:"律师向法庭提交电子数据证据需要展示的,可以根据电子数据证据的具体类型,借助多媒体设备出示、播放或者演示。必要时,律师可以聘请有专门知识的人进行操作,并就相关技术问题作出说明和解释。电子数据证据的展示应当完整、全面地展示数据内容、附属信息、关联痕迹以及系统环境等内容。"

3. 上传与导入

2018 年《最高人民法院关于互联网法院审理案件若干问题的规定》第 9 条结合电子证据的特点,新增了上传、导入的举证方式,即"当事人应当将在线电子数据上传、导入诉讼平台,或者将线下证据通过扫描、翻拍、转录等方式进行电子化处理后上传至诉讼平台进行举证,也可以运用已经导入诉讼平台的电子数据证明自己的主张"。

(二)转化出示

转化出示是指将电子证据内容转化为打印件等形式予以出示的方式。2016 年《电子数据规定》第 18 条第 2 款规定,"人民法院、人民检察院因设备等条件限制无法直接展示电子数据的,侦查机关应当随案移送打印件,或者附展示工具和展示方法说明"。这就从法律规范层面许可了打印件的移送和展示方式。

在实践中,针对微信、QQ 的聊天记录以及一些电子版文档,往往采用转化出示,即展示其打印件。这主要是因为按照它们的特性,通过打印方式展现出来的内容与其电子形态的内容无太大差异,两者在格式上也相同或相似。以微信聊天记录为例,在手机上呈现的内容完全可以通过拍照或者截图方式保存然后以打印件的形式展现,其纸质版也能准确反映对话的主体、时间、内容等关键信息。

对电子证据的打印件,无论是出示方,还是审查方、质证方,都需要注意以下两个客观存在的问题:第一,其本源的电子证据存在聊天内容会遭人为删改、聊天头像被替换进而成为伪造的聊天内容的可能,此外还存在聊天主体身份不明确、无法保障同一性、关联性的问题;第二,其打印件本身也存在选择性截图、拍照及打印的可能。

因此,电子证据的出示主体需要注意以下三个问题:第一,对聊天记录的拍照、截图和打印要有一定的重叠性,以展现这些打印件具有原聊天内容的连续性和完整性;第二,对打印件和原电子化聊天记录的一致性,要采用相关签字或者辅助证据予以证明;第三,对虚拟身份与案件主体真实身份的同一性,需要用其他证据予以印证、佐证。例如,在张凯闵等 52 人电信网络诈骗案[①]中,就是因为涉案笔记本电脑和手机中提取的 Skype 账户登录信息等电子

① 参见 2020 年最高人民检察院指导性案例第 67 号。

证据能够与嫌疑人供述相互印证，确定了其网络身份和现实身份具有一致性。

（三）综合出示

综合出示是指将电子证据与提取、勘验、检查、侦查实验笔录，检验报告，鉴定意见，以及公证书等同时出示的方式。

就出示和演示的维度而言，电子证据具有双重外观。一方面，任何电子证据都由二进制代码构成，而绝大多数主体都无法通过单纯的二进制代码展示确定其外观及功能。另一方面，无论采用打印件、拍照件、录像件出示还是以多媒体形式展示，即使是电子证据的可视外观都无法与其二进制代码外观建立唯一对应关系。相似的可视外观可能是由截然不同的二进制代码构建的。

而且在实践中，相当多的电子证据无法直接显现准确内容或者直接转化为打印件展示，或者即使能直接显现和打印也无法让司法人员、律师及相关当事人明了其实质内容、内在关系、独特属性及功能。

因此，需要同时出示鉴定意见书、检验报告、勘验检查笔录、公证书，以更好地展现电子证据的属性、内容、功能、待证事实的关系以及证明力。《律师办理电子数据证据业务操作指引》第 56 条也规定了这样的方式："律师向法庭提交电子数据证据，可以通过打印件、取证报告、鉴定意见书或者公证文书等方式；必要时，还可以通过列表方式对电子数据证据进行归纳整理，并以书面报告的方式进行说明。"

这样就可以结合专业人员对电子证据的鉴定、检验、勘验、检查、公证以及他们对这些专业活动的文字说明与分析，甚至是他们的亲自出庭说明，更完整、更形象、更专业地出示电子证据。

例如，在姚晓杰等 11 人破坏计算机信息系统案中[①]就出现了分析报告和电子数据的横向比对与综合出示。在该案中，国家计算机网络应急技术处理协调中心广东分中心分析了公安机关移送的来自被害单位的电子数据，确定了主要攻击源的 IP 地址，其分析报告筛选出了大流量攻击源 IP，其中有 198 个 IP 为被控主机，被 14 个控制端服务器控制。接着，通过比对被告人丁虎子等人电脑中的电子数据，证实他们控制的服务器就是实施上述网络攻击的服务器。再如，在张凯闵等 52 人电信网络诈骗案[②]中，国家信息中心电子数据司法鉴定中心鉴定出的起始基准时间与被起获涉案电子设备的时间能综合印证，证实了电子数据的真实性。

这些案例均是电子证据类案件办理的典型场景，充分说明了电子证据要与相关鉴定意见、分析报告、勘验检查笔录等证据对比使用、综合出示。

拓展阅读

电子证据转化出示的情形

① 最高人民检察院指导性案例第 69 号（2020 年最高检第十八批指导性案例）。

② 最高人民检察院指导性案例第 67 号（2020 年最高检第十八批指导性案例）。

第三节 电子证据的质证

在“物联网”实现人—物、物—物的互联互通的大背景下，任何行为都会在数据层面产生与其相对应的痕迹，而对已有痕迹的增删改亦会产生相对应的痕迹。因此，对电子证据的提取、固定、检查、鉴定的本质其实都是将数据恢复为行为并予以可视化的过程。而电子证据的质证，则是对电子证据生成、提取、固定、移送、检查、实验、检验及鉴定中运用的方法、依据的规则、恢复的内容的真实性、合法性、关联性质疑和挑战的过程。

一、一般性规定

质证，包括对证据能力的质证和对证明力的质证，前者包括对真实性、合法性与关联性的质证。2016 年《电子数据规定》第 2 条就总括性地规定，“人民检察院、人民法院应当围绕真实性、合法性、关联性审查判断电子数据”。相应地，当事人及律师对电子证据质证时，也应当主要围绕这“三性”及其证明力进行。

2021 年《最高人民法院关于适用〈中华人民共和国刑事诉讼法〉的解释》第 114 条规定：“电子数据具有下列情形之一的，不得作为定案的根据：（一）系篡改、伪造或者无法确定真伪的；（二）有增加、删除、修改等情形，影响电子数据真实性的；（三）其他无法保证电子数据真实性的情形。”可见，对电子证据的质证，尤其是围绕真实性方面的质证将直接影响到案件的证明与定罪量刑问题。但同时，对电子证据真实性分析和检测又具有极强的跨学科特点，需要很高的专业水平。因此，法律从业者一方面要勇于学习新知识，另一方面也要遵循对鉴定意见质证的原则和方法，善用鉴定人和专家辅助人。

鉴于司法人员普遍不太熟悉电子数据相关知识，对电子证据真实性、合法性、关联性及证明力的质证，不能同等着力，可以采用以质证关联性为优先，以质证真实性、证明力为支撑，辅以质证合法性的质证方案。[①] 另外，对电子证据的质证还需特别注意对相关鉴定意见的质证。

二、对电子证据关联性的质证

作为定案根据的电子证据，当然需要与案件事实有关联性。进一步讲，案件事实的确定需要建立起“电子证据—案件事实”与“当事人—当事人”的双重关联性，否则就不能认为电子证据锁定了案件事实与当事人之间的联系。

《人民检察院办理网络犯罪案件规定》第 33 条对审查、质证电子证据的关联性作了双层规定：“对电子数据的关联性，注重审查以下内容：（一）电子数据与案件事实之间的关联性；（二）电子数据及其存储介质与案件当事人之间的关联性。”即从电子证据是不是案件

---

① 参见刘品新：《电子证据法》，中国人民大学出版社 2021 年版，第 466 页。

事实或者是否与案件事实有关联性，以及该电子证据是不是当事人的或者当事人行为留下的电子痕迹这两个层面进行审查和质证。

对电子证据关联性的质证可以选择从时间、地点、行为人、行为工具及行为等维度中的一个或者多个展开，即对控方和原告提出的关于“在什么时间、什么地点、什么人、用什么电子设备、从事了什么行为”证据事实展开重点维度或多维度质证。

（一）从时间维度质证

这是指对涉案计算机、手机等电子设备、存储介质及其中的电子证据进行开关机时间、运行时间、创建时间、修改时间、最后一次访问的时间等方面核对和比对。这样不仅能揭示全案证据之间的矛盾或者印证关系，而且有助于准确揭示电子设备及电子证据与案件当事人之间的对应或者不对应关系。

（二）从地点维度质证

这是指对涉案电子证据有关的虚拟地址，包括对 IP、MAC、GPS 地址等进行分析，并和当事人的电子设备地址进行比对，这是分析电子证据与当事人之间关系的重要一环，因此，在质证中应给予充分重视。

（三）从行为人维度质证

这是指从虚拟身份与当事人身份是否具有同一性角度进行的分析。这也需要综合运用各种方法进行判断。2016 年《电子数据规定》第 25 条第 1 款规定：“认定犯罪嫌疑人、被告人的网络身份与现实身份的同一性，可以通过核查相关 IP 地址、网络活动记录、上网终端归属、相关证人证言以及犯罪嫌疑人、被告人供述和辩解等进行综合判断。”

（四）从行为工具（存储介质）维度质证

这是从电子设备及存储介质是否由当事人持有或者使用的角度进行的质证。这包括了很重要的两个质证思路和方向：（1）电子设备及存储介质是否为当事人所用？是否存在被他人使用、与他人合用等情形？[①]（2）电子设备及存储介质被固定、封存后，是否还存在非法解封、电子数据被增删改的情形？

（五）从行为维度质证

这是指通过电子证据恢复出电子证据持有人的具体行为链条，进而判断当事人的行为是否在该链条范围之内的质证。如果不能印证，则说明相关当事人对电子证据关联性的质

① 2016 年《电子数据规定》第 25 条第 2 款规定：“认定犯罪嫌疑人、被告人与存储介质的关联性，可以通过核查相关证人证言以及犯罪嫌疑人、被告人供述和辩解等进行综合判断。”

这些关于虚拟身份和真实身份同一性审查的规定是鉴于司法工作人员对审查电子数据及存储介质所需计算机专业知识的缺失，作出的具有针对性的规定，其目的在于，当无法直接明确电子数据及其存储介质的关联性时，可以基于证据间的相互印证实现对这两大关联问题的间接审查。

因此，在质证过程中，辩护人和诉讼代理人可以制定一套具有逻辑层次性的战术，既注重对电子数据及其存储介质本身同案件及当事人的关联性质证，又重视对这些关联性提供印证作用的其他证据的审查。

另外，实践中，办案人还可能会对这些设备及存储介质相关 IP 地址、遗留的生物检材进行分析鉴定和检验，以建立关联性。因此，遇到这种情况，辩护律师和诉讼代理人还要对这些鉴定意见和检验报告进行针对性质证。

证达到了很好的效果。

需要说明的是，上述质证维度既可以单独、重点运用，也可以综合运用；同时，每一个维度的运用也需要注重纵向挖掘、横向比对和综合印证，这样才能对电子证据与案件事实以及当事人之间的关联性提出更有效的质疑。

三、对电子证据真实性的质证

（一）针对全流程进行质证

对真实性的质证，应当围绕电子证据产生、提取、固定、移转、检查、检验、鉴定到出现于法庭的各环节的操作步骤和程序遵守相关规范的情况展开。[①] 这要求对电子证据的全部流程进行真实性审查和认定。因为本书对这些环节的技术和程序要求另有专章论述，这里不再赘述，仅以两个环节为例进行说明：

例如，按照法律规范的要求，对移送的电子证据，接收方应当开展证据同一性、真实性、完整性的审查，以保证电子证据在点与点、阶段与阶段间能够同一、真实、完整、可靠地传递。那么相应地，对电子证据及其存储介质进行真实性质证时，就应当对移送前后的电子证据是否具有同一性以及是否进行了同一性、完整性比对和检测给予充分关注。

再如，在检查电子证据过程中，因其具有一定的脆弱性，如果不遵循法定的方法和步骤，也会损害其本身的真实性、完整性。那么，在质证时，就可以针对上述的写保护、备份、解封和再封时拍照、信号屏蔽要求的执行情况，进行审查和分析。发现不规范的检查活动可能导致电子证据发生变化或无法排除增删改可能性的，可以请求法院排除。

（二）真实性、完整性质证的具体方法

对电子证据真实性审查和质证的具体方法作出最准确、最详尽规定的法律规范是2016年《电子数据规定》。其第22条规定："对电子数据是否真实，应当着重审查以下内容：（一）是否移送原始存储介质；在原始存储介质无法封存、不便移动时，有无说明原因，并注明收集、提取过程及原始存储介质的存放地点或者电子数据的来源等情况；（二）电子数据是否具有数字签名、数字证书等特殊标识；（三）电子数据的收集、提取过程是否可以重现；（四）电子数据如有增加、删除、修改等情形的，是否附有说明；（五）电子数据的完整性是否可以保证。"

同时，在电子证据真实性审查时还应注重完整性审查，对此，2016年《电子数据规定》第23条作出了规定。2021年《最高人民法院关于适用〈中华人民共和国刑事诉讼法〉的解释》关于电子证据真实性、完整性审查的条文完全吸收了上述条款。相应地，对其真实性的质证也不能忽略这一层面。

① 例如，《北京市高级人民法院关于知识产权民事诉讼证据适用若干问题的解答》指出，认定电子数据的真实性，应当"根据案件的具体情况，对电子证据的真实性可以从电子证据是如何形成、如何存储、如何传送、如何收集以及电子证据是否完整等方面认定。"

关于互联网法院在审理案件中对电子证据的审查与质证的方法和要求，2018年《最高人民法院关于互联网法院审理案件若干问题的规定》第11条第1款规定："互联网法院应当结合质证情况，审查判断电子数据生成、收集、存储、传输过程的真实性，并着重审查以下内容：（一）电子数据生成、收集、存储、传输所依赖的计算机系统等硬件、软件环境是否安全、可靠；（二）电子数据的生成主体和时间是否明确，表现内容是否清晰、客观、准确；（三）电子数据的存储、保管介质是否明确，保管方式和手段是否妥当；（四）电子数据提取和固定的主体、工具和方式是否可靠，提取过程是否可以重现；（五）电子数据的内容是否存在增加、删除、修改及不完整等情形；（六）电子数据是否可以通过特定形式得到验证。"

值得一提的是，还需要对在互联网法院审理案件所特有的技术性、真实性确认手段保持警惕，勇于质证。2018年《最高人民法院关于互联网法院审理案件若干问题的规定》第11条第2款规定："当事人提交的电子数据，通过电子签名、可信时间戳、哈希值校验、区块链等证据收集、固定和防篡改的技术手段或者通过电子取证存证平台认证，能够证明其真实性的，互联网法院应当确认。"这是我国首次以司法解释形式对通过电子签名、可信时间戳、哈希值校验及区块链等存证、固证手段取得的电子证据的真实性的直接确认。但需注意这其实只是真实性推定，当事人及律师还应当借助证据或者专家辅助人对其真实性予以分析和质证。尤其是电子证据签名前、上链前的真实性、完整性及同一性是这些手段本身并不能保证的，因此，仍有很大质证必要。

同时，随着海量数据的大规模累积与爆炸性增长，在人工智能和算法技术的推动下，大数据技术也和电子签名、可信时间戳、哈希值校验、区块链技术一样受到了侦查和司法机关的重视。而大数据证据，从本质上看，其实是对电子数据进行外部运算的检验报告。同时，其中的算法往往还关乎商业秘密，因此对大数据证据的真实性和可靠性，当事人及律师也应秉持上述质证的立场和方法。

四、对电子证据合法性的质证

我国现行法律规范已对电子证据的合法性审查作出了较细致的规定。2016年《电子数据规定》第24条规定："对收集、提取电子数据是否合法，应当着重审查以下内容：（一）收集、提取电子数据是否由二名以上侦查人员进行，取证方法是否符合相关技术标准；（二）收集、提取电子数据，是否附有笔录、清单，并经侦查人员、电子数据持有人（提供人）、见证人签名或者盖章；没有持有人（提供人）签名或者盖章的，是否注明原因；对电子数据的类别、文件格式等是否注明清楚；（三）是否依照有关规定由符合条件的人员担任见证人，是否对相关活动进行录像；（四）电子数据检查是否将电子数据存储介质通过写保护设备接入到检查设备；有条件的，是否制作电子数据备份，并对备份进行检查；无法制作备份且无法使用写保护设备的，是否附有录像。"

2021年《最高人民法院关于适用〈中华人民共和国刑事诉讼法〉的解释》第112条对

这一条文进行了吸纳,增加了调查人员,增加了一项作为第 4 项:“采用技术调查、侦查措施收集、提取电子数据的,是否依法经过严格的批准手续”,同时简化了最后一项关于对电子证据检查审查的文字表述。因此,这五项是对电子证据分析和质证时需要借鉴的重要方法。

至于分析、质证后发现电子证据合法性存在上述问题的,应当承担怎样的证据处罚后果,则要结合我国现阶段法律规范的实践。

一方面,我国电子证据的非法排除规则可以说是附条件排除,即《电子数据规定》第 27 条规定的先给收集、提取程序瑕疵补正及合理解释的机会,不能补正或合理解释的再排除。

另一方面,更重要的是,上述合法性问题可能导致电子证据的同一性、关联性、真实性和证明力不足,当事人及律师可以依据 2016 年《电子数据规定》第 28 条关于非真实电子证据排除的要求,提出完全排除的质证意见,或者从同一性、关联性角度进行实质性质证。

五、对电子证据鉴定意见的质证

电子证据中有鉴定意见的,需要对该鉴定意见的质证进行专门分析和说明。电子证据的专业性决定了大多数司法从业者无法对其底层代码进行判断分析,因此,外部司法鉴定机构的引入就很有必要。不可否认的是,针对电子证据的鉴定意见专业程度更高、质证难度更大,但这并不意味着对电子证据的鉴定意见无法进行审查和质证。实际上,其质证反而大有空间,作为司法人员要勇于打破鉴定意见的神话,敢于从技术和法律、实体和程序等角度对其进行质证,以避免不规范甚至错误的电子证据鉴定意见成为定案根据。

对此,2021 年《最高人民法院关于适用〈中华人民共和国刑事诉法〉的解释》第 98 条从八个方面详细列举了鉴定意见不得作为定案根据的情形。[①] 其中,针对鉴定主体、鉴定对象、检材来源的规定属于实体性标准;针对鉴定程序、鉴定方法、鉴定文书格式等的规定属于程序性标准。这些都可以引导我们进行电子证据鉴定意见质证。

(一)从实体性标准层面质证

2015 年《全国人民代表大会常务委员会关于司法鉴定管理问题的决定》(以下简称《决定》)和《最高人民法院、最高人民检察院、司法部关于将环境损害司法鉴定纳入统一登记管理范围的通知》规定,对法医类鉴定、物证类鉴定、声像资料鉴定和环境损害司法鉴定(俗称“四大类”)实施统一登记管理。

按照上述规范性文件的要求,鉴定机构和鉴定人接受委托,需要取得相应的资质。鉴定

① 鉴定意见具有下列情形之一的,不得作为定案的根据:(一)鉴定机构不具备法定资质,或者鉴定事项超出该鉴定机构业务范围、技术条件的;(二)鉴定人不具备法定资质,不具有相关专业技术或者职称,或者违反回避规定的;(三)送检材料、样本来源不明,或者因污染不具备鉴定条件的;(四)鉴定对象与送检材料、样本不一致的;(五)鉴定程序违反规定的;(六)鉴定过程和方法不符合相关专业的规范要求的;(七)鉴定文书缺少签名、盖章的;(八)鉴定意见与案件事实没有关联的;(九)违反有关规定的其他情形。

机构应当有明确的业务范围，在业务范围内进行司法鉴定所必需的仪器、设备以及依法通过计量认证或者实验室认可的检测实验室，同时每项司法鉴定业务有3名以上鉴定人。

鉴定人应当具有与所申请从事的司法鉴定业务相关的高级专业技术职称；或者具有与所申请从事的司法鉴定业务相关的专业执业资格或者高等院校相关专业本科以上学历，从事相关工作5年以上；或者具有与所申请从事的司法鉴定业务相关工作10年以上经历，具有较强的专业技能。

在此基础上，鉴定机构和鉴定人需要向省级人民政府司法行政部门提出申请，经审核符合相应条件，编入鉴定机构和鉴定人名册并予以公告。

因此，对于电子数据鉴定意见鉴定主体的质证，可以着重审查鉴定机构是否取得《司法鉴定许可证》、鉴定人是否持有《司法鉴定人执业证》；同时，还可以对其资格进行实质性调查，分析相关主体是否严格符合《决定》的要求，进而对“两证”的取得过程提出质疑，以达到推翻鉴定意见的目的。

对鉴定对象，除了可以对电子数据的对象、检材、样本的来源、保管链条等关乎电子证据同一性、真实性和关联性的要素进行质证外，还可以对电子数据鉴定人的鉴定事项是否遵循法律规定进行质证。《司法鉴定执业分类规定》明确了鉴定主体的工作职能与权限，要求鉴定人必须在其范围内开展工作，超越规定事项得出的鉴定意见同样不得作为定案根据。具体而言，该分类规定将电子数据鉴定分为了存在性鉴定、真实性鉴定、功能性鉴定及相似性鉴定四大类型。如果鉴定人超出了自己的鉴定范围进行鉴定，或者其意见不是针对这四个方面的，则其意见不得作为定案根据。

（二）从程序性标准层面质证

电子数据鉴定的程序、过程和方法应当遵循电子数据规范要求。我国《司法鉴定程序通则》第23条更是明确规定，司法鉴定人进行鉴定，应当依国家标准、行业标准和技术规范、该专业领域多数专家认可的技术方法的顺序遵守和采用该专业领域的技术标准、技术规范和技术方法。换言之，国家标准优先于行业标准和技术规范，而多数专家认可的技术方法只能作为对前两者缺失时的补充。[①] 因此，在质证时也可以结合相关的国家标准、行业标准和技术规范、技术方法进行质证。

具体而言，现阶段与电子数据鉴定相关的技术标准（包括国家标准、公共安全行业标准、司法部技术标准）超过60余项，涵盖了从提取到保存、手机到介质、硬件到软件、功能性到相似性等很多方面。每一份电子数据鉴定工作都必须严格按照相应的技术标准展开。鉴定人对手机取证用了介质取证的标准或者在进行功能性鉴定时不运行软件而是直接分析代码的行为都属于未遵循相关技术标准。

① 可供参考的是，美国对专家证言的“多伯特规则”，也强调专家意见需要符合“科学领域普遍接受”标准，即检验鉴定所依据的科学理论和技术方法：(1)必须能够得到检验；(2)必须公开发表并得到同行认可；(3)有基础研究证明其错误率；(4)鉴定专家必须有资格进行该项鉴定，鉴定结果必须可由其他专家用同样方法获得；(5)专家必须能够以通俗、简洁的语言向法庭解释该科学原理和鉴定结果，使法庭和陪审员能够正确理解。

此外，2021 年《最高人民法院关于适用〈中华人民共和国刑事诉讼法〉的解释》第 98 条还规定，鉴定文书缺少鉴定人签名、盖章的，该鉴定意见不得作为定案根据。我国实行鉴定人负责制，鉴定人应当独立进行鉴定，对鉴定意见负责并在鉴定文书上签名或者盖章。对于多人共同参与的鉴定，应当由全部鉴定人签名或者盖章；对鉴定意见有不同意见的，应当在鉴定文书上详细注明。因此，查验签名或者盖章也是对电子证据鉴定意见质证的重要内容和方法。

最后，2021 年《最高人民法院关于适用〈中华人民共和国刑事诉讼法的解释》第 99 条第 1 款及《电子数据规定》第 26 条第 2 款均规定：经人民法院通知，鉴定人拒不出庭作证的，鉴定意见不得作为定案的根据。因此，要求鉴定人出庭接受质证也是对电子数据鉴定意见进行质证的重要方法之一，这样可以通过律师自己或者借助专家辅助人对鉴定人和鉴定意见提出挑战。

六、综合质证：要件引导下的横纵质证相结合

我国电子证据法专家刘品新教授提出的聚焦于内容、材料、标准及规则的聚焦式质证方法，及其中的重要手段和黄金法则——“电子证据—取证笔录—鉴定意见”三方面对照分析法，对电子证据的质证有很强的实践指导意义。[①] 这里结合各方面材料和观点提出，对电子证据的质证可以针对控方或原告关于电子证据类案件的事实要件“什么人、于什么时间、在什么架构下、采用什么设备和软件、从事了什么行为、导致了什么后果”的论证，进行全方位质证。这其实也是一种“要件引导式质证”。

同时，要对案件的电子证据及其相关材料进行综合质证，即既要对电子证据本身的存储位置，生成、访问和修改时间等属性，以及电子证据本身的同一性、真实性、完整性、关联性、合法性进行审查；也要对电子证据的相关材料，如各种笔录进行审查。如果有鉴定意见或检验报告，还要对鉴定意见及检验报告进行审查。而且，这三个方面还要综合起来进行对照和分析。

另外，还要注意对电子证据、相关笔录及鉴定意见的纵向审查，注意审查和质证它们的完整性、全面性和时空性。

具体而言，在这一综合质证过程中，需要注意对电子证据取证、固定、鉴定的主体、标准、方法的横向比对和纵向审查。例如，取证主体是否为两人以上，鉴定主体是否有资质及资格，笔录和清单是否符合要求，是否符合见证人、录音录像、计算电子数据完整性校验值等要求，是否按照要求进行了写保护连接、备份制作，设备日志及网络日志是否显示了异常，等等。

拓展阅读

黄某侵犯公民个人信息案

① 刘品新：《电子证据法》，中国人民大学出版社 2021 年版，第 445—499 页。

本章小结

本章主要讨论了电子数据的移送、出示和质证问题。在移送上,不仅论述了司法机关之间及其内部移送的程序,还特别分析了行政机关与司法机关之间移送的特殊问题。同时,特别强调了优先移送原件及备份,移送要全面、真实、完整、及时,移送前后要鉴真,以及移送中要及时剔除非法证据的原则。在出示问题上,分别讨论了直接出示、转化出示和综合出示的方法和注意事项。

本章最重要的内容是对电子数据的质证问题。首先,论述了从时间、地点、行为人、行为工具、行为本身维度对电子数据关联性的质证,从全流程角度对电子数据真实性的质证,以及从规范性文件要求角度对电子数据合法性的质证。其次,对较为疑难复杂的电子数据鉴定意见,论述了从实体性和程序性层面的质证方法。最后,特别强调了在有电子证据的案件中,一定要进行要件引导下的纵横结合质证:对电子证据本身的存储位置、生成访问和修改时间等属性及其同一性、真实性、完整性、关联性、合法性进行审查;对电子证据的相关材料,如各种笔录进行审查;在有鉴定意见或检验报告时,对鉴定意见或检验报告进行审查。同时,还要进行这三方面的综合对照分析,以实现有效质证。

思考题

1. 移送电子证据时的“移送原始存储介质为主”原则的积极意义和弊端分别是什么?
2. 出示电子证据时需遵循三方面相结合原则,其含义及原因是什么?
3. 对电子证据进行合法性分析、质证后,可以提出的诉讼请求有哪些?

第十一章　电子证据的审查判断

电子数据是科技的产物，很容易被篡改，且被篡改之后不易被发现，因而在使用电子数据作证时要特别审慎。

——汤维建

随着智能化产品在国民经济、人民生活等领域的应用范围越来越广，智能化程度越来越高，作用越来越大，大量电子证据涌入司法视野，诉讼中电子证据的适用也愈发平常。电子证据开始在互联网时代司法实践中发挥举足轻重的作用，甚至有学者认为“人类进入了新的司法证明时代——电子证据时代”[①]。三大诉讼法均已明确将“电子数据”作为一种法定证据种类。我国关于电子证据的规范性文件逐渐增多，并逐渐呈现出体系化的发展方向。2021年6月，最高人民法院发布了《人民法院在线诉讼规则》，明确了电子化材料的效力和审核规则，进一步完善了电子证据规则。在此背景下，如何审查判断电子证据成为司法实务界与理论界的关切热点，也是当前司法审判的重大难题和亟待解决的新型问题。由此，电子证据的审查判断已经成为一个棘手的共识性问题，尤其是如何审查判断电子证据的证据能力和证明力问题。

第一节　电子证据审查判断概述

为了预防司法误判，必须对证据进行认真审查判断，形成对证据正确恰当的认定，对于新的证据类型——电子证据而言尤为如此。近年来，司法实践中电子证据的审查判断愈发重要，需要建立较为统一的规则。电子数据的审查判断应当建立在电子数据自身的物理属性和特点上，这就使得电子数据的审查判断具有区别于传统证据的特殊性。[②]虽然我国相继出台了《公安机关办理刑事案件程序规定》《关于办理死刑案件审查判断证据若干问题的规定》等规定，修订了三大诉讼法，完善了相应司法解释，形成了对电子证据审查判断的规

① 樊崇义，李思远：《论电子证据时代的到来》，《苏州大学学报》2016年第2期。

② 参见胡铭：《电子数据在刑事证据体系中的定位与审查判断规则——基于网络假货犯罪案件裁判文书的分析》，《法学研究》2019年第2期。

则体系雏形，但总的来说，这些规则尚未形成体系。仍需进一步建构电子证据审查判断的系统性规则，凝聚电子证据审查判断的共识。

一、电子证据审查判断内涵

证据的审查判断问题是中国证据法学者较为关注的概念，相关术语历经了“审查判断证据”到“证据的审查判断”的变迁。电子证据的高科技性及易改性令收集、保全、判断电子证据的原始数据存在现实困难，传统证据规则已无法满足电子证据运用的需求。基于此，随着时代变迁，必须突破传统证据规则思维局限，重新审视电子证据审查判断相关问题，包括重新厘清相关概念和内容。

（一）电子证据审查判断的概念

电子证据的审查判断是指在诉讼过程中，对用于证明待证事实的电子证据，根据其客观性、关联性、合法性判断其是否具有证据能力，并结合其真实性、完整性和充分性对电子证据证明力大小进行审查判断。就电子证据的审查判断主体而言，其具有多样性。在刑事诉讼中，侦查人员、检察官、法官和律师均是审查证据的主体。在民事诉讼和行政诉讼中，证据审查主体则主要是律师和法官。需要特别注意的是，在三大诉讼领域中，证据认定均属于法官行使审判权的一项职能活动，即只有法官才能在对电子证据审查判断的基础上进行认定。可见，侦查人员、检察官和律师基于工作性质可参与对电子证据的审查判断，但其行为不属于对电子证据进行认定。就电子证据审查判断的客体而言，需要强调的是，审查判断的对象是证据而非案件事实，审查判断电子证据仅仅是为认定案件事实服务的，不可直接等同于认定案件事实。

（二）电子证据审查判断的内容

总的来说，电子证据的审查判断包括电子证据能力的审查和电子证据证明力的判断。电子证据的证据能力，又称“证据力”“证据资格”，是指在诉讼中电子证据是否可作为证据被采纳，即电子证据是否获准进入诉讼的“大门”。电子证据的证明力则是指在诉讼中被采纳的电子证据对待证事实的证明效力大小。对电子证据证据能力的审查也可称为电子证据的采纳，对应而言，对电子证据证明力的判断也可称为电子证据的采信。采纳和采信既是电子证据审查判断的两个重要内容，也是电子证据审查判断的两个步骤。就两者关系来说，电子证据的采纳是采信的基础，对未被采纳的电子证据无须进行采信判断，当然，被采纳的电子证据也并非一定会被采信。

二、电子证据审查判断基本原则

从不同视角分类，证据的审查判断可以被归纳出不同的原则，本部分仅是基于电子证据的特殊性而梳理厘定了电子证据审查判断基本原则。其主要包括同等对待原则、综合判断原则、严重瑕疵证据排除原则和专业性技术支持原则。

（一）同等对待原则

同等对待原则，也有观点称之为非歧视原则或平等赋予原则，是指电子证据应当享有与传统证据同等的法律地位，即审判人员在审查判断电子证据时不可因电子证据的特殊属性而对其适用要求较之其他证据种类更高的证明标准，抑或是在同等条件下赋予其较之其他证据种类更低的证明力。基于电子证据的不安全性或不可靠性，相对传统证据，人们对电子证据抱有天然的质疑和担心。同等对待原则旨在解决审判人员因对电子证据不信任而提高其证明标准的窘境，以避免大量本该被采信的电子证据被排除适用而影响了司法公平或阻碍智慧司法进程。《中华人民共和国合同法》（已失效）最早确立电子证据同等对待原则，即将数据电文与合同书、信件并列为书面形式。2012 年修订的《刑事诉讼法》（已被修改）、《民事诉讼法》（已被修改）和 2014 年修订的《行政诉讼法》（已被修改）以及 2018 年颁布的《监察法》先后将电子数据纳入法定证据种类，进一步巩固了电子证据同等对待原则。《人民法院在线诉讼规则》规定，经人民法院审核通过的电子化材料，可以直接在诉讼中使用，不必再提交原件。同等对待原则逐渐成为电子证据法律规范的重要指导思想和基本价值理念。

（二）综合判断原则

鉴于电子证据以数据化形式存在，其呈现必须依托一定的数据环境与电子设备。因此，在审查判断电子证据时，必须综合判断，除审查呈现出的数据本身，还应审查电子证据的附属信息、数据环境、存储介质、收集程序以及内容是否真实、有无篡改、剪切或伪造等情况。对包括电子证据形成的时间、地点、对象、制作人、制作过程、设备情况等，进行综合性考量，以系统性思维将电子证据与其附属信息、数据存在环境进行相互印证。相对而言，审查电子证据的存储介质更为重要，包括存储介质的来源是否合法、可靠以及存储介质是否完整，如电子证据所记录的电子信息是否完整、连贯。若某一介质存在篡改、伪造情形或无法确定真伪，则其所存储的电子证据的真实性与可靠性将被质疑甚至不被采纳和采信。需要注意的是，无论电子证据性质上属于直接证据抑或间接证据，对电子证据的综合判断，均需要“结合其他证据”，即其他旁证或佐证的支撑。如《最高人民法院知识产权案件年度报告（2015）》阐述电子证据真实性和证明力的审查判断时，引用了（2015）知行字第 61 号案件裁判思路，强调在审查判断以公证书形式固定的互联网站网页发布时间的真实性与证明力时，应考虑公证书的制作过程、网页及其发布时间的形成过程、管理该网页的网站资质和信用状况、经营管理状况、所采用的技术手段等相关因素，结合案件其他证据进行综合判断。[①]

---

① 参见《最高人民法院知识产权案件年度报告（2015）》。

【阅读案例】

杨某诉上海证监局证券行政处罚案[①]

本案例的裁判主旨：在仅凭电子证据难以认定“尹某”账户完全由杨某（某证券公司营业部总经理）操纵时，在结合手机、电脑下单情况基础上，通过对“尹某”账户资金来源、相关证人陈述等情况综合判断，最终认定杨某“违法借用他人名义持有、操作股票”。

本案法院的裁判观点：在“尹某”证券账户交易中，来自杨某手机以及杨某所在证券营业部电脑下单的比例约为95%，该证券账户对应的第三方存管银行账户交易也有80%以上与杨某手机及其所在营业部电脑访问有关。“尹某”证券账户相关网银账户资金也来源于杨某，且账户资金由杨某消费使用；同时，杨某对“尹某”账户资金来源，手机、电脑下单情况，账户操作主体的表述，与尹某等人在询问笔录中相关表述存在明显矛盾。此外，根据本案事实，“尹某”证券账户已有超过3亿元人民币的巨额交易，但尹某自述其证券账户由其好友之子操作。该好友之子她自小便认识，但不知其姓名，这也与常理明显相悖。通过对以上电子证据的分析，可以认定仅杨某系“尹某”账户操作主体。

（三）专业性技术支持原则

专业性技术支持原则是指由于电子证据审查判断的技术要求较高，当前司法人员对电子证据审查的技术能力掌握有限，对电子证据的审查判断显得“力不从心”，因此要求所有法官都精通电子证据专业技术缺乏现实性。在这种情况下，应充分寻求以现有技术支持的方式来应对相关技术难题。“电子证据时代的到来，客观上要求法院必须要遵循认识论的客观规律，尊重电子证据本身特有的属性，构建真正属于这一新生事物的证据规则”[②]。因此，从司法实务的视角看，在审查判断电子证据时，需建构借助司法鉴定或专家辅助人的运行机制。若电子证据审查判断技术难度较高，需聘请专家辅助人帮助审判人员了解案件事实真相，审判人员在对电子证据进行审查判断时应充分尊重专家意见。根据电子证据鉴定程序规则需要鉴定的，必须进行鉴定。当然，并非所有存在疑点的证据均需要鉴定，对于刑事诉讼中的重罪案件和民事诉讼中双方争议较大的案件，在电子证据存在疑点时应尽可能通过鉴定方式排除合理怀疑。相关司法解释规定，提供通过技术手段恢复或者破解的与案件有关的光盘或其他数字存储介质、电子设备中被删除的数据、隐藏或者加密的电子数据，必须附有恢复或破解对象、过程、方法和结果的专业说明。近年来，国家也较为重视电子证据技术支持方面的创新，如2020年5月25日，《最高人民法院工作报告（2020）》提出要推动大

---

① 上海市高级人民法院参考性案例第91号（2020）。

② 樊崇义，李思远：《论电子证据时代的到来》，《苏州大学学报》2016年第2期。

数据、区块链等技术深度应用，建成全国统一司法区块链平台，创新在线存证方式，推动解决电子证据取证难、存证难、认证难问题。[①]

三、电子证据审查判断方法与策略

电子证据的审查判断方法并非学术术语或法律规则，在司法实践中被视为一种司法技能，对其理解也见仁见智。从不同的视角可将其归纳为不同的审查方法，如聚焦式审查、还原式审查、实验式审查、勘验式审查、对照式审查等方法。本教材主要介绍印证式审查方法和重视听取质证意见的策略。一方面，电子证据审查应当强化印证式审查方法的运用。印证式审查方法，强调证据的相互印证，以形成完整证据链条。我国证据确实充分的证明标准也强化了印证证明要求和审查方法的运用。基于电子证据的特性，对电子证据的审查判断，更加应当注重电子证据与其他证据之间的相互印证。另一方面，从策略视角出发，应当重视电子证据质证。质证是证据运用的必要环节，也是帮助审查判断电子证据的重要方法。三大诉讼法均明确规定未经质证的证据材料不得作为定案根据。《人民法院在线诉讼规则》第 12 条规定，对方当事人认为电子化材料与原件、原物不一致，并提出合理理由和依据的，人民法院应当要求当事人提供原件、原物。对方当事人对电子化材料与原件、原物的一致性未提出异议的，人民法院可以认定符合原件、原物形式要求。这进一步凸显了质证对电子证据审查的重要作用。因此，在涉及电子证据的诉讼中，应当充分尊重当事人对电子证据的质证权，充分听取当事人有关电子证据的质证意见。

第二节 电子证据证据能力审查

根据证据法学基础理论，证据能力又称证据资格，是指证据材料是否具有作为认定案件事实根据的法律上的资格。对没有证据能力的证据则应当予以排除，不得将其作为认定案件事实的根据。电子证据同样应当首先具备证据能力，才可作为证据在诉讼中使用。对于电子证据证据能力的审查判断也主要从客观性、关联性、合法性三个维度进行，对这些内容的审查判断又称电子证据的采纳。

一、电子证据客观性审查

从司法实践发展的视角看，具有客观性是证据被采纳的基础和前提，证据的客观化采纳是人类司法活动的不懈追求，能够提高司法的可预期性、公正性和公信力。由于电子证据本身易被删改且不易留痕，电子证据的客观性可在一定程度上成为判断电子证据是否完好无损的依据，对电子证据审查判断有重要意义。与传统证据客观性呈现所需的物质载体不同，电子证据的客观性呈现主要依托硬盘等相应的电子设备和技术，这种数字化的呈现

---

① 参见《最高人民法院工作报告（2020）》。

方式决定了电子证据较易受外部因素影响,计算机病毒、软件故障、操作失误等意外因素以及伪造、篡改等人为因素均可能导致电子证据丧失其原有的客观性。由此,开展电子证据的客观性审查应极为审慎,在司法实践中往往需对电子证据的原始载体、取证过程及其所包含的电子信息内容的可能性、一致性、合理性等进行综合审查,以判断电子证据是否具备客观性。

二、电子证据合法性审查

将证据合法性作为证据采纳的前提,是国家基于司法公正或保障人权考量而采取的价值选择。合法性是一种社会属性,是电子证据审查判断的难点之一。通常,电子证据的合法性是指电子证据的取证主体、程序、手段和呈现形式符合法定要求。不符合证据合法性要求的证据称为非法证据,非法证据的排除是对电子证据合法性审查判断后最为严厉的决定。刑事诉讼极为重视非法证据的排除,民事诉讼和行政诉讼也较为重视非法证据的排除。因此,电子证据的合法性审查判断和非法电子证据排除也不容忽视。

(一)电子证据合法性的审查判断

电子证据的合法性审查包括对电子证据取证主体、设备、程序等内容是否合法以及是否侵犯公民隐私权的审查。总体而言,电子证据的合法性问题可以归纳为电子证据的呈现形式问题和电子证据的取证问题。当然,电子证据内容的合法性也不容忽视,目前,对电子证据内容合法性审查尚无系统性规定,其审查结果主要取决于法官自由裁量,不再详细阐述。

1. 电子证据呈现形式合法性问题

不同诉讼领域对电子证据的形式规定略有不同。《民事证据规定》第 14 条就电子证据的呈现形式进行了列举,即电子数据包括:网页、博客、微博客等网络平台发布的信息;手机短信、电子邮件、即时通信、通讯群组等网络应用服务的通信信息;用户注册信息、身份认证信息、电子交易记录、通信记录、登录日志等信息;文档、图片、音频、视频、数字证书、计算机程序等电子文件;其他以数字化形式存储、处理、传输的能够证明案件事实的信息。《电子数据规定》第 1 条规定,电子数据是案件发生过程中形成的,以数字化形式存储、处理、传输的,能够证明案件事实的数据。电子数据包括但不限于下列信息、电子文件:(1)网页、博客、微博客、朋友圈、贴吧、网盘等网络平台发布的信息;(2)手机短信、电子邮件、即时通信、通讯群组等网络应用服务的通信信息;(3)用户注册信息、身份认证信息、电子交易记录、通信记录、登录日志等信息;(4)文档、图片、音视频、数字证书、计算机程序等电子文件。总体来说,各类立法并未严格规定电子证据的呈现形式,仅仅是对这些呈现形式进行一定的列举。

2. 电子证据取证的合法性问题

随着电子证据合法性内涵的拓展,电子证据的提取是否符合相关程序规范已经成为电子证据合法性审查判断的新标准。如 2021 年《最高人民法院关于适用〈中华人民共和国刑事诉讼法〉的解释》和《人民检察院办理网络犯罪案件规定》(2020 年 12 月 14 日最高人民检察院第十三届检察委员会第五十七次会议通过，2021 年 1 月 22 日发布施行）均将是否符合程序规范纳入电子证据审查的范畴。《电子数据规定》第 24 条规定，电子证据合法性的判断内容主要是提取和收集程序是否合法，应当着重审查以下内容："（1）收集、提取电子数据是否由二名以上侦查人员进行，取证方法是否符合相关技术标准；（2）收集、提取电子数据，是否附有笔录、清单，并经侦查人员、电子数据持有人（提供人）、见证人签名或者盖章；没有持有人（提供人）签名或者盖章的，是否注明原因；对电子数据的类别、文件格式等是否注明清楚；（3）是否依照有关规定由符合条件的人员担任见证人，是否对相关活动进行录像；（4）电子数据检查是否将电子数据存储介质通过写保护设备接入到检查设备；有条件的，是否制作电子数据备份，并对备份进行检查；无法制作备份且无法使用写保护设备的，是否附有录像"。电子数据既有视频、声音、文字和图像等直观表现手段，也有代码、数据等抽象算法，且表现手段与算法之间不一定具有唯一的对应关系，呈现出"眼见不一定为实"的特性。[①] 在此背景下，从国家层面逐渐完善电子证据收集的法定操作规程，形成合理的程序规范极为重要。

（二）不得作为定案根据的电子数据

从权利保障角度来看，事后合法性审查是实现权利保障不可或缺的机制，因为通过事后审查来排除侵犯基本权利的非法证据或瑕疵证据，可以实现对侦查机关违法取证的程序性制裁，三大诉讼法均规定了非法证据排除规则和瑕疵证据排除规则，但对于达到何种违法程度的证据应当予以排除并未进行详细明确规定。基于此，从司法实践层面看，并非所有的非法证据和瑕疵证据均应被排除，只有违法程度极为严重的非法证据才会被排除。通常而言，应当排除的证据包括两类：一类是法定必须排除的证据，如刑讯逼供获取的言词证据；另一类是司法人员行使自由裁量权，认为应当排除的证据，司法人员主要基于非法证据的侵权程度、证明程度和违法程度以及司法人员的主观过错程度等因素审查判断。《电子数据规定》也将非法排除的电子证据分为两类情形，一是第 28 条规定的三类不得作为定案根据的电子数据：（1）电子数据系篡改、伪造或者无法确定真伪的；（2）电子数据有增加、删除、修改等情形，影响电子数据真实性的；（3）其他无法保证电子数据真实性的情形。另一类是第 27 条规定的电子数据的收集、提取程序有下列瑕疵，经补正或者作出合理解释的，可以采用；不能补正或者作出合理解释的，不得作为定案的根据。具体包括：（1）未以封存状态移送的；（2）笔录或者清单上没有侦查人员、电子数据持有人（提供人）、见证人签名或者盖章的；（3）对电子数据的名称、类别、格式等注明不清的；（4）有其他瑕疵的。

三、电子证据关联性审查

（一）电子证据关联性内涵

关联性是指证据与待证事实之间存在客观联系，是证据的自然属性之一，没有关联性

① 参见占善刚、王超：《从法定电子数据迈向电子数据法定》，《湖北大学学报》（哲学社会科学版）2021 年第 2 期。

的证据不得被采纳，因此关联性是电子证据审查的关键指标。由于自身的数字化特征及技术性要求，电子证据在被用于证明案件事实时，自然较一般证据有不同的要求。但就关联性审查而言，电子证据与传统证据并无特别之处。电子证据的关联性本质上系电子证据在逻辑上与待证事实之间的证明关系。同传统证据关联性一样，对电子证据关联性的界定应当首先厘清其与哲学因果关系的区别。哲学意义上的因果关系是一种任何事物之间的客观联系，这种联系或近或远，都普遍存在。相比而言，证据关联性所要求的联系是一种直接的、必然的、充分的因果关系。同时，需要注意的是证据的关联性是建立在真实性和合法性基础之上的，对于不具有真实性和合法性的证据，则无关联性可言。

（二）电子证据关联性判断

遗憾的是，尽管关联性对证据审查判断如此重要，三大诉讼法以及相关司法解释对判断证据关联性的审查方法尚未作出具体规定，有关电子证据关联性审查判断的规定则更为罕见。电子证据的关联性认定至今尚未形成统一的体系，往往需要法官根据具体案件和对司法解释的理解进行自由裁量。通常认为，可以从人、事、物、时、空五个方面进行审查。①

1. 人的关联性

人的关联性，即身份关联性，主要表现为各种电子账号，包括电子邮箱、手机号、微信号、宽带账号、银行卡号、域名以及其他网络用户名 / 号等。人的关联性的构建需要证明当事人或其他诉讼参与人就是虚拟空间中以某个特定身份行事之人，排除共有、共用或者案外人使用、冒用的情况。

2. 事的关联性

事的关联性，即行为关联性，需要确认当事人或其他诉讼参与人有无实施影响当事人等主体法律责任认定的相关行为。例如，当事人或其他诉讼参与人是否收发了一封邮件、一条短信，是否制作或者修改了某个文档，是否下载了某个网页，等等。

3. 物的关联性

物的关联性，即介质关联性，需要确认电子介质同当事人或其他诉讼参与人的关系，如有关电子介质是否为当事人或其他诉讼参与人所有或所用；是否存在共有或共用的情况；如果存在，如何确立电子介质中的数据同当事人或其他诉讼参与人间的对应关系；等等。这仅仅依靠类型化的信息（如介质的外观、品牌、型号等）是不够的，还需要借助特定化的信息（如介质序列号、其上的指印痕迹、领用清单、使用记录等）来提供更加有力的支撑。

4. 时的关联性

时的关联性，即时间关联性，就是要确定机器时间同物理时间的对应关系或其是否一致，进而确定在涉案时间内谁的行为产生了相应的电子证据。例如，存储电子证据的电脑、手机时间与北京时间不一致，致使难以确定涉案时间内谁的行为产生了相应的电子证据时，便极有可能引发时间关联性的争议。

---

① 参见刘品新:《电子证据的关联性》,《法学研究》2016 年第 6 期。

5. 空的关联性

空的关联性，即地址关联性，需要确认电子证据产生后带有的内置或外置的地址信息同当事人或其他诉讼参与人之间的关系，即这些地址是否归他们所有或所用，是否存在着共有、共用或者被冒用的情况。

第三节　电子证据证明力审查判断

电子证据的证明力是审查判断电子证据的主要因素。对电子证据证明力的审查判断，又称电子证据的采信。通常而言，对电子证据证明力的审查判断主要从真实性、完整性和充分性三个方面进行。

一、电子证据的真实性审查

电子证据的真实性审查是电子证据能力审查中最大的难点，也是当下司法实践中的重大难题之一。对电子证据真实性的审查规定散见于民事、刑事、行政诉讼法及其司法解释之中，尚未形成系统性规定。总的来说，对电子证据真实性的审查包括对电子证据载体、内容本身和内容的存在形式三个层面的审查，即电子证据真实性不仅包括证据内容真实性和证据载体真实性，还包括电子证据内在载体的真实性。就电子证据真实性的审查判断要求而言，重点应当关注对电子证据原始载体的审查和对电子数据的全面审查。

（一）电子证据真实性审查须重视电子证据原始载体

电子证据的原始载体是电子数据最早被记录的载体。在司法实践中，电子证据原始载体的功能等同于传统证据的原件，即可通过原始载体的生成、传输、储存和复制等信息判断电子证据的客观性。我国多部法律和司法解释均明文规定了应当向人民法院提交电子证据原始载体的内容，如2021年《最高人民法院关于适用〈中华人民共和国刑事诉讼法〉的解释》和2019年《最高人民法院关于民事诉讼证据的若干规定》等，由此电子证据原始载体的重要性可见一斑。审查电子证据真实性应重点审查电子证据的原始载体，通过审查原始载体上的电子信息与该电子证据待证事实的电子信息是否一致来判断该电子证据的真实性。在司法实践中，法官更愿意采信以原始设备形式或打印输出件呈现并附有原始载体供核对的电子证据。因此，在移交电子证据存储介质时，接收方需审核该介质是否为电子证据的原始载体（若非原始载体，则需有相应的补充说明），且应重点审查移交电子证据的复制件手续是否完备、相关人员签名是否完整。

关于判断电子证据真实性时是否需要查看其原始载体的问题，按照传统证据法理论，应当查看原始载体，必要时还需对原始载体进行相应的鉴定。随着电子证据的发展，也有学者主张摆脱“原件”束缚。其认为由于电子证据有精确复制、存储媒介易变等特征，若将“原件”要求作为审查电子证据真实性的判断标准，司法实践中将会出现大量电子证据因不具备原件而缺失真实性、无法被作为证据运用的情况，这不利于司法公正。通常，由于电子证据有可精确复制、易备份的特征，电子证据“副本”与“原件”所包含的信息是一致的，并且部分电子证据在“原件”被毁后可恢复。虽然“副本”或恢复后的电子证据不再是“原件”，但鉴于其所包含的信息与“原件”一致，其证据能力仍应视为等同于“原件”。从比较法的视角看，各国逐渐修正有关电子证据原件的规则，开始认可真实可靠的电子证据复制件，将其视同原件。总的来说，对电子证据原始载体问题将逐渐形成共识，即在司法实践中对电子证据的客观性审查不必严格遵循“原件”要求，应在一定程度上将“原件”扩展为“视为原件”，但需要通过补强规则保证电子证据复制件的真实性。

（二）电子证据真实性判断须全面

电子证据具有高科技性、无形性等特点。因此，其存储、展示、解读等需要借助一定的介质、设备；离开了存储介质和设备，电子证据将无法被有效认知、理解和运用。[①] 电子证据真实性审查包括对电子证据本身的审查以及对电子证据存储设备的审查。随着电子信息技术发展和隐藏文件、云文件的普遍运用，在提取电子证据时要注意全面性、完整性，尽可能做到全面收集。此外，由于电子证据本身的脆弱性和易删改性，其真实性在取证、鉴定等环节均存在被篡改、灭失的风险。因此，除加强对电子证据本身信息及其存储介质的审查外，司法实践中亦常通过审查电子证据的形成、提取技术、操作方法等影响电子证据真实性的间接因素来判断电子证据的真实性。总的来说，审查电子证据真实性除审查原始载体外，一般还应审查以下内容：该载体的提供者是否可靠；提取、封存、移交程序等是否完整、可靠；硬件系统是否完好；软件运行是否正常；案发后是否有被不当使用或破坏等可能影响电子证据真实性的情形；电子证据在各环节移交前后的保管人与电子证据打印件上的签名与盖章是否一致等。一般来说，案件无关人员提供的电子证据可信度较高，案件相关当事人提供的电子证据可信度较低，有待进一步查证。如一方当事人提交的电子证据来源于公信力较高、处于中立地位的政府机关、公证机构、第三方服务机构，则应推定其提交的电子证据具备真实性。

《民事证据规定》第93条对电子证据的全面审查作了相应规定，即明确规定了真实性判断须考量的综合因素包括：（一）电子数据的生成、存储、传输所依赖的计算机系统的硬件、软件环境是否完整、可靠；（二）电子数据的生成、存储、传输所依赖的计算机系统的硬件、软件环境是否处于正常运行状态，或者不处于正常运行状态时对电子数据的生成、存储、传输是否有影响；（三）电子数据的生成、存储、传输所依赖的计算机系统的硬件、软件环境是否具备有效防止出错的监测、核查手段；（四）电子数据是否被完整地保存、传输、提取，保存、传输、提取的方法是否可靠；（五）电子数据是否在正常的往来活动中形成和存储；（六）保存、传输、提取电子数据的主体是否适当；（七）影响电子数据完整性和可靠性的其他因素。

《民事证据规定》第94条规定：“电子数据存在下列情形的，人民法院可以确认其真实

---

① 参见褚福民：《电子证据真实性的三个层面——以刑事诉讼为例的分析》，《法学研究》2018第4期。

性，但有足以反驳的相反证据的除外：（一）由当事人提交或者保管的于己不利的电子数据；（二）由记录和保存电子数据的中立第三方平台提供或者确认的；（三）在正常业务活动中形成的；（四）以档案管理方式保管的；（五）以当事人约定的方式保存、传输、提取的。电子数据的内容经公证机关公证的，人民法院应当确认其真实性，但有相反证据足以推翻的除外。”

《电子数据规定》第22条规定了电子证据真实性审查的内容，即应当包括：（1）是否移送原始存储介质；在原始存储介质无法封存、不便移动时，有无说明原因，并注明收集、提取过程及原始存储介质的存放地点或者电子数据的来源等情况；（2）电子数据是否具有数字签名、数字证书等特殊标识；（3）电子数据的收集、提取过程是否可以重现；（4）电子数据如有增加、删除、修改等情形的，是否附有说明；（5）电子数据的完整性是否可以保证。

另外，需要注意的是，对电子证据进行全面审查还应包括对电子证据中已删除信息的审查。电子证据的已删除信息亦是电子证据的一部分，其中可能蕴含了查明案件事实真相的关键信息。例如，在蒙某某贩卖毒品案中，广西壮族自治区人民检察院在办理张某某、李某上诉案件过程中，发现侦查机关未对手机中已删除信息进行数据恢复，即委托检察院技术部门进行电子数据检验，恢复并提取已被删除的张某某、李某、蒙某某的短信、微信信息以及通讯录，这些信息证实了张某某与蒙某某为交付毒资多次联系、进行转款的具体内容，与蒙某某曾经的有罪供述、银行交易明细等相互印证，对认定蒙某某犯罪事实起到了关键作用，极大地推动了办案进度。①

二、电子证据的完整性审查

电子证据实质就是电子数据，包括内容数据、附属数据和系统环境数据三个部分。以微信、QQ和电子邮件为例，其文字交流信息为内容数据，是电子证据中的实质证据；储存时间、位置和软硬件系统信息等其他信息为附属数据和系统环境数据，属于电子证据中的辅助证据。需特别强调的是，对电子证据证明力的审查判断，应当高度重视电子数据中的附属数据和系统环境数据，其对内容数据可靠性和完整性的佐证功能不容忽视。《电子数据规定》第5条明确列举了保护电子证据完整性的方法，即：（1）扣押、封存电子数据原始存储介质；（2）计算电子数据完整性校验值；（3）制作、封存电子数据备份；（4）冻结电子数据；（5）对收集、提取电子数据的相关活动进行录像；（6）其他保护电子数据完整性的方法。第23条又规定了验证电子证据完整性的方法，具体为：（1）审查原始存储介质的扣押、封存状态；（2）审查电子数据的收集、提取过程，查看录像；（3）比对电子数据完整性校验值；（4）与备份的电子数据进行比较；（5）审查冻结后的访问操作日志；（6）其他方法。

① 参见《检察机关依法惩治和预防毒品犯罪典型案例》（2019年6月25日），载于中华人民共和国最高人民检察院网站：http://spp.gov.cn。

三、电子证据的充分性审查

（一）电子证据充分性的界定

电子证据的充分性是指电子证据足以证明案件待证事实存在或不存在。电子证据的充分性关注的是电子证据是否具有足够的证明力来证明案件的真实情况，实质上就是电子证据的证明程度问题。因此，从另一个角度看，也可以将电子证据的充分性理解为电子证据的证明标准。所谓证明标准，是指法律规定的运用证据证明待证事实所要达到的程度的要求。在不同诉讼领域中，证明标准也略有不同。在刑事诉讼中，电子证据应达到“排除合理怀疑”标准，在民事诉讼和行政诉讼中，电子证据应达到“高度盖然性”或“比较优势”标准，应当足以让司法人员对待证事实达到“内心确信”的程度。需要注意的是，前述标准是证据法学理论视域下学界基本形成共识的观点。我国刑事诉讼法对证明标准的直接规定仍是“证据确实、充分”，即定案证据已经查证属实并在量上达到足以得出确定结论的程度，被学界称为“客观真实”标准。民事诉讼和行政诉讼相关证据规则部分条文也沿用前述“客观真实”标准。

【阅读案例】

闫某某与北京车和家信息技术有限公司劳动争议案①

本案例裁判主旨：只有电子证据充分，且达到足以使审判人员“内心确信”的程度，其拟证明的待证事实才会被法院认定。

本案法院的裁判观点：闫某某主张其存在加班情况，但其提交的在京加班统计表、邮件截图、钉钉截图、滴滴打车截图、出差加班统计表、OA 截图、车票照片、加班报餐记录钉钉截图等证据均系电子证据，存在易于更改的特点，本院难以采信；加班是一种持续的工作状态，不应仅以时间的经过作为认定构成加班的唯一因素，还要考虑该时间内是否有实际连续性的劳动，而邮件截图仅能显示收发电子邮件的时间点，加班报餐记录、钉钉截图也只显示报餐、配餐到位的提醒信息，出差恰逢双休日亦不代表进行了正常的工作。综上，闫某某提交的证据并不充分，不足以证明其主张，故对其要求车和家公司支付延时及休息日加班费的请求，本院难以支持。

（二）电子证据充分性强化

我国三大诉讼法或相应司法解释规定，存有疑点的电子证据不得单独作为认定案件事实的根据。鉴于针对电子证据的篡改和破坏往往极具技术性和隐蔽性，不易留痕，因此判断

---

① 详见北京市第三中级人民法院（2021）京 03 民终 11399 号民事判决书。

电子证据的证明力需要借助一定措施对电子证据的效力进行强化。通常而言,电子证据充分性的强化主要有鉴定、公证、专家意见、证人证言等方式。

1. 电子证据鉴定

鉴定是一种较为传统、权威的审查判断证据的方式,电子证据鉴定是指专业人员借助专门技术对专业性或技术性要求较高的电子证据进行判断的方法。通常,随着电子数据的产生,也会产生一些附属信息、关联痕迹,造假行为导致电子数据发生变化的同时,也会产生与之相应的附属信息、关联痕迹,通过查找和鉴别这些附属信息、关联痕迹,就可以把握电子数据真假。[①] 需要特别强调的是,由于无法通过肉眼识别判断电子证据是否存在伪造、破坏或篡改情形,往往需要借助专业技术,其中最常见的便是电子证据鉴定。因此,三大诉讼领域均高度重视电子证据的鉴定问题。2009 年最高人民检察院制定并发布的《人民检察院电子证据鉴定程序规则(试行)》较为全面地规范了电子证据的鉴定程序;《民事证据规定》第 93 条第 2 款也规定,"人民法院认为有必要的,可以通过鉴定或者勘验等方法,审查判断电子数据的真实性"。在三大诉讼司法实践中,法官也更容易采信以鉴定意见形式存在的电子证据。需要注意的是,电子证据鉴定具有事后性,无法与电子数据的收集、移送和保管等同步进行。

【阅读案例】

张某某、梁某等组织、领导传销活动罪案一审[②]

本案裁判主旨:在司法活动中遇到技术性问题可以通过委托鉴定方式予以解决。例如,在本案中传销人员的下线数量、层级和提现数额等事实通过传统方式难以查明时,可借助电子证据鉴定证实。

本案法院的裁判观点:鉴定聘请书、湖南铭鑫司法鉴定所司法鉴定意见书证实,根据鲁某 2 购会员基本信息、联系方式、注册时间、发展会员人数、会员所在层级、提现数额等后台数据库电子证据,鉴定出各被告人发展的直推人数、层级及下线人员情况。将 184366 个会员账号(其中有效会员 181682 个)通过身份证号码去重后,共有会员账号 104443 个(其中有效会员 104375 个)。

2. 电子证据公证或认证

《民事证据规定》第 94 条第 2 款规定,"电子数据的内容经公证机关公证的,人民法院应当确认其真实性,但有相反证据足以推翻的除外"。同时,根据 2021 年 8 月施行的《人民法院在线诉讼规则》第 13 条,当事人提交的电子化材料形成过程已经过公证机构公证的,

① 参见刘品新:《电子证据的基础理论》,《国家检察官学院学报》2017 年第 1 期。

② 详见山东省郯城县人民法院(2019)鲁 1322 刑初 453 号刑事判决书。

人民法院可以认定符合原件、原物形式要求。由此可见，人民法院从规范层面强化了对公证证据的采信优先性，肯定了公证作为电子证据效力补充的重要途径。在实践中，经过公证的电子证据及其复制件更容易获得人民法院的认可，尤其是包含完整取证过程的电子证据公证。鉴于此，在民事诉讼和行政诉讼中，公证书已经成为电子证据举证的一种常见方式。除传统公证保全形式外，时间戳等新兴网络公证保全技术亦得以普遍使用，且可信度较高，在没有相反证据足以推翻上述可信时间戳认证证书的情况下，人民法院一般会对相关证据予以采信。

【阅读案例】

杨某、中山市某电器有限公司与某家居集团股份有限公司、某照明有限公司不正当竞争纠纷案[①]

本案裁判主旨：可信时间戳认证证书作为证据具有较高可采性。

本案法院的裁判观点：可信时间戳认证证书是由我国法定时间机构（国家授时中心）负责授时和守时，并由我国唯一专业、权威的第三方时间戳服务机构颁发，符合《中华人民共和国电子签名法》的相关规定，能确定"什么人在什么时候拥有什么样的电子数据"的客观事实，是不能篡改和伪造的。本案中，某家居公司进入某电器公司的仓库进行证据保全，整个保全拍摄过程的视频文件均通过联合信任时间戳服务中心进行认证，时间戳证据证明了某电器公司仓库内堆放了标有"某电器有限公司"的吸油烟机、电热水器、保洁柜产品包装箱。在某电器公司没有相反证据足以推翻上述可信时间戳认证证书的情况下，本院对相关证据的真实性予以确认。

3. 电子证据专家意见

随着我国专家辅助人制度在证据领域的应用发展，专家意见对于证据证明力的补强具有一定的提升效果。对于电子证据而言，专家辅助人出庭作证或者对专业问题进行说明解释，有利于强化电子证据的证明力。对于代理律师来说，其与专家辅助人的庭前模拟、庭中配合亦对庭审效果具有重要的影响。专家辅助人又被称为具有专门知识的人。我国刑事诉讼法和民事诉讼法均规定了当事人可以申请法庭通知有专门知识的人出庭作证，发表专业意见以帮助审判人员审查判断电子证据。在司法实务中也出现了鼓励、引导当事人聘请专家辅助人出庭的导向。2018 年最高人民检察院发布的《最高人民检察院关于指派、聘请有专门知识的人参与办案若干问题的规定（试行）》对"有专门知识的人"的定义、指派、聘请、回避条件等均有所规定，进一步促进和规范了人民检察院指派、聘请有专门知识的人参与办

① 详见广东省中山市中级人民法院（2021）粤 20 民终 5128 号民事判决书。

案。需要注意的是,专家辅助人出庭申请需要由当事人以书面形式向人民法院提出。

4. 电子证据相关证言或当事人陈述

证人证言与当事人陈述是诉讼中电子证据证明力补强的重要常见方式,在司法实践中,法院高度重视证人证言与当事人陈述,尤其是构成自认的当事人陈述。由于电子证据的可靠性在较大程度上依赖其生成、储存和运行环境,相关运营商和工作人员的证人证言,对于强化电子证据的证明力也极为重要,尤其是内部管理机制健全、技术设备可靠且从业人员有执业操守的运营商或相关人员在没有利害关系前提下出庭作证的证人证言具有较高的补强效果。如果对方当事人对电子材料与原件、原物的一致性以及对电子证据真实性未提出异议,通常情况下,人民法院可以对真实性予以认定。

【阅读案例】

沈某与罗某某、某公司等劳动合同纠纷案

本案的争议焦点问题:微信聊天记录是否应当作为证据采信?

法院裁判观点:关于拖欠2020年度年终奖金问题,原告为证明被欠付2020年度的年终奖,向法院提交了微信聊天记录,被告和第三人对微信截图的真实性不予认可。法院认为,上述证据属于电子证据的一种,该类证据具有虚拟程度较高、来源及内容不确定等特点,并且原告未提交能够证明聊天记录截图中聊天对象系王某本人、上述证据未经删减或修改的证据,因此无法确认其真实性,本院不予采信。原告应当承担举证不能的不利后果,对其主张本院不予支持。

本章小结

随着人工智能在司法领域的运用逐渐深入,如何审查判断电子证据成为司法实务界与理论界的关切热点,也是当前司法审判的重大难题和亟待解决的新型问题。

总的来说,电子证据的审查判断指的是在诉讼过程中,对用于证明待证事实的电子证据,从客观性、合法性、关联性方面判断其是否具有证据能力,并结合真实性、完整性、充分性情况对其证明力大小进行判断。电子证据的审查判断包括电子证据证据能力的审查和电子证据证明力的判断,又称电子证据的采纳和采信。电子证据审查判断应当遵循同等对待原则、综合判断原则、严重瑕疵证据排除原则、专业性技术支持原则等基本原则。同时,电子证据审查判断应注意印证式审查,重视质证。

具体而言,对电子证据证据能力的审查主要从客观性、合法性、关联性三个维度进行。审查电子证据客观性时应关注原始载体并作全面审查。审查电子证据合法性时应关注电子证据呈现形式及其是否符合电子证据提取的“技术标准”,并注意排除非法或严重瑕疵电子证据。审查电子证据关联性时应重点审查电子证据与待证事实之间的关系是否具有直接性、必然性、充分性。对电子证据证明力的判断主要围绕电子证据真实性、完整性、充分性进行。最后,应当注意通过鉴定、公证、专家辅助和证人证言等方式强化电子证据效力。

思考题

1. 电子证据的审查判断内容有哪些?
2. 电子证据的证据能力如何审查?
3. 电子证据的证明力如何判断?
4. 电子证据的补强方式有哪些?
5. 没有原始载体的电子证据能否被采信?采信的条件有哪些?

第十二章　电子证据的证据规则

证据法的大部分内容是由排除相关证据的规则组成的。

——[美]麦考密克

证据规则主要用于规范证据的证据能力和证明力，也是指导证据收集、举证质证、审查认定等活动的重要规则。电子数据作为诉讼程序中的重要证据种类之一，也应当遵循相应证据规则。我国《刑事诉讼法》《民事诉讼法》以及相关司法解释中关于证据规则的规定，基本形成了我国的证据规则体系。这些法律、司法解释、规范性文件是我国电子数据证据规则的主要渊源。上述证据规则，有些适用于所有种类的证据，如关联性证据规则；而有些仅适用于某些特定种类的证据，如意见证据规则，其仅适用于证人证言、被害人陈述等言词证据。适用于电子数据的证据规则主要有关联性证据规则、最佳证据规则、非法证据排除规则、鉴真规则等。

第一节　电子证据与关联性规则

一、电子证据关联性规则概述

关联性规则，是指只有证据材料能够证明案件事实时，才允许提交给法庭。任何材料要成为证据必须具有关联性，对于电子证据也不例外。《电子数据规定》第1条第1款规定，"电子数据是案件发生过程中形成的，以数字化形式存储、处理、传输的，能够证明案件事实的数据"。其对电子数据概念的界定体现了关联性规则的基本要求，即电子数据是能够证明案件事实的数据。设置关联性规则的目的主要有两个：第一，防止当事人将与案件无关的证据提交给法庭，从而误导法官对案件事实的认定。第二，限定证据调查的范围，防止与案件无关的材料进入诉讼程序，导致诉讼程序拖延或冗长。

在积极层面，关联性规则意味着只有具有关联性的数据才可以作为电子证据；从消极层面来看，不具有关联性的数据则不能作为电子证据。当然，具有关联性仅是某个数据成为电子证据的必要条件，但并不意味着其必然能够成为定案依据。对于取证主体而言，关联性规则可以限定其收集证据的范围，即仅收集与案件有关的电子数据，而不得收集与案件无关的电子数据。《电子数据规定》第 2 条规定，侦查机关“全面、客观、及时地收集、提取电子数据”。侦查机关在电子数据取证中的“全面”“客观”义务，源于其作为国家专门机关所肩负的客观公正义务，而“全面”“客观”的重要判断标准之一就是关联性规则，即其需要收集所有与案件有关的电子数据，不得遗漏与案件具有关联性的电子数据。司法机关审查认定证据工作的重要内容之一就是要审查电子数据的关联性。《电子数据规定》第 2 条规定，“人民检察院、人民法院应当围绕真实性、合法性、关联性审查判断电子数据”。这其中就包括对电子数据关联性的审查。

二、电子证据关联性的构成要素

关联性是一个关系范畴，表现为某种材料可以用来证明案件事实，即可以证明案件事实存在，也可以证明案件事实不存在。因此，关联性构成通常具有以下要素：

第一，有需要通过证据予以证明的待证事实。关联性是一个关系范畴，体现为某材料可以用来证明案件事实。这就决定了对关联性的判断首先需要有待证事实，即存在需要通过证据予以证明的案件事实。这里的待证事实或者证明对象必须是会影响案件裁判结果的事实。若当事人提出的某种事实主张不会影响案件裁判结果，则该主张并不能成为待证事实；即便当事人提交的材料能够证明该事实主张，也不能认定其与案件事实具有关联性。2021 年《最高人民法院关于适用〈中华人民共和国刑事诉讼法〉的解释》第 72 条第 1 款规定：“应当运用证据证明的案件事实包括：（一）被告人、被害人的身份；（二）被指控的犯罪是否存在；（三）被指控的犯罪是否为被告人所实施；（四）被告人有无刑事责任能力，有无罪过，实施犯罪的动机、目的；（五）实施犯罪的时间、地点、手段、后果以及案件起因等；（六）是否系共同犯罪或者犯罪事实存在关联，以及被告人在犯罪中的地位、作用；（七）被告人有无从重、从轻、减轻、免除处罚情节；（八）有关涉案财物处理的事实；（九）有关附带民事诉讼的事实；（十）有关管辖、回避、延期审理等的程序事实；（十一）与定罪量刑有关的其他事实。”该款规定了刑事诉讼中的待证事实，若控辩双方在刑事诉讼中提交的电子数据能够证明上述要素事实存在或者不存在，则其与案件具有关联性。因此，在确立电子数据的关联性时，应当首先确定争议事实是否属于对案件裁判结果产生影响的实体性事实或程序性事实。

第二，某材料能够证明待证事实。这要求某个材料必须能够证明案件事实存在或不存在。若某材料既不能用来证明案件事实存在，也不能用来证明案件事实不存在，则其与案件事实就不具有关联性。对于某个材料是否可以用来证明案件事实，则需要借助生活经验和逻辑法则进行判断。2021 年《最高人民法院关于适用〈中华人民共和国刑事诉讼法〉的解释》第 139 条第 2 款规定：“对证据的证明力，应当根据具体情况，从证据与案件事实的关联程度、证据之间的联系等方面进行审查判断。”《民事证据规定》第 85 条第 2 款规定：“审判人员应当依照法定程序，全面、客观地审核证据，依据法律的规定，遵循法官职业道德，运用逻辑推理和日常生活经验，对证据有无证明力和证明力大小独立进行判断，并公开判断的理由和结果。”我国现行法律、司法解释通常将关联性纳入证明力范畴，要求运用逻辑推理和生活经验对证据内容的实质关联性予以审查。在电子数据的审查认定中，也需要借助生活经验和逻辑法则来审查其实质关联性。

第三，电子数据的信息内容及其原始存储介质均须有关联性。《人民检察院办理网络犯罪案件规定》第33条规定：“对电子数据的关联性，注重审查以下内容：（一）电子数据与案件事实之间的关联性；（二）电子数据及其存储介质与案件当事人之间的关联性。”其第17条之规定也要求审查“犯罪嫌疑人与原始存储介质、电子数据的关联性”。上述规定既要求审查电子数据本身与案件事实之间的关联性，也要求审查电子数据存储介质与案件事实之间的关联性，此即电子数据“双关联性”要求。[①] 因为电子数据具有虚拟性特征，必须依赖于相应的电子设备或者存储介质而存在。电子数据只有与案件事实具有关联性，才可能在诉讼程序中作为证据使用。而电子数据的虚拟性特征决定了其无法被人直接接触，必须通过电脑、手机等电子设备对其进行操作。这就决定了电子数据无法与人产生直接的对应，其和人的关联性需通过电子数据存储介质或者电子设备建立。因此，在审查电子数据关联性时，既应关注电子数据与案件事实之间的关联性，也应关注存储介质与案件当事人之间的关联性。

【阅读案例】

甲公司与黄某、乙公司侵害计算机软件著作权纠纷案[②]

在该案中，甲公司向法院提供了SVN百度百科网页打印件、Visual SVN Server软件内容截图打印件，意在证明涉案软件研发团队成员共同使用的软件开发管理软件工具——Visual SVN Server显示黄某仅负责开发团队的进度管理工作。黄某对该组证据的关联性、真实性、合法性均不予认可，认为百度百科不是权威解释，SVN是电子数据，而电子数据容易被篡改。

法院经审理后认为：百度百科中关于SVN的解释并非权威解释，故不予采纳。（2019）厦鹭证内字第81473号公证书显示，甲公司提交的SVN记录提取自甲公司办公室的一台台式电脑中，但该文档AUTHOR一栏存在不能完整显示名称的问题，且不同用户名对应人员不清晰，亦无法完整体现涉案软件代码形成的整个过程，与本案不具有关联性。故对该组电子数据不予采纳。

---

① 参见刘品新：《电子证据的关联性》，《法学研究》2016年第6期。

② 详见最高人民法院（2019）最高法知民终371号民事裁定书。

第二节 电子证据与最佳证据规则

一、电子证据最佳证据规则概述

最佳证据规则也被称为原件证据规则，是指以书证内容来证明案件事实时，原则上应当提供原始文书即书证原件。最佳证据规则是为了保障书面证据的准确性与可靠性，防止人们在转抄或转述书面文件内容时出现误抄、误述而导致二手证据不可靠情况的发生。现代证据法保留了最佳证据规则，但却根据现代生活的变化对其作了修正。[①] 在现代复印技术出现之前，复制书面作品主要依靠手抄。手抄本在传递书证的证据信息时存在误差概率较大的问题。因此，传统最佳证据规则原则上禁止使用复制件。但是，使用现代复印技术可以准确地复制书证，故现代证据法放宽了对书证复制件的使用限制，将复制件等同于原件，即“原件拟制规则”。当事人向法院提交书证时，既可以提交书证原件，也可以提交书证复制件。例如，美国《联邦证据规则》第 1002 条规定了最佳证据规则，但其第 1003 条规定复制件和原件具有相同的可采性，除非原件真实性本身有疑问或采纳复制件将导致不公正结果。这实际上将复制件的证据地位提升到了新的高度，是对最佳证据规则的重大变革。

电子数据通常被认为是广义书证，也应当遵守最佳证据规则的要求。从信息论角度来看，电子数据原件是其证据信息首次固定在证据载体上的产物，具有原始性和可靠性较强的特点。由于电子数据在拷贝、复制过程中，也可能会产生数据破坏或丢失现象，因此当事人在提交电子数据时，原则上应当提交电子数据原件。电子数据最佳证据规则或原件证据规则，是从证据形式角度来保障其真实性和可靠性。但是，通过复制或者镜像复制等技术手段，也可以使电子数据复制件与其原件所蕴含的证据信息完全一致。在保障电子数据复制件完整性和真实性的前提下，复制件完全能够实现和电子数据原件相同的功能。此种情况下，通常也应当承认电子数据复制件的证据能力。

我国已经初步建立了电子数据的原件证据规则。《民事证据规定》第 15 条第 2 款规定：“当事人以电子数据作为证据的，应当提供原件。电子数据的制作者制作的与原件一致的副本，或者直接来源于电子数据的打印件或其他可以显示、识别的输出介质，视为电子数据的原件。”依据该规定，当事人在取证中应当收集电子数据原件或者拟制原件。《民事证据规定》第 87 条第 1 项规定，审查人员需要审查“证据是否为原件、原物，复制件、复制品与原件、原物是否相符”。这就要求审判人员在电子数据审查认定中审查电子数据是否为原件、复制件与原件内容是否相符。《民事证据规定》第 90 条第 5 项规定，“无法与原件、原物核对的复制件、复制品”，不能单独作为认定案件事实的根据。这就意味着若无法将电子数据复制件与其原件进行核对，则不能将电子数据复制件单独作为定案根据。

① 参见马跃：《美国证据法》，中国政法大学出版社 2012 年版，第 218—221 页。

二、电子数据原件认定标准

（一）原始存储介质标准

电子数据的原件通常是指最初生成的电子数据及其首先被固定在的各种存储介质，即“电子数据 + 原始存储介质”就是电子数据原件。由于电子数据在本质上是虚拟 0—1 数字，因此其自身无法独立存在，必须依附于特定的存储介质，如其原始存储介质或原始存储介质以外的其他存储介质。电子数据通常需要经过拷贝、复制，才可以从原始存储介质转存到其他存储介质之中。“电子数据 + 原始存储介质”的认定标准，实际上使电子数据原件认定依附于其原始存储介质。这里的“原始存储介质”可以是电子数据首先生成并固定在的计算机硬盘、光盘、U 盘、手机等存储介质。

《电子数据规定》第 8 条第 1 款规定：“收集、提取电子数据，能够扣押电子数据原始存储介质的，应当扣押、封存原始存储介质，并制作笔录，记录原始存储介质的封存状态。”这是扣押封存原始存储介质在取证阶段适用电子数据原件证据规则的要求。《电子数据规定》第 22 条第 1 项则将审查“是否移送原始存储介质”作为电子数据真实性审查的重要内容之一，这是在证据审查认定阶段适用电子数据原件证据规则的要求。这就意味公安机关、检察机关在移送电子数据时，原则上应当将电子数据连同其原始存储介质一并移送至法院。

（二）功能等同标准

由于电子数据种类繁多，并非所有电子数据的原始存储介质都可以或者适合收集，如网络空间中的电子数据。若对电子数据原件的认定完全恪守“原始存储介质”标准，则可能会导致大量具有关联性的电子数据被排除在外，这显然不利于案件事实的查明。从关联性证据规则角度来看，由于原始存储介质本身可能与案件事实之间不具有关联性，对案件事实的证明并没有决定性意义，因此没有必要要求必须提供电子数据的原始存储介质。与案件事实具有关联性的材料是电子数据本身，在技术层面完全可以将电子数据提取、复制到其他存储介质中，或者将电子数据中的证据信息转换至其他可识别的载体形式之中。由于现代信息技术可以保障电子数据被完整、精确地复制，让复制件和原件承载的证据信息完全一致，在能够实现电子数据原件相同功能的情况下，电子数据复制件也应当具有与原件相同的证据效力，此即电子数据原件的“功能等同”认定标准。按照“功能等同”标准的要求，在保障完整性、真实性等的情况下，电子数据复制件应当具有和其原件相同或者基本相同的证据效力，可以被视为电子数据原件，即电子数据的“拟制原件”。

《民事证据规定》第 15 条第 2 款规定，“电子数据的制作者制作的与原件一致的副本，或者直接来源于电子数据的打印件或其他可以显示、识别的输出介质，视为电子数据的原件”。该款就是基于电子数据原件的“功能等同”标准，将电子数据的制作者制作的与原件一致的副本、直接来源于电子数据的打印件、直接来源于电子数据的其他可显示或可识别输出介质，拟制为电子数据原件。《电子数据规定》第 9 条第 1 款规定：“具有下列情形之一，无法扣押原始存储介质的，可以提取电子数据，但应当在笔录中注明不能扣押原始存储介质的原因、原始存储介质的存放地点或者电子数据的来源等情况，并计算电子数据的完整性校验值：（一）原始存储介质不便封存的；（二）提取计算机内存数据、网络传输数据等不是存储在存储介质上的电子数据的；（三）原始存储介质位于境外的；（四）其他无法扣押原始存储介质的情形。"根据该规定，侦查机关在电子数据取证中，若不扣押原始存储介质，则应当计算电子数据的完整性校验值，以保证提取、复制电子数据的完整性与真实性，从而实现其与电子数据原件相同的证明功效。《电子数据规定》第10条规定："由于客观原因无法或者不宜依据第八条、第九条的规定收集、提取电子数据的，可以采取打印、拍照或者录像等方式固定相关证据，并在笔录中说明原因。"该条实际上是例外性规定，承认了可以通过"打印""拍照""录像"方式对电子数据取证。在打印件、照片、录像等材料能够完整反映电子数据证据信息的前提下，也应当承认此种电子数据复制件的证据效力。

【阅读案例】

案例一：胡某与甲公司侵害实用新型专利权纠纷案[①]

在该案中，甲公司向法院提交了网页截图，以证明被诉侵权产品的销售网页中宣传照片等材料由广告公司制作，系不真实宣传，在其他公司商铺界面也有相同宣传照片。胡某对该证据的真实性、关联性与合法性不予认可，认为即使甲公司委托广告公司制作了宣传照片，法律责任也应由甲公司承担。

法院经审理后认为：该证据是网页截图，为电子证据，甲公司没有提供网页原始内容，因此无法确认电子数据是否被完整打印，且胡某对该证据的三性均不认可，本院难以确定网页截图的真实性。此外，其他公司网络店铺的宣传照片与本案亦无关联，故本院对该证据的证明力不予认定，对该电子数据不予采信。

案例二：胡某与乙公司侵害实用新型专利权纠纷案[②]

在该案中，乙公司向法院提交了网页聊天记录，以证明乙公司在网上通过被诉侵权产品的链接还销售过其他产品。胡某认为该证据不具有真实性、合法性、关联性。

法院经审理后认为：该证据是网页截图，属于电子数据证据，乙公司没有办理公证，也没有提供网页原始数据，因此不能单独将其作为认定案件事实的依据，对于该证据的证明力需要结合其他证据综合判断。经与（2019）粤莞南华第20817号公证书的内容核对，上述聊天记录中用户"X乙"与"X1""X2"聊天涉及的交易时间、产品数量、交易金额及订单详情与乙公司提交的经公证的后台销售订单信息一致，两者可以互相印证。因此，虽然该网页截

① 详见最高人民法院（2019）最高法知民终896号民事判决书。
② 详见最高人民法院（2020）最高法知民终273号民事判决书。

图证据没有办理公证，也没有与原始数据进行核实，但其与乙公司提交的公证书内容相互印证，具有真实性。故可以作为认定本案事实的依据，对该电子数据予以采纳。

第三节 电子证据与非法证据排除规则

一、非法证据排除规则概述

非法证据排除规则是指对违反法定程序、以非法方法收集的证据，需要予以排除，不得将其作为定案依据。它是通过否定非法收集证据的证据能力，来实现对侦查机关违法取证的程序性制裁。非法证据排除规则最早源于美国。美国宪法第四修正案规定：人们对其人身、住宅、文件和财产享有不受无理搜查和扣押的权利。除依照正当事由，以宣誓或代誓宣言支持并具体说明搜查地点和扣押的人或物，否则不得签发搜查证。根据宪法第四修正案，以侵犯公民基本权利的方法收集的实物证据，需要被排除。非法证据排除规则体现了惩罚犯罪与保障人权两种法律价值的冲突与平衡。美国联邦最高法院也确立了很多非法证据排除规则的例外规则，如必然发现的例外、善意例外、私人搜查例外等。从世界各国的非法证据排除规则的发展来看，其主要有两种模式：其一为强制排除模式；其二为裁量排除模式。前者如美国、意大利等国；后者如英国。从电子数据和非法证据排除规则的关系来看，由于电子数据承载着公民隐私权、财产权等基本权利，建立了非法证据排除规则的国家，绝大多数也都将电子数据纳入非法证据排除规则范围。

二、电子数据承载着公民基本权利

电子数据既是诉讼中认定案件事实的重要证据，其本身也承载着被调查对象基本权利。由于电子数据涵盖范围广泛、类型多样，且网络信息技术的飞速发展会带来更多新的电子数据，电子数据承载的权利具有多样性，包括财产权、隐私权、通信自由权等基本权利。

（一）财产权

传统实物证据是以有形物为内容和表现形式的证据，其证明信息依附于物质载体的外部特征、空间位置、存在状态等物质属性，通常不能脱离其物质载体而单独存在。实物证据可能承载被调查对象的财产权，而实物财产的使用价值和交易价值依附于其物质载体，这就决定了通过搜查、扣押等方式来收集实物证据会干预或侵犯其所承载的财产权。在网络信息时代，人们的很多财产会以数据形式存在，如数字货币、操作系统、软件程序等。有些电子数据自身就具有财产价值，其交易价值和使用价值并不依附于原始存储介质。电子数据作为独立的证据种类，其证明信息承载于数据之中，数据就是其证明信息的表现形式和载体，其证明信息和证明价值并不依附于原始存储介质。电子数据具有虚拟性、可复制性等特征，其可以通过提取、复制等方式转存至其他存储介质之中，因此电子数据取证的财产权干预形态会更为复杂。总体来说，电子数据取证可能会涉及两类财产权：（1）对电子数据自身所承载数据的财产权。数据自身所蕴含的使用价值与交易价值决定了其可以成为财产权客体。电子数据取证中,搜查、扣押、查封、冻结等侦查措施会影响其交易价值和使用价值,从而侵犯对电子数据自身所承载数据的财产权。(2)对电子数据依附的原始存储介质的财产权。电子数据的无形性和虚拟性特征决定了其不能独立存在而须依附存储介质。这可能是电子数据的原始存储介质,也可能是原始存储介质之外的其他存储介质。在侦查取证过程中,若将电子数据连同其原始存储介质一并搜查、扣押,不仅会侵犯对电子数据自身所承载数据的财产权,也会侵犯对其所依附的原始存储介质的财产权。

(二)通信自由和通信秘密权

通信是人们通过通信载体来表达观点、传递思想和交流情感的方式。在网络信息时代,人们的通信交流由以邮件、电报等物理载体为主的通信方式转向以E-mail、QQ、微信、短信等电子数据为主的通信方式。这不仅突破了人们传统意义上发送、处理和接受信息的模式,也拓展了公民通信自由、通信秘密的内涵和外延,使得互联网时代的“通信”呈现出多层次的新形态。虽然通信的载体和形式发生了巨大变化,但是其背后承载的公民通信自由权没有变化。网络通信类电子数据会涉及被调查人通信自由权。我国《宪法》第40条规定,“中华人民共和国公民的通信自由和通信秘密受法律的保护”,同时明确了出于追查刑事犯罪需要,公安机关、检察机关可以依照法定程序对通信进行检查。通信自由所保护的利益是私生活秘密和交流行为的自由,人们可以通过通信,自由进行社会沟通和思想交流。通信方式变革虽不会影响其背后所承载的基本权利的性质,但会带来取证方式和权利干预形态的变化。由于电子数据具有可复制性,且网络空间有虚拟性,通过手机或电脑等终端设备发送E-mail、微信、短信时,这些电子数据会被存储于发送端设备、服务商中端设备、接收端设备之中。即便通信已经完成,E-mail、微信、短信等电子数据仍然会在一定时间内被存储于网络服务商中端设备之中,因此通信类电子数据有三种取证方式:(1)通过对个人收发终端设备的搜查、扣押来提取电子数据;(2)从网络通信服务商处调取电子邮件;(3)由侦查人员自行借助网络在线提取、网络远程勘验等方式来收集通信信息,如对E-mail的网络在线提取。侦查机关自行通过技术手段直接收集通信类电子数据的行为,在缺乏外部监督机制的情况下,很容易侵犯被调查对象的通信自由权。

(三)隐私权

隐私权是公民所享有的私人生活安宁与私人信息依法受到保护的权利,即私人信息不被他人非法侵扰、知悉、搜集、利用和公开。我国宪法虽未明确规定隐私权保护,但在人格尊严不受侵犯和住宅不受侵犯的宪法条文中,体现了对隐私权保护的精神。随着社会文明的发展,人们对公共场合更加敏感,独处与隐私对个人来说必不可少;和纯粹的身体或者财产性伤害相比,侵害隐私权对个人精神所带来的痛苦与困扰往往更大。网络信息技术的飞速发展带来了公民隐私依附载体、控制主体、客体内容等的巨大变化。从依附载体来看,传统社会中的个人隐私信息主要依附于住宅、汽车等实物。而网络信息社会中的隐私信息,除了依附于住宅、汽车等实物,还大量地体现在聊天记录、登录日志、电子交易记录等电子数据中。从控制主体来看,传统社会中的个人隐私信息以隐私权主体的自我控制为常态、以第三方控制为例外;网络信息时代的数据隐私信息则大量为网络运营商、网络服务商等第三方主体所占有和控制,第三方网络平台既可能成为犯罪分子实施犯罪的工具,也可能成为侦查机关侦查取证的对象。这就意味着向第三方主体收集电子数据可能会成为网络信息时代侦查机关取证工作的常态。从客体内容上看,在网络信息时代,人工智能、大数据、云计算等技术的飞速发展带来隐私权内容和范围的扩展,以前无涉隐私的行为现在也可能具有隐私干涉性。例如,人们在公路上驾车的位置及动向等信息因暴露于公共空间而不具有合理隐私期待,但长期 GPS 定位追踪就能因持续性信息收集而干预个人生活状况等隐私。

三、电子数据应纳入非法证据排除规则适用范围

"无救济则无权利",对于侵犯基本权利的电子数据取证,也应当设置相应的救济和制裁机制。非法证据排除规则是实现对侦查机关违法取证程序性制裁的重要措施,通过事后的程序性制裁不仅可以惩罚侦查机关的违法取证行为,也可以有效威慑潜在的违法取证行为,从而实现对基本权利的保护和救济。但是,我国《刑事诉讼法》第 56 条所规定的非法证据排除规则并未将电子数据纳入其中,《电子数据规定》中对电子数据合法性的审查规则也主要是基于保障电子数据真实性而设置。在刑事诉讼法确立非法证据排除规则过程中,有意见认为应将非法实物证据排除的范围扩大至视听资料和电子数据,但立法部门可能考虑到非法证据排除规则对于犯罪控制的敏感性,最终未将电子数据纳入非法证据排除规则范围之内。①

其实,作为网络信息时代"证据之王",电子数据虽然因具有虚拟性等特征而有别于物证、书证等传统实物证据,但其侦查取证所具有的基本权利干预性与传统实物证据并不存在本质区别,需要将其纳入强制性侦查范围以受到法律保留、比例原则和令状主义的控制。电子数据取证方法和技术虽然有别于传统实物证据,但是其所采取的搜查、扣押、查封、勘验等侦查措施在程序上与传统实物证据取证并没有本质区别,这决定了电子数据侦查取证中因程序违法侵害公民基本权利的违法形态与实物证据中的相关违法形态并没有本质区别,因此,有必要将电子数据纳入非法证据排除规则范围。

在非法电子数据排除规则中,也需要审查电子数据的合法性,但此时其合法性审查的主要内容是基本权利干预的合法性。违反真实性保障程序所收集的电子数据虽然也可能产生证据排除的效果,但其主要是基于电子数据真实性无法得到保障而被排除,应当将其认定为瑕疵电子数据。瑕疵电子数据的本质是因违反真实性保障程序而被削弱了可靠性,其可因得到合理解释或补正而恢复证据能力,只有在无法对其作出合理解释或补正时才予以排除。而非法电子数据则是因违法取证行为侵害了其所承载的公民基本权利,进而损害其证据能力而被排除。非法证据排除规则作为现代国家的法治成果,主要规制证据能力问题而非证

① 参见程雷:《非法证据排除规则规范分析》,《政法论坛》2014 年第 6 期。

明力问题，通过对侵犯公民基本权利取得的证据的排除，来遏制侦查人员非法取证，从而保障被调查人基本权利。[①] 除了通过非法搜查、非法扣押取得的电子数据应被作为非法证据之外，侦查机关故意以网络在线提取、网络远程勘验等方式来规避搜查、扣押从而侵犯被调查人基本权利取得的电子数据，也应当被认定为非法电子数据。法院在证据合法性审查中，应当对电子数据侦查取证行为类型进行实质审查，而不能仅仅因为某种电子数据侦查取证行为被冠以“网络远程勘验”之名，就认定其属于网络远程勘验。即便对属于网络远程勘验的电子数据侦查取证行为，也需要进一步实质审查其属于强制性侦查的远程勘验还是属于任意性侦查的远程勘验。对于应当纳入远程搜查、技术性侦查范围的电子数据侦查取证行为，侦查机关借网络远程勘验之名来故意规避相应程序性措施和被调查对象诉讼权利，或者将本应纳入强制性侦查的网络远程勘验作为任意性侦查来使用的行为，都属于重大程序性违法。在此种情况下收集的电子数据，应当认定为非法证据而予以排除。

《关于适用〈中华人民共和国民事诉讼法〉的解释》第 106 条规定：“对以严重侵害他人合法权益、违反法律禁止性规定或者严重违背公序良俗的方法形成或者获取的证据，不得作为认定案件事实的根据。”该规定确立了我国民事诉讼中的非法证据排除规则，其将“严重侵害他人合法权益”“违反法律禁止性规定”“严重违背公序良俗”，作为认定民事诉讼中非法证据的标准。该规定并未将非法证据排除规则限定于特定证据种类，这就意味着在民事诉讼中以严重侵害他人合法权益、违反法律禁止性规定或者严重违背公序良俗的方法形成或者获取的电子数据，也应当被认定为非法证据。由于非法证据排除规则蕴含着“查明事实”和“权利保障”两种法律价值的矛盾与冲突，排除非法证据可能会阻碍查明案件事实，因此，并非所有违法行为所收集的电子数据都应当被排除，其仅在“严重侵害他人合法权益”“违反法律禁止性规定”“严重违背公序良俗”时才需要被排除。若当事人虽然采取了违法行为来收集电子数据，但行为的违法程度较为轻微，尚未达到造成严重后果的程度，则该电子数据并不能被认定为非法证据。例如，未经同意的手机录音、拍照取证行为，若录音或拍照内容本身并不侵犯他人隐私权等基本权利，则通过该方式取得的电子数据不是非法证据。

拓展阅读

林某等人走私普通货物、物品案

杨某与某某研石厂、幸某等人民间借贷纠纷案

第四节 电子证据与鉴真规则

电子数据作为现代信息技术、网络技术和计算机技术所衍生的一种新型证据形式，具有科技性、虚拟性等特征，由此其在司法实践中的使用也产生了很多新问题，其中就包括电子数据的鉴真问题。电子数据在刑事诉讼中的使用，需要经过收集提取、封存保管、技术分析、

① 参见闵春雷：《非法证据排除规则适用问题研究》，《吉林大学社会科学学报》2014 年第 2 期。

当庭出示、审查判断等若干环节。其中任何一个环节出现问题或者瑕疵都有可能影响电子数据的真实性、完整性和关联性。与物证、书证等传统实物证据不同,电子数据通常不具有显著特征或标记,易于复制、修改和增减,这就使人们很难通过传统辨认方式来确认电子数据的真实性。如果忽视对电子数据提取、保管以及流转链条的规范,就很可能造成电子数据的失真,导致对案件事实作出错误认定。

一、电子数据鉴真的功能

刑事诉讼法规定了很多强制性规范,但是,这些强制性规范并非都以权利保障为目的。有些强制性规范可能仅仅是对国家专门机关的诉讼行为进行规范,为证据的收集、移送、保管等行为提供强制性指引,而并不直接涉及被调查对象的相关权利。取证程序并不仅仅是为了保障权利,有些可能为了保障证据的关联性和真实性。“关联性并不是电子证据能否得到采信的一个孤立标准,它同真实性、合法性、证明力问题之间存在着一定程度的交叉。”[①] 如果某一强制性规范并不涉及被调查对象的基本权利,那么,侦查人员违反该强制性规定的行为也不会侵犯个人权利。例如,搜查时应有见证人在场而缺少见证人的,若不存在其他违法行为,则缺少见证人本身并不会直接侵害被调查对象的财产权等基本权利。但是,有些强制性行为会涉及被调查对象的基本权利,如缺乏正当理由的无证搜查。搜查证赋予侦查机关进行搜查的权限,被调查对象见到搜查证时,有容忍义务。但是,在缺乏正当理由的无证搜查中,侦查机关缺乏合法权限,因此所有权排他性可对抗无正当理由的搜查行为,对于这种严重侵犯个人权利的违法行为应给予程序性制裁。而与权利无涉的技术操作性程序规范,则是对侦查行为在时间、地点、签名、见证、记录等方面提出的技术要求,仅具有形式上法律手续的性质。侦查人员违反技术操作性程序规范的行为通常并不会侵害当事人的重要权利。故对侦查机关违反技术操作上的强制性规范,则不能适用程序性制裁。

当然,需要注意的是,这里所说的技术性强制规范并不等同于电子数据收集过程中所要遵循的技术标准。《电子数据规定》第 2 条和第 7 条分别规定侦查机关在收集、提取电子数据时应遵循有关技术标准,取证方法应符合相关技术标准。这里的技术标准主要是电子数据所涉及的信息技术、网络技术、计算机技术等技术性规范。电子数据本身技术性强的特点决定在其收集、保管和移送过程中不可避免会涉及相应的技术标准。这实际上对侦查人员提出了较高的要求,即侦查人员除了要熟悉刑侦知识、法律知识外,还需要熟知相关的技术标准。如果侦查人员自身并不具有收集电子数据所要求的知识储备和操作经验,可以指派或者聘请专业技术人员来收集、提取有关电子数据。但是,电子数据鉴真程序中的技术性操作规范主要是从程序角度来规定其收集、保管和移送中的相关要求,并不涉及相关信息技术和标准。

① 刘品新:《电子证据的关联性》,《法学研究》2016 年第 6 期。

二、电子数据鉴真的方法

传统实物证据的鉴真方法通常有两种，即“独特性确认”和“保管链条证明”。“独特性确认”的鉴真方式主要适用于特定物。若某一实物证据具有显著特征，则通过证人当庭陈述该证据特征对该物证与其原来所看物证的同一性作出证明。“保管链条证明”的鉴真方式主要适用于种类物，是通过对物证从提取到当庭出示过程的完整展示来鉴别其同一性的。[①] 上述两种鉴真方法并非截然对立，是可以相互转化的。对特定物亦可采取“保管链条证明”的鉴真方式，而对种类物亦可通过编号、签名等方式让其获得独特性而适用“独特性确认”的鉴真方式。《电子数据规定》中主要采取了“保管链条证明”和鉴定的方式来实现对电子数据的鉴真，并以此为基础规定了电子数据收集保管中的笔录制度、录音录像制度、见证人制度和鉴定制度。

（一）取证笔录

笔录是对侦查人员勘验、搜查、扣押以及提取证据过程所制作的书面记录。我国刑事诉讼法规定，侦查人员在进行勘验、搜查、扣押等侦查行为时应当制作笔录。由此形成的笔录是刑事诉讼中法定证据种类之一。笔录证据可以对物证、书证、视听资料和电子数据等证据起到鉴真作用，对各种证据的来源、提取、搜集、移送、保管、出示等过程直接进行证明，从而达到证明证据真实性和同一性的效果。《电子数据规定》对电子数据收集中笔录的制作进行了详细规定。《电子数据规定》第 8 条第 1 款规定：“收集、提取电子数据，能够扣押电子数据原始存储介质的，应当扣押、封存原始存储介质，并制作笔录，记录原始存储介质的封存状态。”其第 9 条规定，“无法扣押原始存储介质的，可以提取电子数据，但应当在笔录中注明不能扣押原始存储介质的原因、原始存储介质的存放地点或者电子数据的来源等情况”。其第 14 条规定，“收集、提取电子数据，应当制作笔录，记录案由、对象、内容、收集、提取电子数据的时间、地点、方法、过程，并附电子数据清单，注明类别、文件格式、完整性校验值等，由侦查人员、电子数据持有人（提供人）签名或者盖章；电子数据持有人（提供人）无法签名或者拒绝签名的，应当在笔录中注明，由见证人签名或者盖章”。对电子数据的收集所作的笔录，除了应符合一般笔录的形式要件外，还应记载以下内容：第一，记录原始存储介质的封存状态；第二，作例外说明，即无法扣押原始存储介质的，应在笔录中注明不能扣押原始存储介质的原因、原始存储介质的存放地点或者电子数据的来源等情况。在实践中，经常会出现因电子数据收集保管笔录存在瑕疵而对其真实性质疑的情况。

（二）同步录像

在电子数据收集过程中，同步录像和取证笔录在本质上都是对电子数据取证过程及其内容进行固定和保全，以保障电子数据及其取证过程的事后可验证性，从而为法院认定电子数据真实性提供依据的方法，因此，对取证过程制作录像资料也是电子数据鉴真的重要方法

① 参见陈瑞华：《刑事证据法学》，北京大学出版社 2012 年版，第 133—137 页。

之一。《电子数据规定》第 5 条第 5 项要求，“对收集、提取电子数据的相关活动进行录像”；其第 14 条要求，收集、提取电子数据时，“有条件的，应当对相关活动进行录像。”其第 15 条第 1 款规定，“由于客观原因无法由符合条件的人员担任见证人的，应当在笔录中注明情况，并对相关活动进行录像”；第 16 条第 2 款要求，“无法使用写保护设备且无法制作备份的，应当注明原因，并对相关活动进行录像”。上述规定都对电子数据取证中的同步录像作了相应要求。《电子数据规定》第 23 条第 2 项将“查看录像”作为审查电子数据是否完整的重要方法。这里的“录像”就是电子数据取证中同步制作的取证录像。取证笔录是取证主体在电子数据收集中对相关信息通过书写予以固定的方式，因此具有一定的主观性；而同步录像则是由机器设备通过电子符号的方式对电子数据取证过程和内容予以固定，其内容相对较为客观。从内容上来看，同步录像还可以较为全面地记载取证主体的言行举止、电子数据所处的环境状况。因此，相对于取证笔录而言，同步录像所记载的电子数据收集过程和内容信息更为全面、客观、真实。

（三）见证人见证

见证人参与电子数据收集过程，既是对侦查机关进行监督制约的方式，也是对电子数据鉴真的重要方式之一。我国刑事诉讼法规定，侦查机关在开展勘验、检查、搜查、查封、扣押等侦查活动时，应当由见证人对上述侦查活动进行见证。《电子数据规定》第 15 条第 1 款规定：“收集、提取电子数据，应当根据刑事诉讼法的规定，由符合条件的人员担任见证人。由于客观原因无法由符合条件的人员担任见证人的，应当在笔录中注明情况，并对相关活动进行录像。”根据该规定，在收集和提取电子数据时，一般应有见证人在场对于电子数据的收集提取行为予以见证。2021 年《最高人民法院关于适用〈中华人民共和国刑事诉讼法〉的解释》第 80 条规定：“下列人员不得担任见证人：（一）生理上、精神上有缺陷或者年幼，不具有相应辨别能力或者不能正确表达的人；（二）与案件有利害关系，可能影响案件公正处理的人；（三）行使勘验、检查、搜查、扣押、组织辨认等监察调查、刑事诉讼职权的监察、公安、司法机关的工作人员或者其聘用的人员。对见证人是否属于前款规定的人员，人民法院可以通过相关笔录载明的见证人的姓名、身份证件种类及号码、联系方式以及常住人口信息登记表等材料进行审查。由于客观原因无法由符合条件的人员担任见证人的，应当在笔录材料中注明情况，并对相关活动进行全程录音录像。”该条明确了见证人的条件和范围。在电子数据收集中，见证人是对其进行鉴真的重要方式之一。如果侦查人员在收集提取中对电子数据进行修改或删减，见证人可提出异议并且拒绝在笔录上签字，也可要求将异议记载于笔录之中。在庭审中，如果控辩双方对电子数据的真实性、同一性发生争议，见证人陈述是证明其真实性的重要方式之一。

（四）鉴定意见

鉴定不仅可以解决电子数据与案件实质关联性的问题，也可以解决电子数据形式真实性的问题。如果控辩双方对某电子数据是否存在伪造、破坏、修改等情况发生争议，而无法通过肉眼观察的方法直接确定时，则可借助专业技术来进行认定。因此，鉴定是对电子数据鉴真的重要途径之一。《电子数据规定》第 17 条第 1 款规定:“对电子数据涉及的专门性问题难以确定的,由司法鉴定机构出具鉴定意见,或者由公安部指定的机构出具报告。对于人民检察院直接受理的案件,也可以由最高人民检察院指定的机构出具报告。”该条所规定的“电子数据涉及的专门性问题”就包括电子数据真实性认定方面的专业问题。从实践来看,犯罪分子可能会在犯罪之后实施破坏、毁灭、伪造电子数据的行为,这些行为通常不会影响电子数据的形式真实性,但会对其内容产生影响。电子数据具有系统性特征,其总是以系统的面目呈现。在案件发生时,会随电子数据的产生而产生一些附属信息、关联痕迹,造假行为导致电子数据发生变化的同时,也会产生与之相应的附属信息、关联痕迹。通过查找和鉴别这些附属信息、关联痕迹,就可以准确把握电子数据的真假。[①] 但无论是形式真实性还是实质真实性,都可由专业人员以技术手段鉴别出来。

三、违反电子数据鉴真规则的法律后果

由于电子数据鉴真规则主要是技术性操作规范而不是权利保障规范,因而违反电子数据鉴真规则属于技术性违法而不是侵权性违法。技术操作中的违法行为仅违反了相关法律关于电子数据收集、移送和保管的操作性规范,可能会对电子数据的关联性和真实性产生消极影响,但并未侵犯被调查对象的相关权利。基于技术性违法的本质,违反电子数据鉴真规则所收集的电子数据应属于瑕疵证据,而不是非法证据。

第一,鉴真规则的本质属性决定了其不属非法证据。非法证据排除规则作为现代法治社会的法律成果,主要解决的是证据能力问题,即通过对侵犯公民基本权利取得证据的排除,来遏制非法取证行为,敦促侦查机关依法办案,切实保障诉讼参与人的基本权利。而鉴真规则主要是技术操作性规则,并不是权利保障性规则。违反鉴真规则的行为并不会构成对被调查对象的权利侵犯。

第二,鉴真规则的价值追求决定了其不属于非法证据。鉴真规则主要是解决证据的可采性问题,即解决证据的同一性问题。由于鉴真方式的多样性,对某一鉴真规范的违反并不必然意味着无法通过其他方式证明证据的真实性和同一性。鉴真方式的多样性和烦琐性也决定了取证主体可能出于疏忽大意或经验不足而违反鉴真程序,如果仅仅因此就排除具有真实性和相关性的电子数据,则显然有悖于鉴真制度的目的。

第三,将违反鉴真规则的证据视为瑕疵证据。在美国刑事司法实践中常会出现证据保管链条断裂的问题,这通常源于侦查人员在证据收集、移送和保管等环节并未严格遵守相关技术性规则,但是证据链条断裂并不必然导致证据被排除。保管链条断裂的证据最终能否被法院所采信,主要取决于其能否通过其他证据的印证,让裁判者相信该证据没有被替换或以其他方式被篡改。在我国司法实践中,司法机关也通常将违反鉴真规则的电子数据视为瑕疵证据,并给予其相应的补正机会。只有在其无法补正,真实性和同一性无法得到保证的

① 参见刘品新:《电子证据的基础理论》,《国家检察官学院学报》2017 年第 1 期。

情况下，才将其排除，不作为定案根据。

《电子数据规定》第 27 条规定："电子数据的收集、提取程序有下列瑕疵，经补正或者作出合理解释的，可以采用；不能补正或者作出合理解释的，不得作为定案的根据：（一）未以封存状态移送的；（二）笔录或者清单上没有侦查人员、电子数据持有人（提供人）、见证人签名或者盖章的；（三）对电子数据的名称、类别、格式等注明不清的；（四）有其他瑕疵的。"该法条规定的情形主要是电子数据鉴真方法存在瑕疵而导致电子数据成为瑕疵证据的情形。电子数据鉴真规则是技术性操作规范而不是权利保障规范，违反鉴真规则所收集的电子数据属于瑕疵证据。对瑕疵证据可进行程序补正，以恢复其证据能力。程序补正也称为违法诉讼行为的治愈，是指对于情节较轻的程序违法行为，在对其作出无效宣告前，允许侦查人员、检察人员及下级法院重新实施特定诉讼行为，以在纠正原有程序违法的前提下，重新作出相应诉讼决定。[①] 我国现行法律和司法解释对瑕疵证据规定了两类补正方式：一是进行必要补正，二是作出合理解释或说明。这些传统实物证据的瑕疵补正方式亦适用于电子数据。除了上述传统补正方式外，鉴定也是对电子数据保管链条瑕疵进行补正的重要方式。若相关主体不能对瑕疵电子数据补正或者作出合理解释，则司法机关应当对其予以排除，不得将其作为定案依据。

拓展阅读

陈某贩卖毒品案
熊某非法经营案

本章小结

根据证据裁判原则的基本要求，电子数据在转化为定案根据之前，须由法院依照法定程序予以审查。法院审查电子数据所依据的主要标准就是电子数据证据规则，包括关联性规则、原件规则、鉴真规则、非法证据排除规则等。电子数据证据规则，不仅直接调整和规范法院对电子数据的审查认定行为，也间接调整和规范侦查机关等主体对电子数据的收集取证行为。将传统证据规则适用于电子数据会面临很多问题和挑战。例如，判断电子数据的关联性不仅需要考虑电子数据内容信息的关联性，也需要考虑其存储介质或者载体的关联性。原件规则在电子数据中的运用，则基于"功能等值"原则衍生出对原件认定的新标准；对电子数据鉴真，不仅可以使用传统的"独特性确认""保管链条证明"等鉴真方法，也可以使用完整性校验值、可信时间戳、区块链存证等技术性鉴真方法。因此，在电子数据证据规则的实践运用和理论探讨中，既要关注传统证据规则在电子数据中的有效适用，也应重视电子数据为证据规则带来的最新发展。

① 参见陈瑞华：《刑事证据法学》，北京大学出版社 2012 年版，第 315 页。

思考题

1. 简述电子数据关联性规则的具体内容?
2. 论述电子数据原件的认定标准?
3. 论述是否应将电子数据纳入非法证据排除规则的适用范围?
4. 违反鉴真方法所收集的电子数据属于瑕疵证据还是非法证据?请阐述理由。

第十三章　区块链与电子证据

去中心化代表了自动化的最高级形态，其运行不依赖群体共识，而是完全依赖智能合约、算法及确定性代码。

——［法］菲利皮、［美］赖特[①]

第一节　区块链技术在电子证据中的适用

一、区块链技术的基本原理及特点

区块链技术也称分布式账本技术，是一种互联网数据库技术，最早在中本聪构建的比特币系统中被应用，现在被广泛应用于各领域。其实质是经由数学工具与计算机算法结合搭建的，能保证参与人之间相互信任的、非中心化的分布式记账系统，该系统中的任一节点均可参与交易，区块链上记录的数据由所有节点共同维护，每个节点均可获得系统内完整记录的复制拷贝。[②]按照系统的用户范围，区块链主要分为公共区块链、联盟区块链和私有区块链。公共区块链也称"完全去中心化"的区块链，其访问门槛低，每个节点都有参与共识过程、决定主链区块的权利；相较公共区块链，联盟区块链只允许联盟内的节点参与共识，仅是"部分去中心化"；私有区块链在诸多方面较上述两种都有所加强，如交易速度、隐私保护、交易成本等，参与共识的节点都具有高信任度，能保证数据的安全，并让数据不被篡改，从而提高数据的可信度。

区块链技术的特点主要有：（1）去中心化。这是区块链技术的核心特征。区块链系统中节点逐步增多，任一节点的脱节都不会对系统的运作构成致命性的威胁。在此基础下，电子数据的传输不再依靠某一个中心节点，而是直接以点对点的方式使得每个节点都可以自由地参与到数据的传输过程中，实现节点之间的平等。（2）匿名性。在区块链中，交易各方

---

① 参见［法］普里马韦拉・德・菲利皮、［美］亚伦・赖特：《监管区块链：代码之治》，卫东亮译，中信出版集团2019年版，第159页。

② 参见杨东：《链金有法：区块链商业实践与法律指南》，北京航空航天大学出版社2017年版，第12页。

默认相互信任,故而在交易过程中,相关主体无须公开自己的身份。(3)去信任。在区块链中,通过非对称加密等技术手段,可将对第三方"机构"的信任转化为对技术的信任。(4)开放性。在区块链数据库中,除交易的私有信息被系统保护外,其他一切信息都是公开、透明且可溯源的,从而加强了各用户之间的信任。(5)不可篡改性。区块链采取共识机制来完成每个区块的工作,在链式结构和共识机制的共同作用下,任何篡改数据的行为都将付出极高代价,并且达成共识后修改的数据,也会被完整记录全部的修改路径。

随着区块链技术的不断发展,其适用的领域也在逐步扩大,从最先的比特币再到金融行业、智能合约等,现在司法存证也开始使用区块链技术,尤其在电子证据方面。运用区块链技术保存的证据被称为区块链证据。

二、电子证据适用区块链技术的可行性

在传统司法中,电子证据的隐蔽性、易篡改、不可视性等特征降低了电子证据在诉讼中被认可的程度,由于当事人难以证明电子证据的真实性,具有极高证明力的证据可能将不被法官采纳。现今,区块链技术的不可篡改、可溯源等功能能够保障电子证据的完整性、真实性。区块链技术在电子证据领域具备适用的可行性,其中最为主要的技术是时间戳技术和共识算法机制,前者提供时间先后证明,后者保障证据真实可信。

(一)时间戳技术

证据的形成时间在一定程度上决定了证据的证明力,但因传统电子证据容易被篡改,其真正的形成时间往往难以确定。在电子证据中,时间是鉴别证据是否被伪造或篡改的重要参考依据。时间戳的证明技术是将源文件全部上传到可信的第三方存证平台进行存储,同时将存储内容添加时间戳(Time-Stamping Authority, TSA)印记,以表明该源文件数据在某个特定时间之前已经存在的方法。[①] 区块链技术中心的时间戳技术对区块链证据的篡改、溯源、透明、公开等提供了坚实的技术保障。

值得注意的是,时间戳技术的首次运用并不在区块链上。早期时间戳的存证方案属于第三方存证。为确保上传者的身份,还需要借助相关认证方式,[②] 提供验证身份的数字签名。数字签名是使用非对称密钥加密技术与数字摘要技术,以确定上传者作为发送方的身份,并确定接收到的消息的完整性以及在传输过程中未被篡改的技术。[③] 然而,非区块链式时间

---

① 该时间戳通常是一个字符序列,具有标识某一刻时间的唯一性,通常由权威的授时中心发布并提供时间来源。其能够直接实时地在线上完成数据取证,与商标、网络著作权等侵权固证具有高度的契合性。此类知识产权案件是运用时间戳存证方式的主要类型。参见陈可欣、李然:《知识产权诉讼中时间戳证据效力分析》,《福建师范大学学报》(哲学社会科学版)2018 年第 5 期。

② 这种认证方式包括独立的身份认证机构提供的认证,也包括大型互联网公司所提供的支付宝账号、人脸识别、微博、微信等实名认证的形式。

③ 这种加密传输方式主要是针对电子文件的保密性要求和上传数据本身的格式一致性所产生的。目前采用的方式主要是将签名数据摘要通过 Hash 算法进行加密。

戳并未彻底解决存证主体资格的问题。因为提供上述第三方电子存证的机构主要是商业机构，存在电子存证流程设计非标准化，相关源文件的真实性审验技术无法保障，存证机构中立身份不足，在司法实践中证据资格难以被法院确认等问题，因此非区块链式时间戳未能真正取代传统的线下公证方式。区块链中的时间戳技术链接了区块链中的各区块，完整复刻了从电子证据产生、传输、提取等全过程中的时间节点，这对于查清案件事实具有重要作用。时间戳通过叠加逐级印证，解决了区块链存证对电子数据真实性技术保障问题，成为从证据法上可被鉴真的技术方案，满足了"法律上可证实"的证明要求。[①] 区块链中的时间戳，由国家法定时间源负责保障时间、授时、守时监测来保障时间的权威性，为可信时间戳，具有法律效力。

从待证事实的司法证明来看，时间戳技术可用来保存、浏览类似网页等线上电子数据，从而固化相关电子数据的证据形成时间。结合时间戳技术，区块链系统通过接入权威授时，依据各上链区块的高度对应特定时间，从而实现证实相关电子数据形成的时间的目的，并为区块链存证的应用提供技术支持。在咪咕公司与众佳公司侵害作品信息网络传播权纠纷案[②] 中，咪咕公司未经权利人授权，在其经营网站（咪咕阅读）上有偿向公众提供作品的在线阅读服务，侵害了权利人对其作品享有的信息网络传播权。众佳公司通过联合信任时间戳服务中心的互联网电子数据系统，对上述事实进行了电子数据固定。人民法院认为，涉案网络页面截图、屏幕录像文件以及相关时间戳认定证书等证据可形成证据链，在没有相反证据的情况下，可以确认众佳公司以时间戳服务系统固定的涉案网络页面的真实性。

（二）共识算法机制

共识算法是指通过区块链方式达成共识的机制。去中心化的区块链作为分布式的系统，不依赖一个中央机构，而依靠各节点通过一致性确认形成上链的信息，因此可以在信息传递中避免中心化的存储机制篡改相关存储内容的风险。申言之，在采用共享复制式分类账加分布式数据库同步机制塑造出的依托全体用户表决的共识算法机制中[③]，只有超过51% 的用户确认了运行在区块链系统的交易记录，对该记录的记账才得以完成，并向全网通知。为了防止单点垄断记账权造成公信力不足的情形，记账权又被设计成俗称"挖矿"的流程，即按照一定概率由用户节点运用各自算力寻找合理 Hash 值进行确认。具有密码学意义的 Hash 值也就成为该区块链存证特定的数字指纹，可以被用于后续的验证。目前，主要的共识机制有工作量证明（Proof of Work，PoW）、权益证明（Proof of Stake，PoS）、央行数字货币的共识机制（PBFT）。为公众所熟知的比特币，本质上就是一种工作量证明，用来标记那些对不断产生的区块进行记账确认的分布式用户工作量（找到并确认正确的块头信息），确保

① 参见刘品新：《论区块链存证的制度价值》，《档案学通讯》2020 年第 1 期。

② 详见山东省高级人民法院（2018）鲁民终 1607 号民事判决书。

③ 参见徐忠、邹传伟：《区块链能做什么、不能做什么？》，《金融研究》2018 年第 11 期。

区块链系统的持续运行。因此，在技术上设置记账权这一上链方式，就可实现存证权限不被固定在某一用户节点上，杜绝了存储电子信息被篡改情况的发生。

此外，区块链记账是按照一定的时间点固定、持续进行的（如比特币系统为10分钟），所有交易记录能够被对应到特定记账区块中。由于区块链主要采用默克尔树状结构进行前后顺序记录，故每一记录区块块头均含有下一个区块的数据。[①] 在附加到前一区块块头前，下一笔交易记录须先经各节点用户的"共识机制"同意并确认交易有效后，再由系统自动赋予该区块一个时间戳，通过加密保护链接到链路上的前一个区块。如此层级延伸，能在技术上实现某一区块具体高度与其绑定的时间戳的相互印证，从而确认交易时间（记账时间）；同时，任何篡改区块链记录的行为都需要从根部Hash值开始对全部层级数据进行改变才可能达到逐级一致的要求。因此从技术原理上看，若用户篡改数据，则需要对源文件Hash值所在区块数据以及其后所有区块的数据都进行改变，否则Hash值将无法被验证。同时，区块链系统用户的分布范围极为广泛，单纯破解某个用户的系统也无法改变上述区块信息在各个网络用户的信息。这提供了一种极为安全的存证体系，基本杜绝了从技术层面对存证的区块信息作改动情况的发生，也为后续被存证的电子数据的真实性提供了高可信度证明。

三、区块链技术应用模式

区块链技术的应用与其所采用的上链技术密切相关。从整体上来看，区块链主要可分为主链、私链、联盟链与侧链四种模式。按照系统是否锚定比特币作为实现去中心化的技术，可以将区块链区分为比特币区块链和私链区块链两大类。主链即为比特币系统，侧链以应用链双向锚定比特币系统获得不可篡改特性，借应用链智能合约满足复杂现实应用设计。私链则是独立于比特币的自建区块链系统，依专用协定满足特定用途。联盟链则升级了私链，将类似司法鉴定中心、公证机构甚至是纠纷解决机构（如法院）作为重要节点，以增强联盟链的公信力。

（一）主链模式

主链模式，是区块链获得去中心化存储的基础架构。为了确保电子存证信息的安全，上链者通常会依据密码学原理对该存证电子信息进行Hash加密，并通过私钥比对方式来确保存证信息不被篡改。不过，如仅依靠独立的存证机构进行一种中心化存证，则可能会潜藏着存证机构篡改信息的"监守自盗"的道德风险。区块链技术通过将本地源文件数据转化为存证Hash值摘要，并将该摘要数据写入区块链某一区块之中，使得源文件的Hash值被永久进行保存，而在后一区块生成时，包含了上述Hash值的前一区块信息也会被包裹进去，从而

---

① 默克尔树（Merkle Tree）算法并不是直接计算全部交易字符串的Hash值，而是对每个交易都计算一个Hash值，然后两两连接再次计算Hash，一直到最顶层的Merkle根。该算法的最大好处就是，每个交易都可以单独直接删除，只保留这个交易的Hash值即可，从而极大精简了需要存储的海量交易数据。

成为一种层层嵌套的安全存储机制。此外，由于每个区块在形成之际均需通过所有用户的共识机制予以确立，这就意味着上述区块链每一层级均同时被所有区块链分散用户所存储，从而形成了去中心化的不可篡改存证体系。

具体而言，最为常见的主链即在比特币系统上，将待存证的信息上链，并通过密码学原理生成私钥以供后续比对验证。不过，由于比特币区块可附加的信息容量十分有限，设计者中本聪采用了默克尔树的方式对交易验证进行简化。基本原理是将单笔交易和两笔交易分别进行 Hash 计算，将两个 Hash 值组合后再次进行 Hash 计算，反复数次后形成一个根 Hash 值并将其存入区块头中。因此，存证在作为交易对象的电子数据时，也采用同样的方式以默克尔树的形式组织，最后将获得的根 Hash 值写入比特币的拓展协议的 OP_Return 区域，以完成对一笔交易的区块链存证过程。其中，采用主链模式最具代表性的应用——美国的公证通（FACTOM）存证系统成了后续不少存证模式进行侧链链接的主要锚定系统。

由此形成的区块链存证拥有在电子证据存证证明方面的两大优势：其一，区块链具备时间戳证明机制，每一次存取、变动存证信息的行为都会产生一个时间戳记录，从存证伊始到每一次取证的发生时间均有据可查。其二，采用默克尔树方式锚定的 Hash 值区块信息之间存在结构上的高低序贯链接，仅通过区块高度这一附属信息就可以形成完整的证据全程溯源，确保存证行为的可溯及验证和不可篡改性。

（二）私链模式

建构一种去中心化与分布式的用户结构是区块链类证据具有可采性的基础。成熟的公链系统（以比特币为例）最具拓展应用价值的区块空间很小，且缺乏图灵完备的智能合约基础，这使更兼容的运用性场景难以被完全纳入公链系统。从其底层技术形式看，就面临两种模式选择：一种是建构用户个体不需要借助中心化的机构来进行身份认证的类似区块链结构；另一种则是依托大型企业的技术基础建立起中心化的存证机制。

就前者而言，需要建立起独立的共识机制以替代第一代电子存证的中央服务器签名，并嵌入经济激励系统实现协同工作。私链存证模式同样需要聚合成区块的方法来跟踪支付，每个区块关联有一个区块头（Block Header），用密码学方法来确认（Commitment）包含了区块内容、时间戳和前一个区块头的信息，并因此形成包含了先后交易顺序的链，即存证信息时间轴。不过，这种模式很难独立建立起类似公链的足够分布式用户节点（否则就不是私链），往往容易蜕变为主要用户为存证机构设置和运行的伪区块链系统。

就后者而言，则可循入成熟的大型企业的区块链解决方案来展开，以根据存证业务的特点建立其对应的私链系统。例如，微软和 IBM 均推出的“区块链即服务”（Blockchain as a Service，BaaS）业务，能够将私链节点打包成“快速启动范性”存储在各自的 Bluemix Garage 云平台或 Azure 云服务中，以帮助存证业务机构快速地建立起稳定的运行机制。为解决上链区块链证据构成传闻证据产生的存证可采性问题，美国司法部门整体上采纳了“持续性商业经营”的传闻证据例外规则，确保那些主要依托美国服务器的区块链存证模式获得运行地法律的确认，有效强化了私链型业务的合法性。

（三）联盟链模式

私链的方式尽管在速度上和应用场景方面具有优势，但失去了区块链去中心化所依赖的分布式方式，可能会受到去中心化不足的质疑，并为通过算力优势实现对存证信息的篡改提供了机会。为此，在私链基础上建立更加开放的联盟链结构就成为不少规模有限的私链存证提升公信力的技术方向。

结合已有的较为成熟的区块链存证商业运用模式来看，通过存证业务主体独立开发的以太坊平台，在确立分布式记账的区块链节点建设中，将司法鉴定中心、公证机构甚至是法院或仲裁机构等纠纷解决机构作为重要节点，以弥补商业性联盟链无法建立广泛分布节点所造成的去中心化不足的缺陷，并通过赋予这些公共主体比普通的节点更高权重的区块链确权投票权（共识表决机制），来保证其所表决的上链数据的真实性，防止其不被篡改。由此延伸到后续纠纷解决的事实认定，则作为重要节点的存证机关将相关电子数据存证，得以书面出证或鉴定报告形式来提供呈堂所需的真实性证明；或是纠纷解决者本身通过作为节点，直接将以存证的私钥与系统信息进行比对，以认证待证电子数据的存证真实性。

（四）侧链模式

侧链技术实际上是一种缠绕技术，涉及对应用链系统与结算链系统的整合，以突破传统结算链有限的智能合约字段限制，从而拓宽区块链技术的应用场景。其主要工作流程是：利用公链（如比特币系统）作为"结算链"，使特殊用途的侧链进行不可逆的记账，并借公链的多节点满足安全共识的去中心化要求。侧链存证技术实现了多节点、充分离散化分布，其协议可迭代而不会造成兼容问题，具有很高的扩展性和安全性，成为很多区块链存证的主要方式。

就侧链拓展性而言，通过开发专用的应用链，将待存证的内容通过侧链技术链接到结算链系统，从而将一些定制化（如电子数据的存证）或高频的交易（频繁的存证）放到比特币主链之外进行，实现了对比特币区块链的扩展。为了确保拓展性不会带来兼容上的障碍，侧链一般会被设计成一个独立的区块链系统，设有按需定制的账本、共识机制、交易类型、脚本等，以满足差异化用途的需要。而侧链的安全性在于其能够借双向锚定（Two-way Peg）机制，通过支持与比特币区块链挂钩来引入和流通一定数量的比特币。当比特币在侧链流通时，主链上对应的比特币会被锁定，直到比特币从侧链回到主链，确保运用链块头进入结算链，事实上也间接扩大了比特币系统的实用性。这一过程被称为简单支付验证（Simplified Payment Verification，SPV）的技术，该技术通过运用链的存证业务获得在结算时比特币链的去中心化和不可逆的记账效果。从国内主流的存证系统来看，其大多采用了关联比特币系统的结算机制，并形成其"引入—流通"的双向锚定方式，以提高嵌入比特币链的防篡改可信度。目前，北京互联网法院的"天平链"系统就是以百度链所提供的侧链回归等多重技术为基础，极大增强了系统的防篡改安全性。

四、区块链技术的证据性应用

2018年《最高人民法院关于互联网法院审理案件若干问题的规定》(简称《互联网法院规定》)第11条的指示性规定集合了电子签名、可信时间戳、哈希值校验的区块链证据，被确认为有效的证据收集、固定和防篡改的技术手段，而具备此功能的电子存证平台的认证也获得了司法部门的承认。围绕该规定所要求的“真实性”确认，具有去中心化和不可篡改两大特征的区块链技术，成了证据存证创新运用最为活跃的因素，并与电子数据迭代发展形成的完美对应。因此，电子数据的区块链证据性应用，通过将电子证据进行密码学转换，将所获得的数值通过上链交易获得时间戳并记录到区块中的全链程存证业务形态，保障电子数据的真实性和可靠性。

（一）电子诉讼公证业务应用

区块链中的每一区块都包含了前一区块的时间戳、Hash值和相关电子数据，并且区块链技术保证了每个数据都能溯源且难以被篡改，区块链存证技术提高了数据的可信度。依托区块链的电子存证技术、具备源证据加密保护、全流程绑定时间源和不可篡改性的区块链存证运营平台将成为具有稳定公信力的去中心化“特殊公证机构”。相较于传统的公证业务，区块链自动在线和低廉的运营成本，特别是内设智能合约拓展功能，能够实现小额高频的电子交易、网络信息证明，也可为公司股权变更、金融交易、版权证明等诸多应用场景提供证明。特别是区块链存证运营平台还可通过将公证机关、行政机关、司法机关纳入其节点获得更高公信力，并为存证认证主体在后台调用与简便的真伪比对提供便利，极大提升效率和便捷性。

（二）电子数据调查取证类应用

根据《民事证据规定》第11条，当事人向法院提供的证据应当是原件或是原物。传统的电子数据的资料取证不仅要提交文件，而且还需要提供该证据生成过程的证据，目前通常做法是进行相关公证。在涉区块链存证的取证过程中，存证系统通过多方参与确保了每个区块节点的相互印证和备份，在客观上保证了数据真实性的同时，也等同于设置了将取证行为入链的技术安排。通过区块链取证入链的，仅对电子数据技术手段作出说明就能获得证据真实性的认定，从而有效减轻当事人的诉讼负担。同时，取证行为也将作为特殊事件入链，从而可在联盟链等形式的存证中，识别出取证行为的主体及其取证的具体时间，将区块链取证所涉及的、最为重要的私钥生成和比对行为也进行固定。这一应用方向，也拓展了包括取证合法性在内的程序性待证事实的证明范围。

（三）电子数据证据认定应用

出示和认定证据需要提交相关纸质材料，如果案件复杂，当事人可能会遗漏相关资料。通过区块链直接进行证据出示和认定，可以有效解决该问题。在区块链电子证据平台中，通过智能合约和浏览器直接阅览来进行证据出示，更加简便快捷。同时，因为区块链具有去中心化、不可篡改等特征，其上链后证据的真实性得以强化。在区块链技术支持下获得的电子证据，每个环节都被完整记录，能够形成完整串联整个电子数据的资料。

值得一提的是，对通过司法区块链存证的电子数据，提供用以查证比对的载有 Hash 值的字符串即可证明其真实性。法官亦可直接通过区块链系统后台比对确认证据可采性，从而提升庭审事实认定的效率。

【阅读案例】

甲视觉公司与乙银行侵害作品信息网络传播权纠纷案[①]

2006 年 2 月甲视觉公司受让取得摄影作品《中国图片库 1L》在中国地区的著作权。2018 年 4 月 13 日，甲视觉公司通过重庆易保全网络科技有限公司运营的易保全电子数据取证保全平台对被控侵权图片进行取证保全，获取《电子数据取证证书》。甲视觉公司根据其《电子数据取证证书》认为，乙银行在其新浪微博“乙银行信用卡”中擅自使用其享有著作权编号为 1L–15195 的作品作为文章用图，侵害其案涉摄影作品享有的信息网络传播权，请求判令乙银行停止侵权、公开道歉、赔偿损失 1 万元。

评析：案涉《电子数据取证证书》是在中立的第三方平台进行保全后获取，使用“哈希值”校验技术对电子数据进行在线验证，采用区块链技术将电子数据同步存储于公证处和司法鉴定中心，能够反映所记录事实的客观真实性。本案经对取证程序严格审查后，依法采信《电子数据取证证书》，认定乙银行的侵权事实，依法制止了著作权侵权行为。

第二节　区块链证据的法律评价

一、区块链证据的证据方法评价

区块链证据作为电子证据体系的下位类型，其适用应遵守电子证据相关法律规范。作为独立证据类型，电子证据在我国三大诉讼法上均有体现。《刑事诉讼法》第 50 条第 2 款第 8 项、《民事诉讼法》第 66 条第 1 款第 5 项和《行政诉讼法》第 33 条第 4 项均对电子数据的证据地位作出规定。就电子证据的外延，则各立法有不同侧重。《最高人民法院关于适用〈中华人民共和国民事诉讼法〉的解释》第 116 条第 2、3 款规定：“电子数据是指通过电子邮件、电子数据交换、网上聊天记录、博客、微博客、手机短信、电子签名、域名等形成或者存储在电子介质中的信息。存储在电子介质中的录音资料和影像资料，适用电子数据的规定。”而依据全国人大常务委员会对《刑事诉讼法》第 50 条所作的条文释义，电子证据主要是指与案件事实有关的电子邮件、网上聊天记录、电子签名、访问记录等电子形式的证据，也

① 详见内蒙古自治区高级人民法院（2019）内知民终 60 号民事判决书。

包括了在内容上可能与前几项规定的证据有重合的传统证据电子化后的特殊形式，如证人作证的录像、电子版的合同等。对比而言，民事诉讼法规定的电子数据外延更广。其采用更加普适的电子介质为识别标准，周延性更强，也更能兼容区块链存证这一特殊存储形态。而刑事诉讼法相关规定则注重其与传统证据方法的衔接，明确了经由电子形式转换的传统证据属于电子证据。由于其以列举方式确立电子证据的范围，因此仅能从“等电子形式”的表述中类推区块链存证。

从技术特性出发，区块链系统主要用于证据存证场景。其存证对象一般分为作为区块链系统的固有的电子数据以及附加于区块链系统的外来电子数据两类。前者会产生狭义的区块链证据，涵盖了建构区块链系统的智能合约、工作量机制、主体信息、时间戳等电子数据，并能成为特定待证事实的直接证据。例如，某些数字音乐发行采用了以太坊[①]的形式，消费者购买数字音乐的行为在特定的音乐区块链系统中完成。支撑上述交易的以太坊的智能合约就具有了电子合同的实质，也是合同文本的直接证据。同时，智能合约自动执行的特点，也可以作为该合同已被履行的直接证明。后者则属于广义的区块链证据，涉及通过不同的区块链锚定形式，将其他数字化证据或者法定证据数字化后，进行加密算法转化并上链。上链后形成的私钥等特殊电子证据，可以通过比对方式来证实其真实性以及上链时间等重要待证事实。例如，将所创作的文学作品数字化后上链到版权存证平台所获得的含有私钥的证书，就可作为该文学作品创作时间与创作内容的间接证据。

二、待证事实上链的可靠性评价

区块链数据之外的证据上链，被视为区块链存证应用法律效力的风险点。上链证据本身的真伪性、其上链过程的可靠性以及上链主体的合法性，会对证据上链后的相关证明效力产生影响。完整证明区块链存证系通过全链路的程序衔接实现的，即需要提供包括实名认证、电子签名、时间戳、数据存证及区块链全流程的可信服务。通常，合格的司法区块链系统涵盖了时间、地点、人物、事前、事中、事后 6 个维度以解决数据“生成”的认证问题。《电子签名法》第 8 条对电子数据电文真实性审查作出规定：（1）生成、储存或者传递数据电文方法的可靠性；（2）保持内容完整性方法的可靠性；（3）用以鉴别发件人方法的可靠性；（4）其他相关因素。

首先，为保证生成、存储电子数据的可靠性，需要对区块链存证平台的资质进行审查。目前互联网法院做法是通过对平台股东、经营范围、诉讼参与各主体之间的中立性进行分析，结合国家网络与信息安全监督检验中心所提供的平台系统完整性鉴别检查，以确认平台

---

① 以太坊智能合约能够完成除交易之外的其他功能。其原理是部署以及通过调用合约地址来实现对合约的调用，合约创建者将合约编写完成并部署到区块链中，区块链会议定期遍历所有智能合约的状态机和触发条件，外部账户通过发送交易的形式来部署和调用智能合约，而区块链在监听到某个合约的触发条件后就将合约放到一个堆叠中，在分配到各节点且验证合约的正确性之后激活该合约的代码并在自己以太坊虚拟机（EVM）运行。参见郭上铜、王瑞锦、张凤荔：《区块链技术原理与应用综述》，《计算机科学》2021 年第 2 期。

存证系统是否可靠。以网络传播权纠纷为例，对侵权网页取证技术可靠性的技术鉴定，以及区块链存证平台所具备的高等级的安全资质等，将会被认为满足法律所要求的“生成、存储与传递数据电文的方法可靠性”标准。

其次，证明区块链存证可靠性是确保内容完整性的主要技术手段。通常，这一证明的重点是被称为上链的技术可靠性。其审查的核心是通过对存证抓取目标网页图片所采用的特定程序或相关自动执行的计算机指令的用途与适用范围进行审查，判断存证行为是否受到人为干预。这种审查所涉及的技术问题，会通过鉴定意见的方式予以说明，并可借其肯定性结论推定区块链取证、固证程序具有安全性，从而确认保持内容完整性的方法具有可靠性。

最后，对上链内容完整性认证还包括从未被篡改或删除的角度的证明。这是指聚焦于区块链技术自身的去中心化特点，通过提出区块链证据方所阐明的先后上链于特定时间段区块并被区块链网络接收和验证的工作原理，证明对区块数据修改需对所有节点进行修改的前提条件。在算力有限的情况下，不可能完成对超过 51% 的节点进行篡改或删除的操作。而就存证平台是否真实上传数据以及数据同一性的问题，针对前者，可借助上传区块（交易所形成的 Hash 值与锚定的主链块头）的堆叠高度验证上传数据密码同网页截图与调用信息的时间合理性；针对后者则可通过将链上 Hash 值同线下存证 Hash 值作一致性比较的方法进行验证，从而完成关于确保上链内容与原始电子数据完整对应的存证可靠性的论证。

三、电子数据区块链存证转化的评价

（一）默克尔树结构下区块链存证客观性评价

链存证的默克尔树技术简化方案，属于中本聪在比特币设计中采用的对区块链每次交易所构成块头的验证技术的简化。[①] 其基本原理是将单条交易的 Hash 值以及之后的两条交易的 Hash 值组合后，再进行 Hash 运算，经过几次同样的过程就会形成一个根 Hash 值存于区块头中。由于区块头经过多重 Hash 转换之后将产生指数级的交易增量，因此在默克尔树结构上写入任何信息将导致根部改变，这使相关信息具有不可篡改的特性。同时，区块头高度叠加为默克尔树结构的特点又可以用来确认每个块头生成时间的先后顺序。从电子证据适格的客观性要求来看，在存证过程中通常不应改变原始数据的形式及其属性。但是，因为区块链系统存储空间有限，需要进行 Hash 转化与锚定比特币的操作，实际上在存证过程中，交易过程的签名甚至交易记录本身往往不得不被删除，以简化进入锚定比特币系统的存储数据量。

仅就区块链缺失的电子签名而言，缺乏电子签名及其所指向的身份认证信息意味着

① 默克尔树（Merkle Tree）可快速提高文件验证的效率。作为一种 hash 树结构，各个叶子节点标识为所关联数据块的哈希值，而非叶子节点的标签是它的所有子节点的标签拼接而成字符串的哈希值。在具体应用中既可将文件划分为若干数据块以快速定位文件哪个部分发生了修改，也可将每份文件视作一个数据块，便于快速发现文件是否作了修改。参见刘越男等：《区块链技术与文件档案管理：技术和管理的双向思考》，《档案学通讯》2020 年第 1 期。

Hash 字符串并未载有直接的主体信息。这会使原始电子数据信息形成之后的区块链存证信息无法满足《电子签名法》第 13 条第 1 款关于“签署后对电子签名的任何改动能够被发现”的直观要求。

（二）Hash 值转化后证据效力评价

由于以比特币为代表的主链具有广泛用户节点，大多数采用联盟链方式设立的区块链存证系统，采用加密算法的方式将所存证的电子数据转换为 Hash 值，以降低上链的存储数据量并保证其不可被反向破译。区块链证据的生成关键是在当事人提出存证申请（如上传数字图片或指示网页地址）后通过密码学方法与计算机算法而自动生成的可被比对的存证 Hash 值。然而，此类技术安排也意味着作为待证事实载体的电子数据所呈现的是特殊字符串，该特殊字符串被用来与待证的电子数据作一致性比对以获证据真实性证明的材料。这种通过特殊机器代码作证明的判断方式，使经由区块链存证的证据面临被质疑属传闻证据的风险。

从较为活跃的美国区块链证据司法实践来看，存证申请这一人为因素介入可能被视为当事人庭外陈述的质证意见进而被认定为传闻证据。不过，具有先导意义的美国第九巡回上诉法院 U.S. v. Lizarraga-Tirado 案[①] 确立了机器证据适用《美国联邦证据法》第 201b 条的例外规定，认定通过机器生成的结论（声明）不属于传闻证据。其理由系传闻证据需通过他人在庭外陈述而形成，而电子数据作为适格的证据，其通常由预先设计的程序自动产生，其间并不存在人为介入。因此，尽管区块链存证的启动系依靠当事人在存证前的申请，但存证事实与待证事实之间的存证结论是全程“一致算法”的直接结果，区块链证据应被视为未经任何人类干预所生成的电子数据而非传闻证据。但是，主张区块链证据不属于传闻证据的当事人应负有对区块链属于“机器算法”的举证责任，以防范因人为和机器失误导致一台用以生成结论的机器由于设计、造假或运行过程不健全而产生“算法封装”的黑箱危险，[②] 造成数据记录与客观事实不符而无法被探知的问题。

【阅读案例】

甲公司与乙公司著作权侵权纠纷案[③]

甲公司为证明华创资本（China Growth Capital）的账号主体为被告，以及该公众号内的文章使用了涉案图片，构成侵权，向北京版全家科技发展有限公司申请电子数据存证。北京版全家科技发展有限公司于 2018 年 12 月 7 日出具电子数据取证证书，确认在微信公众号

① 789 F. 3d 1107, 1108（9th Cir. 2015）

② See Danielle K. Citron, Frank Pasquale, “The Scored Society: Due Process for Automated Predictions”, Washington Law Review, 2014, Vol.89.

③ 详见北京互联网法院（2019）京 0491 民初 724 号一审判决书。

“华创资本”使用涉案图片的网页地址取证电子数据包，并由版全家可信存证进行保管，自授时时间（2018 年 12 月 07 日 14：52：47）起已经存在，且数据完整、未被篡改。后北京版全家科技发展有限公司又于 2018 年 12 月 26 日出具电子数据取证证书，确认在注明公众号“华创资本”的开办主体为乙公司的网页地址取证电子数据包，并由版全家可信存证进行保管，自授时时间（2018 年 12 月 26 日 14：12：38）起已经存在，且数据完整、未被篡改。

人民法院审理认为：甲公司已就作品权属实提交了作品原图、作品登记证书、登记样稿证书等证据，被告对此并无异议。可以认定甲公司是涉案图片的著作权人。其享有的著作权受法律保护。甲公司为证明被告存在侵权，就相关网页在与天平链跨链对接的第三方存证平台进行区块链存证，天平链的校验结果也证实存证网页相关证据材料自存证时起未经篡改，且被告对校验结果不持异议。据此本院认定，被告在其注册的微信公众号内发表的文章中使用了甲公司享有著作权的图片。

第三节　区块链证据的可采性规则

一、区块链证据的可采性认定一般规则

司法证明在科技发展的赋能下，正步入一个崭新的电子证据时代。[①] 电子证据虽与传统证据存在差别，但其仍应当满足证据合法性、关联性和客观真实性的“三性”要求。

（一）对区块链证据合法性的认定

对区块链证据的合法性认定主要关注存证主体资质是否合格，以及该存证行为或者效果是否侵犯其他合法利益。

存证主体资格认定涉及作为第三方机构的存证平台的资质问题。由于第三方机构涉及众多商业化存证平台以及法院自建的存证系统，相关存证技术标准并未统一且类型芜杂。对第三方存证的区块链证据在诉讼中的认可度尚无统一标准，也容易导致法院对商业性存证证据存在认可上的差异。因此，合法性审查应注重对区块链存证平台运营资质、技术设计与运行保障定期检测等资格证书和运维记录等的验证，必要时亦可通过专门的技术鉴定来认证存证平台的可靠性。

需要注意的是，区块链存证特殊的技术设置隐含了损害他人利益的违法性风险。例如，以联盟链为代表的区块链存证在涉及公证机构作为重要节点性用户的应用中，一般采用了将存证事实证据保全的区块链公证。涉及公司章程的公证如果采用了区块链存证方式，则常以当事人对章程文本拍照并将照片上传到区块的方式完成证据保全公证。由于被保全的章程文本本身的合法性并不会在证据保全公证中被审查，一些被当事人有意篡改的章程文本将得以通过保全公证，这实际侵害了真实章程所对应的公司股东经营权。对此类证据合

① 参见何家弘：《神证・人证・物证——试论司法证明方法的进化》，《中国刑事法杂志》1999 年第 4 期。

法性的认证应从其存证的过程入手，对履行特定职责部门的业务类型及其业务办理流程进行调查取证。考虑到如此取证的证据偏在问题，法院可要求提供此类存证的当事人同时提交所涉业务的说明，或者通知出证所涉部门人员到庭作证。必要时，还可通过调查令甚至直接查证方式识别证据的合法性。

此外，区块链线上存证往往采用某些自动在线抓取技术或爬虫技术，以固定相关网页或某些可能侵权的数据内容。然而，采用这种类似单方取证的方法时，不能使用或嵌入带有攻击破译内部存储系统等有害于计算机设备以及网络安全的代码，也不能侵害数字财产、人格权益（如信息隐私权、数据资产等）。这也是区块链存证证据合法性的重要鉴定标准之一。

（二）对区块链证据真实性的认定

《互联网法院规定》第 11 条规定，通过区块链进行证据收集、固定等取证存证的电子数据，需进行真实性的证明。按照通说，电子数据的真实性包含证据载体的真实性、电子数据的真实性和电子证据内容的真实性三个维度。[①] 而区块链在载体和数据转换上的特殊性，使司法机关很难采用常规的方法识别其真实性，故而司法机关往往采用更易操作的原件识别方式对上述三个维度进行综合识别。《民事证据规定》第 15 条第 2 款规定，“当事人以电子数据作为证据的，应当提供原件”。这一规定也被视为最佳证据规则在电子证据领域的主要运用。而因为电子数据有可复制可转换的特点，除了在公安部《电子取证规则》专节所规定的原始存储介质封存载体识别前提外，原件可被放宽为由电子数据制作者制作的与原件一致的副本，或者直接来源于电子数据的打印件或其他可以显示、识别的输出介质。按此规定，区块链存证建构在一套独特的去中心化存储系统中，各个节点均完整存储了整个区块链的数据副本，并通过共识机制定期同步其他节点上的全部上链数据，因此同样可被拟制为原件。这种多原件的特性，决定了所涉区块链证据在取证与质证应用上有高度便捷性。

《电子签名法》第 5 条对法定原件形式的判断标准作出进一步规定：（1）能够有效地表现所载内容并可供随时调取查用；（2）能够可靠地保证自最终形成时起，内容保持完整、未被更改。为了解决在数据电文上增加背书以及数据交换、储存和显示过程导致的形式变化问题，该条文的但书部分还将形式变化的数据电文拟制为具有与原件相同的完整性。这一条款解决了区块链系统进行加密算法所带来的存证原始信息数据变换问题，并解决了将存证对象改为线上存储形式的可靠性争议问题。《民事证据规定》第 93 条进一步从设计电子数据的硬件、软件环境的可靠性细化了综合判断的因素，其具体涉及：电子数据生成、存储、传输所依赖的计算机系统的硬件、软件环境是否完整、可靠；电子数据生成、存储、传输所依赖的计算机系统的硬件、软件环境是否处于正常运行状态；电子数据生成、存储、传输所依赖的计算机系统的硬件、软件环境是否具备有效地防止出错的监测、核查手段。并且，还对电

① 参见褚福民：《电子证据真实性的三个层面——以刑事诉讼为例的分析》，《法学研究》2018 年第 4 期。

子数据保存、传输、提取,保存、传输、提取方法的可靠性,相关主体及其常态化运作方式作出了全面规定,并允许以鉴定或者勘验等方法,审查判断电子数据的真实性。这些规定有助于法官明确存证所涉默克尔存储结构、Hash 转换技术的上链和存储,以及向各节点进行数据传输等全链程支撑环境的审查内容。

另外,依据《电子签名法》第 6 条,区块链的举证还应达到:(1)能够有效地表现所载内容并可供随时调取查用;(2)数据电文的格式与其生成、发送或者接收时的格式相同,或者格式不相同但是能够准确表现原来生成、发送或者接收的内容;(3)能够识别数据电文的发件人、收件人以及发送、接收的时间。因此,使用区块链存证证据应提供具备在线查验、核证功能的平台。同时,由于通过加密算法对数据格式进行了转换,其所对应的上链数据内容会被简化为 Hash 值字符,应载明具体算法名称以及上链数据的生成时间。

判断电子证据的真实性,一般还应对上链证据来源的可靠性进行审查。前述区块链上链技术并不能保证上传之前的证据的真实性,并且在将证据上传区块链时,需要对其进行计算机语言的转化。在这一过程中,并不能保证证据所指向的案件事实是真实可靠的。此外,被固定下来的证据的数据原始性区分也容易出现问题,因为虽然上传的是原始文件,但是在上传后其将经过区块链技术的加工,所以该证据的原始性与传统证据原始性特征存在差异。这主要是因为判断是否为原件的重要标准之一为是否经过转换。很显然,区块链证据是经过区块链技术转换的证据。

(三)区块链证据关联性的认定

相对前两种特性而言,法官认证更强调证据与待证事实间的直接和间接的联系,并形成对有关证据证明力的心证。对应在区块链存证中,其关联性认定主要包括内容关联性与载体关联性的认定。前者主要是区块链存证内容与案件事实之间的经验关联性,后者则是区块链这一信息载体与案件事实所涉当事人或诉讼参与人之间的人、事、物、时、空的关系。①

内容关联性是指区块链所嵌入的电子信息或者其转换形式,可以证实或证伪待证事实。例如,对于数字音乐以区块链智能合约形式进行在线下载与发售,② 若要证明该数字音乐的旋律或节奏,则通过在该区块链系统下载的音乐电子文件即可完成认定,而无须将其转以书面的乐谱或其他可视化方式来证明。载体关联性则是区块链的节点信息、时间戳、身份证书或搭建结构等技术特征能够对案件事实的形成过程、行为主体、发生时间的真伪予以证明,并拓展某些存证信息之间的关联性内容。例如,2017 年修订后的美国特拉华州《通用公司法》(DGCL)第 224 节就允许公司组织使用“分布式电子网络或数据库”维护业务记录,并将其作为公司股权变动的相关凭证。通过时间戳以及区块链默克尔树存储方式,涉及公司股票的前后数据交易记录就能准确说明该股票历史持有人情况和份额比例,对应的公司股

① 参见刘品新:《电子证据的关联性》,《法学研究》2016 年第 6 期。

② 2015 年 10 月,英国女歌手伊莫金·希普(Imogen Heap)将她的新歌《Tiny Human》发布在了以太坊的区块链上,用户只需要将以太币存入其账户便可获得 MP3 音乐文件的使用权限。

本如出现增资或减资也会得到反映，从而形成便于溯源的公司股权信息保管链条，也能透过各节点信息完整地体现不同阶段公司股权之间可能存在的关联性。

【阅读案例】

甲公司诉乙公司侵害作品信息网络传播权案①

甲公司主张乙公司未经其许可，在乙公司运营的“第一女性时尚网”中发表了甲公司享有著作权的作品，侵害了甲公司享有的信息网络传播权。甲公司通过第三方存证平台对侵权事实予以取证，并将相关数据计算成哈希值上传至比特币区块链和Factom区块链中，形成区块链证据存证，以此向法院请求判令乙公司承担侵权责任。

人民法院经审理认为：根据电子证据审查标准，数秦公司作为独立于当事人的民事主体，其运营的保全网是符合法律规定的第三方存证平台，保全网通过可信度较高的谷歌开源程序固定侵权作品等电子数据，且使用该技术手段对目标网页进行抓取而形成的网页截图、源码信息、调用日志能相互印证，可清晰反映数据的来源、生成及传递路径，应当认定由此生成的电子数据具有可靠性。同时，保全网采用符合相关标准的区块链技术对上述电子数据进行了存证固定，确保了电子数据的完整性。故确认上述电子数据可以作为认定侵权的依据。

二、区块链证据可采性的特殊规则

（一）用户真实身份间接证明

作为存证系统的存证设计逻辑，区块链存证的本质在于其能够将每一笔交易采用流水账方式通过UTXO记录下来，该记录须包含持有人的签名以及接收人的地址，并被区块链公示，同时还被打上时间戳记录在区块中。然而，无论是持有人的签名还是接收人的地址，如果该区块链系统并未建立类似用户真实身份认证的CA机构，则其签名或地址实质上是匿名的。因此，对于区块链的存证方式，其公钥用户所绑定的实际的用户身份标示，还是需要转回到线上线下结合的识别的方式。通过预先的身份识别技术，采用结合证照、肖像、生物信息等多维识别方式，以确保存证申请人的身份唯一性。例如，FACTCOM系统的服务器必须有一个身份标识和比特币秘钥，才能在比特币系统的链块上发布锚（Anchors），从而以上链相关存证代表相关电子数据的Hash值。

从技术上看，现有支撑区块链信息记录的交易主要通过类似比特币交易的方式完成。不过，常见的比特币智能合约系统仅有数十个比特的存储空间，这限制了更多交易信息内容的锚定。因此，在进行存证系统的默克尔树构造时，通常会删除上链交易主体的身份信息，

① 详见杭州互联网法院（2018）浙0192民初81号一审判决书。

而实际被存证系统所锚定的上链信息仅是纯粹的一串密码学运算结果。此种通过区块链内部交易记录方式完成的存证在实际证明过程中仅能通过存证时间戳（关联交易时间）以及私钥所指向的区块链 Hash 值，实现电子存证意义上不带有存证身份信息以及完整原始数内容的间接存证效果。采用联盟链或侧链进行的存证，一般会全过程对锚定主链和承担了固证功能的侧链绑定身份标识，并通过具备出具身份证书（CA）资格的机构来证明申请存证人的实际身份。因此，区块链存证机制实际解决的是存证对象本身的真实性问题而非存证内容的真实性问题。

在以人民法院司法区块链统一平台为代表的司法区块链中，打造"全流程记录、全链路可信、全节点见证"的司法级别信任机制的重心，在于确立上链的待证事实的用户身份的适用规则。现有的认证机制一般将用户持有的私钥证书作为后续提起质证和认证的身份标示。其具体的存证设计则可采用资质认证和豁免证明两种类型。前者通过建立国家统一的区块链存证资质认证体系，使具备证据资格的存证只需提供存证机构的资质证明即可完成上述可靠性证明。其中，资质认证应重点就存证系统的可靠性，链接区块链系统（上链）的方式可靠性以及区块链系统可靠性进行认证。后者可基于共识性算法的公认科学常识，以法院可径行采信的免证事实识别区块链存证，并以此完成对证据真实性的豁免证明。当然，如果法院本身就是建构司法区块链存证的重要节点，亦可自行通过后台进行私钥比对以确认特定上链信息用户的身份信息。只不过最后一种情形应属于法官依职权调查取证确认用户身份，并不属于狭义的两造举证范畴。

（二）上链前电子证据真实性认定规则

采用前述区块链上链技术仅能对上传到区块后的电子证据达到去中心化、防篡改的固证效果，而不能对上传之前的证据真实予以保证。因此，判断区块链证据对应的待证事实真实性时，一般还应对该上链证据来源的可靠性进行审查。以版权领域的区块链存证应用为例，作品的电子数据在入链需要解决的确权性问题，无法通过区块链存证来解决。版权入链的流程为申请人通过相关主体身份确认后，将创作作品上传到区块链系统并转换为 Hash 值上链，以获得平台出具的含有发布时间的凭证。上述流程无法实现权利认定，而仅能通过对发布作品时间的证明，在无反证情况下间接证明作品的创作时间，使人们能够根据经验法则推定申请上链信息所载明的权利主体即版权所有权人或使用权人。因此，判断入链前作品版权的真实性，主要还是通过推定的认证规则来进行。这一推定建立在存证权利人与实际权利人等同的经验性判断上，因此可从 CA 证书或存证证据中所载的主体身份及其存证时间，确认存证权利人是最新创作者。如果其他非存证权利人可以提交早于上链时间的创作证明，则上述关于版权权利的区块链存证将被证伪。

另外一种常见的电子证据入链运用场景是在线侵权内容的存证。由于在线侵权内容本身有易变动性，其入链前真实性也容易引起质疑。对此，相关真实性审查的技术方案采用了一种通过代码自动执行的技治主义方法，即将对真实性的认定转换为对区块链固证功能代码及其运行环境的可靠性识别。代码可靠性认证既包括对侵权固证过程完整性的技术验证，也将考量将代码功能避免人为干预的自动执行程度，从而确保上链前证据资料的客观性。关于真实性认定规则，由于另对相关软件代码出具鉴定意见相对烦琐，采用了联盟链方式并经主要节点如公证机关、鉴定中心等出具的公证或鉴定信息，或者已获得相关存证业务合法资质的存证平台出具的存证，也都可被视为具有可靠性。

值得一提的是，考虑到在线侵权固证指向的上链内容数据往往上传、存储或呈现于第三方平台，《民事证据规定》第 94 条规定，由记录和保存电子数据的中立第三方平台提供或者确认的电子数据，以及在正常业务活动中形成的电子数据，都将获得真实性推定，这将有助于简化绝大多数区块链存证的真实性证明。

（三）存证事实有限推定规则

《民事证据规定》除了将“由当事人提交或者保管的于己不利的电子数据”进行真实性推定之外，还借鉴了类似美国传闻规则例外（《美国联邦证据规则》第 803 条第 6 款）的证据可采性规则，允许将记录和保存电子数据的中立第三方平台提供或者确认的电子数据、在正常业务活动中形成的电子数据以及以档案管理方式保管的或者是当事人约定的方式保存、传输、提取的电子数据，认定为具有真实性的证据。不过，对这种真实性所对应的待证事实范围仅能进行有限推定，即其仅能证明该上链数据的上链时间，而不能对上链电子数据所指向的全部信息进行直接证明。试以下述作品“上链”到区块链存证为例进行说明。

因数字技术具有很高的专业性，从事作品创作的权利人往往不会优先使用区块链存证进行权利证明。与之相对的，在实践中出现了大量的著作权“蟑螂行为”，即采用抢先上链等方式恶意盗取他人作品。如果采用不加限制的一般性事实推定规则，则真正的著作权人反而要疲于应付此类通过即时上链赢得有利作品权利的存证。事实上，这也放任了区块链存证技术变相“保护”侵权人。因此，应适用真实性有限性推定规则，不能将存证作为直接认证作品创作事实的依据。有限推定旨在适当限缩获得真实性推定的待证事实的范围，仅将作品性存证作为证实作品存证时间而非作品发表时间的辅助性证明。同时，允许相对人就作品的创作以及相关事实提供反证，以杜绝上述恶意作品存证的情形发生。

【阅读案例】

甲公司与乙视觉公司侵害作品信息网络传播权纠纷案[①]

甲公司上诉称原审法院仅根据第三方机构提供的电子数据证据认定甲公司实施了使用涉案图片的行为，属认定事实和适用法律错误。乙视觉公司虽提交了重庆易保全网络科技有限公司编号为 0075794319 的《电子数据取证证书》及所附打印件，但其提交的证据不能证实该公司具有电子数据取证资质，该公司并非经国家认证的公证机构，取证过程无视频资

① 详见福建省高级人民法院（2019）闽民终 471 号民事判决书。

料作证，也未对取证操作步骤的客观性进行说明和举证，同时在一审庭审过程中也未能还原《电子数据取证证书》的相应信息，故乙视觉公司的证据不足以证实甲公司实施了被控侵权行为，应承担不利后果。

法院审理认为：乙视觉公司系涉案图片的著作权人，其合法权益受法律保护。虽然乙视觉公司没有采取公证的方式进行证据保全，但是其依靠第三方重庆易保全网络科技有限公司的易保全电子数据保全平台对互联网数据进行了保全和固化，并获得了《电子数据取证证书》。乙视觉公司获取的电子数据文件显示，涉案图片被作为微信公众号"南方财富网"发布的文章配图使用，该微信公众号的账号主体是甲公司。因此，在甲公司没有提供相反证据的情况下，应当认定乙视觉公司提供的证据真实有效，能够证明甲公司在其微信公众号"南方财富网"发布的文章中使用了涉案图片。甲公司有关乙视觉公司提供的证据不足以证实其使用了涉案图片的上诉理由，事实和法律依据不足，本院不予采纳。

第四节　区块链证据的立法思考

一、区块链证据的立法体系

从现有中国法院区块链运用的整体情况来看，作为嵌入智慧法院建设体系的区块链存证隐含了向法院赋能的崭新功能设定，也在目前相关司法解释以及针对区块链存证证据效力的裁判中受到了正面的肯定。这表明区块链将助推传统法院从纠纷解决者向纠纷管理者的职能转变。因此，区块链丰富的场景运用，要求法官从后置的证据效力评价角色转换到区块链存证等证据形成之初证据保全等能动的诉前司法角色。为适应这种司法角色的转变，相关立法应涵盖实体与程序性规定。同时，为了更好实现区块链证据的规范化，对于商业性区块链存证业务的相关技术设施与运维标准，亦应进行相关配套性立法。

在实体性立法方面，互联网法院主导的司法区块链基础设施建设，对接了诸多民商事运用场景及其法律内容的自执行机制，通过智能合约实现了对合同履行的代码化控制。这种证据即执行的新形态，意味着单纯的证据合法性问题应拓展到锚定比特币系统、智能合约公平性等方面。未来的立法需对采用了比特币或以太坊的上链行为的效力予以确认，并对因适用《民法典》第 153 条的效力性规定而否定此种锚定行为的法官心证予以限制。从立法的整体性考量来看，还需对中国人民银行等部委先后发布的《关于防范比特币风险的通知》《关于防范代币发行融资风险的公告》等禁止比特币或代币的适用范围进行合理限缩，允许作为工具性而非结算性的工作机制上链使用。

在程序性立法方面，虽然《互联网法院规定》已确立了采用区块链技术取证的合法性，从较低位阶的立法上赋予区块链证据真实性，但是还欠缺具体的证据规则与证明规则。最高人民法院颁布的《人民法院在线诉讼规则》也规定了区块链存证上链前后的真实性推定规则，并对真实性异议和审查认证作了具体规定。这些立法是对区块链技术在司法实践中被逐渐推广的初步回应，扩大了《民事诉讼法》及其司法解释涉及的电子数据平台、业务范围，并通过简化适用《电子签名法》的验证流程的推定技术推动了对区块链存证的证据效力的认定。

不过，在区块链配套性立法方面，目前能够涵盖对平台资质与安全、技术能力与证据流程、外部配套机制等方面的规范尚付阙如。因此，需完善涉及数学加密算法、区块链使用的功能性代码、去中心化节点、区块链上链结构等诸多方面的技术标准及资质认证的立法。同时，需建立涉及电子证据的转换、取证、出证、验证的全链程规范，以免动辄启动技术性鉴定而影响区块链存证的法庭运用。另外，应对涉及用户和主要节点的身份实名认证系统、时间戳相关授时中心资质、平台安全第三方验证等区块链存证配套性内容进行规定。

二、区块链证据的立法内容

我国《电子签名法》《网络安全法》《民事证据规定》《人民法院在线诉讼规则》《电子数据取证规则》等法律规范中的相关条款，可被用于区块链证据所涉及的取证、固证和认证等相关环节。虽然就区块链这一全新证据载体进行单独立法无疑更具针对性，但因区块链证据的技术设置及其所涉证据问题极具特殊性，对其独立立法缺乏通用性与必要性，加上我国证据领域立法习惯采用在三大诉讼法中以专章形式作规定而非单独立法的方式，故目前对涉区块链证据的立法宜采用对现有各证据性规定续造或补全的方式进行，以解决现有相关规定过于分散且不够全面的问题。

（一）法院参与区块链存证的赋权性立法

由于诉讼中大量区块链证据来自司法区块链存证系统，法院作为主要节点用户甚至控制者①进行了大量诉前存证工作，需对其立法以进一步协调好法院职权配置，防范对法院既是存证人又是裁判者的司法中立性质疑。由于诉前呈证于法院的区块链存证本质上属证据保全，简单依《民事诉讼法》第 84 条第 2 款的规定，即在证据可能灭失或者以后难以取得的紧急情况下，由利害关系人申请保全证据的原则性条款，并不能彻底解决区块链存证中隐含的诉讼系属问题。一方面，法院未能确定收立案件并启动证据调查，也就无法满足“诉前保全”文义解释所要求发生起诉之条件；另一方面，在缺乏证据灭失或难以取得之紧急情形时，往往难以启动作为预防性的区块链存证业务。可能的彻底赋权性解决方式是给予法院证据保全公证职能。若循我国台湾地区等经验，将公证职能纳入法院职权范畴，以预防纷争，则涉及对法院审判权能范围拓展正当性与否的问题，涉及对应有扩张与续造的不同立法逻辑。前者可以将区块链存证视为法院审判职能的合理延伸，类似于诉前调解逻辑，作为其证据保全职能的扩张；后者强调法院应从诉前证据保全的特殊处置方面进行合法性续造，在诉前证据保全程序完成后，即使当事人未起诉，法院所保全证据亦具证据效力。这一立法

① 《杭州互联网法院电子证据平台规范（试行）》第 3 条规定，证据平台符合安全性、高效性和可控性要求。同时，将可控性标准确定为“法院完全掌控平台的运营”。

可通过修订《公证法》增加公证机构的范围来实现。即增加规定人民法院为特殊公证机构，并将人民法院的公证业务限定为证据保全。为保证这一赋权性立法的具体施行,《法院组织法》应增设法院公证职权,《民事诉讼法》的“特别程序”部分亦应增设证据保全非讼程序。

不过,上述立法所涉体系庞杂,且《法院组织法》因属宪法性法律而修订不易,续造“诉前证据保全”而进行赋权性立法内容,可能是目前大力推广司法区块链运用的智慧法院建设的首要事务。不过,考虑到法院应受不告不理原则的限制,在司法区块链存证系统满足类似《民事诉讼法》第 84 条要求的诉前保全的启动条件审查之前,交由利害关系人任意进行诉前证据保全会有异化这一制度的风险。显然,更为稳妥的立法方式是续造《民事诉讼法》第 84 条规定得并不清晰的利害关系人申请及其紧急情况的启动条件,以推动法院保全职能前置化。为此,应考虑在《民事诉讼法》规定的“特别程序”中增设区块链证据保全特别程序,以解决单纯依靠其第 84 条进行诉前保全所面临的适用条件不足和诸多程序问题。特别程序的导入,既可化解存证前缺乏特定对方当事人的难题,也可使当事人以电子表格化的要素申请完成区块链证据保全特别程序的起诉与立案。对后续存证保全裁定所载明的相关案件信息,当事人亦可在后续涉诉举证中,依据《最高人民法院关于适用〈中华人民共和国民事诉讼法〉的解释》第 93 条第 1 款第 5 项“已为人民法院发生法律效力的裁判所确认的事实”当事人无须举证证明的规定,主张存证裁定具有免证事实的既判力。进而,既判力的认定也有助于消弭在现有司法实践中,法官径行通过区块链后台验证存证事实所面临的认证与存证角色冲突问题。

(二)区块链证据的客观性拟制立法

区块链使用 Hash 转换和默克尔树结构对原始存证电子数据信息进行高度简化,在电子数据内容、系统性信息等方面,都削弱了古典意义上的电子证据客观性,也使得作为固证方法的区块链存证的证据属性遭到质疑。由于既有的立法主要针对电子证据的真实性展开,需对采用此类简化技术所生成的派生性电子证据补充更为基础性的证据资格规范。

《杭州互联网法院电子证据平台规范(试行)》的保障技术规范对类似存证平台作出了类似拟制性的规定。其第 16 条明确了“电子数据可生成电子数据摘要用于作为标识该条记录的唯一值”的技术标准,并规定可通过时间戳、电子签名、分布式多可信节点同步等方式进行固定和防篡改。由于电子数据摘要源自电子数据的简化,只要满足防篡改这一认证标准,此类证据就可绕开电子签名法的限制,而被拟制为一般证据法要求的客观性证据。需要申明的是,上述简化电子数据并不适用《人民法院在线诉讼规则》中对区块链存证的证据真实性推定规则。如允许将缺乏电子签名等系统性信息的存证推定为满足客观性要求的证据材料,则相对方均可从区块链技术原理上反证上述推定与客观事实存在抵触之处,如主体签名被默克尔层级构造删除。只有通过法律拟制,才能将简化原始数据之事实视为满足客观性之事实。

当然,这一拟制并非从盖然性程度更高的经验法则进行的推定,即不是通过更易被证实的关联事实与待证事实之间的高度盖然性,而就特定原因或特定事实经过之间的发生的关系,经由特定案情进行证据资格的推定。相反,证据拟制所指向的证据资格与证明力,以解决存证性证据可采性与证明度等实践中举证困难的问题。其立法旨趣在于,通过对法官自由心证的范围的扩张,在无须动摇现有证据适格的“三性”结构基础上,实现对证据资格的心证确证。

(三)入链前证据的真实性推定立法

《人民法院在线诉讼规则》对入链前证据的真实性问题建立了表见证明机制,即要求质疑方提供表面证据以支持其关于入链前电子证据不具有真实性的主张。同时,法官可运用分配举证方式,要求提交区块链技术存储电子证据的当事人提供证据证明上链存储前证据的真实性,并结合上链存储前证据的具体来源、生成机制、存储过程、公证机构公证、第三方见证、关联印证数据等作出综合判断。不过,这一规定并未深入区块链入链前取证的技术操作流程,尚缺乏围绕入链前证据形成的前端审查机制,未充分回应对电子文档生命周期中形成初期的归档节点问题的探知。按照档案学的基本要求,需在电子文件形成时建立符合文件完整性与真实性保管要求的前端监督与控制系统。[①] 若此电子文档的归档节点在区块链存证系统独立代码的运行范围之内,则应按照有效前端控制干预的原则,确认该电子文档的证据效力,进而简化后续证明程序。

若相关归档节点处于区块链代码自身运行范围之外,则可按照《民事证据规定》第94条第1款所确立的自认、业务记录和约定等五种真实性推定情形对其予以认定。即“(一)由当事人提交或者保管的于己不利的电子数据;(二)由记录和保存电子数据的中立第三方平台提供或者确认的;(三)在正常业务活动中形成的;(四)以档案管理方式保管的;(五)以当事人约定的方式保存、传输、提取的”。此外,如存证电子证据已经过第三方公信机构(如公证机构)的电子文档前端控制流程,则由此入链的电子文档也应被视为具有真实性。值得一提的是,从电子证据完整性与真实性的关联来看,如果上链的电子证据(被存证的原始电子数据)系被完整地、系统地进行入链操作,即其内容属性、附属信息、关联痕迹等整体均被作 Hash 转换,[②] 则在无其他反证情况下其亦可被推定为具有真实性。当然,上述推定属于可反驳推定,同样应由法官对正反举证的证明力予以权衡。

本章小结

区块链存证可能是首次出现的具备自我印证的技治主义特征的特殊证据形态:其特有的去中心化数据实时共享和表决机制架构使存储数据具有可比对性和可追溯性,同时其加密属性和秘钥设计使存储数据能够被便捷地比对识别,从而保障了数据隐私。其实时性、在

① 参见冯惠玲等:《中国电子文件管理:问题与对策》,中国人民大学出版社 2009 年版,第 62 页。

② 参见刘品新:《论电子证据的理性真实观》,《法商研究》2018 年第 4 期。

线性特征符合在线数据存储、防伪、提取、比对等一系列功能性要求,也使其成为最佳电子数据存证形式。此外,通过侧链技术迭代和智能合约系统的拓展运用,区块链存证也得以前趋到丰富的线下运用场景(如不动产、股权等财产记录),从而成为智慧法院建设中极富前瞻性的重要数字基础设施。不过,区块链技术所依托的默克尔树存储架构、哈希值密码转化等全新技术,会产生数据简化和上链可控性等证据适格问题,需要充分运用诉讼推定、拟制等证明技术,结合区块链入链前后数据形成控制范围识别,并设置服务于司法存证功能的特别程序,以更好满足线上线下数据存证转换、庭内庭外证据适格的实践要求,进而夯实司法技治主义的正当性。

思考题

1. 列举区块链存证的技术类型,并指出适用数据存证的差异性。
2. 试述区块链证据可采性的特殊规则。
3. 结合区块链存证技术的特殊性,简述区块链存证证据真实性拟制与真实性推定的运用。

第十四章　电子证据实验

电子证据产生后必定被储存在某种介质上，如计算机磁盘、U盘等，需要采取一定的技术手段进行提取与保全。[①]

——方玉珍

第一节　密码破解实验

一、实验目的和意义

本实验使用密码破解软件（Advanced Archive Password Recovery）对压缩文件进行密码破解，使读者理解密码破解的基本原理和流程，掌握破解压缩文件密码的基本方法和步骤，掌握该软件的安装和使用方法，能够熟练运用该工具进行压缩文件的密码破解工作。

二、实验相关原理

密码破解是指密码分析者基于明文的冗余度，利用穷举攻击法、数学分析攻击法或统计分析攻击法猜测密码的内容和组合形式的技术。

（一）穷举攻击法

穷举攻击法是指密码分析者利用自己的密码字典对密文依次枚举所有可能的密钥来破解密文，直至得到正确的明文，或利用一个确定的密钥对所有可能的明文进行加密，直至得到所得的密文。由于用户使用的密钥往往是大小写混合使用的，且可以使用数字、甚至空格等字符，还包括大小写、数字和通配符等，所以可能的密钥就更多，因此穷举攻击计算量非常大。从理论上说，只要有足够的计算能力、计算时间和存储空间，穷举攻击是可行的，但在实际应用中，计算时间和存储空间都受限制，若加密密钥长度足够，如目前商用RSA加密算法中加密密钥为2048bits，则采用穷举攻击法破解密码往往不可

① 参见方玉珍：《电子证据认知新思路：基于实验的直观体现方式》，中国法制出版社2019年版，第8页。

行。破解过程中用到的字典即所猜测密码的组合，其格式通常为DIC，TXT，一行一个，破解器会逐行取出测试，直到密码正确和字典用完为止。字典一般根据用户使用习惯进行编制，尝试的密码数远比暴力破解要少得多。为了方便记忆，人们在设置密码时，不可能设置完全没有意义的无序的字母与数字的组合，而可能采用一些简称、单词或者组合方式，字典正是按照这种方式收集而成的特殊的字符组合，好的字典可以成功破获90%的密码。

（二）数学分析攻击法

数学分析攻击法是密码分析者针对加解密算法设计中使用的数学难题及其密码学特性，通过数学求解的方法获得加密算法中的陷门，破译密码的方法。数学分析攻击法是对基于数学难题的各种密码算法的重大威胁，也称确定性攻击法或系统攻击法。采用数学分析法进行攻击的方法是：利用一个或几个已知量（如利用密文或者“明文—密文对”等信息）以数学关系式表示出所求未知量（如密钥等），然后计算出未知量。已知量和未知量的关系视加密和解密算法而定，寻求这种关系是确定性攻击法的关键步骤。例如，公钥加密算法RSA是基于大数n的素因子分解难题构造的，其中陷门为n的欧拉函数值，只有该陷门被破译，才能计算出解密密钥。对抗数学分析攻击法的对策是设计和选用具有坚实数学基础和足够复杂的加密函数。一般来说，密码分析者掌握的关于密码系统的知识越多，密码分析成功的可能性就越大。在假设密码分析者已知所用加密算法全部知识的情况下，根据密码分析者对明文、密文等数据资源的掌握程度，可以将针对加密系统的数学分析攻击分为以下5种类型：（1）唯密文攻击。在该攻击中，密码分析者知道密码的具体算法，但仅能根据截获的、数量有限的密文进行分析、破译，以得出明文或密钥。在唯密文攻击中，密码分析者所能利用的数据资源仅为密文，因此其是密码分析者在利用数据资源最少的情况下进行的难度最大的密码攻击。在唯密文攻击中，密码分析者的任务或目标是恢复尽可能多的明文，或者推算出加密消息的密钥，以采用相同的密钥解密其他被加密的消息。（2）已知明文攻击。已知明文攻击是指分析者除了有截获的密文外，还有一些已知的“明文—密文对”来破译分析。在已知明文攻击中，分析者推出用来加密的密钥或推导出某种算法，运用这种算法能够对用该密钥加密的任何新的信息进行解密。（3）选择明文攻击。选择明文攻击是指密码分析者不仅可得到一些“明文—密文对”，还有机会使用注入了未知密钥的加密机，通过自由选择被加密的明文来获取所期望的“明文—密文对”。这种状态对密码分析者十分有利，这时密码分析者能够选择特定的明文数据块去加密，并比较明文和对应的密文以分析和发现更多与密钥相关的信息。在选择明文攻击中，分析者也是推出用来加密的密钥或推导出某种算法，该算法能够对用该密钥加密的任何新的信息进行解密。自适应选择明文攻击是选择明文攻击的特殊情况，是指分析者不仅能够选择被加密的明文，而且还能根据以前加密的成果修正这个选择。在选择明文攻击中，分析者能够选择一大块被加密的密文，以得到更多的信息。而在自适应选择明文攻击中，只能够选择较小的明文块，然后再根据第一块的结果选择另一块明文，以此类推。（4）选择密文攻击。选择密文攻击是指分析者除了具有有限数量的密文外，还有机会运用注入了不知道密钥的解密机，经过自由选择密文来获取所希望的“密文—明文对”，分析者的目标是推出密钥。这种分析主要是针对公钥分析体系，用于攻击数字签名。因而抗选择密文攻击是保障公钥分析体系安全的必要条件。（5）选择文本攻击。选择文本攻击是选择明文攻击和选择密文攻击的结合。分析者能够得知选择的明文和对应的密文，以及选择的猜测性密文和对应的已被破译的明文。上述 5 种攻击的目的都是确定系统所使用的密钥或者破译出密文。上述 5 种攻击方法的攻击强度呈递增关系，即如果一个密码系统能抵抗较高一级攻击强度的攻击，那么它肯定能抵抗其余几种较低安全强度的攻击。例如，如果一个密码系统能抵抗选择密文攻击，那么它肯定能抵抗第一种、第二种和第三种攻击。

（三）统计分析攻击法

统计分析攻击法是指密码分析者通过分析明文和密文之间的统计规律来破译密码，通过对截获的密文进行统计分析，总结出其间的统计规律。例如，可通过分析单字母、双字母、三字母等的频率和其他统计参数破译经典的换位密码、置换密码。或者基于密文中某组字符出现的频率及上下文规律，并将其与明文的统计规律进行比较，从中发现和提取明文和密文间的对应或变换信息。对抗统计分析攻击的主要方法是设法使明文的统计特性不被带入密文。这样，密文不带有明文的痕迹，呈现出极大的随机性，从而挫败统计分析攻击。能够对抗统计分析攻击已成为近代密码设计的基本要求。

衡量密码系统攻击的复杂性需主要考虑三个方面的因素：（1）数据复杂性，即用作密码攻击所需输入的数据量；（2）处理复杂性，即完成攻击所需花费的时间；（3）存储需求，即进行攻击所需的数据存储空间大小。

攻击的复杂性取决于以上三个因素的最小复杂度，在实际实施攻击时往往要考虑这三种复杂性的折中。例如，存储需求越大，攻击可能越快。

三、Advanced Archive Password Recovery 安装步骤

（1）进入 Elcomsoft 官网，选择 Advanced Archive Password Recovery 软件下载页面，右击下方的 Windows 图标下载软件安装包（见图 14-1-1）。

（2）下载成功后，点击“安装”，进行 Advanced Archive Password Recovery 软件安装包的安装（见图 14-1-2）。

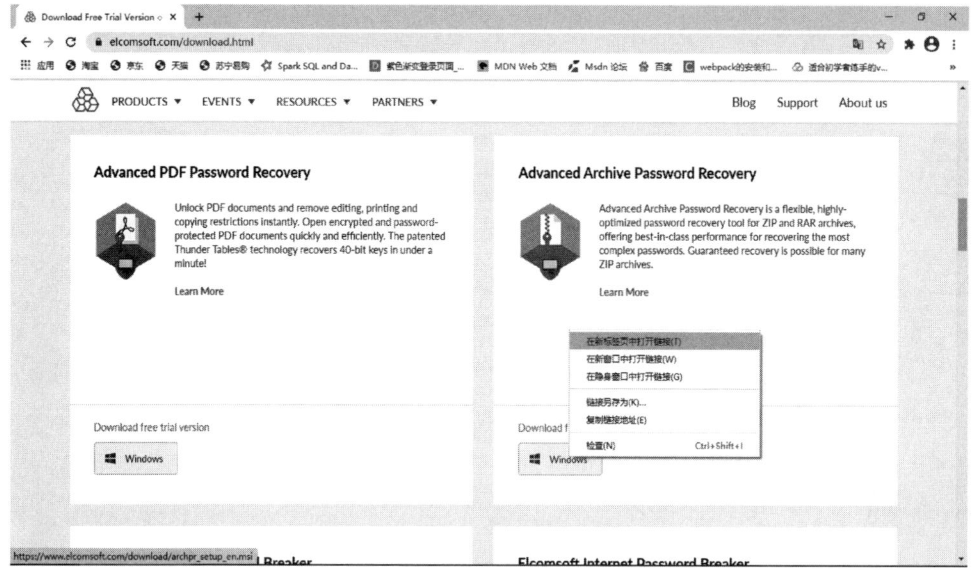
Download Free Trial Version
elcomsoft.com/download.html
PRODUCTS
EVENTS
RESOURCES
PARTNERS
Blog
Support
About us
Advanced PDF Password Recovery
Unlock PDF documents and remove editing, printing and copying restrictions instantly. Open encrypted and password-protected PDF documents quickly and efficiently. The patented Thunder Tables® technology recovers 40-bit keys in under a minute!
Learn More
Download free trial version
Windows
Advanced Archive Password Recovery
Advanced Archive Password Recovery is a flexible, highly-optimized password recovery tool for ZIP and RAR archives, offering best-in-class performance for recovering the most complex passwords. Guaranteed recovery is possible for many ZIP archives.
Learn More
在新标签页中打开链接(T)
在新窗口中打开链接(W)
在隐身窗口中打开链接(G)
链接另存为(K)...
复制链接地址(E)
检查(N)
Ctrl+Shift+I
https://www.elcomsoft.com/download/archpr_setup_en.msi

图 14-1-1

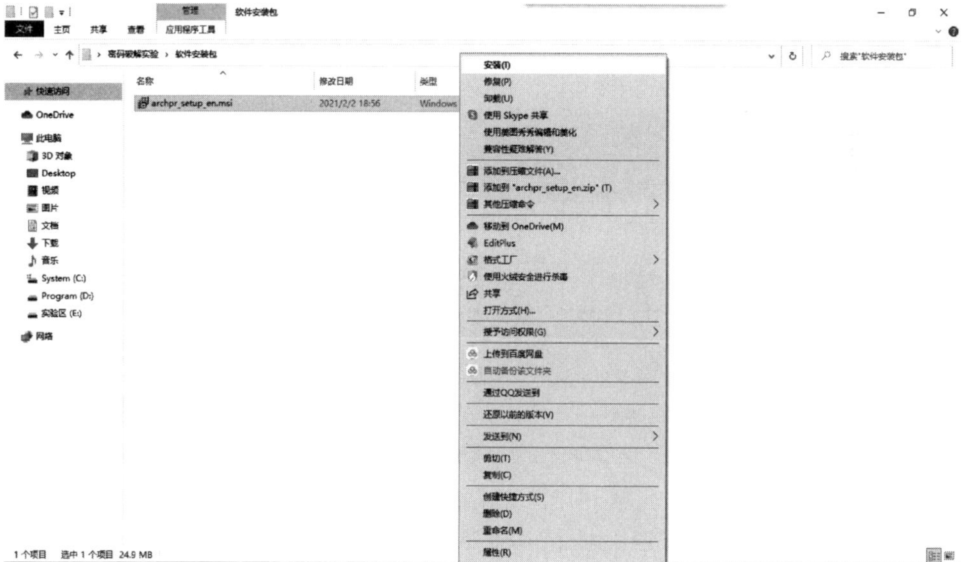
管理
软件安装包
文件
主页
共享
查看
应用程序工具
密码破解实验 › 软件安装包
名称
修改日期
类型
archpr_setup_en.msi
2021/2/2 18:56
快速访问
OneDrive
此电脑
3D 对象
Desktop
视频
图片
文档
下载
音乐
System (C:)
Program (D:)
实验区 (E:)
网络
安装(I)
修复(P)
卸载(U)
使用 Skype 共享
添加到压缩文件(A)...
添加到 "archpr_setup_en.zip" (T)
其他压缩命令
移动到 OneDrive(M)
EditPlus
格式工厂
共享
打开方式(H)...
授予访问权限(G)
上传到百度网盘
通过QQ发送到
还原以前的版本(V)
发送到(N)
剪切(T)
复制(C)
创建快捷方式(S)
删除(D)
重命名(M)
属性(R)
1 个项目　选中 1 个项目 24.9 MB

图 14-1-2

（3）进入安装界面，选择“同意用户协议”，进入下一步（见图 14-1-3）。

图 14-1-3

（4）选择软件安装目录，点击“Change”按钮选择软件安装目录，进入下一步（见图 14-1-4）。

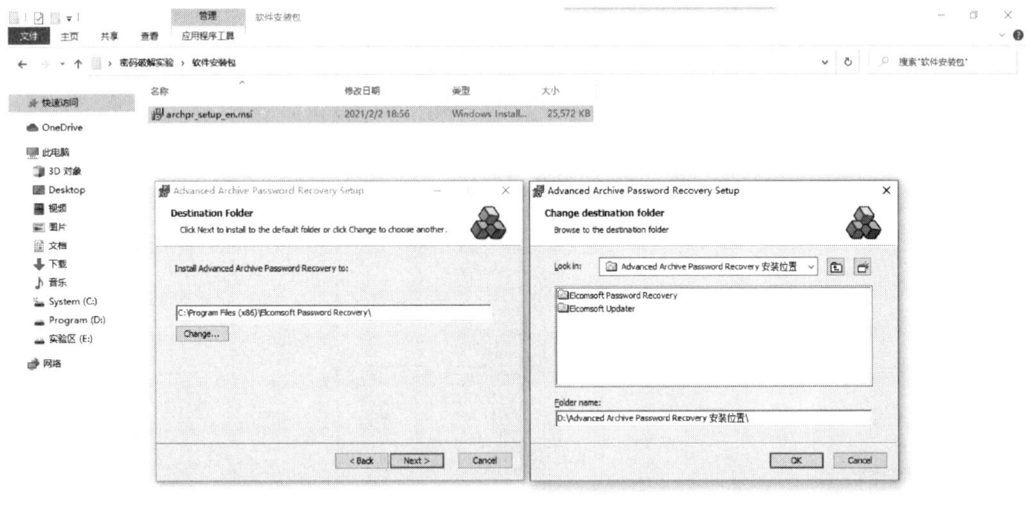

图 14-1-4

（5）点击“Install”按钮安装软件（见图 14–1–5）。

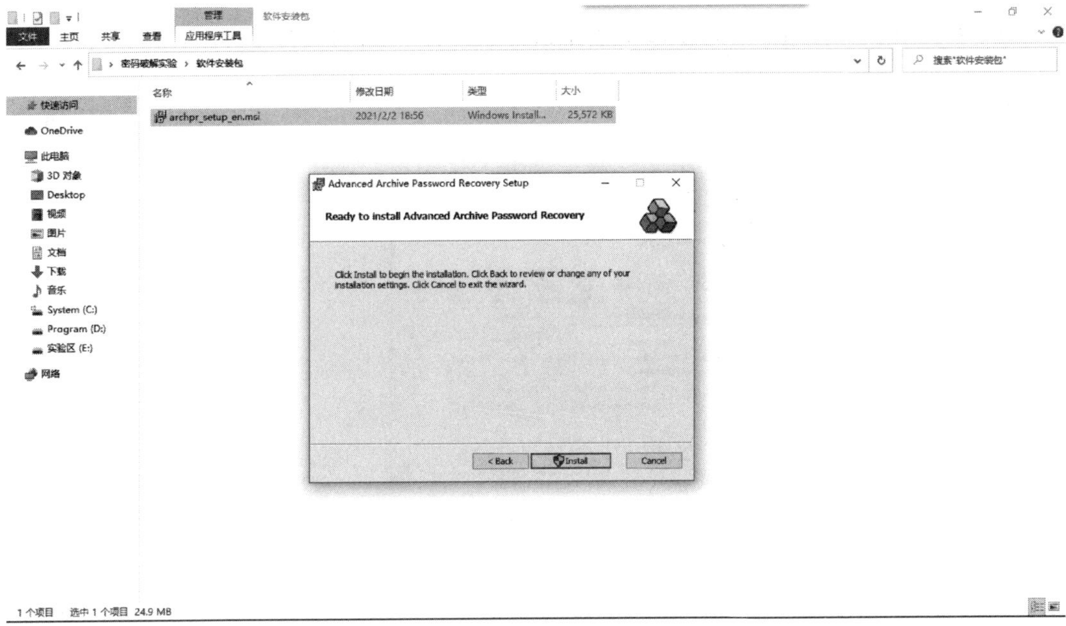

图 14–1–5

（6）安装过程结束，点击“Finish”按钮完成软件的安装（见图 14–1–6）。

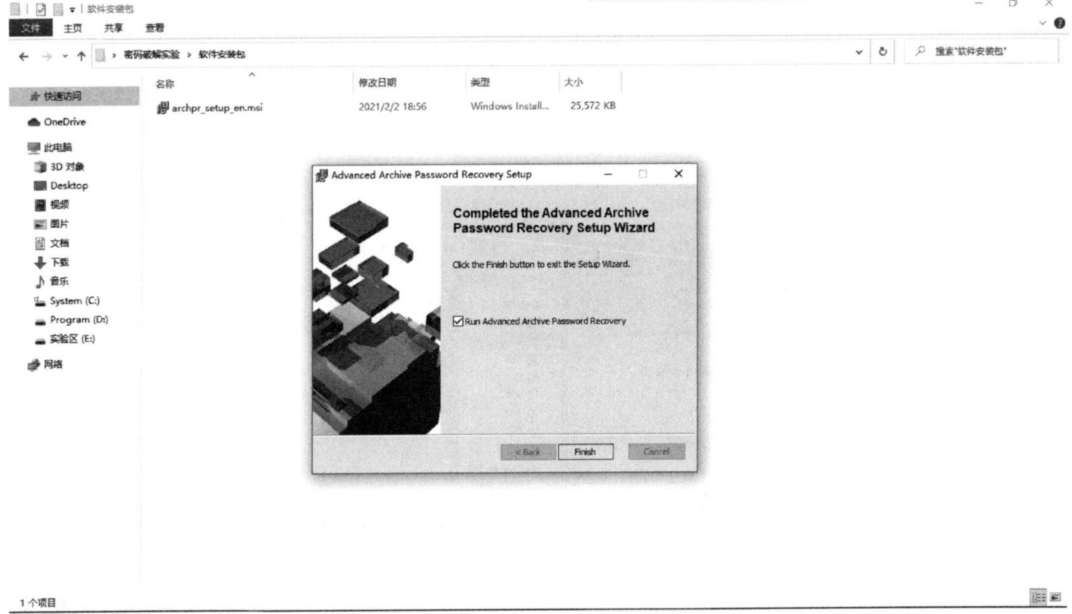

图 14–1–6

四、Advanced Archive Password Recovery 密码破解操作步骤

（1）打开 Advanced Archive Password Recovery 软件，进入软件操作主界面（见图 14-1-7）。

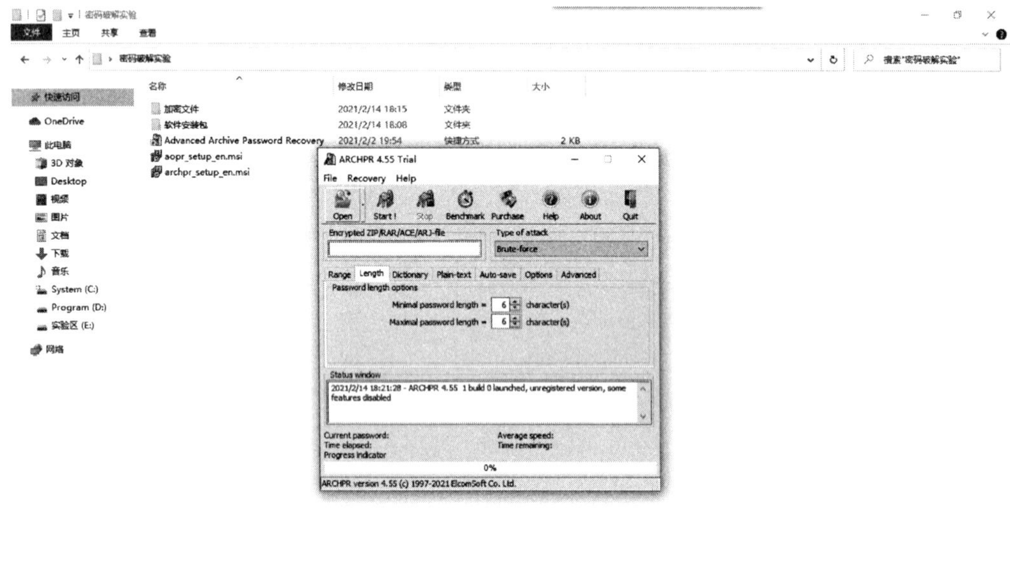

图 14-1-7

（2）点击“Open”按钮，选择需要破解的压缩文件所在的硬盘目录（见图 14-1-8）。

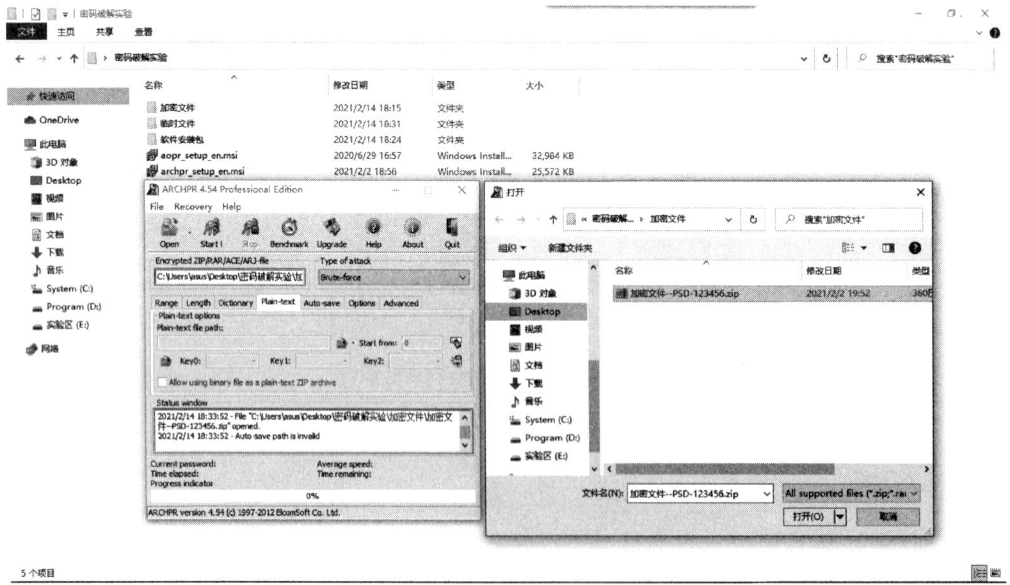

图 14-1-8

（3）点击“Range”选择密码的类型，若确定密码为数字，则直接选中“All digits”复选框；若确定密码为大小写字母，则直接选中“All caps latin”和“All small latin”复选框。若不确定密码的组成类型，则可选中“Range”按钮下方的所有复选框，选中的复选框越多，所需要的破解时间越长（见图 14-1-9）。

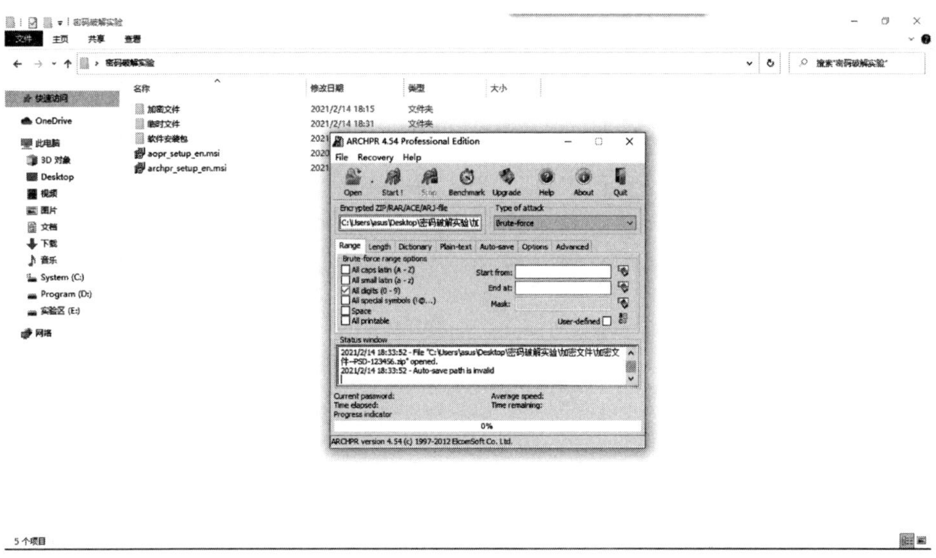

图 14-1-9

（4）完成密码类型选择后，点击“Length”选择密码长度，在下方输入框中输入密码最小长度和最大长度。若不确定密码位数，可直接在最小密码长度输入框中输入“1”，最大密码长度输入框保持空白即可（见图 14-1-10）。文件的密码长度越长，破解的时间越长。

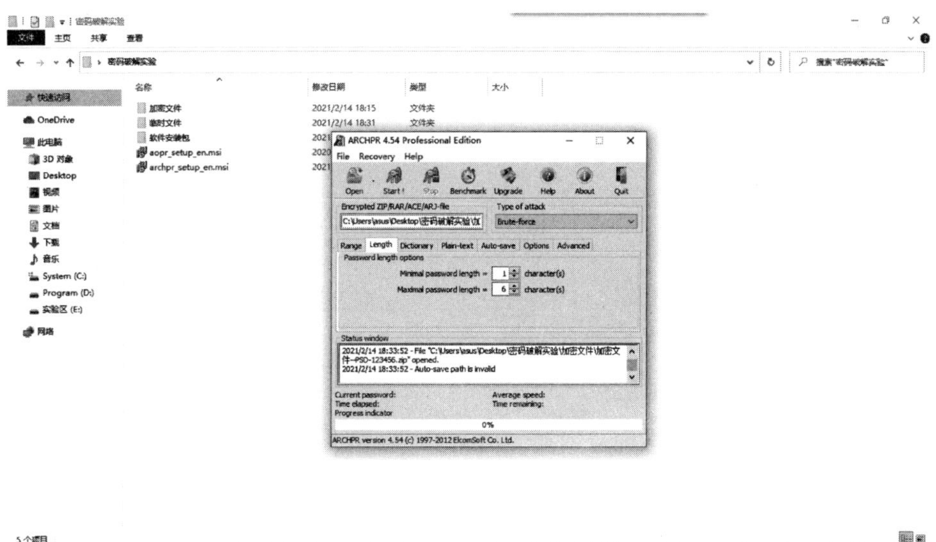

图 14-1-10

（5）设置完成后，点击“Start”按钮，开始破解压缩文件密码（见图 14-1-11）。

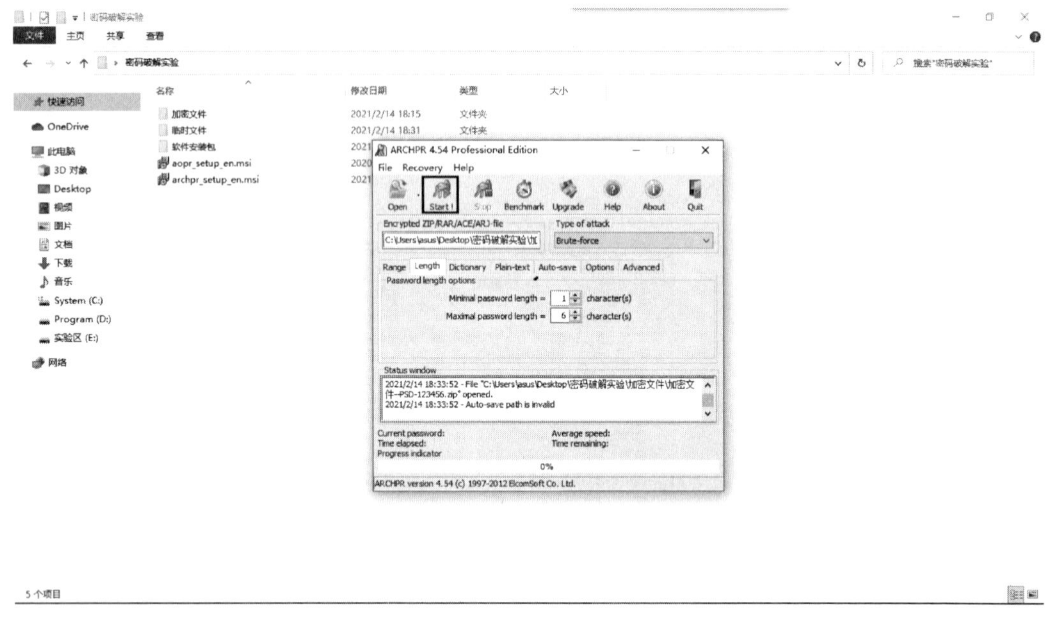

图 14-1-11

（6）破解成功，软件自动弹出密码破解成功界面，显示压缩文件密码（见图 14-1-12）。注意软件运行期间，不能退出程序运行，该软件无记忆性，不能实现断点续行。

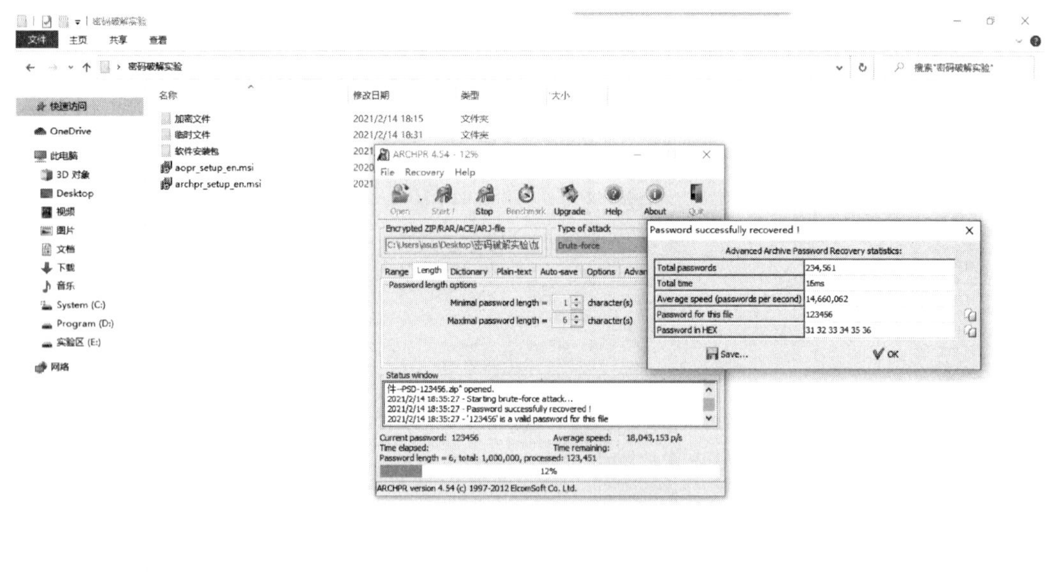

图 14-1-12

（7）点击弹出页面的“Save”按钮，可以将解密的文件以TXT文本形式保存（见图14–1–13）。

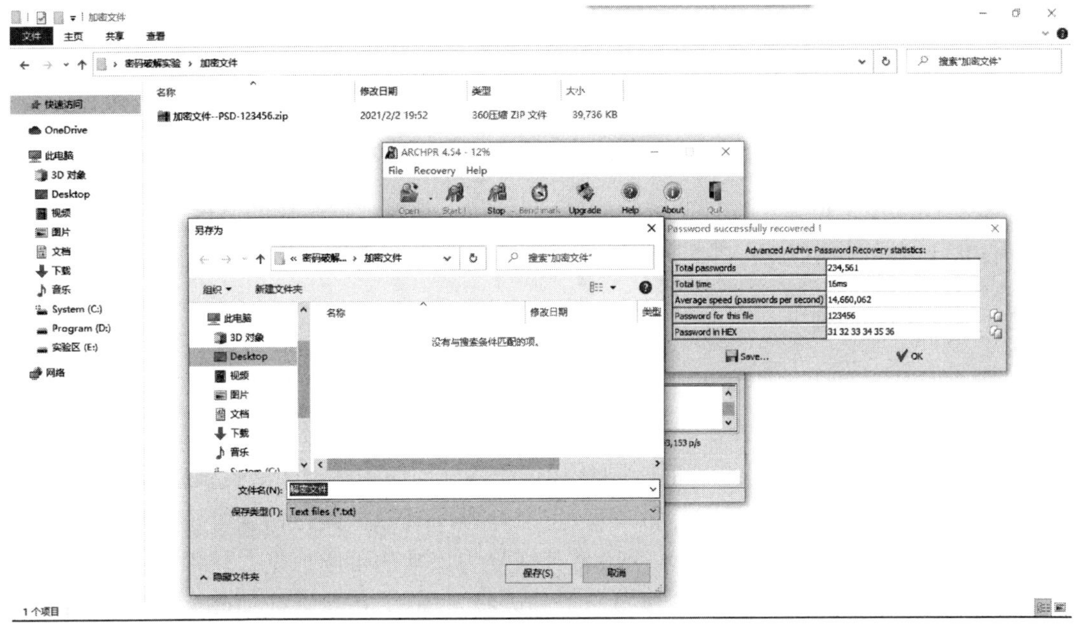

图 14–1–13

（8）打开解密文件可以查看加密文件的明文信息（见图14–1–14）。

图 14–1–14

第二节 数据恢复实验

一、实验目的及意义

本实验使用 R-Studio 软件对误删的文件数据进行恢复。通过本实验，让读者了解计算机中数据存储的逻辑位置和物理位置间的区别与联系，掌握数据恢复的原理，深入理解并掌握 R-Studio 软件的使用方法，进而能够熟练地运用该软件对误删的文件数据进行恢复。

二、实验相关原理

数据恢复技术是指当计算机中文件被逻辑删除或存储介质损坏，导致部分或全部数据不能访问时，通过一定的算法分析处理将数据重新找回，使数据还原到正常可见状态的技术。数据受损主要分为软件原因和硬件原因，其中软件原因包括电子文件被错误删除，磁盘被格式化，系统出现了分区表、文件目录表、主引导程序或磁盘读写错误等。针对不同原因的软件受损，需采取不同的具体技术手段将其恢复为正常的可读数据。软件恢复是在硬件可以正常读写的存储设备或是其镜像备份上施以技术操作，从而将受损或丢失的数据恢复至其初始的状态。软件恢复可以进一步分为对系统的恢复和对文件的恢复。对系统的恢复主要是对系统分区表和文件系统信息的恢复，常见的有目录表、FAT 表、系统引导扇区恢复。对文件的恢复可以分为基于文件目录的数据恢复、基于文件数据特征的数据恢复和残缺数据的恢复三个层次。

（1）基于文件目录的数据恢复。数据通常都是以文件的形式进行存储的，对数据的管理实际就是对文件的管理，而对文件的管理又是通过目录来实现。文件包括内容数据和目录数据两个部分，它们是分开存放的。内容数据位于数据区，基本单位为“簇”；目录数据用以定位文件数据的具体存储位置。一般的数据恢复多是基于文件的目录数据而实现的。

（2）基于文件数据特征的数据恢复。存放文件内容的“簇”遭重新分配后，可以使用特殊设备根据磁头在写入数据时发生的偏移所形成的阴影数据对其进行数据恢复。文件目录数据的损坏会导致无法确定数据簇和文件的关系。但是依据文件的数据特征，可以从数据区直接恢复文件数据。

（3）残缺数据的恢复。如果数据损坏程度较为严重，也仅在数据区留有少量数据，则只能提取到少量的文件碎片，对残缺的数据进行数据恢复。通常包含残缺数据的是未分配空间和闲散空间。电子数据本质上是肉眼不可见的二进制代码，必须凭借相应的系统和应用环境的支持才能够显示。当构成文件的数据分布不连贯时，恢复出来的数据就有可能不完整，文件也无法被正常打开。因此进行残缺数据恢复需要处理两个问题，一是确定残缺数据本身所属的文件类型，二是确定无明显链接的数据彼此之间的相关性。

为什么被删除、被清空甚至被格式化的文件还可能被找回？在计算机中，数据以文件形式被存储,计算机中文件的组织结构有逻辑结构和物理结构。文件逻辑结构是指从用户角度看到的文件面貌,如文件中记录的个数、文件中记录的长度及记录是否定长等。物理结构是数据在物理存储介质上的存储方式,是数据的物理表示和组织,如文件第一块存放的物理地址,文件块数等。为方便管理,计算机通过文件目录建立文件的逻辑结构和物理结构间的联系,文件目录中存放有文件名、文件逻辑结构、文件物理结构、文件存取控制信息、管理信息和文件类型等信息,基于文件目录,计算机能快速查找、定位文件。

在计算机操作中,文件删除分逻辑删除和物理删除两种。文件的逻辑删除是在文件目录中将要删除的文件标记为“已删除”,同时将文件目录记录清零,以释放该文件所占空间,并不是将文件从物理存储介质上清除。从用户角度看,文件被逻辑删除后硬盘剩余空间增加,操作系统不再显示这些“已删除”的文件,然而实际上文件仍然保存在物理存储介质中。文件的物理删除是指操作系统进行写操作占用文件所在物理位置,“已删除”文件被新文件内容覆盖的操作。

以硬盘为例,从底层角度解析:电子数据通常保存在盘片上。当用户在计算机上写入数据时,计算机操作系统指挥着硬盘里的磁头在盘片上画出正负极磁性不同的“点”。当逻辑删除文件时,操作系统并没有把所有的凹凸不平的“点”从存储介质上抹掉,而只是把它的目录抹掉,从而令操作系统找不到该文件,以为其已经消失。当一个文件被逻辑删除时,其各部分所对应的记录的内容状态会被置空,只要不被系统分配给其他文件,它们将一直存在。这便是文件被删除、清空甚至格式化后仍存在被恢复可能的主要技术原因。

三、R-Studio 数据恢复操作步骤

(1)先模拟删除实验区 E 盘的全部数据,并清空回收站。开始实验,运用 R-Studio 软件恢复删除的三项数据(见图 14-2-1)。

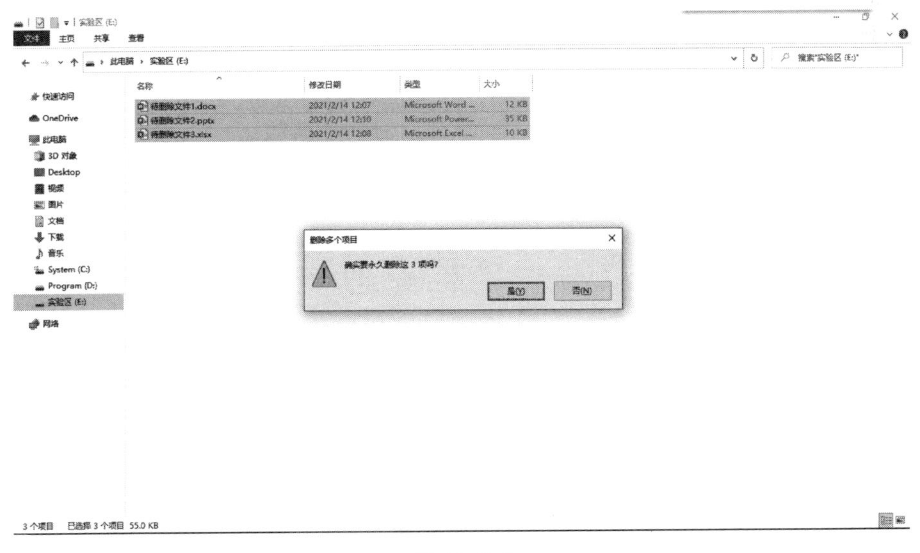

图 14-2-1

（2）点击“R-Studio 软件”图标，运行安装成功后的 R-Studio 软件（见图 14-2-2）。

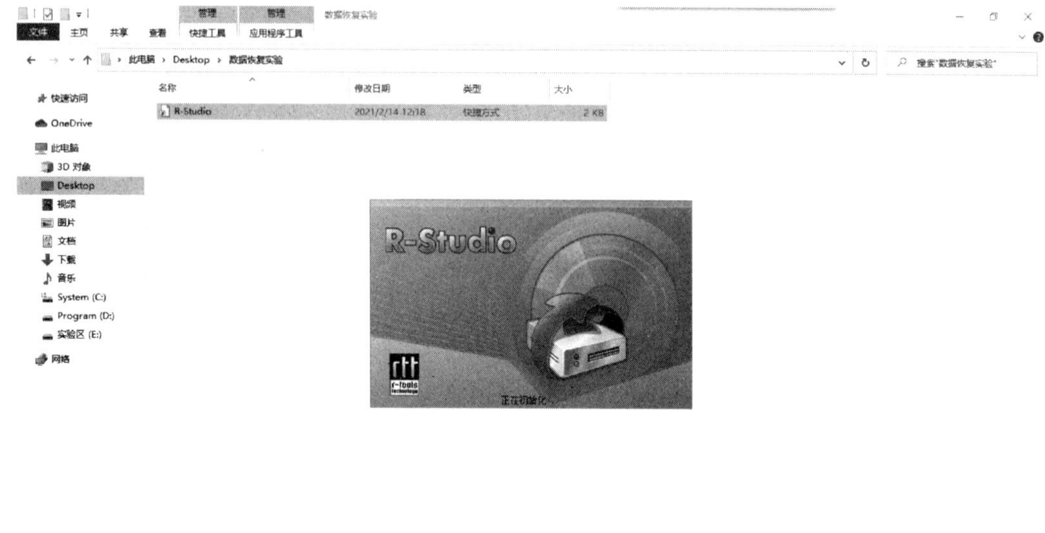

图 14-2-2

（3）进入软件主界面，选中此电脑的 E 盘并右击鼠标，选择“扫描”选项（见图 14-2-3）。

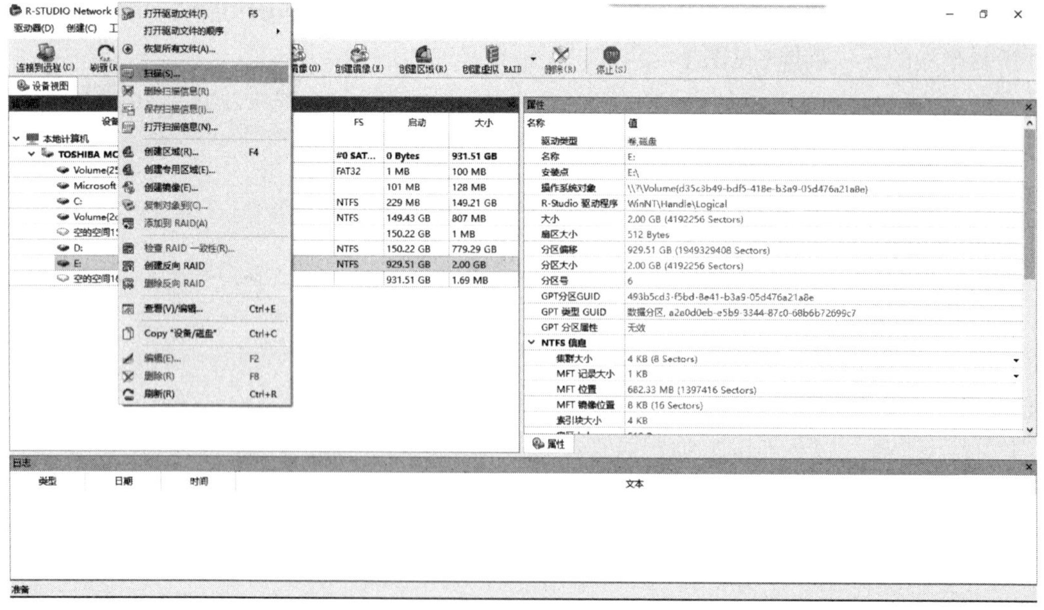

图 14-2-3

（4）在 R-Studio 软件弹出扫描页面，选择默认的详细选项，并点击“扫描开始”按钮，开始扫描（见图 14-2-4）。

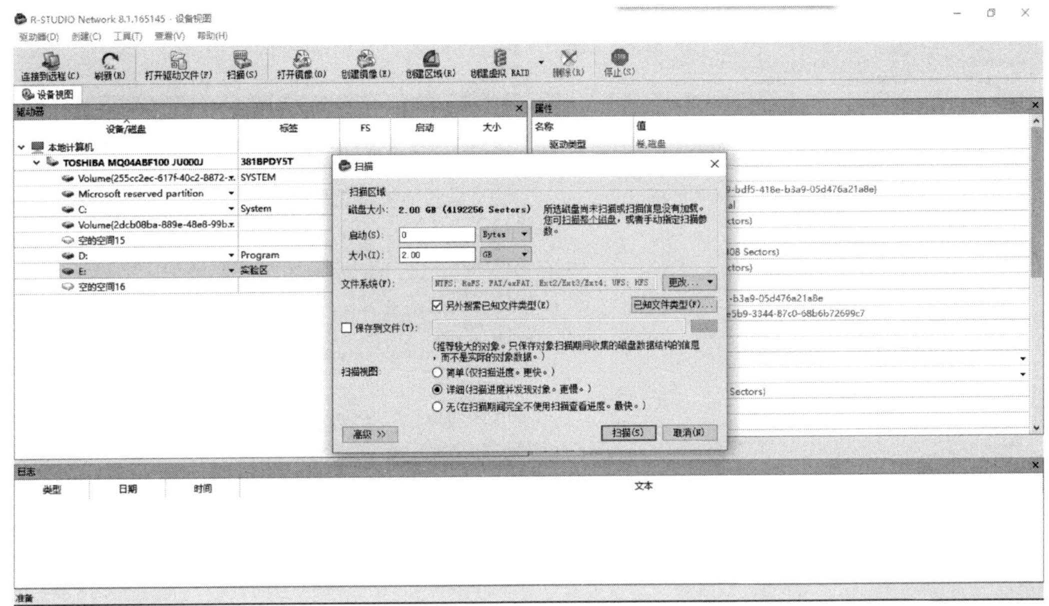

图 14-2-4

（5）扫描 E 盘，见图 14-2-5。

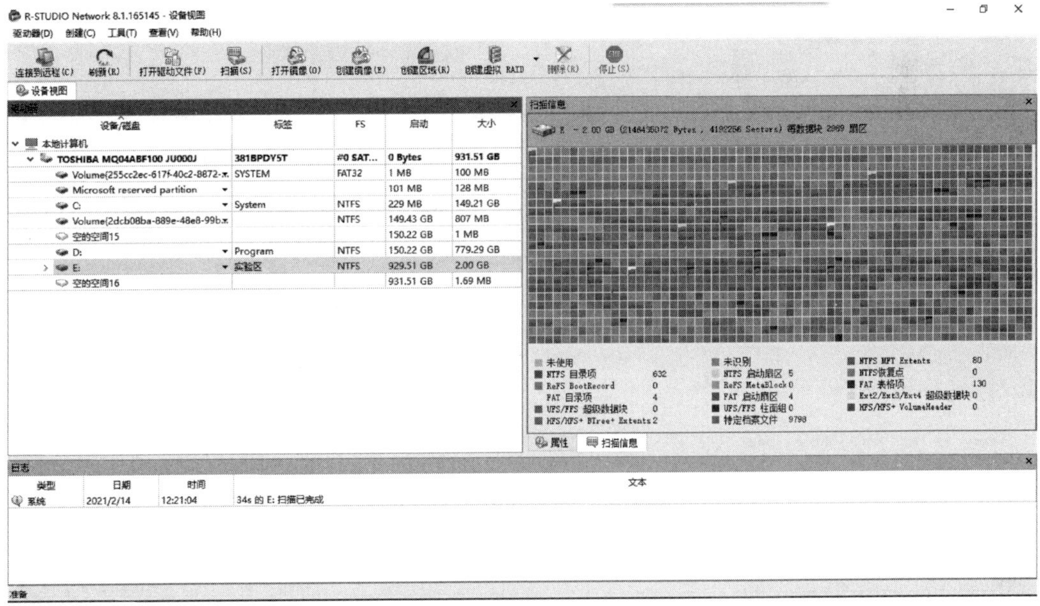

图 14-2-5

（6）扫描完成后，双击 E 盘，进入 E 盘目录，页面右侧会显示已删除的文件目录信息（见图 14-2-6）。

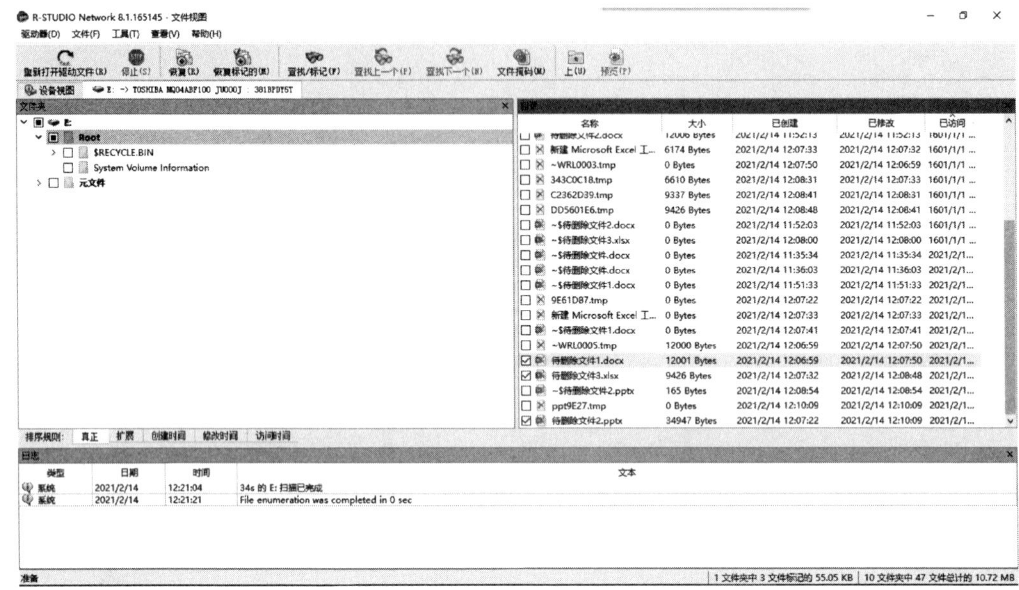

图 14-2-6

（7）勾选需要恢复的文件，标记完毕后，右击选中的文件，在弹出列表中选择“恢复标记的”，将选中的文件进行文件恢复（见图 14-2-7）。

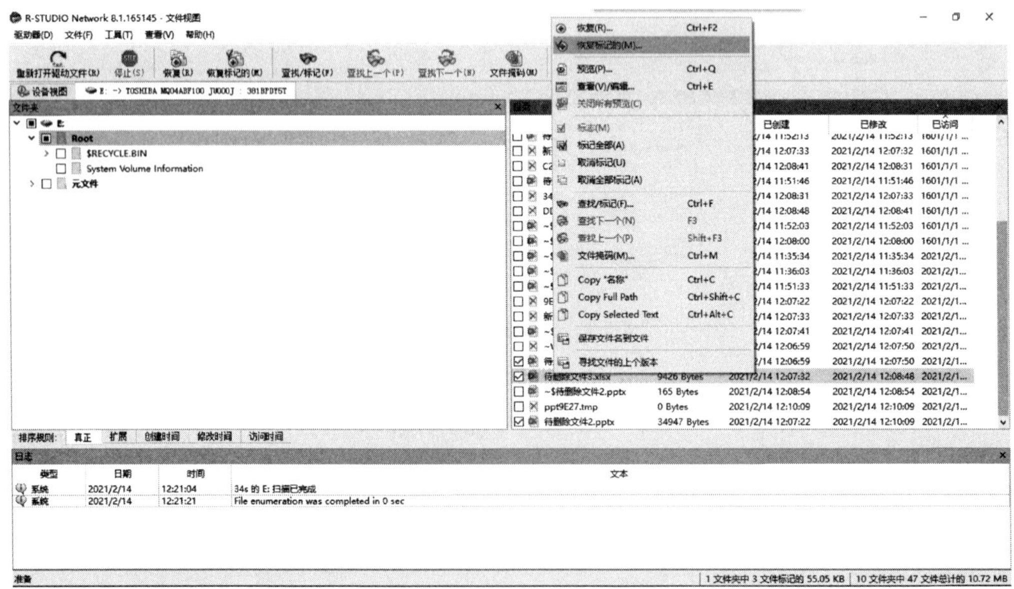

图 14-2-7

（8）设置文件恢复的存放路径（注意：文件恢复的存放路径不能和扫描区的路径一致），并勾选“恢复元文件”选项（见图 14-2-8）。

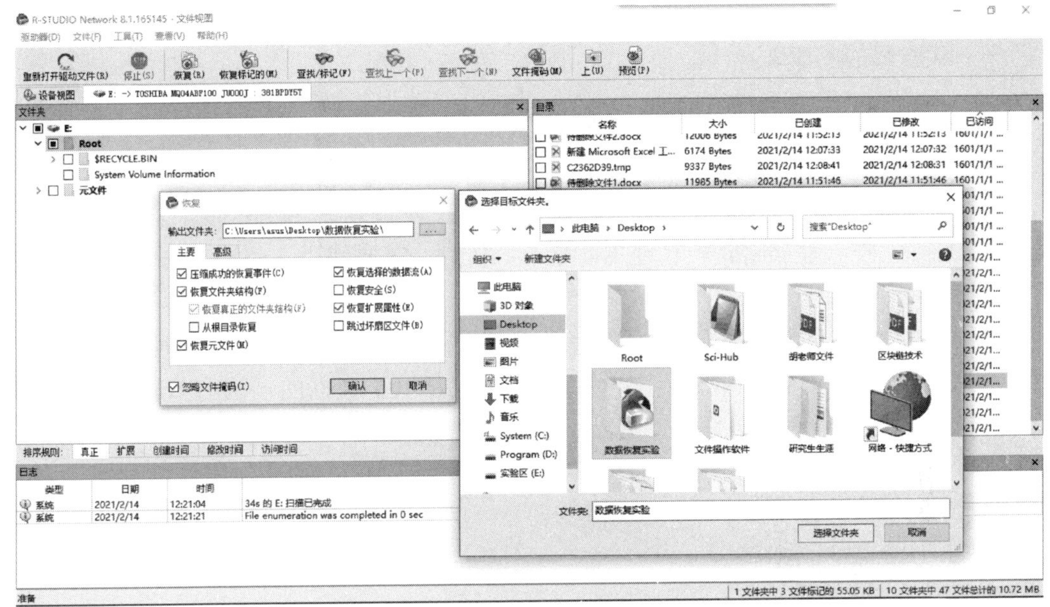

图 14-2-8

（9）文件恢复成功，可在之前设置的文件存放路径中查看被恢复文件的内容（见图 14-2-9）。

图 14-2-9

第三节 数据擦除实验

一、实验目的及意义

在办理公证和提取电子证据时，一般需要用到U盘、移动硬盘等存储介质来存放电子证据。在使用这些存储介质存放电子证据前，为了保证电子证据的司法有效性，一般需要对其进行清洁性操作。然而，简单的删除、格式化操作并不能彻底删除存储介质中的文件，为保证U盘、移动硬盘等存储介质在使用前是“干净”的，需要使用一些特定的软件来对其进行清洁性操作。

Disk Wipe是一款Windows下的免费的磁盘数据永久删除工具。它使用了先进的擦除算法来保证数据在被删除后不可恢复，进而保证电子证据的司法有效性。本实验使用Disk Wipe软件对硬盘数据永久删除。通过整个实验，读者能够深入理解并掌握Disk Wipe软件的安装和使用方法，进而能够熟练地运用该工具进行存储介质的数据擦除工作。[①]

二、实验相关原理

数据擦除技术是指物理清除存储介质（如硬盘、U盘）中的数据，使数据无法恢复的技术，其原理是使用数据覆盖待擦除的数据。根据数据存储原理可知，简单的文件删除操作无法将数据从存储介质中永久清除，只有将该数据的存储位置彻底覆盖才能实现永久清除。

在计算机中，数据存储在高速旋转的磁片表面，磁盘表面的磁性可以读取或更改为1或0，所有数据归结为大量的1和0组合的字符串。当用户在磁盘驱动器上写入数据（如文本、文件等）时，实际写入磁盘上的是0和1的行。当删除操作发生时，这些0或1的数据不会被删除，仅指向该数据的指针被删除，这种设计使得恢复已删除的数据非常容易。想永久擦除磁盘上的所有二进制数据，必须用新数据覆盖原有的0和1。因此，数据擦除操作并没有真正擦除或删除磁盘数据，而是用新数据替换或覆盖了现有数据。在最简单的形式下，写入的新数据可能全为0，但是更高级的算法会使用随机信息填充磁盘和通过多次的组合，以确保不可能从擦除的磁盘中检索到数据。从物理层面来说，当新创建的文件进入被删除文件的数据区域时，操作系统会令磁头在盘片相应位置处画新的“点”，这些新的“点”覆盖掉原先的“点”，通过这样的覆盖，原有的所谓“被删除”的文件数据从物理上被彻底删除，即被擦除。被擦除后的数据无法再被恢复工具恢复。

---

① 杜春鹏：《电子证据取证和鉴定》，中国政法大学出版社2014年版，第159页。

三、Disk Wipe 软件下载步骤

（1）进入 Disk Wipe 软件官网，官网地址为 www.diskwipe.org（见图 14-3-1）。

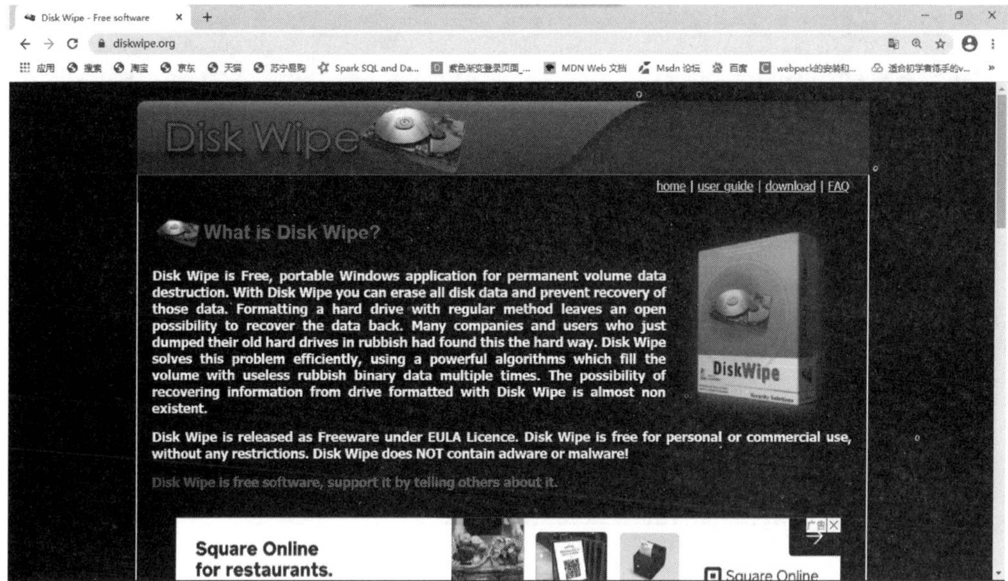

图 14-3-1

（2）点击官网页面右上角的 Download，进入软件下载页面（见图 14-3-2）。

图 14-3-2

（3）点击软件下载页面左下角红色字体的 Click 选项，开始下载软件，软件下载完毕后即可使用，无须安装（14-3-3）。

图 14-3-3

四、具体操作步骤

（1）右击打开下载成功的 Disk Wipe 软件，进入软件主界面（见图 14-3-4）。

图 14-3-4

（2）Disk Wipe 软件主界面（见图 14-3-5）。

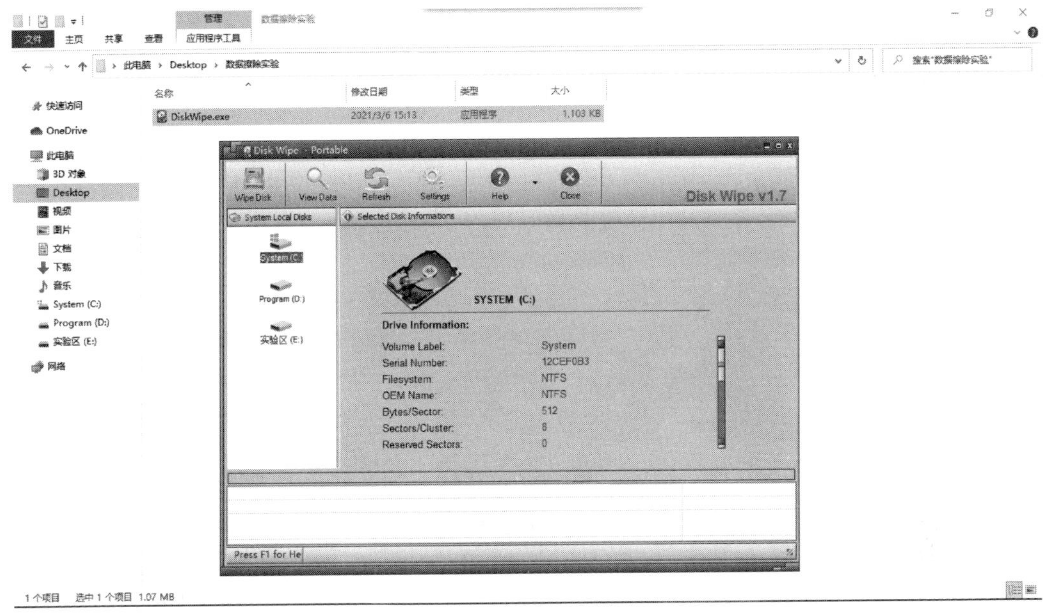

图 14-3-5

（3）查看数据：选择系统磁盘（以实验计算机的 E 盘为例），点击软件主界面上方的"View Data"按钮，可查看磁盘的内容，其内容以二进制数据进行展示（见图 14-3-6）。

图 14-3-6

（4）数据擦除：选择系统磁盘（以实验计算机的 E 盘为例），点击软件主界面上方的“Wipe Disk”按钮，系统提示选择一个文件系统，选择 NTFS 文件系统（Windows 10 和 Windows XP 通常使用 NTFS 文件系统，较旧版本的 Windows 可能会使用 FAT32 文件系统），具体如图 14-3-7 所示。

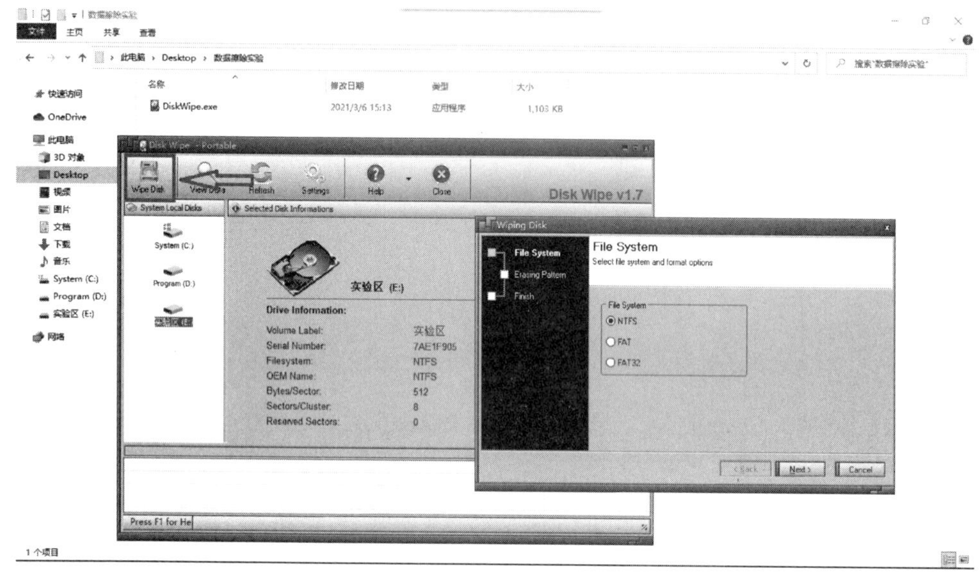

图 14-3-7

（5）数据擦除：选择完文件系统后，软件自动弹出 Erasing Pattern 页面，选中第一个选项执行快速格式化操作（见图 14-3-8）。

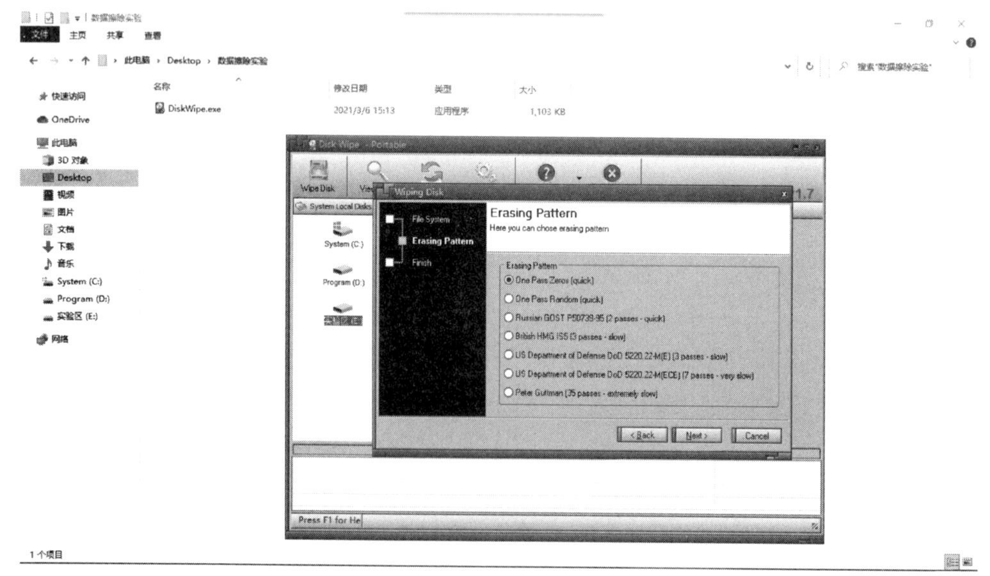

图 14-3-8

（6）数据擦除：格式化结束后，在输入框输入“ERASE ALL”给软件发送“清除E盘全部数据”指令，点击“Finish”按钮（见图14-3-9）。

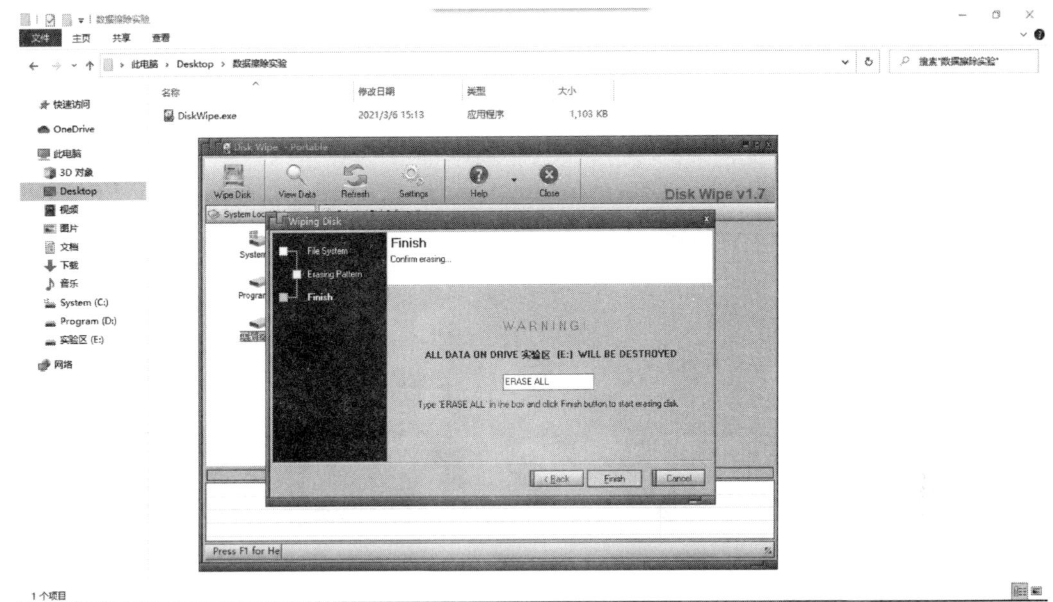

图14-3-9

（7）数据擦除：页面弹出提示框，选择“Yes”选项，开始擦除E盘数据（见图14-3-10）。

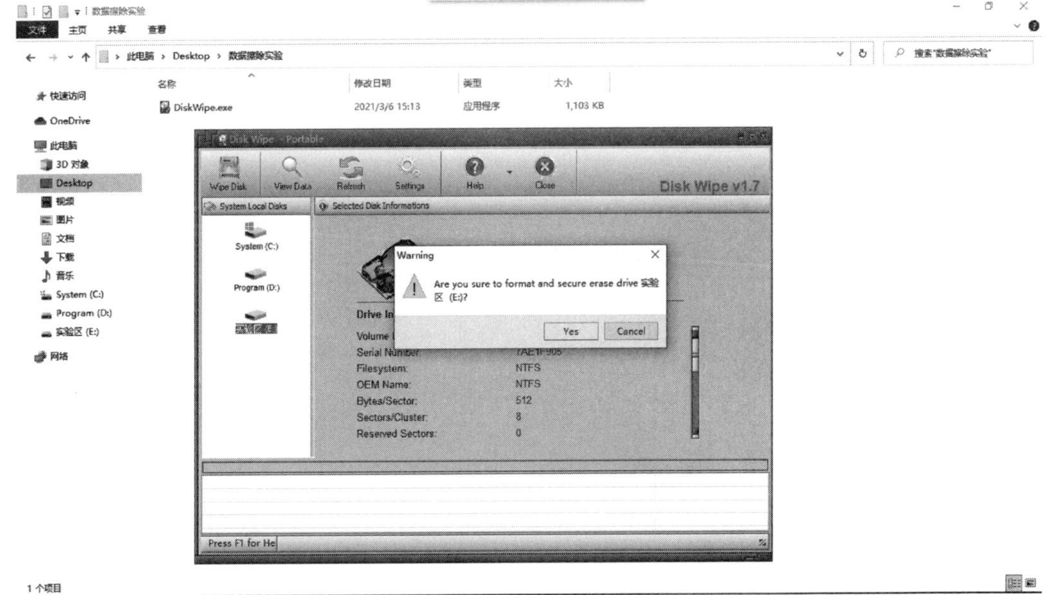

图14-3-10

（8）数据擦除中的软件页面（见图 14-3-11）。

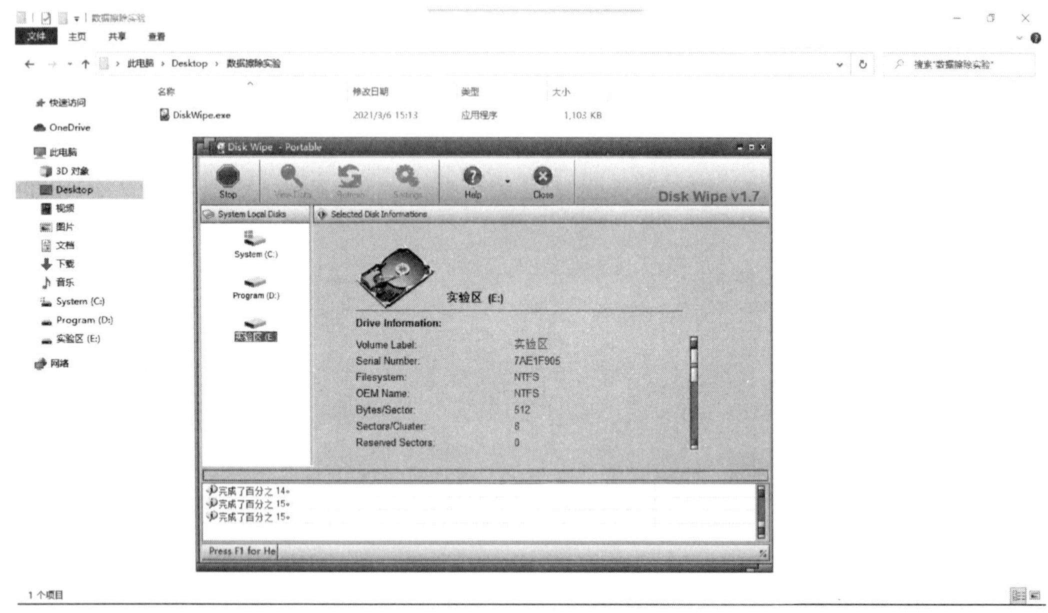

图 14-3-11

（9）数据擦除完毕，E 盘数据被全部擦除，实验计算机的 E 盘被更名为“BLANK（E：）”。E 盘原有数据不能通过数据恢复软件恢复，E 盘被“清洁”完毕（见图 14-3-12）。

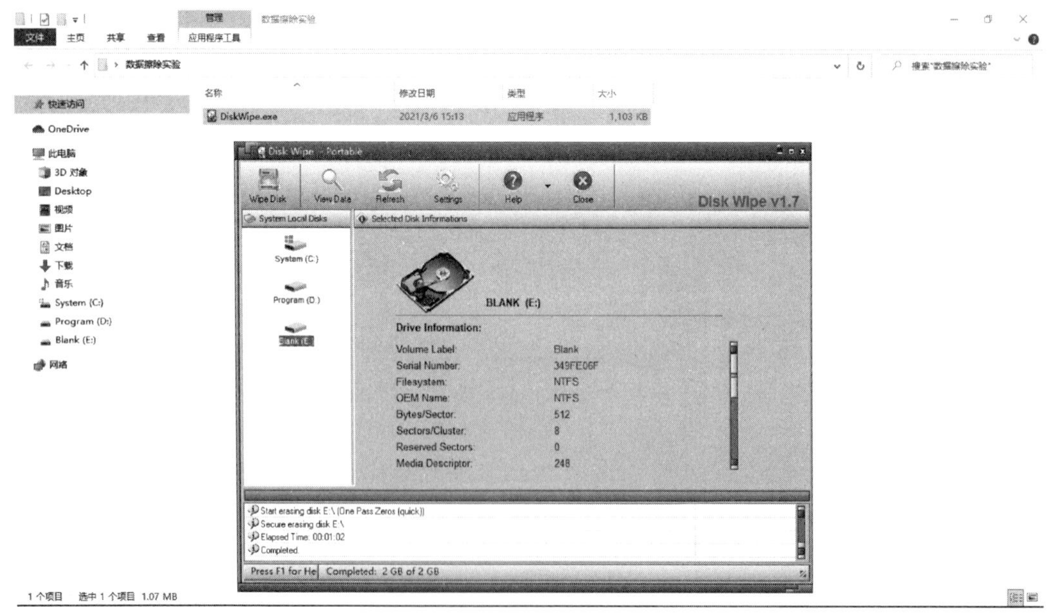

图 14-3-12

第四节 IP 地址追踪实验

一、实验目的及意义

Best Trace 是一种 IP 路由追踪检测工具。该软件可对服务器经过的路由进行可视化检测，并可以准确标注路由所在位置以及 AS 号。本实验演示如何通过 Best Trace 查询本机 IP 地址、网站 IP 地址、路由跟踪和监控以及路由批量 Ping。通过本实验，使读者了解 IP 地址追踪的相关概念、IP 地址追踪的分类，掌握数据包的 IP 地址中各分级符的意义，掌握 IP 地址组成和子网划分的原则，学会 Best Trace 软件的安装和使用方法，进而能够熟练地运用该工具进行 IP 地址追踪操作。

二、实验相关原理

司法取证时，有时要跟踪网络数据的来源，获取对方计算机的 IP 地址信息，根据 IP 地址快速准确定位对方的实际地址。采用 IP 地址追踪技术能实现上述目标。IP 地址追踪是在数据包通过网络时标记追踪信息，使用产生的追踪数据重建路径，并最终确定数据包的归属地和精确位置的操作。追踪的信息包括数据包记录和消息传递等。

当 IP 包经过路由器时，每个路由器在 IP 包中标记一些信息（通常这些信息包括路由器的地址、接收方的距离等）。接收方收到大量这样的被标记的 IP 包后，就可以提取和分析这些标记信息，重构攻击路径，确定攻击源。数据包标记技术一般由标记和路径重构两个过程构成，标记过程由路由器完成，主要是对数据包进行信息附加。而重构路径过程则由接收方完成，接收方使用被标记的数据包中的信息重构攻击路由。目前的数据包标记技术主要有以下 7 种：

1. 随机包标记法

尽管 IP 包头部的源地址可以伪造，但每个 IP 包仍然要经过攻击者与接收方之间的路由转发。当 IP 包经过这些路由器时，每个路由器以一定的概率在其中标记上一些信息（通常这些信息包括路由器的地址、与接收方相隔的距离等），当接收方收到大量的这样被标记的数据包后，就可以提取和分析这些标记信息并重构攻击路径，确定攻击源。该方法最主要的优点是对路由器造成的影响有限，并且支持逐步扩展，以及具有很好的事后处理能力。其缺陷在于路径重构的计算负载过重。

2. 固定包标记法

固定包标记法只在入口边界路由器进行包标记。它用 IP 头的 16 位 ID 字段和 1 个保留位来记录标记信息。每个入口边界路由器的 IP 地址被分为两段，每段 16 位。当一个包通过路由器的时候，随机选择该 IP 地址的一段并用保留位来标记该段为前段还是后段，总共 17 位进行填充。其实现思想是一旦接收方得到一个入口边界路由器的两个字段，就得到这个路由器的 IP 地址。固定包标记法的原理与随机包标记法类似，但它们的实现方式有两点重要差异：(1) 随机包标记法需要攻击路径上的所有路由器，其都参与路径信息的标记，而固定包标记法只需要第一个入口边界路由器具有标记功能；(2) 固定包标记法中的路由器对经过的 IP 包以一定的概率进行标记，而随机包标记法则是由入口边界路由器对每一个经过的 IP 包进行标记。

网络攻击的最终目标是找到攻击的发起者，相比随机包标记法中对所有路径进行标记的方法而言，固定包标记法中对入口地址进行标记的方法，对问题的解决显得更为简捷有效，克服了随机包标记法中路径构造算法复杂、误暴率高的缺陷，并且健壮性也有所提高，而且具有追踪小流量攻击和反射攻击的潜力，是一种很具有使用价值的追踪技术。但是固定包标记法的有效性极其依赖边界路由器支持的范围和强度，这种要求使其离实际应用还有一定的距离。

3. 路由记录法

路由记录法又称日志记录追踪法。该方法要求在路由器上加入数据日志功能，以记录下所有来往数据包的信息，受到攻击后可以用数据挖掘等方法找到相关信息，追踪入侵者。但是由于日志信息会占用路由器大量的系统资源，同时还需要一个大规模的数据库来支持日志信息的收集和分析，这将极大地增加网络负担，影响该方法的现实应用。针对存储包本身内容过大，产生了基于哈希方法的包日志的 IP 追踪，路由器计算和存储每个自己转发的包的信息摘要，通过这种方法可以由单个包追踪到发包源。包摘要的存储空间和反向追踪时包日志访问时间限制了这种算法在高速连接的路由器中的应用。

4. ICMP 消息法

该方法是在 ICMP 协议的基础上发展起来的，主要依靠路由器自身产生的 ICMP 跟踪消息。每个路由器都以很低的概率（如 1/200 000）产生 ICMP 消息，并随数据包一起将该 ICMP 发送到目的分组。这种 ICMP 信息包含了路由信息，当泛洪攻击开始的时候，接收方主机就可以利用这些 ICMP 消息来重新构造攻击者的路径。

5. 输入测试

该方法要求接收方在检测到自己遭到了攻击后，从收到的攻击包中提取出它们共有的特性，然后以某种方式通知网络管理员。网络管理员针对这些共有特性，在接收方的上一条路由器的输出端口上过滤具有该特性的数据包，同时发现转发这些数据包的上游链路，从而找到上一级路由器。上一级路由器再重复该过程，直到找到攻击源。需要网络管理员的介入使得整个方法具有相当大的人工管理量和管理花费。

6. 入口过滤

该方法原理是通过配置路由器阻止非法源地址数据包通过，要求路由器有足够能力去分析每个包的源地址，并且有足够的能力把非法的源地址和合法的源地址区别开来，因此，入口过滤在 ISP 的边缘或者客户网络中作用更加重要，处理的数据包也更加明确，并且流量负载相对较低。如果包是从多个 ISP 汇合进入,就没有足够的信息去明确判断数据包是否拥有合法的源地址。分析数据包源地址的工作会给高速路由器造成过重的计算负担。以高速连接来说,对于许多路由器架构,实现入口过滤不实际,主要原因是该法依赖于大范围或者全体的配置。

7. IPSec 鉴别

该方法采用现有的 IPSec 和 IKE 协议,当入侵检测系统(IDS)检测到一个攻击后,Internet 密钥交换协议(IKE)在受害主机和管理域的一些路由器之间建立 IPSec 安全关联(Sas)。位于 SA 末端的路由器转发分组时需要增加 IPSec 首部和包含路由器 IP 地址隧道 IP 首部。如果某个 SA 检测到攻击分组,该攻击就一定是来自相应路由器外面的网络。接收者根据隧道 IP 首部的源地址可以找出转发攻击分组的路由器。递归地重复这个过程,即可最终找到攻击源。

根据 IP 追踪的主动程度,可将现有的 IP 追踪技术分为两大类:主动追踪和反应追踪。主动追踪方法在数据包通过网络时记录追踪信息,受害主机可以使用产生的追踪数据重建攻击路径,并最终识别攻击者。主动追踪包括数据包记录、消息传递和数据包标记。而反应追踪是在检测到攻击之后,才开始利用各种技术从攻击目标反向追踪攻击的发起点。

三、Best Trace IP 地址追踪具体操作步骤

(1)下载 Best Trace 软件后,打开该软件,主页面如图 14-4-1 所示。

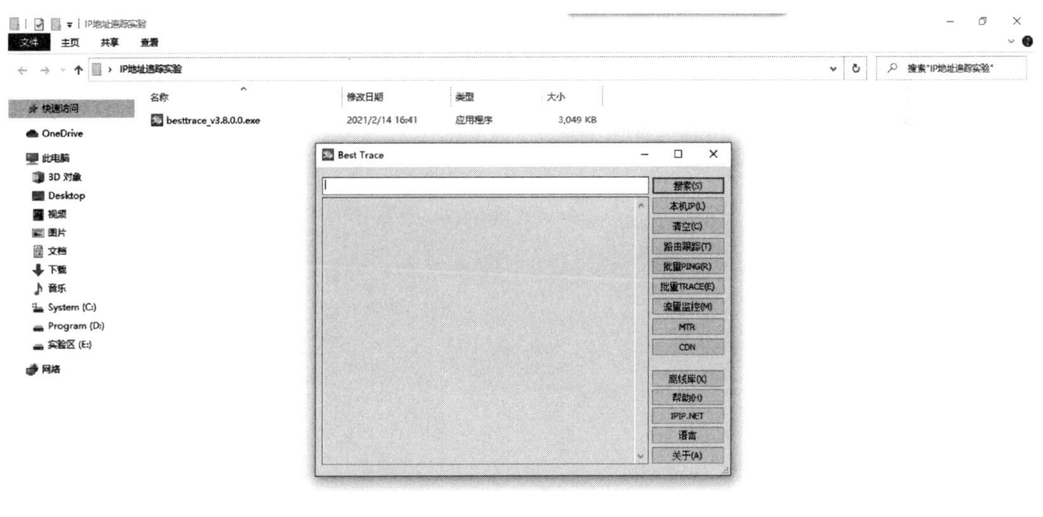

图 14-4-1

（2）查询本机 IP 地址，进入软件主界面，点击“本机 IP（L）”按钮，可查询本机 IP 外网及所在地区详细信息（见图 14-4-2）。

图 14-4-2

（3）查询网站 IP。进入软件主界面，在输入框中输入需要搜索的网站，网站填写完毕后，点击“搜索（S）”按钮，可查询网站的 IP 及所在地区信息（见图 14-4-3）。

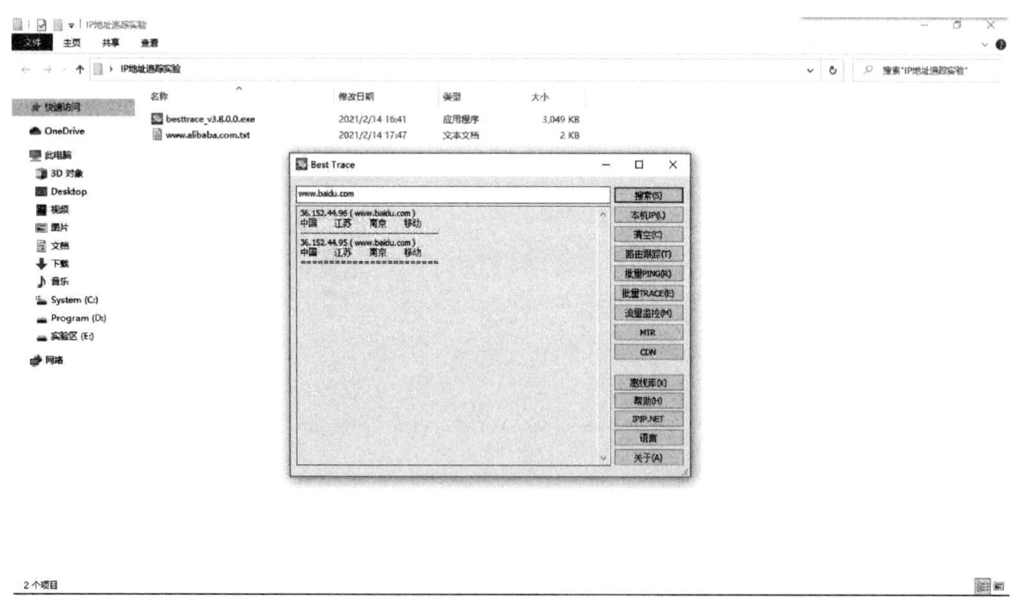

图 14-4-3

（4）路由跟踪。进入 Best Trace 软件主界面，点击 “路由跟踪（T）” 按钮，进入路由跟踪页面（见图 14–4–4）。

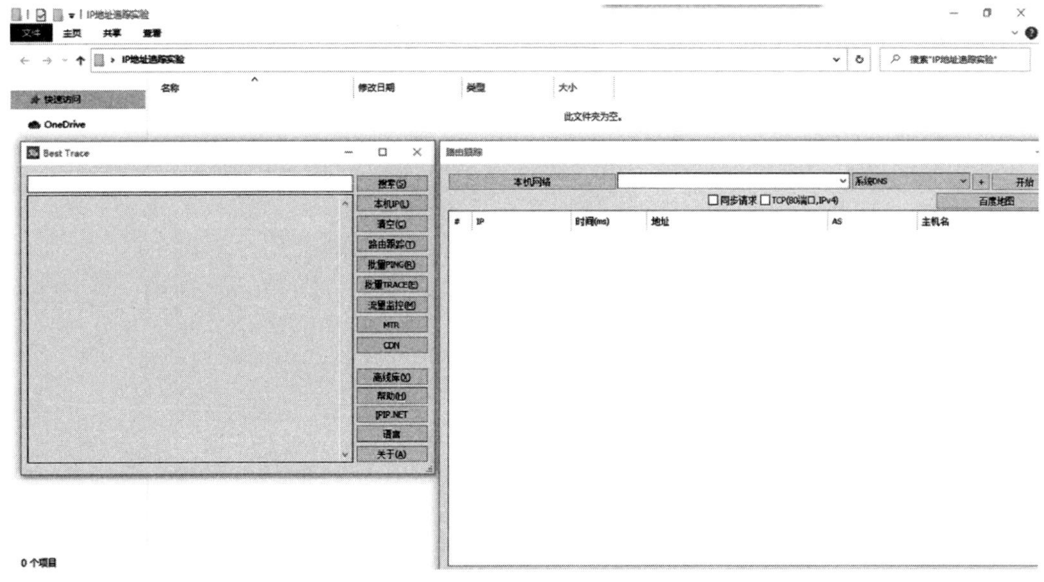

图 14–4–4

（5）在路由跟踪页面中，输入网址信息，并选择地图，一切信息设置完毕后，点击 “开始” 按钮，进行路由跟踪。软件可对服务器经过的路由进行可视化检测，并准确标注路由所在位置以及 AS 号（见图 14–4–5）。

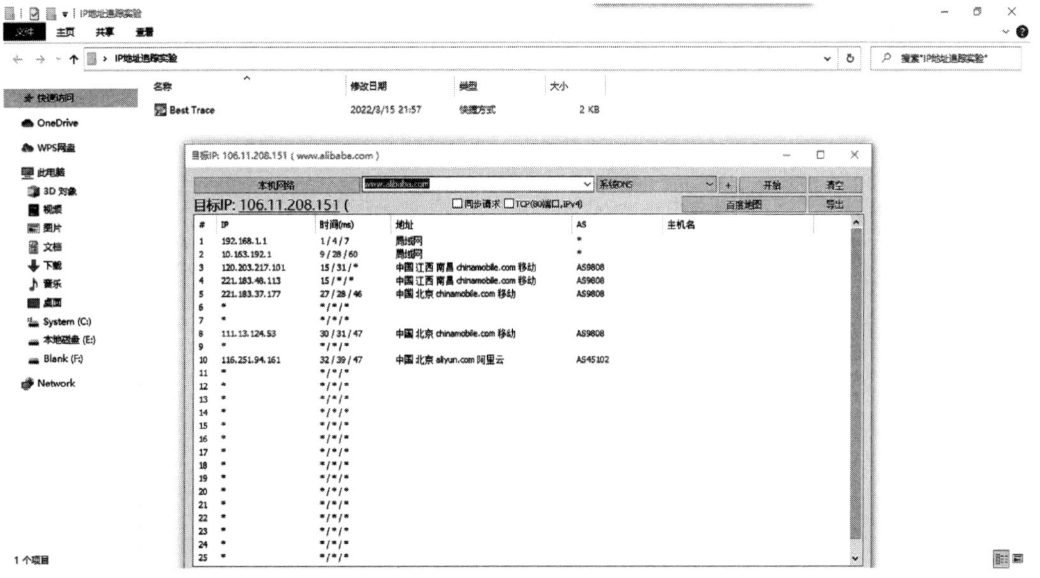

图 14–4–5

（6）路由跟踪完毕后，点击“导出”按钮，选择文件导出路径，可将上述信息以文本或图片的形式进行保存（见图 14-4-6）。

图 14-4-6

（7）文件导出完毕后，可在步骤（6）设置的文件导出路径中查看该文件信息（见图 14-4-7）。

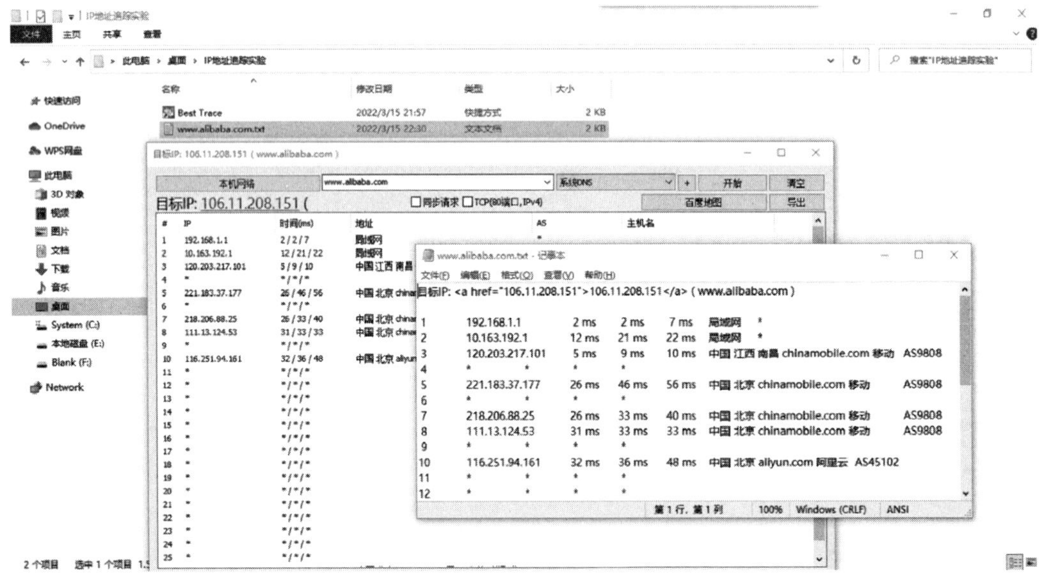

图 14-4-7

第五节　用户操作痕迹追踪实验

一、实验目的及意义

Last Activity View 是一款强大的系统操作查看工具，通过该工具，可以查询用户的电脑使用历史记录。该软件简单易操作，无须安装，下载完毕后即可使用。通过整个实验，可以让读者掌握 Last Activity View 软件的使用方法，进而为其后续电子取证工作的开展提供便利。

二、实验相关原理

追踪用户操作痕迹，必须要了解操作系统是如何记录打开过的文件的。Windows 操作系统从 XP 开始，使用预读技术（Prefetch 和 Superfetch）改造系统性能。所谓预读技术，是指系统缓存管理器在系统启动过程中以及在各种应用程序被导入的时候，监视数据在磁盘和 RAM 之间以及 RAM 和虚拟内存之间的移动。当监视这些事件时，缓存管理器会构造每个应用程序或进程引用的所有文件的映射。这些映射被保存到"\Windows\Prefetch"文件夹扩展名为 .pf 的文件中，同时将文件名设置为"应用程序名称—程序路径哈希值"。在 .pf 映射文件被创建之后，缓存管理器将在系统启动以及导入应用程序时使用它们以提高效率。更明确地说，缓存管理器会拦截被导入的每个进程或应用程序并且查看"\Windows\Prefetch"文件夹以确定是否存在相应的映射。如果存在，缓存管理器将指派文件系统立即访问映射中的目录或文件引用。当这个预读取操作完成之后，缓存管理器将允许应用程序或进程继续导入。在 Prefetch 目录下，记录运行过什么程序，这些程序是何时启动等信息，若能分析该目录下的信息，便可以追踪到用户的操作痕迹。

同时，为了方便计算机用户快速查找最近使用过的文件和文件夹，Windows 操作系统设置了 Recent 文件夹，Windows 7 中，该文件夹默认存放路径为：C:\Users\UserName\AppData\Roaming\Microsoft\Windows\Recent（或"最近使用"项目中）。Recent 文件夹下存放的实际是文件、文件夹的快捷方式文件和目标文件等信息。若目标文件被打开，在 Recent 文件夹下即生成对应快捷方式文件，此类快捷方式文件与普通文件一样，具有创建时间、修改时间和访问时间等标准属性信息，且这些信息会随用户行为改变而改变，即包含用户行为信息。Last Activity View 软件便是利用这个实验原理来达到追踪用户操作痕迹的目的。[①]

① 参见方玉珍：《电子证据认知新思路：基于实验的直观体现方式》，中国法制出版社 2019 年版，第 167—169 页。

三、Last Activity View 用户操作痕迹追踪步骤

（1）右击“Last Activity View”图标，打开 Last Activity View 软件（见图 14-5-1）。

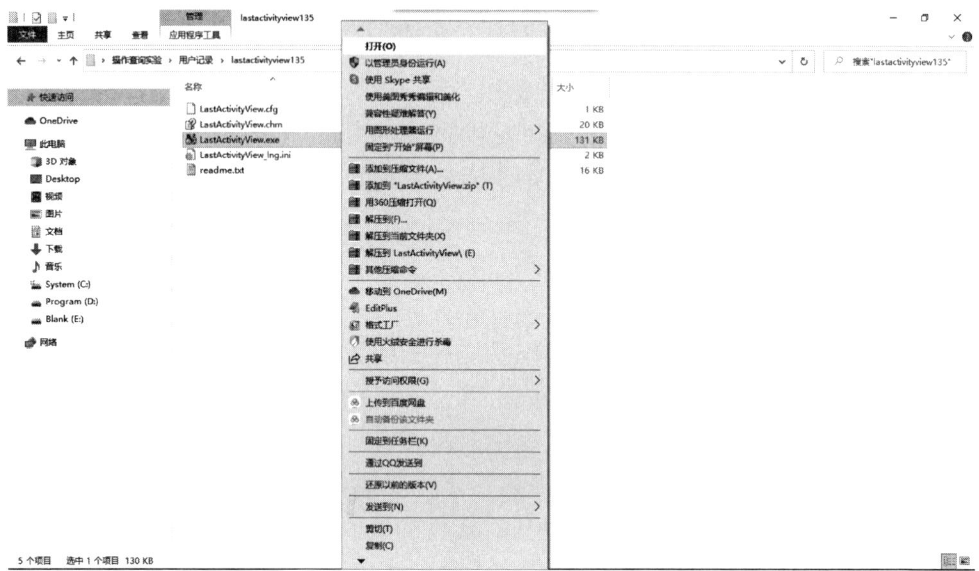

图 14-5-1

（2）进入软件主界面，界面显示了用户近两年的电脑使用记录，共计 6 678 项（见图 14-5-2）。

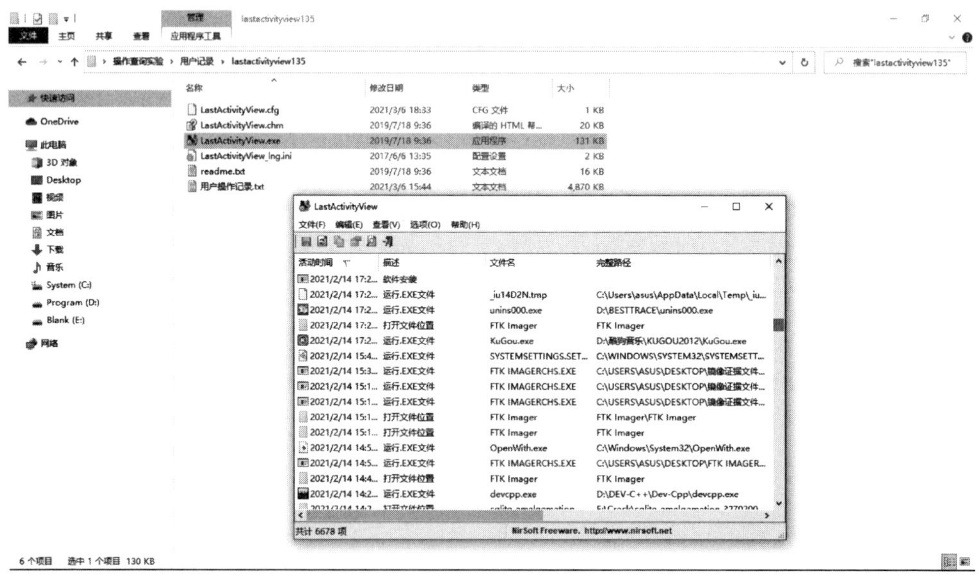

图 14-5-2

（3）历史记录查询：点击界面上方的“编辑（E）”，并点击“查找”按钮，可输入关键字以查询特定的电脑操作记录（见图 14-5-3）。

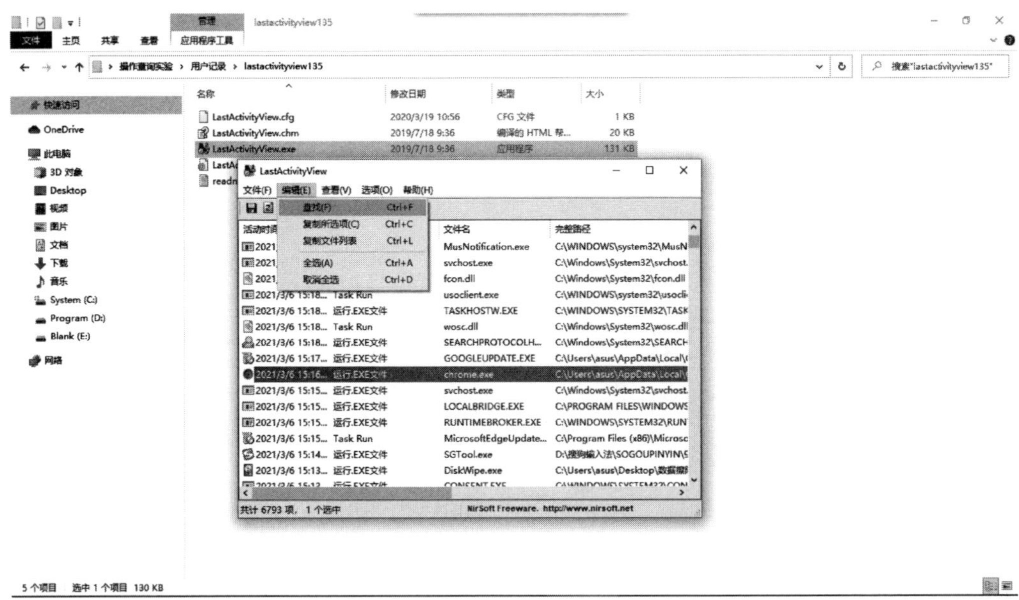

图 14-5-3

（4）历史记录查询：在软件主界面弹出的输入框中输入关键字，查询特定的历史记录（见图 14-5-4）。

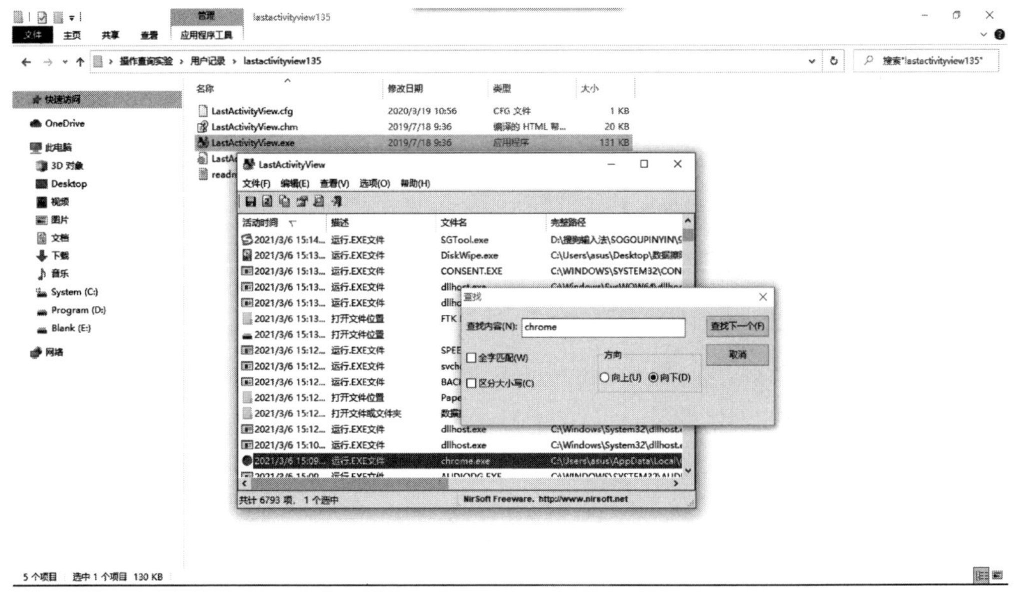

图 14-5-4

（5）历史记录保存：选中所有的历史操作记录，随后点击界面上方的“文件”按钮，点击下拉框中的“保存所选项（S）”，从而将所有的历史操作记录导出并保存在文本中（见图 14-5-5）。

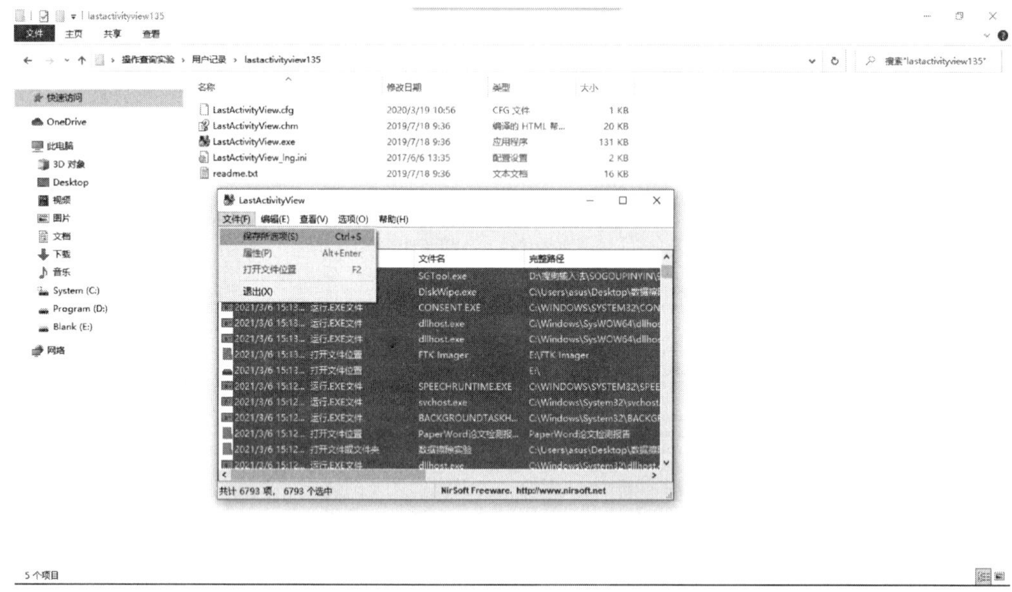

图 14-5-5

（6）历史记录保存：设置文件名和文件存放路径，完成历史操作记录保存工作（见图 14-5-6）。

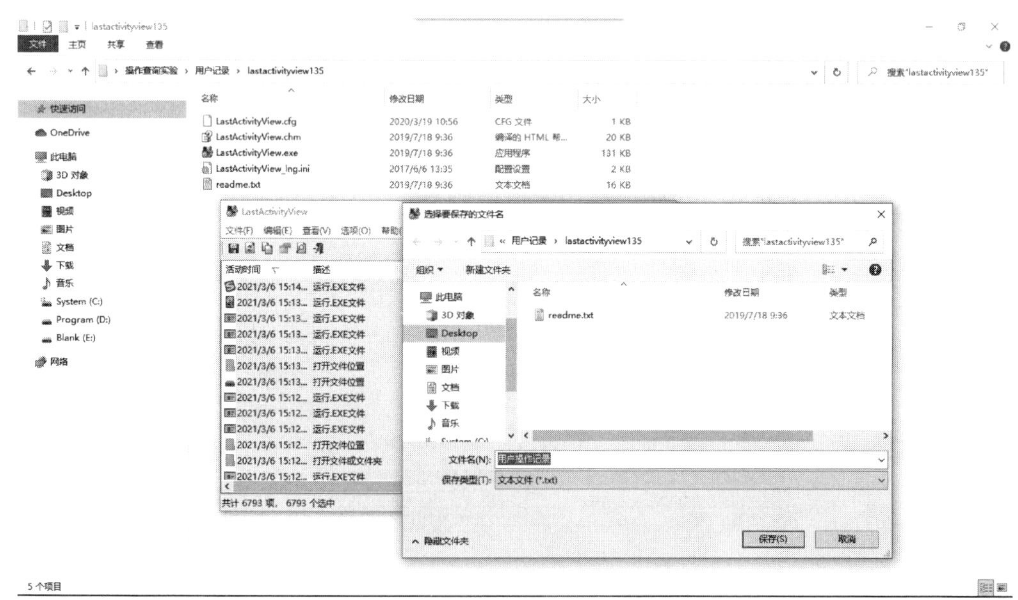

图 14-5-6

（7）打开保存成功的文件即可查看历史操作记录信息（见图 14-5-7）。

图 14-5-7

第六节　镜像证据文件制作实验

一、实验目的和意义

对电子证据所在硬盘进行镜像备份是电子数据取证中的常用操作，能有效避免因意外造成电子证据遗失。FTK ImagerChs 是一款镜像制作软件，具有数据预览、证据镜像制作、证据镜像加载等功能。通过本实验，使读者了解数据镜像文件的概念、类型、特点以及镜像文件的使用，掌握使用 FTK ImagerChs 软件对硬盘数据进行备份制作镜像文件的流程，进而能够熟练地运用该工具制作电子证据镜像备份。

二、实验相关原理

镜像在电子证据领域是一个非常重要的基础性概念，也是电子证据最有个性的本质特征。镜像是一种文件存储形式，是数据冗余的一种类型。一个硬盘上的数据在另一个硬盘上存在的完全相同的副本即为镜像，它能最大限度地保证文件的可修复性。

计算机中的信息都是经过编码后以某种信号的方式存储在存储介质中的，如硬盘、软盘、光盘和 U 盘等。用户在操作系统的支持下对文件进行创建、复制、删除、修改和移动等操作。这些操作是在操作系统下能够看到和管理的文件，一旦文件被删除，用户就无法在计算机中看到文件，也不可能对它们进行操作。但事实上，文件内容或一些痕迹依然残留在存储介质中，这也是能够对其进行取证的基础之一。

操作系统在设计文件系统时，出于效率的考虑，在逻辑删除文件时并未把文件内容全部填为“0”，而只将文件的索引做上删除标记，并将文件占用的空间标记为“可用空间”，而不改变实际存储文件内容的扇区。在一个磁盘中，有一些内容是通过文件系统能够看到的，还有很多信息是通过资源管理器所看不到的。这些看不到的信息包括使用过程中被视为已删除的信息，其他大量的使用过程中生成的临时信息等，其都不是以文件形式存在的信息。这些信息在资源管理器下不会显示，但往往对取证分析非常重要，因此不应该被丢弃或更改。然而，如果我们采用传统的复制方式对证据存储介质进行复制，则只能复制那些以正常文件形式存在的文件，从而丢失其他信息。因此，有必要引入“克隆”的概念，即不再按照文件的方式进行复制，而是采用按位的方式进行复制，将证据介质上的原始数据一个位一个位地、精确地进行复制，而不管它们是不是文件，这就是镜像的真正意义。这样复制可以得到与原始证据存储介质完全一致的数据，即有同样分区表、操作痕迹和已经删除信息的“镜像”数据。完成这一工作的过程被称为镜像或制作复制件。

三、FTK ImagerChs 镜像证据文件制作步骤

（1）右击 FTK ImagerChs 图标，打开 FTK ImagerChs 软件（见图 14-6-1）。

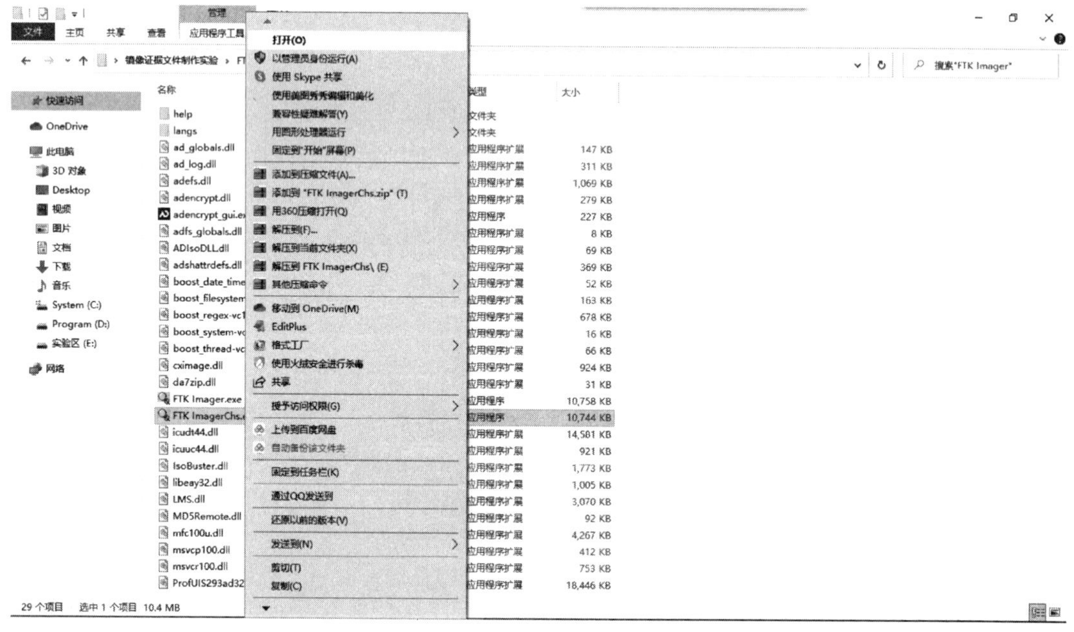

图 14-6-1

（2）进入软件主界面后，点击页面左上角的“Add Evidence Item”按钮，并在弹出页面中选择源证据类型，选中“物理驱动器（P）”选项并点击下一步（见图 14-6-2）。

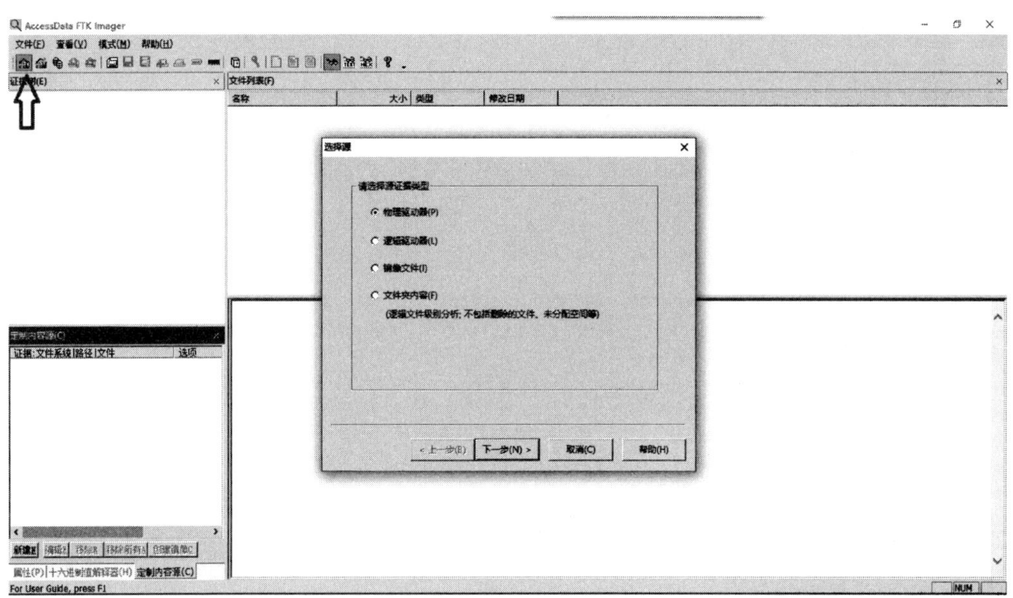

图 14-6-2

（3）软件主界面弹出选择驱动器页面，从可用驱动器中选择源驱动器，选择完毕后点击“Finish”按钮（见图 14-6-3）。

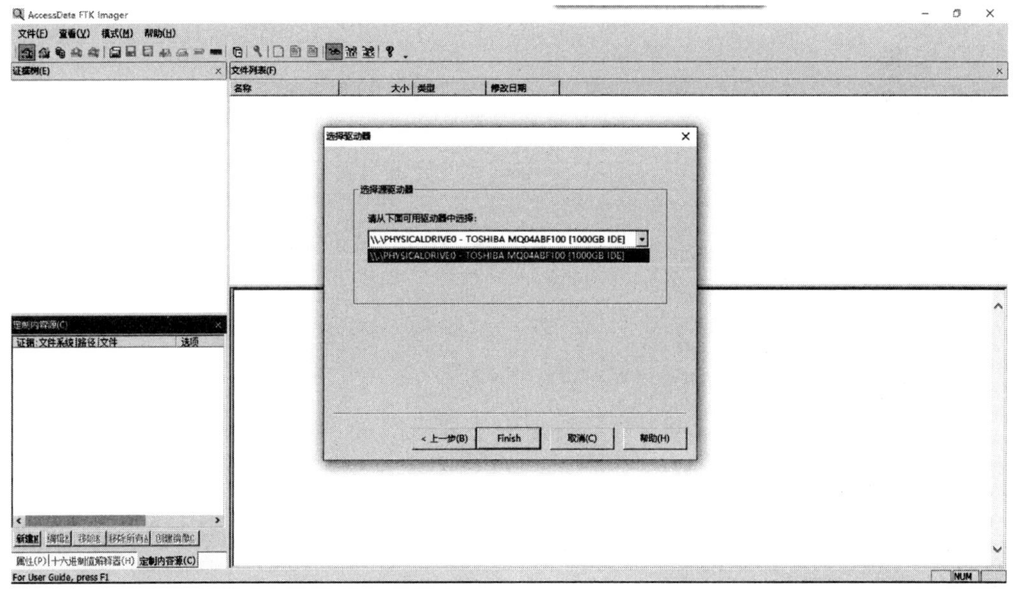

图 14-6-3

（4）选择驱动器完毕后，证据树一栏中加载出证据项目录。从目录中选择需要备份的硬盘并右击，选择“导出磁盘镜像（P）”（见图 14-6-4）。

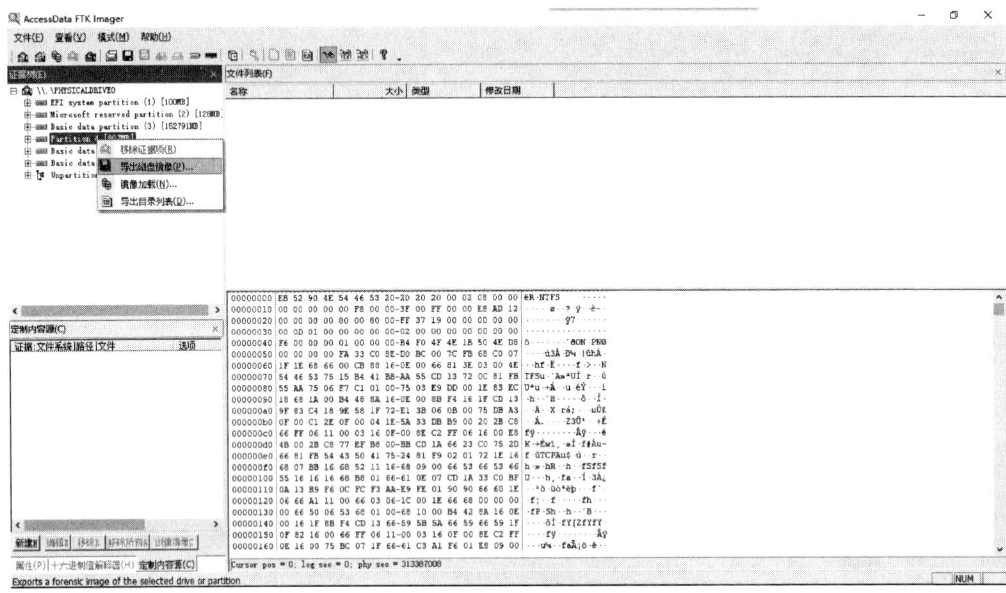

图 14-6-4

（5）创建镜像：点击镜像目标下的“添加（A）”按钮以选择目标镜像类型，选择“E01”选项并点击“下一步”（见图 14-6-5）。

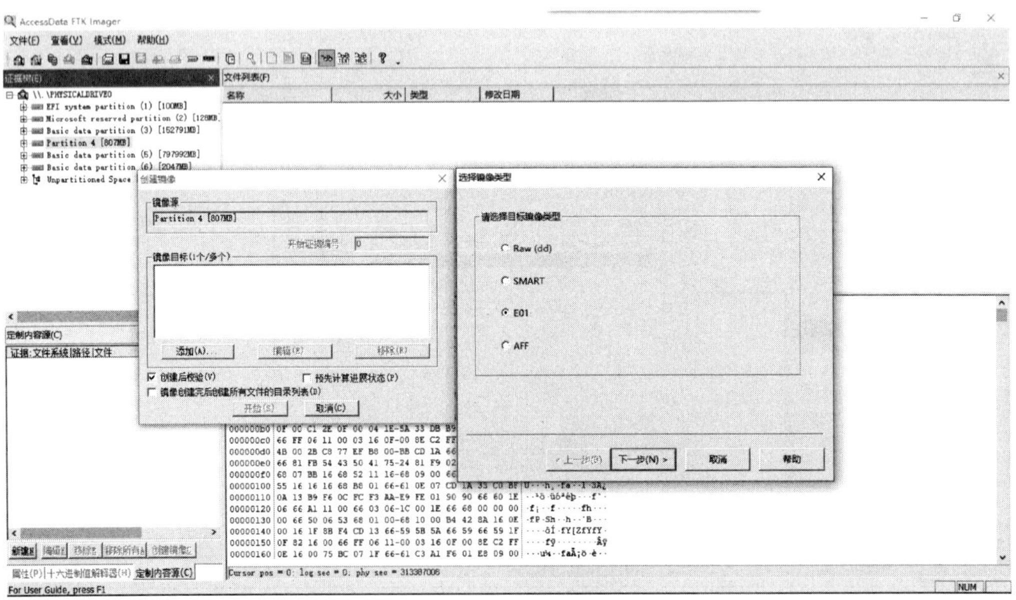

图 14-6-5

（6）填写证据项信息：具体填写案件编号、证据编号、唯一描述、检查人员、案件备注等信息，填写完毕后点击“下一步（N）”（见图 14-6-6）。[①]

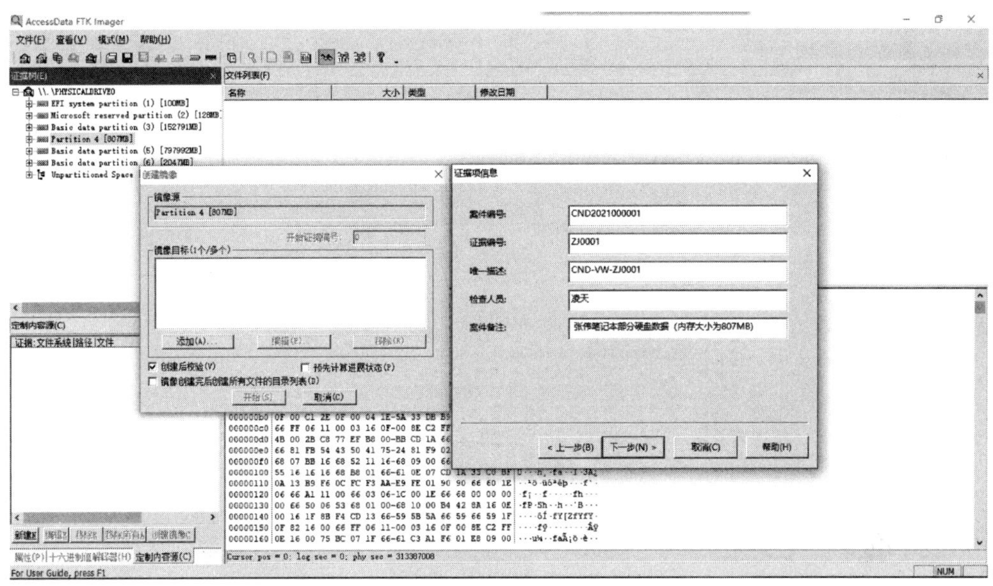

图 14-6-6

（7）镜像目标选择：设置镜像文件存放路径并填写镜像文件名，填写完毕后，点击“Finish”按钮，完成镜像目标选择步骤（见图 14-6-7）。

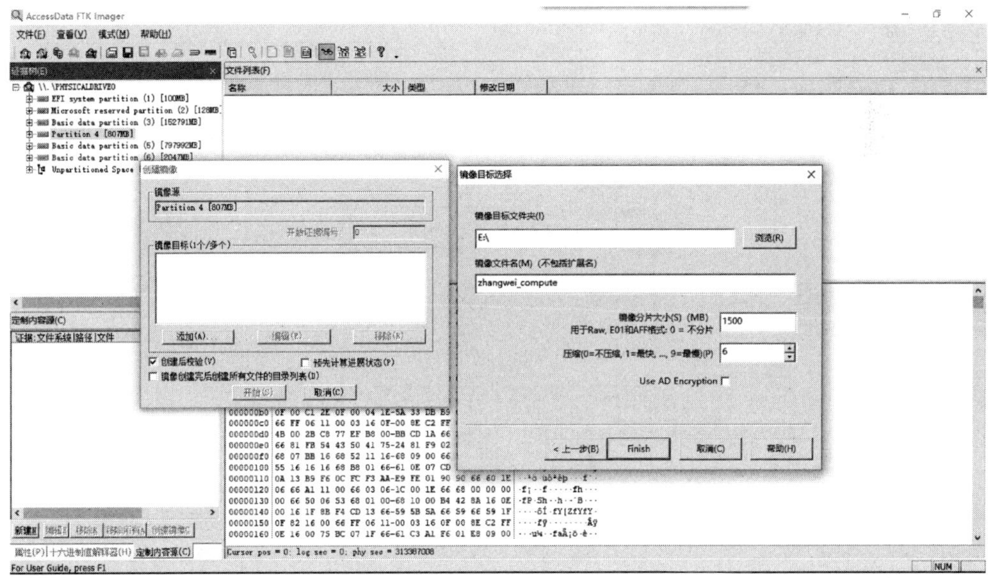

图 14-6-7

① 参见戴士剑、刘品新主编：《电子证据调查指南》，中国检察出版社 2014 年版，第 165—169 页。

（8）镜像目标添加完毕后，点击“开始（S）”按钮，开始镜像证据文件制作（见图 14-6-8）。

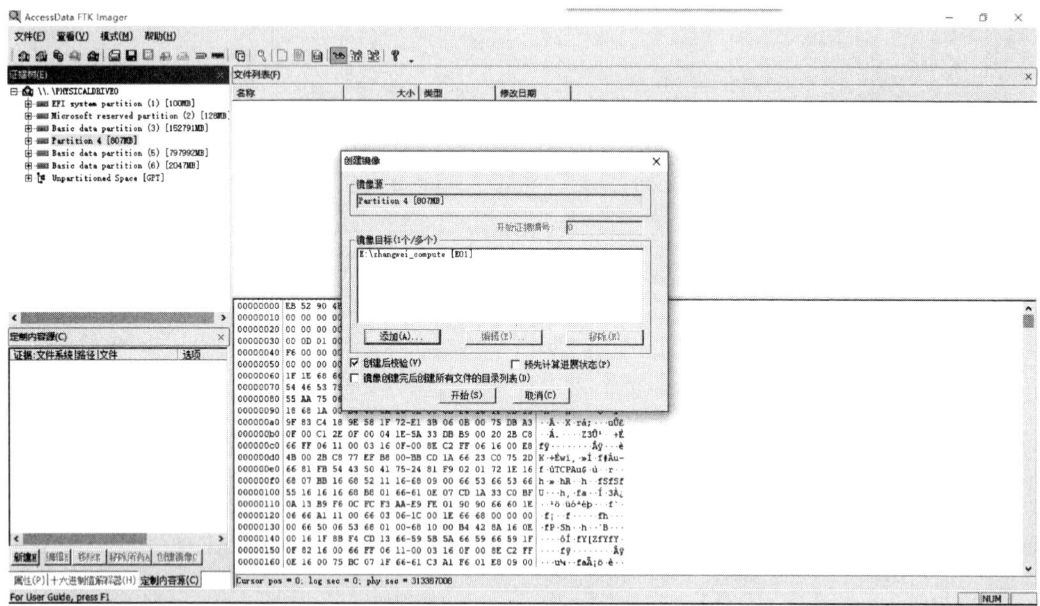

图 14-6-8

（9）镜像证据文件制作过程（见图 14-6-9）。

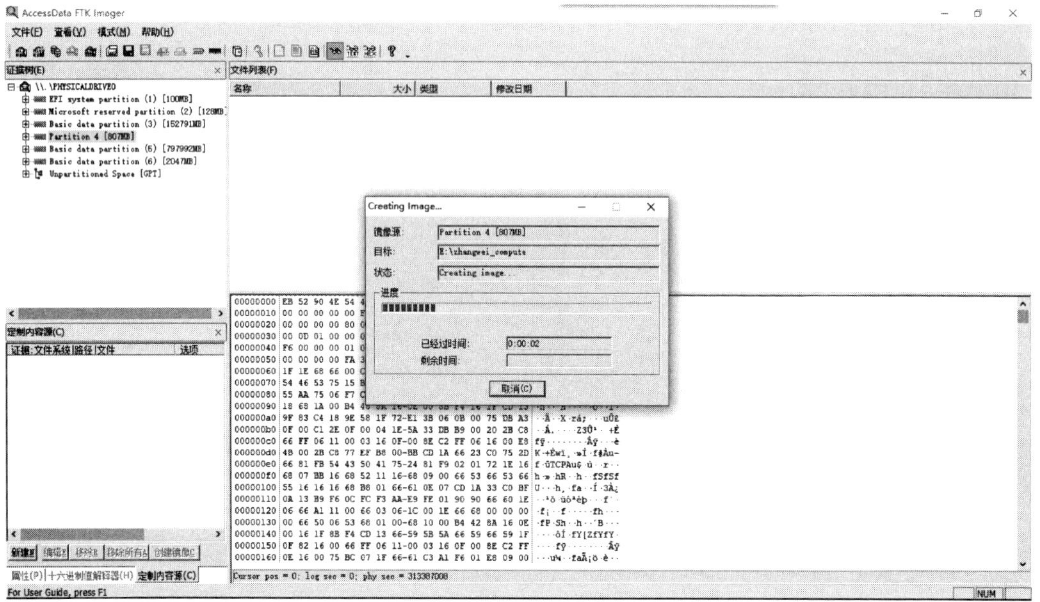

图 14-6-9

(10)镜像证据文件制作完毕,FTK ImagerChs 软件主界面自动弹出“驱动器/镜像校验结果”(见图 14-6-10)。

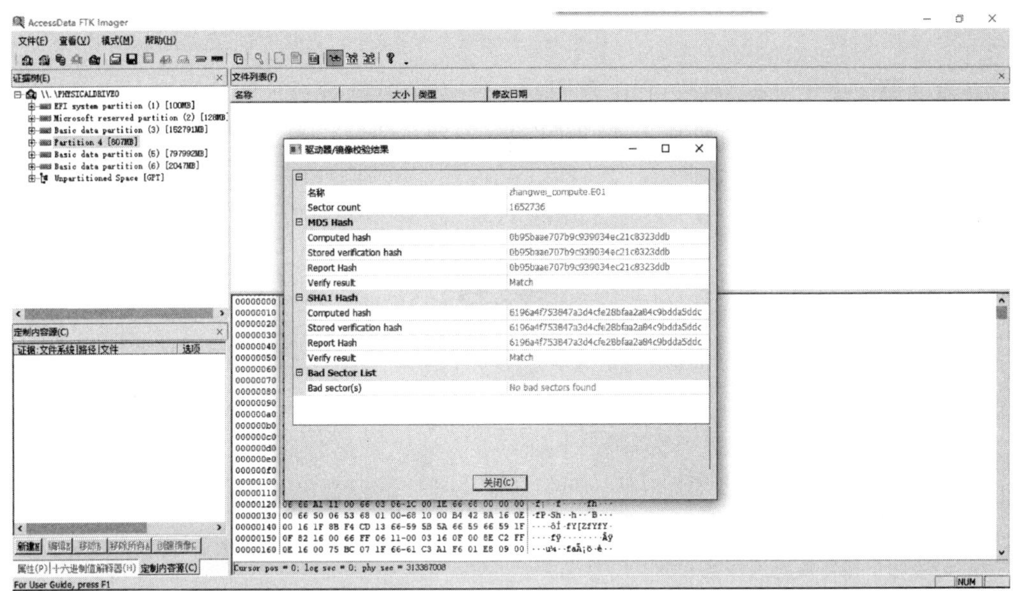

图 14-6-10

(11)镜像证据文件制作完毕后,可在步骤(7)选择的镜像目标文件夹中查看制作完成的镜像证据文件及相关信息(见图 14-6-11)。

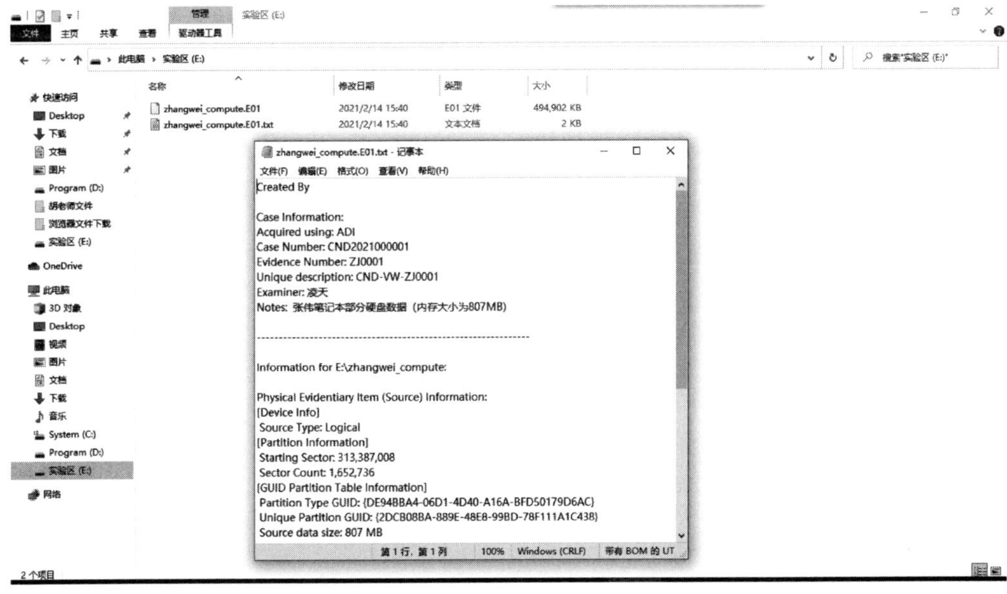

图 14-6-11

本章小结

本章介绍了电子证据取证过程中常用的6种实验操作,分析了实验原理和相关知识点,介绍实验操作过程中的软件使用方法和操作步骤,旨在使读者通过本章的学习,能掌握相应的操作过程,独立完成相关实验。

思考题

1. 针对加密系统的数学分析攻击有哪些类型?
2. 阐述数据被删除后仍可被恢复的原理。
3. 经过 Disk Wipe 软件处理后的磁盘数据能否被恢复?
4. 简述固定包标记法的优点与不足。
5. 论述用户操作痕迹追踪实验的实践意义。
6. 简述密码破解实验主要设置的参数。